产教融合·职业创新能力系列教材

网络营销

（第2版）

付珍鸿　主　编

潘玲玲　杨永忠　副主编

電子工業出版社
Publishing House of Electronics Industry
北京·BEIJING

内 容 简 介

《网络营销》（第 2 版）以“专业教学标准+工作手册式教材+工作流程图”为指导，以网络营销实施过程为主线，分为 6 个项目 18 个任务，包括项目 1 认知网络营销（了解网络推广目标）、项目 2 调研网络营销市场（撰写营销调研报告）、项目 3 制定网络推广策划案（网络推广三板斧理论）、项目 4 搭建自媒体营销矩阵（“双微一抖”的开通与运营）、项目 5 实施社会化媒体营销（社会化媒体营销五步四有法、KOL 营销、内容营销与直播带货、搜索优化与推广）、项目 6 投放网络广告（信息流广告的投放与优化）。

本书既可作为普通高等院校和高等职业院校电子商务、工商企业管理、市场营销、跨境电子商务、移动商务、网络营销与直播电商、网络新闻与传播等专业“网络营销”相关课程教材，也可作为电子商务企业新媒体运营、网络推广、文案策划及相关人员的培训材料和参考用书。

图书在版编目（CIP）数据

网络营销 / 付珍鸿主编. —2 版. —北京：电子工业出版社，2021.8
ISBN 978-7-121-41542-5

Ⅰ. ①网… Ⅱ. ①付… Ⅲ. ①网络营销－高等学校－教材 Ⅳ. ①F713.365.2

中国版本图书馆 CIP 数据核字（2021）第 134416 号

责任编辑：朱干支
印　　刷：三河市鑫金马印装有限公司
装　　订：三河市鑫金马印装有限公司
出版发行：电子工业出版社
　　　　　北京市海淀区万寿路 173 信箱　　邮编 100036
开　　本：787×1 092　1/16　印张：18.25　字数：467.2 千字
版　　次：2017 年 8 月第 1 版
　　　　　2021 年 8 月第 2 版
印　　次：2025 年 6 月第 8 次印刷
定　　价：59.80 元

凡所购买电子工业出版社图书有缺损问题，请向购买书店调换。若书店售缺，请与本社发行部联系，联系及邮购电话：（010）88254888，88258888。
质量投诉请发邮件至 zlts@phei.com.cn，盗版侵权举报请发邮件至 dbqq@phei.com.cn。
本书咨询联系方式：（010）88254573，zgz@phei.com.cn。

前　　言

《网络营销》第 1 版自 2017 年面世以来，得到广大师生和企业营销人员的大力支持与好评。现根据网络营销的实际发展与国家职业教育的新要求，对第 1 版教材内容进行调整、充实和拓展。

网络营销是市场营销在互联网领域的应用，菲利普·科特勒将营销实施过程分为七个步骤：MR（市场研究）→STP（市场细分+市场目标+市场定位）→TM（目标市场）→VP（价值主张）→MP（市场营销计划）→I（执行）→C（调整）。教育部 2019 年 7 月发布的《普通高等学校高等职业教育（专科）专业目录》中指出，“网络营销”是电子商务专业、市场营销专业的核心课程，是工商企业管理、物流管理、传播与策划等专业的拓展课程；“网络营销”课程的主要教学内容规划为“根据网站和网店推广目标，筛选合理的推广方式和新媒体营销方法，制定与实施网络推广和营销方案，对营销推广方案的效果进行评估与优化”。

本书依据菲利普·科特勒的营销实施过程理论和教育部的《普通高等学校高等职业教育（专科）专业目录》规划设计内容：了解营销目标（项目 1）→进行市场调研（项目 2）→制定方案（项目 3）→任务实施（项目 4 至项目 6，同时将营销推广方案的效果评估与优化穿插在任务实施过程中）。全书分为 6 个项目 18 个任务，具体内容如下图所示：

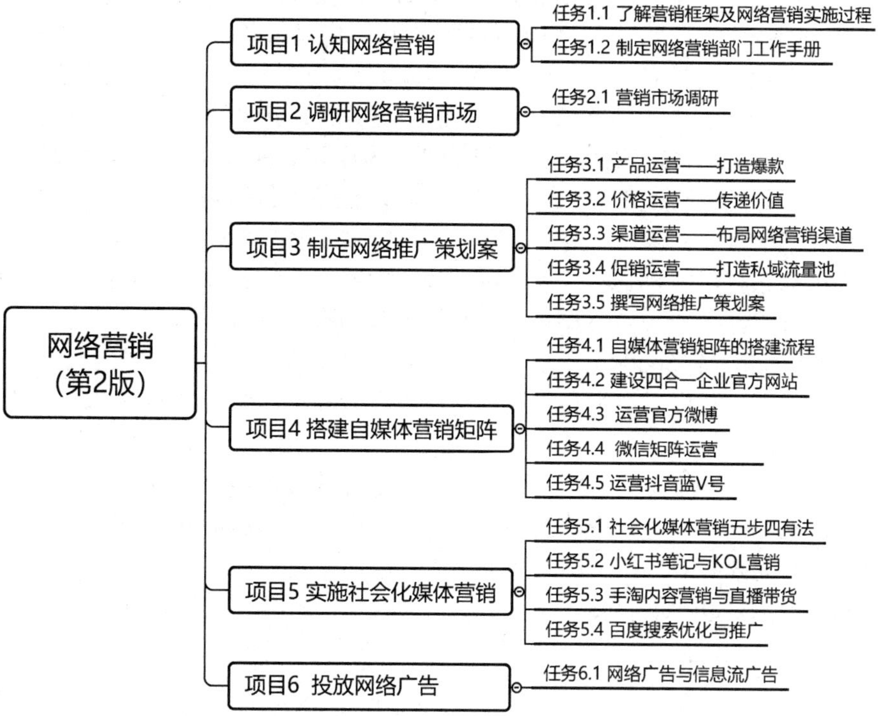

本书特点如下：

1．布局合理，注重过程、思路和方法的培养

本书以“专业教学标准+工作手册式教材+工作流程图”为指导，以网络营销实施过程

为主线，内容布局合理；重点介绍各类网络平台典型产品（如社交类平台的微博、微信、小红书，内容类平台的抖音，交易类平台的淘宝网，工具类平台的百度）的营销实施过程、思路和方法。

2．产教融合，注重职业创新能力的培养

本书由校企共同研究制定人才培养方案，按照“实用、够用”的原则，及时将新知识、新技术、新技能纳入教学标准和教学内容；强化技能应用，对重要知识点设置任务实训，使学生能够学以致用。

3．实战性强，注重知识、能力、素质、思政目标的培养

本书由具有丰富教学经验的老师和具有多年网络营销经验的企业人员共同编写，引入企业实战案例；注重知识、能力、素质、思政目标的培养，在每个任务的开篇都提出了知识、能力、素质培养目标。

4．体例新颖，注重配套教学资源的建设

本书采用“项目+任务”的编写方式，按照工作流程设计知识点，符合工作手册式教材的特色，具有鲜明的以职业技能为培养目标的教学特色；通过“想一想”“答一答”“连一连”等栏目的设计，提升课堂教学的互动性；为了方便教学和拓展知识面，除提供丰富的教学资源，书中还提供了教学案例和阅读材料（读者可以通过扫描书中二维码的方式进行阅读）。

本书由付珍鸿担任主编并规划编写大纲及教材体例，由潘玲玲、杨永忠担任副主编，企业专家及专任教师参与编写。具体编写分工如下：吴皎（广州国睿电子科技有限公司）编写任务 1.1 和任务 1.2，蔡勤（武汉职业技术学院）编写任务 2.1，黄金香（丽江文化旅游学院）编写任务 3.1，周丽梅（四川天一学院）编写任务 3.2，张拓（广东松山职业技术学院）编写任务 3.3，李黎丹（湖南外贸职业学院）编写任务 3.4，胡劲勇（广州凡科互联网科技股份有限公司）编写任务 4.2，潘玲玲（芜湖职业技术学院）编写任务 4.5，黄红辉（广州松田职业学院）编写任务 5.3 和任务 5.4，其余项目及任务由付珍鸿（广州松田职业学院）编写，杨永忠（华南农业大学）对全书进行审读并提出了修改意见。

本书提供动态更新的教学资源包，包括教学大纲、教学课件和参考答案等，需要者可以登录华信教育资源网（www.hxedu.com.cn）免费下载，或者加入本书的教学资源分享 QQ 群获取（QQ 群号：552556203）。

在本书的编写过程中，参考和借鉴了有关专著、教材、论文等资料，在此向各位作者表示由衷的感谢。

鉴于网络营销、网络推广、网络营销管理、新媒体运营涉及的内容具有可变性和时效性等特点，加之时间仓促，书中疏漏和不足之处在所难免，恳请同行和读者批评指正，以便再版时修订和完善。

编者联系方式：qfreda@163.com。

编　者

目　录

项目 1

认知网络营销

内容导图

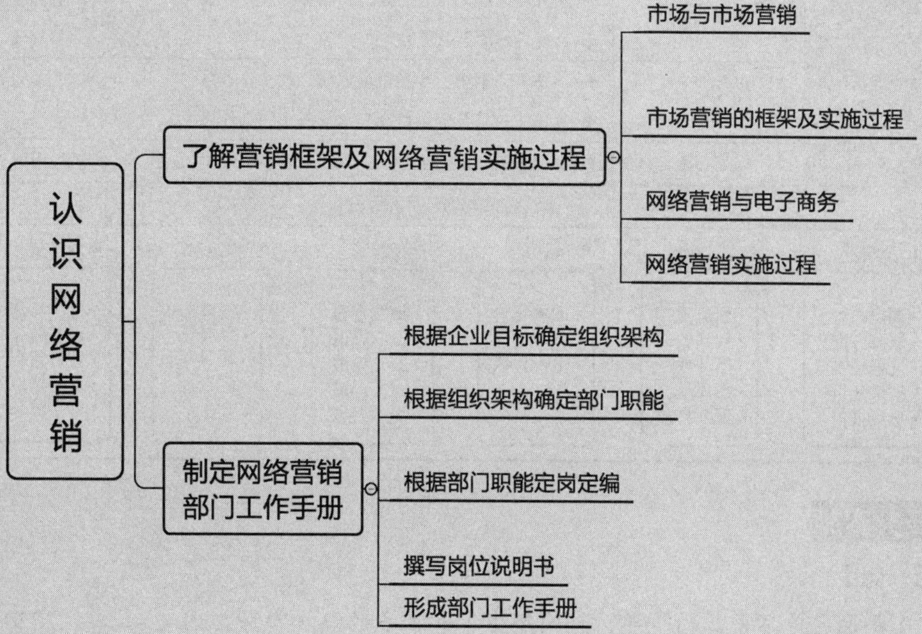

知识梳理

本项目为本书的开篇，旨在让学生了解并掌握市场营销与网络营销的定义、实施过程，了解网络营销的目标，为后面的知识学习打下基础。同时，通过对网络营销相关部门组织架构、岗位责任书、部门工作手册的介绍，使学生对实际岗位有较为清楚的认知，了解网络营销相关岗位的工作内容。

任务 1.1　了解营销框架及网络营销实施过程

工作任务单及参考流程图

工作任务	了解营销框架及网络营销实施过程	教学模式	任务驱动
建议学时	2 课时	教学地点	一体化实训室
任务描述	假设你去企业面试网络营销专员，老板问你：什么是营销？网络营销与电子商务的关系是怎样的？怎样开始进行网络营销？你该如何回答？		
学习目标	知识目标	✓ 了解市场三要素； ✓ 认识营销 4P 与营销 4C； ✓ 理解需要、欲望与需求的关系。	
	能力目标	➢ 能够描述营销、网络营销与电子商务的区别； ➢ 能够运用思维导图工具制作网络营销实施过程图。	
	素质目标	✧ 具有良好的交流沟通能力，能够有效表达观点； ✧ 具有良好的学习能力。	
	思政目标	◆ 具备“营销第一步是市场调研”的工作理念； ◆ 具备实事求是的价值观和求真务实的工作态度。	
KPI 指标	思维导图工具使用的熟练程度，图表的直观性、美观度与准确率。		
网络营销实施过程图			

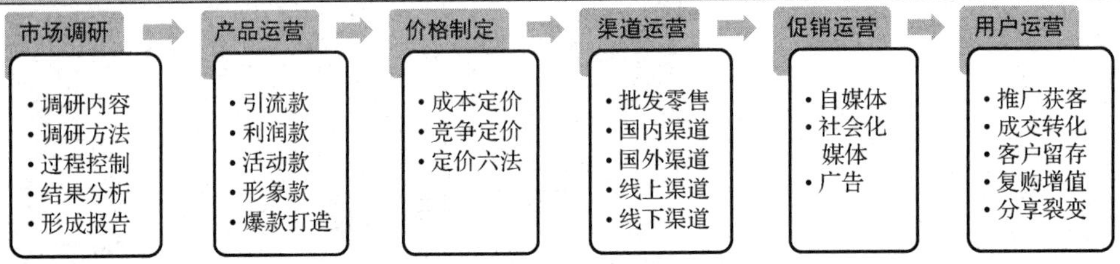

任务实施

【想一想】

2020 年注定是不平凡的一年，期间发生了非常多的热点事件。网友表示，“2020 年啥都没干，光见证历史了！”以下是 2020 年部分网络热议话题：

（1）科比去世；

（2）钉钉被小学生打一星，钉钉发布“钉钉本钉，在线求饶”视频；

（3）美股十天四次熔断；

（4）罗永浩在抖音直播，实现 1.1 亿元销售额；

（5）哔哩哔哩（bilibili，简称 B 站）“后浪”全网刷屏。

请问：以上网络热议话题中，哪些是事件？哪些是营销？营销是什么？营销与事件的区别是什么？营销就是事件营销吗？

1.1.1　市场与市场营销

1．市场及市场三要素

【想一想】

业内人士常说，“营销第一步就是做市场调研。”为什么讲调研，一般指的就是“市场调研”？讲营销，默认的就是“市场营销”？为什么市场非常重要？到底什么是市场？

我们讲“菜市场”“批发市场”，它们有什么共同特点？答案就是人口多。“人口”是市场的第一要素。

你想不想买豪车、买别墅？但为什么 4S 店、房地产商不来学校做推广？因为学生暂时还没有购买能力。“购买力”是市场第二要素。

火车站、汽车站的人也非常多，他们很多也有购买能力。但是，在火车站、汽车站开服装店，是不是门好生意？为什么生意不好？答案是市场不止要有人多，不止要有购买力，这些人还要有购买意愿。“购买意愿”是市场第三要素。

对市场最通俗的解释是买卖商品的场所，是把货物的买主和卖主正式组织在一起进行交易的地方。早在南唐尉迟偓的《中朝故事》中就提到：“每阅市场，登酒肆，逢人即与相善。”

随着商品经济的不断发展，市场的概念也在不断丰富和充实，可概述如下：

市场（Market）是对某种商品或服务有需求、有支付能力，并且希望进行某种交易的人或组织。这个市场指的是有购买欲望、有购买能力，希望通过交易达到商品交换，使商品或服务发生转移的人或组织，而不再是场所。从这个意义上讲，一个有效的市场具备人口、购买力和购买意愿三要素，且这三要素缺一不可。可用公式概括为“市场=人口×购买力×购买意愿”。市场构成三要素如图 1-1 所示。

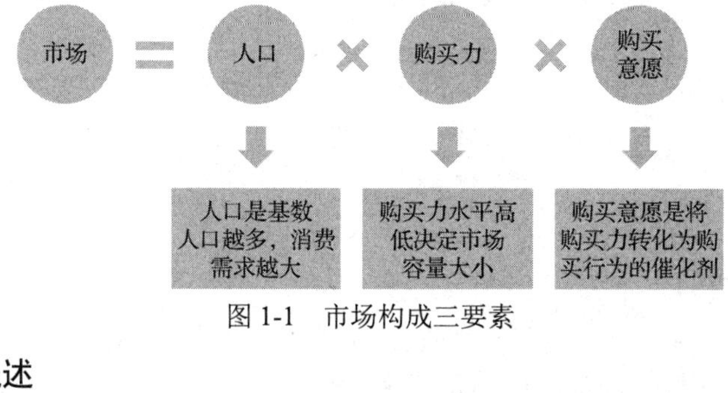

图 1-1　市场构成三要素

2．市场营销概述

1）市场营销的定义

“市场营销”一词译自“Marketing”，又称市场学、销售学、行销学等，是源于西方发达国家的一门实务性经济管理学科。

什么是市场营销？美国市场营销协会（American Marketing Association，AMA）对市场营销做出过三种定义。

1960 年：市场营销是引导货物和劳务从生产者流向消费者或用户所进行的一切商务活动。

1985 年：市场营销是对思想、货物和服务进行构思、定价、促销与分销的计划及实施的过程，从而产生能满足个人和组织目标的交换。

2013 年：市场营销是创造、传播、传递和交换对顾客、客户、合作者与整个社会有价值的市场供应物的一种活动、制度和过程。

从上述定义来看，主流市场营销界对市场营销的表述经历了三个阶段：第一阶段说市场营销是一种商务活动；第二阶段侧重表述市场营销是一种交换的商务活动；第三阶段更强调这种交换是商务活动，是基于“价值”的商务活动。

2）市场营销的发展过程

2019 年 10 月 12 日，被誉为“现代营销学之父”的菲利普·科特勒来到中国，在北京举办的“2019 科特勒未来营销峰会”上发表了题为“What's Next of Marketing”的演讲。

关于市场营销的发展过程，菲利普·科特勒说：“市场营销学是一门非常年轻的学科，市场营销学的历史不超过 150 年，但是市场本身已经有数百万年的历史了。”

菲利普·科特勒将市场营销的发展过程分为五个阶段：产品导向阶段、顾客导向阶段、品牌导向阶段、数字导向阶段、社交与价值观导向阶段。

相应地，在我国市场营销发展史上，也出现了“产品为王”“渠道为王”“搜索为王”“内容为王”“社交为王”等理念，与国外市场营销的发展过程基本吻合。

整体来说，我国市场营销经历了传统营销、电子商务、移动互联网三个时代。营销的发展经历了从精准投放到精准营销，从以物为本到以人为本，从商品交换到价值传递的过程。市场营销的发展过程如图 1-2 所示。

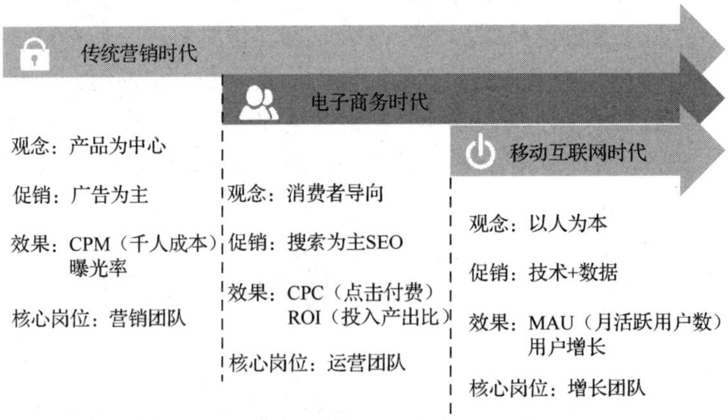

图 1-2　市场营销的发展过程

3. 市场营销的目的

关于什么是市场营销，菲利普·科特勒给出了一个非常简洁的定义（《营销管理》第 15 版第 5 页）：“市场营销是有利可图地满足需求。”

【想一想】

如何理解菲利普·科特勒的“市场营销是有利可图地满足需求”这句话？满足的是谁的需求？谁是有利可图的那一方？什么是需求？

1）需要、欲望和需求

（1）需要。需要（Needs）是指人类没有得到某些满足的感觉状态。需要是人的本能，与经济无关，如渴了想喝、饿了想吃、困了想睡等，只要这些本能没有得到满足，就会产生需要。马斯洛于1968年指出，人的需要分为五个等级，即生理的需要、安全的需要、归属与爱的需要、尊重的需要和自我实现的需要。

（2）欲望。欲望（Desire）是由人的本性产生的想达到某种目的的要求。欲望无善恶之分，关键在于如何控制。欲望是世界上所有动物最原始的、最基本的一种本能。从人的角度讲，是心理到身体的一种渴望、满足，它是一切动物存在必不可少的需求。

（3）需求。需求（Demand）是指消费者购买商品或劳务的愿望和能力。需求不是人的本能，而是与经济有关的愿望和能力。需求是企业必须认真研究的内容。所以，营销管理就是需求管理，营销人员应该对需求管理负责。需求分为八种，即负需求、无需求、潜在需求、下降需求、不规则需求、充分需求、超饱需求和不健康需求。

（4）需要、欲望和需求之间的关系。具体来说，需要是人的本能，欲望是能满足需要的某种物品，需求是购买商品或服务的愿望和能力。例如，肚子饿了想吃，这是人的本能需要；想吃火锅、小龙虾或肯德基，这是人的欲望，欲望是无穷的；当你兜里只有十元钱时，你的需求就变成了面条或馒头，面条或馒头才是你的真实需求。需要、欲望和需求之间的关系如图1-3所示。

图1-3　需要、欲望和需求之间的关系

2）市场营销的目的

【想一想】

菲利普·科特勒说“市场营销是有利可图地满足需求”，我们知道，市场营销第一步是进行市场调研，找到有购买愿望和购买能力的那些人（目标用户），满足这些人的需求，是商家有利可图地满足目标用户的商务活动。那么，市场营销的终极目的是什么呢？

市场营销的目的是什么？市场营销满足的是营销对象的需求，使营销者有利有图，从而达到获取利润的营销目的。就像财务是帮企业管钱、人事帮企业管人一样，营销部门的终极目的是帮企业赚钱，实现盈利目标。营销（市场营销）是在有利可图地满足用户需求的基础上，为企业获取利润。市场营销的目的如图 1-4 所示。

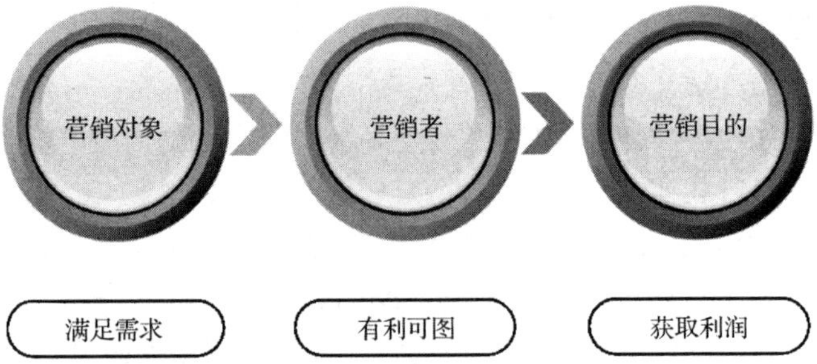

图 1-4 市场营销的目的

1.1.2 市场营销的框架及实施过程

1. 市场营销的框架

如何达到既能满足用户需求，又能实现企业获取利润的目的呢？我们参考菲利普·科特勒“2019 科特勒未来营销峰会”的演讲内容，将市场营销的框架分为 5C、传统 4P、新的补充和战略四个部分，如图 1-5 所示。

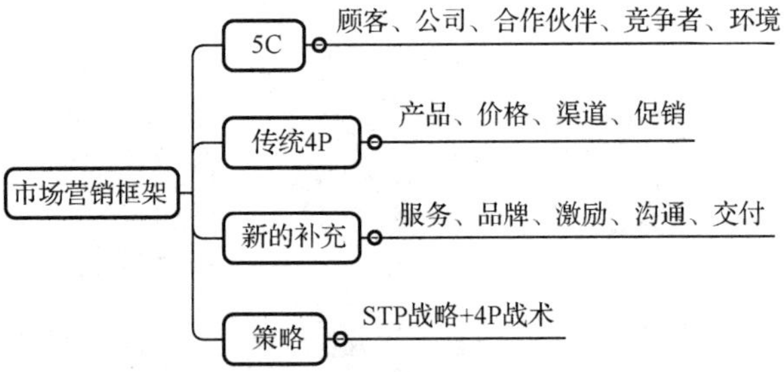

图 1-5 市场营销框架

1）市场营销框架之 5C

顾客（Customers）、公司（Company）、合作伙伴（Collaborators）、竞争者（Competitors）及环境（Contexts），这就是我们通常所说的 5C。每一个市场营销的框架或计划，都需要考虑 5C 原则。

虽然市场营销是有利可图地满足需求，但具体到制订市场营销计划时，除了满足用户（这里指的是顾客）的需求，还要考虑企业自身（公司）、合作伙伴、竞争对手和营销环境的情况。5C 代表了企业在制定市场营销战略目标时需要分析的内容，如表 1-1 所示。

表 1-1　5C 需要分析的具体内容

分 析 项 目	分析的具体内容
顾客	人群细分、人群特征、消费行为特征
公司	公司优劣势，包括财务状况、研发能力、生产能力、其他资产状况等
合作伙伴	经销商、供应商和其他相关利益者
竞争者	竞争者的目标和战略、竞争者的优劣势
环境	政治、经济、社会、技术环境带来的威胁、不稳定性、机遇及资源

2）市场营销框架之传统 4P

4P 营销理论产生于 20 世纪 60 年代的美国，杰罗姆·麦卡锡（Jerome McCarthy）于 1960 年在其《基础营销》（*Basic Marketing*）一书中将这些要素概括为四类：产品（Product）、价格（Price）、渠道（Place）、促销（Promotion），即著名的 4P 营销理论。

当我们提及 4P 营销理论时，我们还需要了解 4C 营销理论。

1990 年，美国学者罗伯特·劳特朋（Robert Lauterborn）教授在其“4P 退休 4C 登场”专文中提出了与传统营销 4P 相对应的 4C 营销理论，如图 1-6 所示。4C（顾客 Customer、成本 Cost、便利 Convenience、沟通 Communication）营销理论以消费者需求为导向，重新设定了市场营销组合的四个基本要素，瞄准消费者的需求和期望。

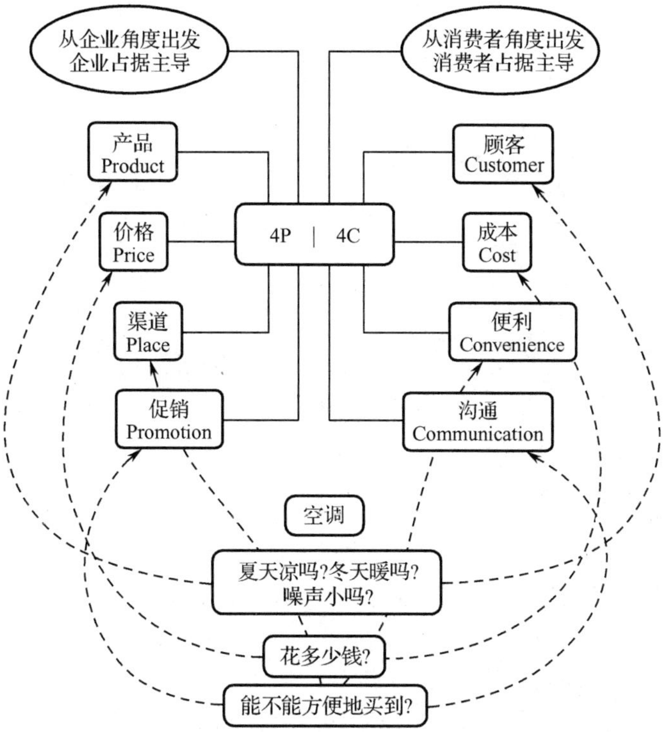

图 1-6　与传统营销 4P 相对应的 4C 营销理论

阅读材料：4P 与 4C 营销理论

3）市场营销框架之新的补充

市场营销框架中，4P 营销理论只是一个起点，我们可以加上 S 或 P，需要什么，添加到 4P 框架中就可以了，这就是 4P 营销理论新的补充，包括服务、品牌、激励、沟通和交付等。

例如，你是一家香水公司，比香水更重要的就是香水的外包装，所以包装是非常重要的。那么，你可以加另外一个 P，叫作包装（Packaging）。如何对这个产品进行营销和定位，也可以将其作为新的补充内容。

4）市场营销框架之策略

市场营销策略是企业以顾客需要为出发点，根据经验获得顾客需求量，以及购买力的信息、商业界的期望值，有计划地组织各项经营活动，通过相互协调一致的产品策略、价格策略、渠道策略和促销策略，为顾客提供满意的商品和服务而实现企业目标的过程。

1967 年，菲利普·科特勒在其出版的《营销管理》一书中解释了营销的策略体系，即 STP 战略+4P 战术。

STP 战略是现代市场营销战略的核心。STP 是战略，包括市场细分（Market Segmentation）、选择目标市场（Market Targeting）、市场定位（Market Positioning）三个步骤，如图 1-7 所示。

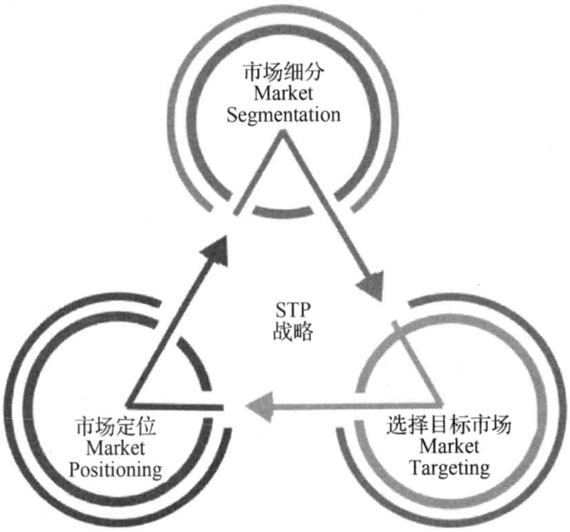

图 1-7　STP 战略的三个步骤

4P 是战术，包括产品、价格、渠道和促销。

2. 市场营销的实施过程

企业如何从零开始做市场营销？或者市场营销实施过程是怎样的？

菲利普·科特勒把营销实施过程分为七个步骤：MR（市场研究）→STP（市场细分+选择目标市场+市场定位）→TM（目标市场）→VP（价值主张）→MP（市场营销计划）→I（执行）→C（调整）。市场营销的实施过程如图 1-8 所示。

1）MR（市场研究）

营销始于市场研究（又称市场调研）。市场研究（Market Research）是一种把消费者及公共部门和市场联系起来的特定活动。市场研究的信息用以识别和界定市场营销机会及问题，产生、改进和评价营销活动，监控营销绩效，增进对营销过程的理解。

图 1-8 市场营销的实施过程

市场研究从调研方法的角度分为定量研究、定性研究；从研究领域的角度分为行业研究、渠道研究或零售研究、媒介和广告研究、产品研究、价格研究、消费者研究等。

2）STP（市场细分+选择目标市场+市场定位）

市场细分的概念是美国营销学家温德尔·史密斯（Wendell Smith）于 1956 年提出的，此后由菲利普·科特勒进一步发展和完善，并最终形成了成熟的 STP 理论——市场细分、选择目标市场和市场定位。

STP 是战略营销的核心内容，指企业在一定的市场细分的基础上，确定自己的市场目标，最后把产品或服务定位在目标市场中的确定位置上。

例如，2010 年小米刚涉足手机业务时，雷军发现当时的国内手机市场分为两类：一类是诺基亚、摩托罗拉和三星这样的国际巨头；另一类是国产手机“中华酷联”，即中兴、华为这样的大公司生产的手机，还有铺天盖地的山寨手机。市场被国际巨头把持，产品贵得离谱，而国产手机做得非常一般。于是他萌发了“做全球最好的手机，只卖一半的价钱，让每个人都能买得起”的念头。雷军眼里的 STP 营销战略如下：

市场细分——国际高质高价手机市场、国产低质低价手机市场；

选择目标市场——高质低价手机市场；

市场定位——探索黑科技，小米为发烧而生。

3）TM（目标市场）

目标市场指的是企业在细分市场的基础上，根据自身资源优势选择的主要为之服务的那部分特定的顾客群体。

例如，微信主打熟人社交市场，陌陌聚焦陌生人社交市场，微博、知乎、天涯是社区社交，抖音、快手是短视频社交，而吱呀、Soul、音遇等声音社交 App 盛行于“95 后”年轻群体。

4）VP（价值主张）

价值主张是一家企业为特定的用户群体提供差异化价值的集合。价值主张是用户选择我，而不选择我的竞争对手或其他公司的重要原因，也是企业存在的理由与使命。

例如，阿里巴巴的价值主张是“让天下没有难做的生意”；小米雷军在小米十周年演讲中提出“技术为本、性价比为纲、做最酷的产品”是小米永不更改的三大铁律；字节跳动的价值主张是“看见更大的世界”。

5）MP（市场营销计划）

如何建立市场营销计划？每家企业在年底时，会根据市场趋势、本公司销售情况，建立来年市场营销计划。在企业年度市场营销计划中，将确定来年市场份额、销售回款、利润指标等营销目标，将根据目标规划、产品策略、价格策略、渠道策略、促销策略等建立人、财、物分配计划。

6）I（执行）

年度市场营销计划建立后，每周（每月、每季度）召开会议，总结上周（上月、上季度）目标完成情况，汇报下周（下月、下季度）市场营销计划。

7）C（调整）

根据市场环境及本公司销售情况，及时调整营销计划。

1.1.3 网络营销与电子商务

1. 什么是网络营销

网络营销（Internet Marketing）是企业以现有营销理论为基础，利用因特网（包括企业内部网和外部网）技术和功能，最大限度地满足客户需求，以达到开拓市场、增加盈利为目标的经营过程。简单来说，网络营销就是“网络+市场营销”。

网络营销是市场营销的一个分支领域，是市场营销理论在互联网、电子商务平台上的运用，也是对市场营销理论的完善和发展。从这一点可以看出，它们最大的不同点在于网络营销是利用互联网在网络上开展的营销活动，而市场营销则是在现实的市场上进行的营销活动。

2. 网络营销与电子商务的关系

电子商务是通过信息发布、平台交易、线上支付和仓储物流四个步骤，实现商品和服务转移的商务活动。电子商务包括四流，即信息流、商流、物流和资金流。

网络营销和市场营销一样，关注的是营销4P，即产品、价格、渠道和促销，其主要涉及电子商务中的信息流和商流，而较少关注资金流和物流。

电子商务四流与网络营销4P之间的关系如图1-9所示。

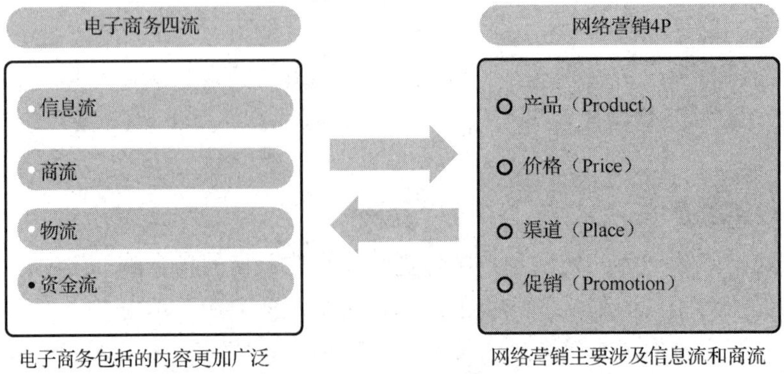

图1-9 电子商务四流与网络营销4P之间的关系

所有电子商务企业都需要开展网络营销。从这个角度来看，电子商务包括网络营销，网络营销是电子商务企业的重要组成部分。但是，非电子商务企业，如医院、学校、卖场、购物中心、房地产企业，甚至政府机关，为了各自的目的，也需要开展建设网站、开设微信公众号、投放网络广告等网络营销行为。因此，网络营销在非电子商务企业中也变得越来越重要。

1.1.4　网络营销实施过程

网络营销实施过程基本遵循菲利普·科特勒市场营销实施过程的七个步骤，但其中三步“STP→TM→VP”属于营销战略范畴，一旦确定就较少改变，至少不会年年改变。并且，作为网络营销基层工作人员，是在营销战略指导下从事具体营销工作的。所以，网络营销工作人员日常网络营销实施过程，大致是“市场调研+营销 4P+用户运营”三个模块六个步骤的工作，如图 1-10 所示。

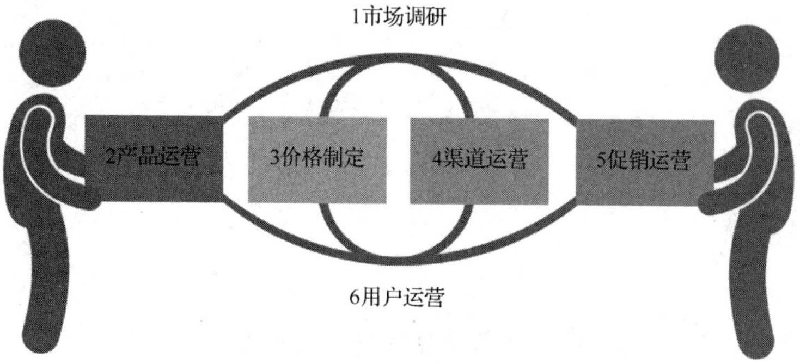

图 1-10　网络营销的实施步骤

（1）市场调研——构建用户画像。在本书项目 2 的任务 2.1 中，我们将从“了解调研内容、掌握调研方法、设计调研问卷、分析调研结果、撰写调研报告”五步进行讲解。

（2）产品运营——打造爆款。在本书项目 3 的任务 3.1 中，我们将从产品分类和产品生命周期理论角度，分析网店引流款、利润款、活动款、形象款产品的打造，以及爆款产品的打造流程。

（3）价格制定——传递价值。在本书项目 3 的任务 3.2 中，我们将在三种定价方法及五个定价策略理论的基础上，学习天猫商品成本定价法、“0.618 黄金分割”定价法、“网店宝贝 271”定价策略。

（4）渠道运营——布局网络营销渠道。在本书项目 3 的任务 3.3 中，我们将在了解三种分销策略的基础上，从批发与零售、国内与国际、线上与线下角度，进行渠道规划与布局。

（5）促销运营——打造私域流量池。在本书项目 3 的任务 3.4 中，我们将在了解营销传播组合的基础上，掌握网络营销推广三板斧理论：自媒体营销、社会化媒体营销、第三方平台广告营销。

（6）用户运营——提升效率。我们将在了解用户增长理论的基础上，从推广获客、成交转化、客户留存、复购增值、分享裂变的角度，将用户运营知识穿插在对不同网络营销平台知识讲解的过程中。

【小结】

网络营销的实施过程可以用思维导图的鱼骨图模型来展现，如图1-11所示。

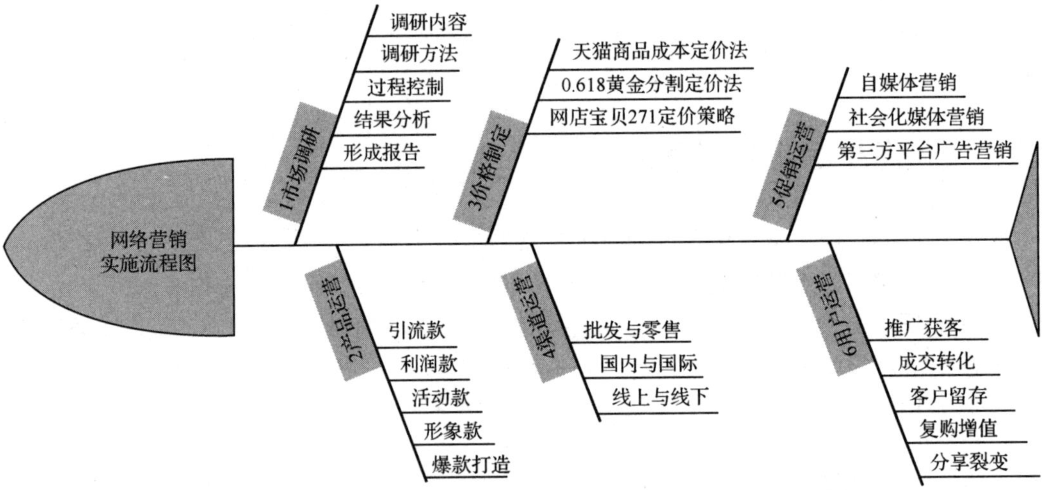

图1-11　网络营销的实施过程

任务实训

一、理论知识训练

1．单项选择题

（1）菲利普·科特勒说："市场营销是有利可图地满足（　　）。"

A．需要　　B．需求　　C．欲望　　D．渴望

（2）菲利普·科特勒说："市场营销就是（　　）管理。"

A．需要　　B．需求　　C．欲望　　D．渴望

2．多项选择题

（1）市场三要素指的是（　　）。

A．人口　　B．购买力　　C．购买意愿　　D．购买需求

（2）营销4P指的是（　　）。

A．产品　　B．价格　　C．成本　　D．促销

（3）营销4C指的是（　　）。

A．顾客　　B．成本　　C．价格　　D．沟通

（4）马斯洛需要五层次包括（　　）。

A．生理需要　　B．安全需要　　C．社交需要　　D．炫耀需要

（5）电子商务四流指的是（　　）。

A．信息流　　B．商流　　C．物流　　D．资金流

二、综合能力训练

1．用思维导图软件，画出营销4P与营销4C的关系图。

2．用思维导图软件，画出网络营销实施过程的鱼骨图。

三、创新创业项目训练

扫描二维码并阅读“营销的未来——‘2019 科特勒未来营销峰会’演讲整理稿”一文，菲利普·科特勒认为“营销的未来是由数字导向发展至社交与价值观导向”，你是否认可这个说法？为什么？

阅读材料：营销的未来——“2019 科特勒未来营销峰会”演讲整理稿

任务 1.2　制定网络营销部门工作手册

工作任务单及参考流程图

工作任务	制定网络营销部门工作手册	教学模式	任务驱动
建议学时	4 课时	教学地点	一体化实训室
任务描述	为保障公司顺利运营，实现企业目标，某电子商务企业正在制定员工工作手册。假设你是该公司网络营销部（运营部）部门总监（经理），你该如何根据企业目标，制定部门工作手册？		
学习目标	知识目标	✓ 了解电子商务企业组织架构类型； ✓ 了解岗位、职位、职务、职业四者的区别； ✓ 运营、策划、推广等网络营销岗位认知。	
	能力目标	➢ 能够制定部门组织架构图； ➢ 能够制定网络营销部门工作手册。	
	素质目标	✧ 能够树立企业主人翁精神，具备经营思维； ✧ 能够依托企业发展，不断聚焦企业愿景、使命。	
	思政目标	◆ 具备“在其位，谋其政”的职业精神； ◆ 具备“专业、敬业、专注、坚持”的工匠精神。	
KPI 指标	精简、高效性、快速响应市场和客户需求、权责适当。		
制定网络营销部门工作手册流程图			

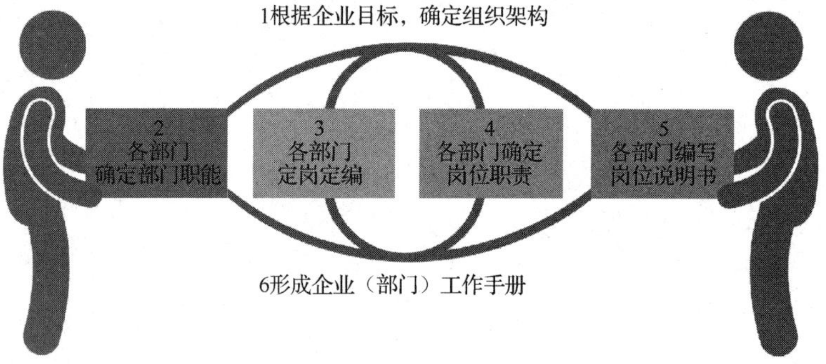

任务实施

【想一想】

假设你从学校毕业后将在家庭支持下自主创业，成立电子商务企业，销售家族服装，你将如何组建团队？或者说，一家创业型小微企业，应该有哪些部门？

一家小微企业，涉及人、财、物、销售与市场五个板块的工作，一般会有五个部门：管理人员的是人事行政部；管理钱财的是财务部；负责产品开发的是生产部（采购部）；负责市场调研、寻找目标客户的是市场部；负责产品销售、资金回笼的是销售部。一般而言，传统小微企业的组织架构如图 1-12 所示。

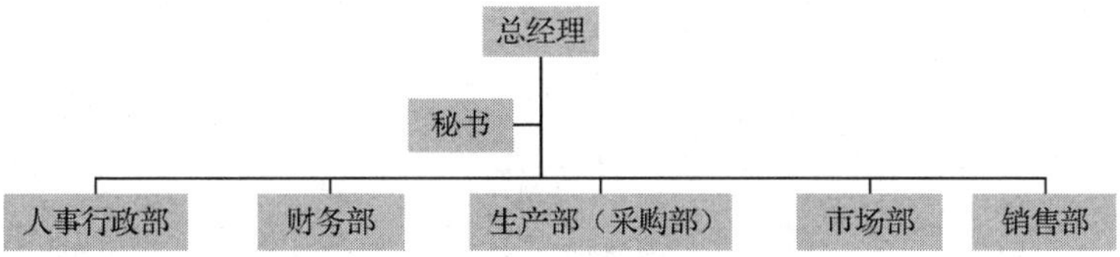

图 1-12　传统小微企业的组织架构

1.2.1　根据企业目标确定组织架构

一家企业要设置哪些部门，各部门工作职责有哪些，招聘哪些人员，哪些人负责哪些事情，最终形成公司（部门）工作手册指导日常工作，都是以企业目标为依据的。

企业目标按时间可分为当前目标（1 年以内）、短期目标（1～3 年）、中期目标（3～5 年）、长期目标（5 年以上）；按整体与局部可分为整体目标、部门目标；按职能可分为营销目标、销售目标、财务目标、生产目标、人力资源目标、研发目标等。

企业在制定企业目标时，需要从愿景、市场、产品、客户、人才五个方面进行思考。制定企业目标需要思考的内容如表 1-2 所示。

表 1-2　制定企业目标需要思考的内容

愿景	未来想发展成什么样的企业，企业长期的发展目标是什么
市场	专注哪一块的市场，市场的情况和开拓方式是什么
产品	企业计划卖什么样的产品，产品的特点是什么
客户	锁定客户群体，通过分析客户特点，了解如何提高客户满意度、满足客户需求
人才	企业需要哪方面的人才，这些人才需要掌握哪些技能

从确定组织目标，到形成企业（部门）工作手册，需要经过以下六个步骤。

第一步：（人事部）根据企业目标，制定组织架构图；

第二步：（各部门）根据组织架构图，确定部门职能；

第三步：（各部门）根据部门职能，定岗定编；

第四步：（各部门）根据岗位和编制，规划各岗位职责；

第五步：（各部门）在岗位职责基础上，编写岗位说明书；

第六步：（各部门）编写部门工作手册，（人事部）汇总形成企业工作手册。

组织架构（Organizational Structure）是组织的全体成员为实现组织目标，在管理工作中进行分工协作，在职务范围、责任、权力方面所形成的结构体系。组织一般用组织架构图来呈现。

传统企业中常见的组织架构形式有中央集权制、分权制、直线式及矩阵式四种形式，但在电子商务企业中简化了许多，以直线式（树状）和矩阵式为主。当然，还有像“韩都衣舍”这样的电子商务企业以“运营、客服、设计”为一个小单元的“阿米巴”模式的组织架构。下面以电子商务企业为例介绍组织架构的类型。

1. 直线式（树状）组织架构

直线式（树状）组织架构相对其他形式，比较适合初创型企业。组织中每一个人只能向一位直接上级汇报，即所谓的“一人、一头”。这种架构的优点是结构比较简单，责任和权力很清晰；不足之处在于组织中较大的权力集中在一个人手中，决策风险增加。直线式（树状）组织架构示例如图1-13所示。

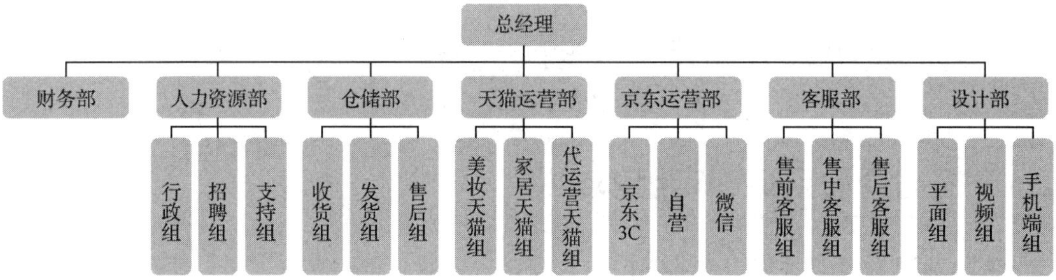

图1-13　直线式（树状）组织架构示例

2．矩阵式组织架构

矩阵式组织架构适用于大型组织系统，由职能部门系列和完成某一临时任务而组建的项目小组系列组成。它打破了单一指令系统的概念，使管理矩阵中的员工同时拥有两个上级。这样既加强了横向联系，专业设备和人员得到了充分利用，又实现了人力资源的弹性共享。矩阵式组织架构示例如图1-14所示。

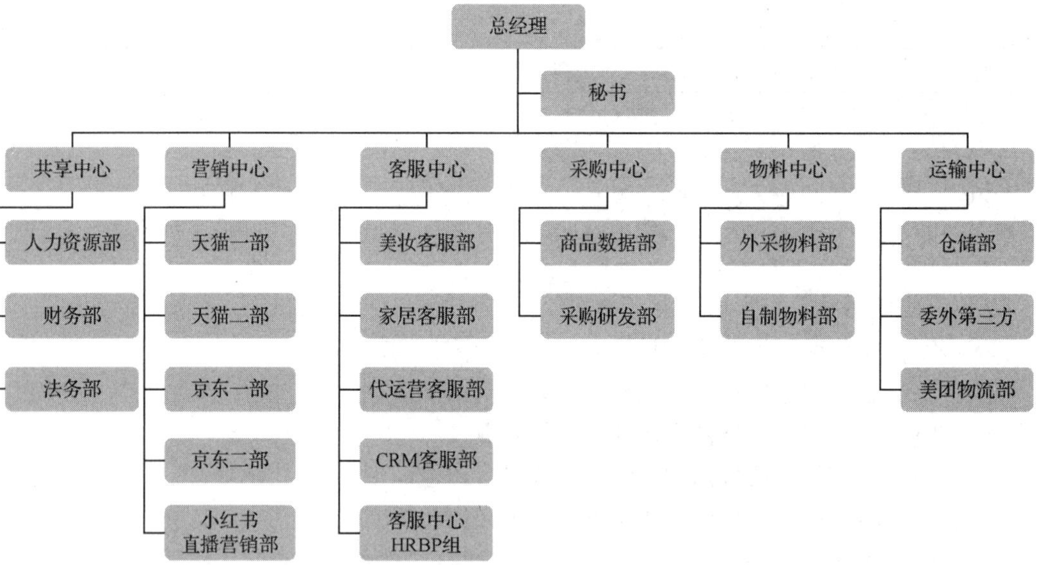

图1-14　矩阵式组织架构示例

1.2.2　根据组织架构确定部门职能

在组织架构中，我们知道与营销相关的部门可以称市场部、销售部、运营部或营销部。那么，与营销相关的部门，一般需要做哪些事情呢？

根据企业目标，第一步确定了组织架构，第二步则是确定部门的职能。部门职能是指该部门必须承担的工作范围、工作任务和工作责任。

以某电子商务企业运营中心为例，运营中心下面又设置运营、商品、推广、营销、销售、物流等部门。某电子商务企业运营中心的职能部门如图1-15所示。

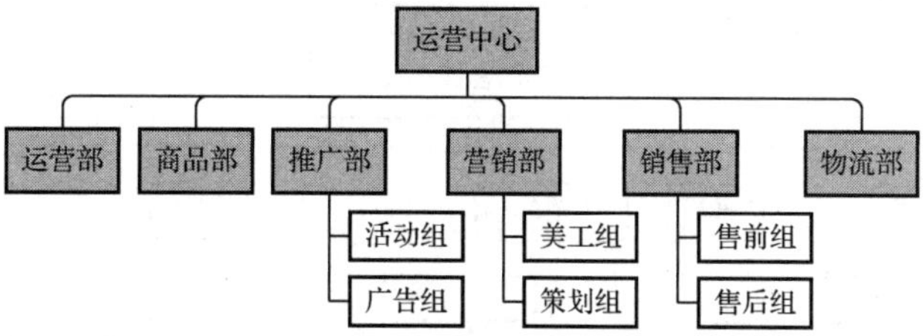

图 1-15　某电子商务企业运营中心的职能部门

某电子商务企业运营中心各部门的具体职能如表 1-3 所示。

表 1-3　某电子商务企业运营中心各部门的具体职能

部　门	具 体 职 能
运营部	负责团队内部资源的由上到下的整合，计划、组织、跟进团队的运营事务，掌控全局，综合统筹，把控团队运营方向
商品部	根据市场销售趋势，定制销售货品，预见市场流行趋势，快速、准确下单订货，跟进货品到货周期，分析货品数据，注意商品的动销率
推广部	根据流量指标，通过直通车、钻展、平台活动等手段，提高店铺流量，增强营销效果的同时降低费用
营销部	负责项目推广定位和主题策划设计工作，通过自身主题式营销和结合淘宝平台活动，增强买家的购物体验，增强营销效果，提高店铺转化率
销售部	直接面对消费者，以最优的服务态度，利用销售技巧寻找和满足买家的需求，并提供良好的售后服务，提供买家良好的顾客体验
物流部	管理库存，安排配货、发货等与物流相关的事项

【想一想】

我们知道电子商务的万能公式是"营业额（GMV）=流量×转化率×客单价"。请对照上述示例中的运营中心各部门的具体职能，指出哪个部门负责流量？哪个部门负责转化率？哪个部门负责客单价？

1.2.3　根据部门职能定岗定编

在确定每个部门的职能之后，制定网络营销部门工作手册的第三步就是定岗定编。定岗定编是确定岗位和确定岗位编制的合称，前者是设计组织中承担具体工作的岗位，后者是设计从事某个岗位的人数。某电子商务企业运营中心的工作岗位及岗位人数如图 1-16 所示。

【想一想】

当我们进入企业以后，经常会遇到职位、岗位、职务、职级、职业等词。那么，它们的区别和联系你清楚吗？例如，如图 1-16 所示的"运营总监"，"总监"是职位、岗位、职务还是职业呢？"运营"又是什么？当亲戚朋友问你，你在做什么时，你回答的内容是职位、岗位、职务还是职业呢？

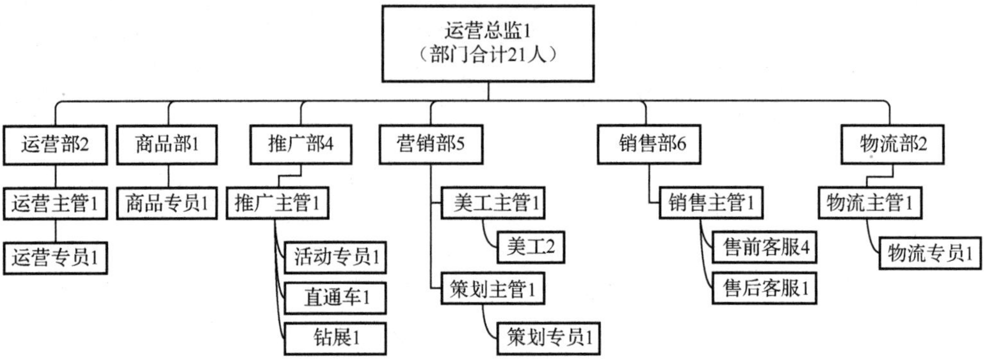

图 1-16　某电子商务企业运营中心的工作岗位及岗位人数

1. 岗位、职位、职务与职级

岗位（Post）原指军警守位的地方，指的是“具体任务”。例如，在电子商务企业中，有运营岗、推广岗、策划岗、美工岗、销售岗等。一个岗位可以有多个人，如图 1-16 所示的“售前客服”岗位就有 4 人。

职位（Position）即你在职场中的位置。岗位与职位许多时候有相同的意思，但也有细微区别：岗位是从企业角度进行描述的，如我们需要哪些类型的人，运营推广还是策划；职位是从个人角度描述的，即我在企业中的位置，如周平的职位是运营部主管。

职务（Job）是指组织中承担相同（相似）职责或工作内容的若干职位的总和。我们经常说的董事长、总经理、总监、经理、主管、专员等就是职务。

职级（Class）是指工作的责任大小、复杂性、难易程度，以及对任职者的能力水平要求近似的一组职位的总和。例如，阿里巴巴集团就将员工分为了十个职级，职级与薪酬体系挂钩。

2. 职业

岗位、职位、职务、职级是相对企业或机关单位而言的，在找工作或企业薪酬体系中经常用到。但当亲戚朋友问你在做什么，你的回答是老师/公务员/会计师/电商运营/网络主播时，对方问的是“你从事什么职业”，你回答的自然也是职业。

职业是指从业人员为获取主要生活来源所从事的社会工作类别。职业须具备下列特征：

（1）目的性，即职业活动以获得现金或实物等报酬为目的；

（2）社会性，即职业是从业人员在特定社会生活环境中所从事的一种与其他社会成员相互关联、相互服务的社会活动；

（3）稳定性，即职业在一定的历史时期内形成，并具有较长的生命周期；

（4）规范性，即职业活动必须符合国家法律和社会道德规范；

（5）群体性，即职业必须具有一定的从业人数。

1）职业分类

《中华人民共和国职业分类大典（2015 年版）》（以下简称《职业分类》）中，将我国职业分类体系分为 8 个大类、75 个中类、434 个小类、1 481 个职业，并列出了 2 670 个工种，标注了 127 个绿色职业。

2）营销相关职业

与营销相关的职业，在《职业分类》中，放在第二大类（GBM 20000）第六中类（GBM 20600）第七小类（GBM 20607），即营销类职业属于专业技术人员中的经济和金融专业人员，是商务专业人员。而商务专业人员，又分为国际商务专业人员、市场营销专业人员、商务策划专业人员、品牌专业人员、会展策划专业人员等细分类别。商务专业人员的细分类别如表 1-4 所示。

表 1-4 商务专业人员的细分类别

中 类	小 类	细类（职业）
2-06（GBM 20600） 经济和金融专业人员	2-06-07（GBM 20607） 商务专业人员	2-06-07-01 国际商务专业人员 2-06-07-02 市场营销专业人员 2-06-07-03 商务策划专业人员 2-06-07-04 品牌专业人员 2-06-07-05 会展策划专业人员 2-06-07-06 房地产开发专业人员 2-06-07-07 医药代表 2-06-07-08 管理咨询专业人员 ……

3）市场营销专业人员、商务策划专业人员、品牌专业人员三类职业的区别

市场营销专业人员、商务策划专业人员、品牌专业人员三类职业的区别如表 1-5 所示。

表 1-5 市场营销专业人员、商务策划专业人员、品牌专业人员三类职业的区别

项 目	市场营销专业人员	商务策划专业人员	品牌专业人员
编号	2-06-07-02	2-06-07-03	2-06-07-04
定义	从事市场分析、产品宣传促销、生产经营决策咨询服务的专业人员	从事社会经济组织商务活动调查、分析、设计的专业人员	从事品牌规划、品牌塑造、品牌推广、品牌维护和品牌运营的专业人员
主要工作任务	（1）进行市场调研，收集市场信息，分析市场动态； （2）研究、提出新产品开发计划； （3）研究、提出产品定价和调研建议； （4）策划并组织实施产品销售、促销方案； （5）管理用户服务系统，组织售后服务活动	（1）进行商务活动目标定位； （2）进行商务活动诊断、调查； （3）进行商务活动创意、构想、设计； （4）进行商务活动方案论证； （5）指导商务活动实施； （6）提供商务活动评估服务	（1）确定品牌精髓、核心定位和品牌特性； （2）设计品牌标识； （3）制定品牌目标和品牌制度； （4）维护品牌知名度、美誉度和忠诚度； （5）进行品牌组合、品牌延伸和品牌特许工作

3．电子商务企业人才需求

电子商务企业需要哪些方向的人才？各岗位人才需求情况是怎样的呢？

随着电子商务的发展，电子商务企业需要的人才方向也在不断发生变化，新的岗位和职业也不断产生。电商智库网经社电商研究中心与国内专业电商人才服务商——赢动教育共同发布的《2019 年度中国电子商务人才状况调查报告》中，将电子商务企业需求的人才分为六类：新媒体、内容创作、社群方向人才，淘宝天猫等传统运营人才，主播（助理）、网红达人方向人才，客服、地推、网销等方向人才，专业数据分析与应用人才，美工、视频动画制作、

IT 方向人才，并统计出 2019 年电子商务企业急需的人才情况，如图 1-17 所示。新媒体、内容创作、社群方向人才成为电子商务企业人才需求的风口。

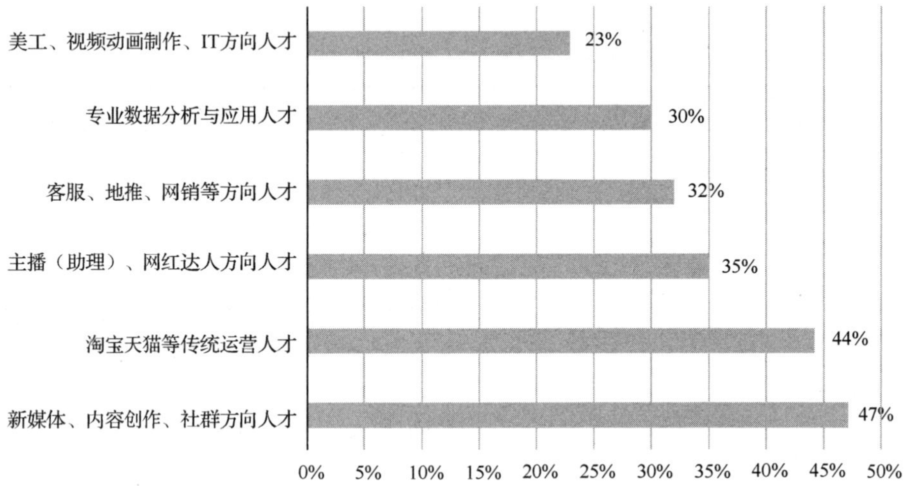

图 1-17　2019 年电子商务企业急需的人才情况

那么，电子商务企业的运营、推广和文案策划有什么区别呢？

【连连看】

下面是电子商务企业几个核心岗位名称及它们的主要工作和关键核心能力，你能用线条进行连接吗？

岗位名称	主要工作	关键核心能力
运营	帮公司花钱的	文字表达能力强，文艺青年
推广	帮公司赚钱的	数字分析能力强，理工男
文案策划	帮公司吸引客户的	组织沟通能力强，班干部

1.2.4　撰写岗位说明书

1. 岗位说明书

岗位说明书（也称职务说明书）是对企业岗位的任职条件、岗位目的、指挥关系、沟通关系、职责范围、负责程度和考核评价内容给予的定义性说明，是企业制定薪酬政策、实施绩效考核的依据。岗位说明书一般由人力资源部门组织编写。

2. 岗位说明书的内容

岗位说明书主要包括两个组成部分：一是岗位职责描述，主要对职位的工作内容进行概括，包括职位设置的目的、基本职责、组织图（职位在组织中的位置）、业绩标准、工作权限、职责履行程序等内容；二是职位的任职资格要求，包括胜任职位所需要的知识、技能、能力、个性特征，以及对人员的培训需求等内容。

某电子商务企业直播主管的岗位说明书如表 1-6 所示，这也是我们经常在招聘网站上看到的信息。

表 1-6　某电子商务企业直播主管的岗位说明书

岗位职责	➢ 负责通过淘宝直播、天猫直播等各大直播平台对公司产品及专业知识进行展示和介绍； ➢ 负责与粉丝进行互动，解答粉丝疑问，增强粉丝的活跃度，促进粉丝的在线购买率； ➢ 负责参与短视频活动等内容的创作，提升店铺产品的曝光率； ➢ 对直播进行回顾和分析，优化直播过程； ➢ 对直播节目质量和品牌形象负责
任职资格	➢ 普通话标准，气质佳，符合品牌调性，具备良好的个人形象，身材匀称，男女不限，女生身高 160cm 以上，男生身高 175cm 以上，年龄 18～33 岁； ➢ 自信、热情、有活力，具有良好的表达能力，镜头造型感强，喜欢与人交流互动，善于调节气氛； ➢ 熟悉时尚品牌、美妆类产品，能就相关产品内容及时与粉丝沟通； ➢ 熟知互联网新兴行业，熟悉网络直播； ➢ 具备一定管理经验

1.2.5　形成部门工作手册

部门工作手册的内容应该包括部门职能、组织架构、岗位职能、管理规范、操作流程、部门费用控制、通用工具表格、上岗要求、工作范围、工作规范、工作目标、工作流程、工作职责等，这些内容都可以作为部门的基础管理文件。

1．部门工作手册的内容及要求

部门工作手册的内容及要求如图 1-18 所示。

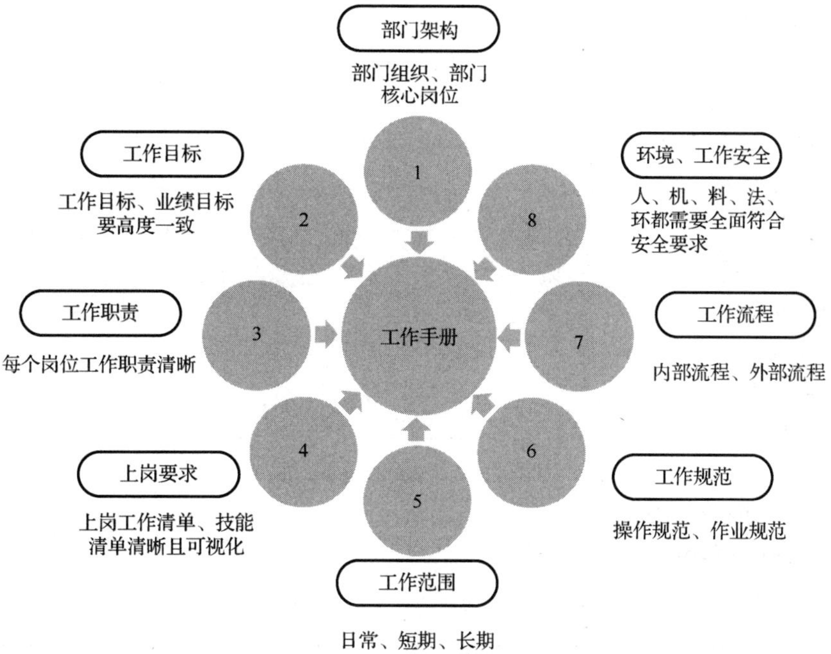

图 1-18　部门工作手册的内容及要求

2．部门工作手册目录示例

以某电子商务企业为例，其电商运营部门工作手册目录如图 1-19 所示。

图 1-19　某电子商务企业的电商运营部门工作手册目录

任务实训

综合能力训练

1．扫描二维码并阅读“产品、运营、营销的概念和关系”一文，就如下几个问题说说你的理解。

什么是营销：________________________________

什么是运营：________________________________

什么是新媒体运营：________________________________

营销与运营的关系：________________________________

阅读材料：产品、运营、营销的概念和关系

2．登录百度，根据你所在的城市分别搜索“网络推广专员”“网店运营专员”“电子商务专员”“新媒体运营专员”“电商主播”，搜索格式为“城市名 岗位名”（如“广州 网络推广专员”），截图“百度百聘”展现的内容，分析你所在城市电子商务人才需求概况。

3．小贾计划学校毕业后自主创业开办一家服装类电子商务公司，销售家族生产出口欧洲的产品。

（1）请为小贾画出电子商务企业组织架构图（截图提交）。

（2）小贾计划招聘网店店长（运营主管）、推广专员、新媒体运营专员各一名，请为他制定这三个岗位的岗位说明书。网店店长（运营主管）岗位说明书、推广专员岗位说明书、新媒体运营专员岗位说明书如表1-7至表1-9所示。

表1-7　网店店长（运营主管）岗位说明书

岗位职责	➢ ➢ ➢ ➢ ➢ ➢ ➢ ➢
任职资格	➢ ➢ ➢ ➢ ➢ ➢ ➢ ➢

表 1-8　推广专员岗位说明书

岗位职责	➢ ➢ ➢ ➢ ➢ ➢ ➢ ➢
任职资格	➢ ➢ ➢ ➢ ➢ ➢ ➢ ➢

表 1-9　新媒体运营专员岗位说明书

岗位职责	➢ ➢ ➢ ➢ ➢ ➢ ➢ ➢
任职资格	➢ ➢ ➢ ➢ ➢ ➢ ➢ ➢

项目 2

调研网络营销市场

内容导图

知识梳理

市场调研是营销实施的基础。不论是企业或商家，在进入市场前，首先一定要经过认真细致的市场调研，确定其市场目标。否则，就会像盲人摸象那样忽略全局，无法正确认清市场。网络营销也一样，只有经过网络营销市场调研，才能采用科学的方法，形成特定的网络营销决策，搭建适合企业或品牌的网络营销矩阵。

因此，本项目将通过 4 个学时的学习，了解并掌握营销调研的方法，通过设计调研问卷、分析调研结果，最终形成调研报告，为网络营销的实施奠定基础。

任务 2.1　营销市场调研

工作任务单及参考流程图

工作任务	营销市场调研	教学模式	任务驱动
建议学时	4 课时	教学地点	一体化实训室
任务描述	贾师兄毕业后决定回到家乡自主创业，家人计划资助 20 万元，希望贾师兄在当地（三线城市）开设一家奶茶店。 那么，开设奶茶店是否可行？如何开设？在哪里开设？前期预算费用多少？请帮贾师兄做一份市场调研报告。		
学习目标	知识目标	✓ 了解营销调研内容项目五看； ✓ 说出营销调研的主要方法； ✓ 掌握 SWOT 分析法。	
	能力目标	➢ 能够根据营销调研目标，制作问卷调查表； ➢ 能够根据营销调研结果，撰写营销调研报告。	
	素质目标	✧ 能够树立创新意识、培养创新精神； ✧ 能够借助大数据平台等工具搜索信息。	
	思政目标	◆ 具备“没有调查就没有发言权”的工作理念； ◆ 具备实事求是的价值观和求真务实的工作态度。	
KPI 指标	方案的实用性和创新能力；目标人群描述清晰度；市场分析合理度；营销策略的可行性和创新性；方案实现路径的可操作性。		
撰写营销调研报告流程			

撰写营销调研报告流程：

- **做什么** ➡
  - 了解营销调研目标
  - 确定营销调研内容
- **怎么做** ➡
  - 选择调研方法
  - 资料分析法
  - 实地调查法
- **过程控制** ➡
  - 设计问卷调查表
- **结果分析** ➡
  - SWOT分析法
  - 定性分析
  - 定量分析
- **形成报告**
  - 展现调研过程
  - 展示调研结果

任务实施

2.1.1　了解调研内容

【想一想】

大多数人的创业会选择开服装店或餐饮店，但成功者寥寥无几，为什么？

____

____

1. 营销调研的定义

菲利普·科特勒在《营销管理》（第 15 版）一书中界定了营销调研的定义：

“营销调研（Marketing Research）是通过信息将消费者、顾客和大众与营销人员相互连接的过程。这些信息用于识别和界定营销机会与问题，提出、提炼和评估营销行动，监督营销绩效，推进人们对营销的理解。营销调研确定所需要调研的相关信息，设计数据搜集方法，管理和执行数据搜集，分析所搜集的数据，并与他们沟通调研发现和所得发现的现实意义。”

这段话有三层含义：

第一，营销调研的本质。营销调研是企业内外部、消费者和营销人员的信息连接。

第二，营销调研的目的。营销调研的目的是界定机会、评估行动、监督绩效。

例如，在某地开服装店、餐饮店好，还是开奶茶店好，就是界定机会；新产品上市后是否受欢迎，新包装是否促进了消费者买得更多，这是评估行动；广告投放效果如何，促销活动是否促进了业绩的增长，这是监督绩效。

第三，营销调研过程分为五步：做什么→怎么做→过程监控→结果分析→形成报告。

营销调研的过程如图 2-1 所示。

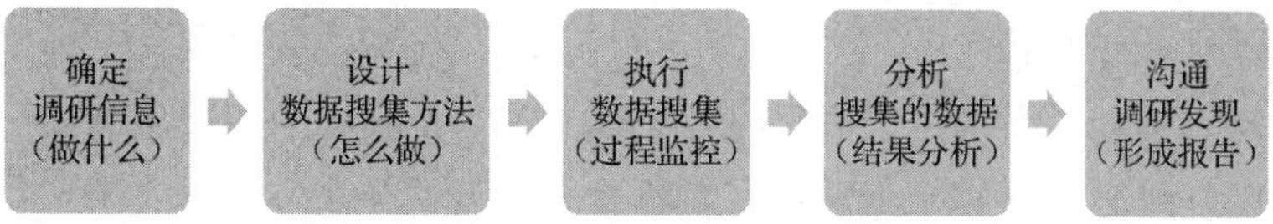

图 2-1 营销调研的过程

2. 营销调研的目的及分类

调研不是企业的专利。人口普查是国家主导的调研；政府领导走访基层是政府常态的调研；类似尼尔森、艾瑞咨询等专业调查机构是社会组织的调研；甚至当个人购买手机、汽车、房子等大件商品时，会自发地咨询用户使用感受，这是个人实施的调研。

企业营销调研一般来说有两个目的：能不能做和怎样才能做得更好。能不能做是指项目可行性分析，它需要在对营销宏观环境和微观环境深入研究的基础上，做出项目是否继续的决定；怎样才能做得更好，就是我们传统意义上的市场调研，在了解消费者和用户需求的基础上，做出更好的营销决策，让企业能够实现利益最大化。

营销调研可以分为营销环境调研和市场调研，其调研的对象、目的、方法和采用的分析方法不一样。营销调研的分类如图 2-2 所示。

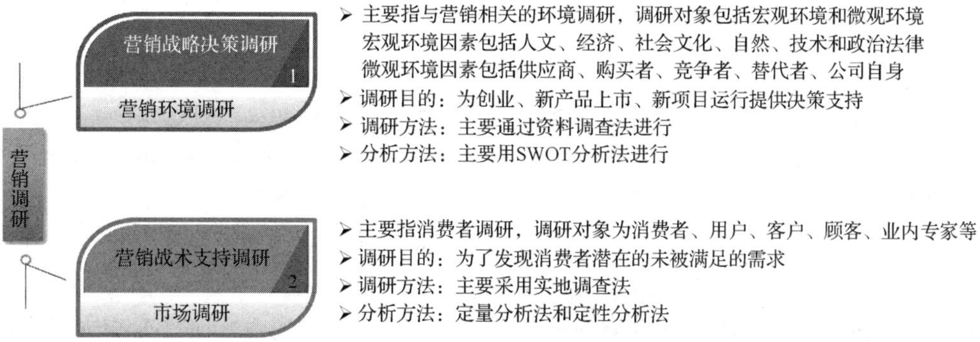

图 2-2 营销调研的分类

3．营销调研的内容

企业营销调研一般包括五个方面：营销环境调研、市场需求调研、竞争对手调查、用户情况调研、市场销售策略调查。营销环境调研、市场需求调研、用户情况调研是三个不同的概念，它们调研的对象与内容还是有区别的。营销调研的内容如图2-3所示。

图2-3　营销调研的内容

4．营销环境调研的内容

我们在考察一个创业项目是否值得投入、一个新产品是否有发展前景、一家公司是否值得加入时，可以从政府、行业、竞争对手、消费者和自身五个角度来考量，称为项目五看，如图2-4所示。这也是我们开展营销环境调研的内容和方向。

图2-4　项目五看

【答一答】

许多人创业，都会选择开服装店或餐饮店，但成功者寥寥无几，为什么？

从项目五看角度来分析：一看政府，政府鼓励大众创业，人人都可以开服装店或餐饮店，这方面没有问题；二看行业，服装、餐饮行业处于成熟期，实现爆炸性增长的概率较低；三看竞争对手，由于服装、餐饮行业准入门槛低，竞争对手数量庞大；四看消费者，消费者面临选择的商家多，对品牌的忠诚度不高；五看自身，新进入一个行业，学习成本高。

所以，当新创业者从行业、竞争对手、消费者、自身四个角度看都没有竞争优势时，创业成功的概率就不会太高。

【继续想】

为什么小区的烟酒专卖店、摄影打印店存活的时间会比服装店、餐饮店长？

线下开家奶茶店，会不会是个好的创业项目？为什么？你如何证明你的判断是准确的？

5．营销环境调研的方法

【想一想】

假设你是某家品牌手机的营销人员，能不能找出三种调研竞争对手的方法？

现在网络发达，很多行业、竞争对手、消费者等信息的搜集都能通过网络完成。那么，项目五看具体怎么看呢？其具体内容如图 2-5 所示。

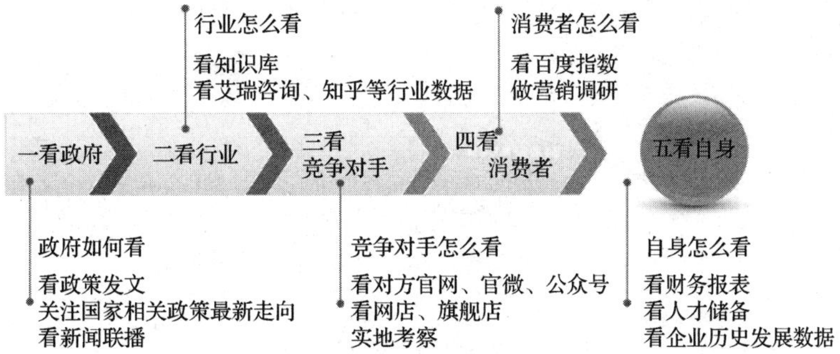

图 2-5　项目五看的具体内容

2.1.2　掌握调研方法

1．营销调研方法

【想一想】

从项目五看角度，贾师兄觉得奶茶市场处于行业成长期，且家乡竞争对手不多，加鲜奶或鲜果的新式茶饮将受到年轻人的追捧。他计划对当地奶茶市场开展市场调研。那么，你建议他采用哪些调研方法？

根据信息来源的不同，营销调研方法可以分为资料调查法和实地调查法。

资料调查法是针对二手资料，为达到某种目的，对已经存在的资料进行收集的方法。优点是方便经济；缺点是适应性差。

实地调查法是指针对第一手资料，即直接取自调查对象原始资料的收集方法。优点是针对性强；缺点是投入大。

1）资料调查法

网络搜索是当前资料调查常用的方法。我们可以通过浏览政府官方网站（简称官网）、调查机构专业网站、竞争对手官网和官方微博（简称官微）、百度指数页面等方法，来了解政策、行业、竞争对手与消费者的情况。资料调查的方法如图 2-6 所示。

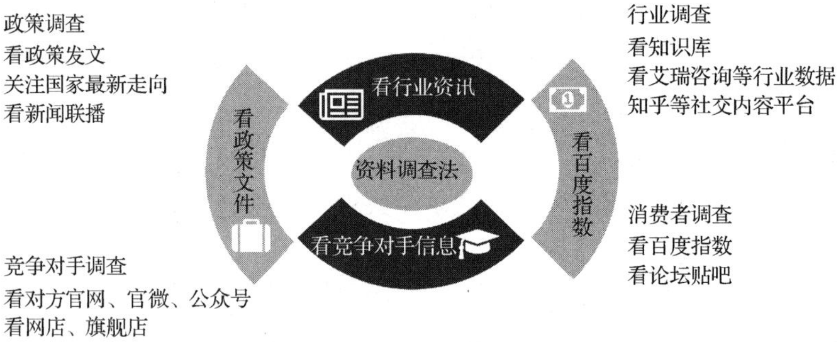

图 2-6　资料调查的方法

2）实地调查法

实地调查法又包括询问法、观察法和实验法三种，如图 2-7 所示。

询问法	观察法	实验法
• 市场调研人员直接向被调查者提出问题，以获得信息资料的调查方法，也称直接调查法，是市场调研中最常用的方法之一。	• 是在现场直接观察或利用各种仪器，观察被调查者行为或现场事实的一种收集资料的方法，也称实地研究方法。	• 是在给定的条件下，通过实际小规模的实验对比，借此检验用户对产品的反应情况。

图 2-7　实地调查法的三种方法

（1）询问法。询问法是市场调研最常用的方法之一，是指通过访问调查、邮寄问卷调查、电话调查、留置调查、互联网调查等方式，获取专家、用户、消费者等目标人群对特定问题看法所采用的市场调研法。询问法不同方式的特点如图 2-8 所示。

访问调查	邮寄问卷调查	电话调查	留置调查	互联网调查
入户访问 拦截访问 座谈访问	效率低 时间长 已较少采用	速度快 省时间 费用低 难以深度调研	将调查问卷交调查者 调查者填写完后 按指定方式交回	便利、快捷、高效 回收率高 主流的实地调查法之一

图 2-8　询问法不同方式的特点

（2）观察法。观察法是调研人员采取不引人注意的方式来观察消费者购物和使用产品的情形，以收集最新数据资料。观察法包括直接观察法、痕迹观察法和行为记录法三种。

直接观察法（也称“神秘顾客”法）是线下零售店经常采用的一种方法。企业指定人员以普通消费者的身份，到企业指定的门店，通过购物、业务咨询，以及检查门店环境、产品、服务、促销活动等行为，收集完整的反馈暗访信息，帮助企业发现问题、提高管理掌控力。我们在了解竞争对手线下门店时，也常常采用直接观察法。

痕迹观察法是指调查人员不直接观察被调查者的行为，而是观察被调查者留下的痕迹的方法，如从居民的垃圾中分析居民的消费水平。

行为记录法是指由调查人员用特定的仪器将被调查者在一定时间内的行为记录下来，从中找出所需信息的方法。“眼动”测试是行为记录法的一种。对于个体而言，来自外界的信息有 80%～90%是通过眼睛获取的。“眼动”具有一定的规律性，这些规律性提示了认知加工的心理机制。美国网站设计师杰柯柏 • 尼尔森（Jakob Nielsen）曾发表了一篇名为《眼球轨迹的研究》报告，报告中提出，大多数情况下浏览者都不由自主地以“F”形状的模式阅读网页，这种基本恒定的阅读习惯决定了网页呈现“F 状”的模式。“F 状”的阅读模式如图 2-9 所示。

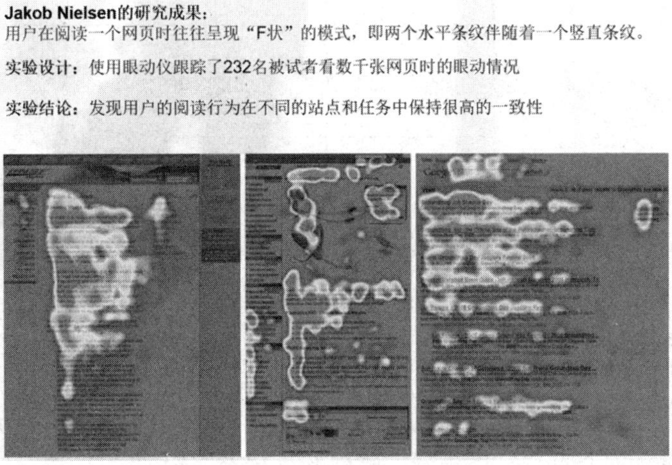

图 2-9　“F 状”的阅读模式

（3）实验法。实验法是先进行小规模实验，然后分析这种实验性的营销方法是否值得大规模推广的一种方法。

A/B 测试是互联网企业最常用的营销调查实验法之一。A/B 测试是为 Web、App 界面或流程制作两个（A/B）或多个版本，在同一时间维度，分别让组成成分相同（相似）的访客群组（目标人群）随机访问这些版本，收集各群组的用户体验数据和业务数据，最后分析、评估出最好版本予以正式采用。

【答一答】

我们该如何开展奶茶项目的前期营销调研？

我们可以采用实地调查法（观察法、询问法、实验法）、资料调查法对奶茶项目进行前期营销调研，具体方法如图 2-10 所示。

采用资料调查法的目的是了解国家对奶茶行业的政策规范、行业发展前景、市场竞争概况、重度消费群的消费心理和消费习惯、核心品牌概况、未来发展趋势等。

采用观察法的目的是了解项目周边营销环境及竞争对手情况。我们需要走访和观察奶茶店目标位置周边的商业氛围、用户消费水平、竞争对手分布；我们需要近距离观察竞争对手营业情况、店面布置、促销活动、日消费人群数量、产品品类及价格等。

采用询问法的目的是了解项目目标市场情况：可以通过访问奶茶店主了解项目可能存在的困难及解决办法；可以通过线下问卷调查了解当地消费者的奶茶消费频度、可接受的价位、口味偏好等；可以询问奶茶店周边商家对奶茶项目的感想。

奶茶店开业后，我们试营业一个月，用实验法来测试客户对产品、价格、包装、配送的偏好。

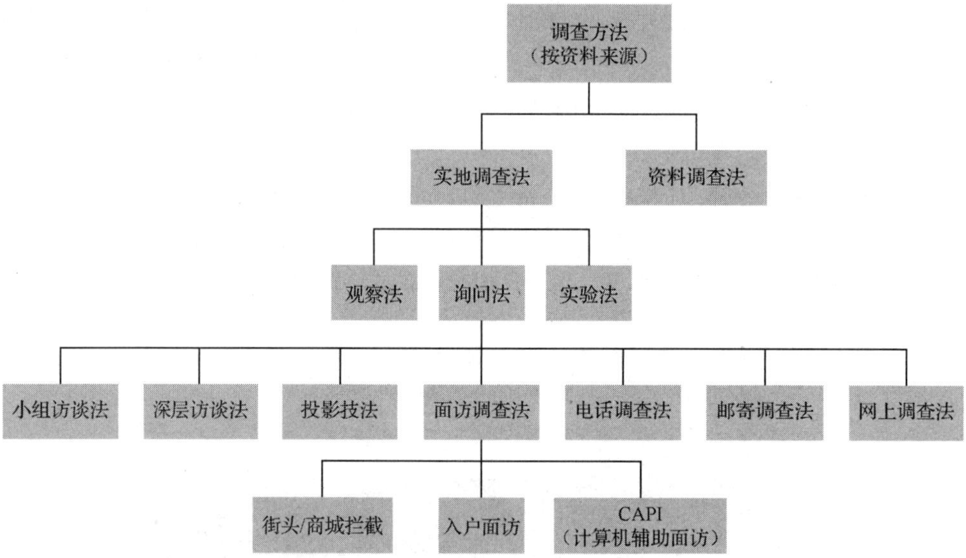

图 2-10　奶茶项目前期营销的调研方法

2.1.3　设计调研问卷

问卷调查是营销调研重要的一种调查方法。无论是街头/商城拦截/入户的线下问卷调查，还是现在流行的网络问卷调查，都需要了解问卷调查表的构成、问卷设计的基本原则，掌握问题设计的技巧。

1. 问卷调查的问题设计

【选一选】

针对同一问题，我们设计了两种不同的提问方式，如表 2-1 所示。你认为哪种方式好？为什么？

表 2-1　针对同一问题的两种不同提问方式

问　题	方　式　一	方　式　二
1	请问你使用什么牌子的香皂	最近 1 个月，你使用过什么牌子的香皂呢
2	对××香皂的包装与味道，你是否喜欢呢	请你分别给××香皂的包装和味道打分（满分 5 分）
3	大家都觉得××香皂很好，你觉得呢	结合你的使用感受，你觉得××香皂如何？请写下你的想法
4	你有痔疮吗	痔疮患者存在多方面的烦恼，你有这方面的烦恼吗

问卷调查的问题设计，一般分为开放式问题和封闭式问题两种。

问卷调查的问题类型，包括单选、多选、排序、填空、量表五类题型，如表 2-2 所示。

表 2-2　问卷调查的问题类型

题　型	说　明	举　例
单选	一般是如“是/否”“男/女”两个选项，或者是多个选项的单选	你用微信购物的频次是
多选	一般是多个选项，选择其中几个	你用微信最常购买的产品是
排序	让消费者按顺序排序	根据你用微信购物时考虑因素的重要性进行排序

续表

题　型	说　明	举　例
填空	对某个问题的看法，或者是补充多选未罗列的选项	与天猫、京东相比，你认为通过微信购物最大的缺点是
量表	比较主观，调查消费者对某个事件的态度、感受，并用数字来表示，一般采用 5 级或 7 级量表	针对以下描述，请按照 1～7 分进行评分，1 为非常不满意，7 为非常满意

问卷调查的问题设计，应注意如图 2-11 所示的六个问题。

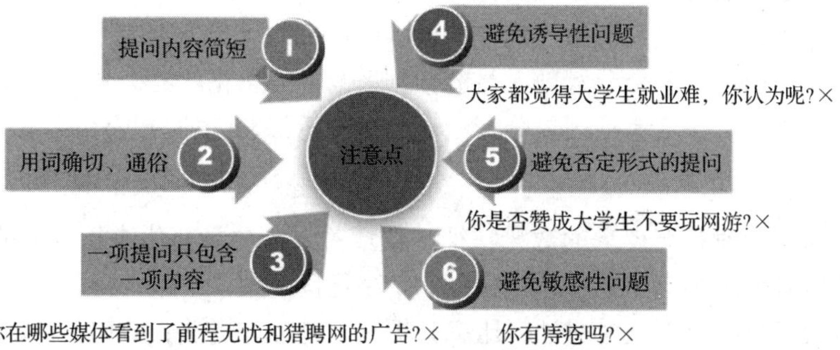

图 2-11　问卷调查进行问题设计时应注意的问题

2. 问卷设计的基本原则

设计问卷调查时，应遵循的基本原则如下：

（1）先易后难。容易回答的问题放在前面，比较困难的问题放在后面。

（2）先封闭后开放。封闭式的问题放在前面，开放式的问题放在后面。

（3）先必填后选填。必须填写的问题放在前面，选择填写的问题放在后面。

（4）注意逻辑性。先问与“有没有”相关的问题，再问与“程度”相关的问题。

（5）问题数量的控制。问题数量控制在 20 个左右，数量太少达不到效果，太多则容易被访问者放弃。

3. 问卷调查表的构成

一份规范的问卷调查表一般包括四个部分：问卷标题、问卷说明、问卷主体和致谢语，如图 2-12 所示。

■ 问卷标题
　□ 例如：中国互联网发展状况及趋势调查
■ 问卷说明
　□ 引言：调查的目的、意义、主要内容、调查的组织单位、调查结果的使用者、保密措施等
　□ 答卷要求和注意事项
　□ 对答卷者的感谢
　□ 被调查人员的联系方式
■ 问卷主体
　□ 开放式问题
　□ 封闭式问题
■ 致谢语

图 2-12　问卷调查表的构成

2.1.4 分析调研结果

针对不同的调研内容，我们采取的分析方法是不一样的。例如，对于市场调研的数据，一般采用定性分析法和定量分析法；针对营销环境的可行性调研，一般采用 SWOT 分析法。

1. 定性分析法

定性分析法亦称非数量分析法，是指主要依靠预测人员的丰富实践经验及主观判断和分析能力，推断出事物的性质和发展趋势的分析方法，属于预测分析的一种基本方法，如今年冬天羽绒服的销售走势、我们的用户是谁、某款新产品的未来发展前景等。

定性分析法的结论来自企业管理人员的预判、专家的意见、销售人员的预估、市场测试、小组讨论等。定性分析法又包括因果分析法、比较分析法和矛盾分析法。

2. 定量分析法

定量分析法是指对社会现象的数量特征、数量关系与数量变化进行分析的方法，如行业市场规模、消费者使用频率、消费者能接受的价格区间等。

定量分析法又包括以下五种方法：比率分析法、趋势分析法、结构分析法、相互对比法、数学模型法。

3. SWOT 分析法

SWOT 分析法是美国旧金山大学的管理学教授韦里克于 20 世纪 80 年代提出的，用于企业从内外部收集资讯，分析市场环境、竞争对手后，制定企业战略。S（Strengths）是指优势，W（Weaknesses）是指劣势，O（Opportunities）是指机会，T（Threats）是指威胁。SWOT 分析法的内容如图 2-13 所示。

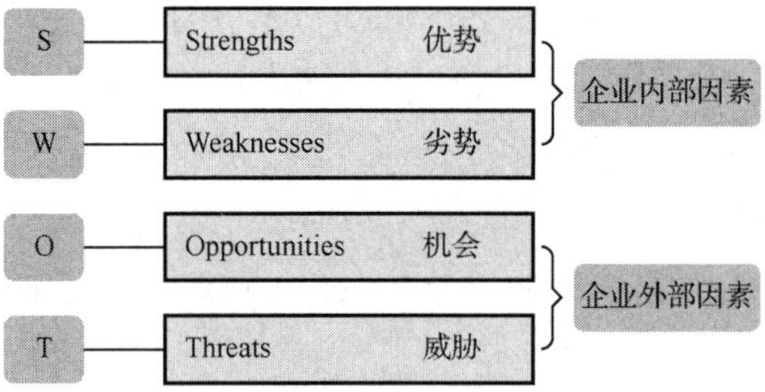

图 2-13 SWOT 分析法的内容

需要特别注意的是，优势和劣势是针对企业内部因素而言的，你有而竞争对手没有的才叫优势，如人才储备、资金实力、专利技术、品牌形象、销售网络等；机会与威胁是针对企业外部因素而言的，是你和竞争对手共同面临的，机会来自政府政策、行业发展生命周期、市场进入壁垒、消费者需求的增长等。

【想一想】

政府鼓励大学生创业是你的优势还是机会？

项目准入门槛高，潜在竞争对手进入困难，是你的优势还是机会？

你的创业项目是校园电商，自己了解消费者需求和心理，是你创业的优势还是机会？

2.1.5　撰写调研报告

1. 营销调研报告的分类及要求

营销调研报告从类型上可分为数据型报告、分析型报告和咨询型报告三种；从结构上可分为开头、正文和附件三个部分，如图 2-14 所示。

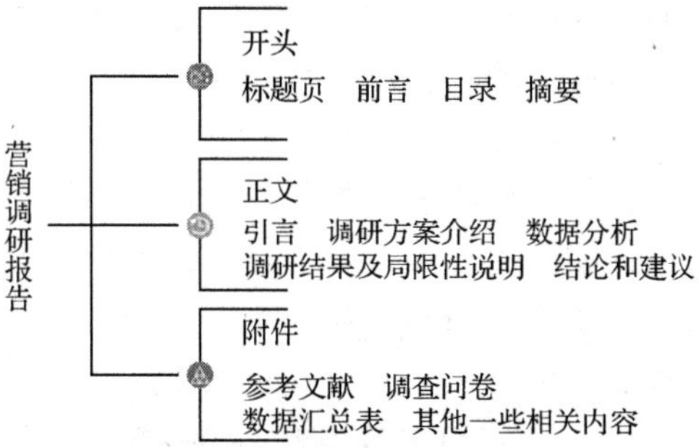

图 2-14　营销调研报告的结构

营销调研报告一般要达到如下要求：

（1）调研报告力求客观真实、实事求是。调研报告必须符合客观实际，引用的材料、数据必须是真实可靠的。

（2）调研报告要做到调查资料和观点相统一。营销调研报告是以调查资料为依据的，即调研报告中的所有观点、结论都要有大量的调查资料为根据。在撰写过程中，要善于用资料说明观点，用观点概括资料，二者相互统一。

（3）调研报告要突出市场调研的目的。撰写市场调研报告，必须目的明确、有的放矢。市场调研是为了解决某一问题，或者是为了说明某一问题，市场调研报告必须围绕市场调研目的来进行论述。

（4）调研报告的语言要简明、准确、易懂。调研报告是给人看的，因此，撰写调研报告语言要力求简单、准确、通俗易懂。

2. 营销调研五步法则

营销调研五步法则如图 2-15 所示。

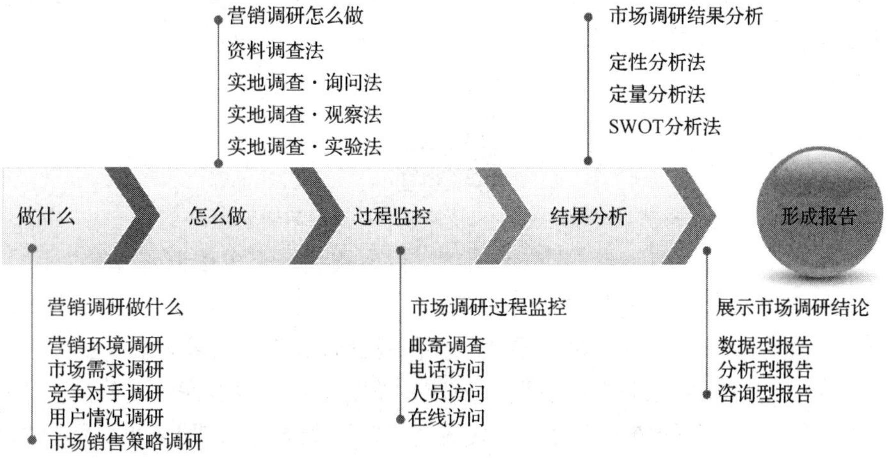

图 2-15　营销调研五步法则

任务实训

一、理论知识训练

1．单项选择题

（1）A/B 测试属于下面哪种调研方法？（　　）

A．资料调研法　　B．观察法　　C．询问法　　D．实验法

（2）“眼动”测试属于下面哪种调研方法？（　　）

A．资料调研法　　B．观察法　　C．询问法　　D．实验法

（3）“神秘顾客”法属于下面哪种调研方法？（　　）

A．资料调研法　　B．观察法　　C．询问法　　D．实验法

（4）政府鼓励大学生创业，是你创业的（　　）。

A．优势　　B．劣势　　C．机会　　D．挑战

（5）你的创业项目是校园电商，自己了解消费者需求和心理，是你创业的（　　）。

A．优势　　B．劣势　　C．机会　　D．挑战

（6）奶茶行业处于产品生命周期的成长期，未来将迎来爆炸性增长，是你创业的（　　）。

A．优势　　B．劣势　　C．机会　　D．挑战

（7）可口可乐问卷中问“如果有新口味，你愿意尝试吗”，不符合哪个原则？（　　）

A．一项提问一个内容　　B．避免诱导性问题

C．避免否定形式提问　　D．避免敏感性提问

2．多项选择题

SWOT 分析法中，属于企业内部因素的是（　　）。

A．优势　　B．劣势　　C．机会　　D．挑战

二、综合能力训练

小贾学校毕业后计划自主创业，现筹备了 20 万元资金，希望在他的家乡（三线城市）开设一家奶茶加盟店，现需要你对奶茶项目及投入产出做一个营销调研。

1．扫描二维码并阅读“2019 年新式茶饮行业市场前景研究报告”一文，请从项目五看角度来判断奶茶加盟店是否值得投资。

阅读材料：2019 年新式茶饮行业市场前景研究报告

2．小贾需要对周边市场进行一次市场调研，请你规划一个市场调研方案。

（1）你将采用哪几种市场调研方法？

（2）请为这次市场调研在问卷星上设计一份问卷调查表格（要求：不少于 15 个问题，由易到难；封闭式、开放式问题齐全；单选、多选、填空、量表题型齐全）。

3．找出五个以上奶茶加盟品牌并进行优劣势分析（列表），你建议小贾选择哪个品牌进行加盟？为什么？

4．在三线城市开设一家 15m^2 左右的奶茶加盟店，需要哪些投入？请做出资金需求预估表。

5．用 SWOT 分析法，分析这个项目的优劣、劣势、机遇与挑战，并给出应对措施。

三、创新创业项目训练

请根据本任务的“综合能力训练”的调研结果，撰写一份奶茶市场的营销调研报告。

项目 3

制定网络推广策划案

内容导图

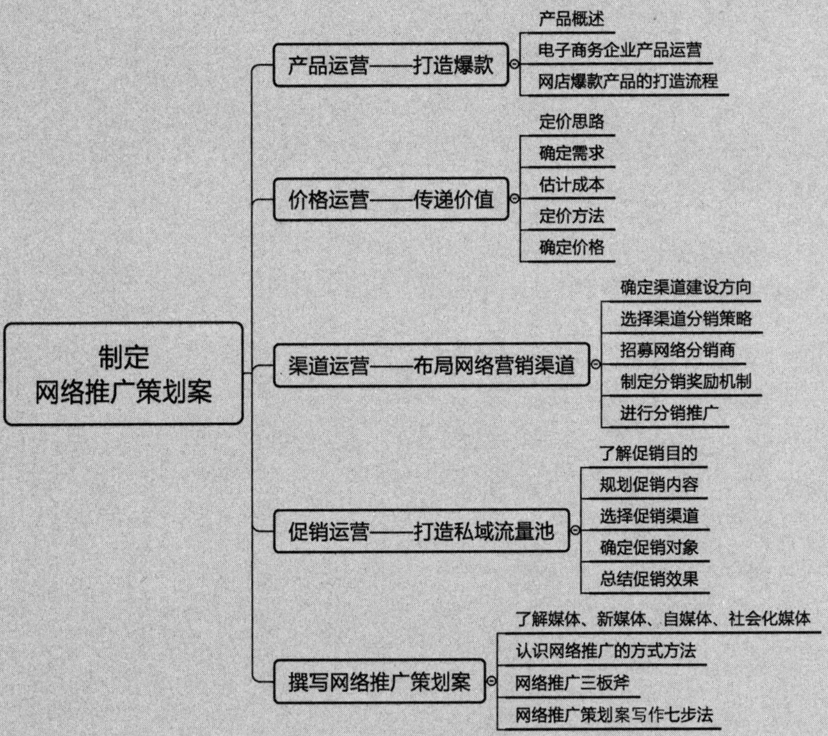

知识梳理

项目 2 我们学习了网络营销市场调研，本项目介绍网络推广策划案的制定，为接下来网络营销实施指引方向。首先，对产品、价格、渠道、促销运营知识进行梳理，这些内容是制定营销策略、实施网络营销的基础；其次，对网络推广的方式方法进行介绍，着重讲解网络推广三板斧理论，它也是项目 4 至项目 6 教学内容的理论依据；最后，介绍实用的网络推广策划七步法。

任务 3.1　产品运营——打造爆款

工作任务单及参考流程图

工作任务	分析网店打造爆款的流程		教学模式	任务驱动
建议学时	2 课时		教学地点	一体化实训室
任务描述	电子商务企业是如何进行产品分类的？假设你是产品专员，该如何为企业的网店打造爆款产品？			
学习目标	知识目标	✓ 了解产品的分类； ✓ 熟悉产品生命周期及爆款产品打造的流程； ✓ 掌握产品五层次。		
	能力目标	➢ 能够判断产品的生命周期，并采取正确的营销方法； ➢ 能够从产品五层次角度打造特色产品。		
	素质目标	✧ 具备学习能力，能够将理论知识用于营销实践； ✧ 具备创新能力，能够掌握知识点并完成项目任务。		
	思政目标	◆ 具备“没有调查就没有发言权”的工作理念； ◆ 具备实事求是的价值观和求真务实的工作态度。		
KPI 指标	产品销售数量、产品销售金额、店铺动态评分（产品与描述相符、卖家的服务态度、卖家的发货速度、物流企业的服务）。			
网店爆款打造流程图				

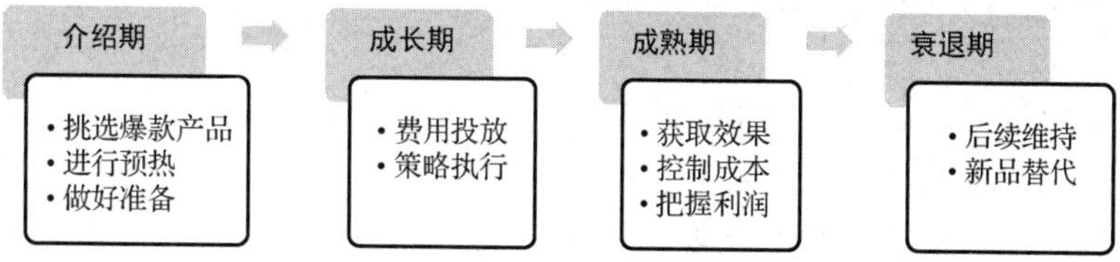

任务实施

【想一想】

我们在买茶叶时，商家会送小包的、更贵的样品给我们；我们在收到宝洁公司的产品时，其赠品一般是新产品试用装。为什么要用更贵的样品、新产品作为促销赠品呢？

____

____

3.1.1　产品概述

1. 产品定义

产品是任何一种能被提供满足市场欲望或需要的东西，包括有形物品、服务、体验、事件、人物、地点、财产、组织、信息和想法等（菲利普·科特勒《营销管理》第 15 版）。

任何东西都可以看作是“产品”，它的好坏取决于它被需要的程度，以及它满足外界需要的程度。众人眼中成功的人必是很好地满足大众需要的人。所以，KOL、明星等都是产品；抖音、快手、知乎等互联网 App 也是产品。

2．传统产品的分类

传统产品按耐用性和有形性可分为易耗品、耐用品和服务；按购买目的可分为消费品和工业品两类。其中，消费品类可分为便利品、选购品、特殊品和非寻找品；工业品类可以分为原材和零部件、资本项目、补给品和商业服务，如图 3-1 所示。市场营销主要研究的是消费品类的产品。

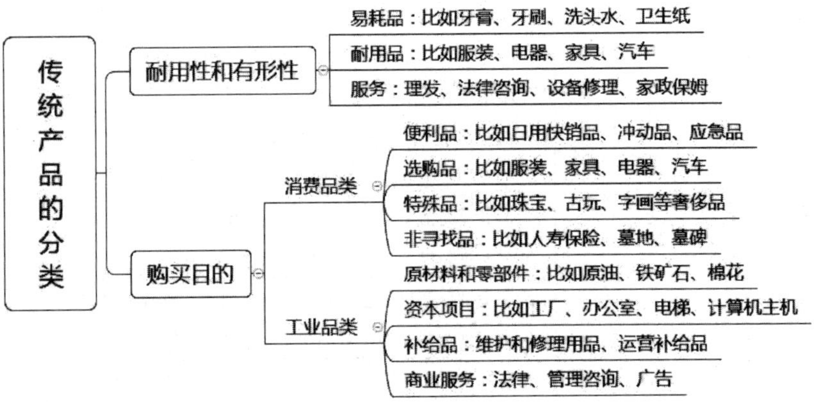

图 3-1　传统产品的分类

为什么要进行产品分类？因为不同类型的产品，消费习惯不同，购物决策方式不同，营销推广方式也会不一样。

易耗品的使用时间短，客单价低，重复购买率高。易耗品的特点决定了其适合的营销策略是降低单位产品的毛利率、增加销售网点、多做提醒性（低度介入）广告，以培养消费者的品牌偏好。我们在电视或视频广告里，看到更多的是易耗品广告。这也是为什么宝洁公司一直是中国较大广告主的原因之一。

耐用品使用时间长，重复购买率低，决策周期长，单位产品毛利和定价高。其适合的营销策略是要提供更多的附加服务和应有的质量保证。营销者要向顾客提供更多的担保条件和售后服务，需要更多的介绍性（高度介入）广告。

服务具有无形性、不可分性、可变性和易逝性的特征，营销人员需要找到方法使无形服务有形化，提高服务提供者的生产效率，提高和规范所提供的服务质量，并将服务供给与市场需求相匹配。

3．互联网产品的分类

互联网产品是基于互联网技术，用于满足用户特定需求的功能和服务的集成品。互联网产品的分类如图 3-2 所示。

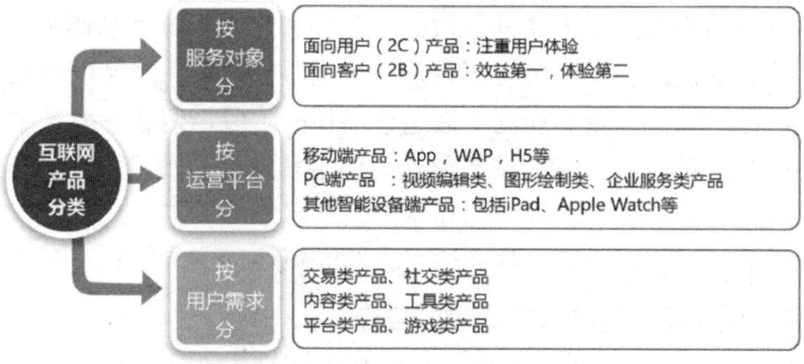

图 3-2　互联网产品的分类

【想一想】

从用户需求角度分类的互联网产品，哪些产品最赚钱？哪些产品人气旺却很难盈利？从用户需求角度分类的互联网产品如图 3-3 所示。

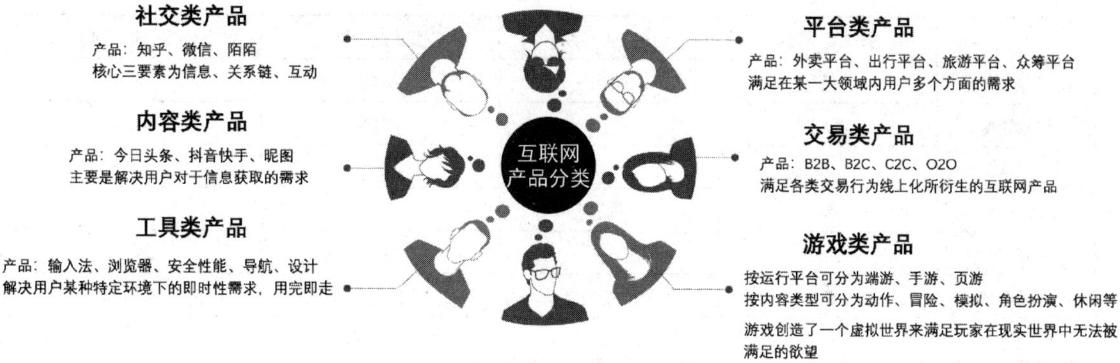

图 3-3　从用户需求角度分类的互联网产品

____

____

4．产品生命周期

【想一想】

假设有两家各方面条件差不多的电子商务企业录用了你，一家是服装企业，一家是家居建材企业，你会选择哪一家？为什么？

____

____

产品生命周期理论是由美国哈佛大学教授费农于 1966 年首次提出的。费农认为：产品生命是指其在市场上的营销生命，产品的生命和人的生命一样，要经历形成、成长、成熟、衰退这样的周期，而这个周期在不同技术水平的国家里，发生的时间和过程是不一样的。

1）产品生命周期的四个阶段

如果将产品整个生命周期过程的销售量（额）用一条曲线连接起来，就可以得到产品生命周期曲线。根据产品生命周期曲线的变化规律，可以将产品生命周期分为四个阶段：介绍期、成长期、成熟期和衰退期。

介绍期：指新产品投入市场的初期阶段，产品销售量（额）增长缓慢，没有利润。当产品销售量（额）增长变快，利润由负变正时，介绍期即告结束，产品生命周期进入成长期。

成长期：指产品销售量（额）和利润额迅速增长的阶段，两者的增长率都较高。

成熟期：指产品的销售量（额）依然增长，但增长速度放缓，后期甚至缓慢下降，销售总量（额）虽比其他各期都大，但利润却在下滑。

衰退期：指产品的销售量（额）加速递减，利润更快地下降，直至负值。

2）产品生命周期各阶段的特点及其营销目标

产品生命周期各阶段有不同的特点，企业需要根据其特点，制定相应的市场营销组合策略，以获得更理想的产品生命周期——较短的介绍期、较长且销售量（额）增长迅速的成长期、更长的成熟期、销售量（额）下降速度较慢的衰退期。产品生命周期各阶段的特点如表3-1所示。

表3-1　产品生命周期各阶段的特点

	介　绍　期	成　长　期	成　熟　期	衰　退　期
销售量（额）	低	剧增	最高	衰退
销售速度	缓慢	快速	减慢	负增长
成本	高	一般	低	回升
价格	高	回落	稳定	回升
利润	亏损	提高	最大	减少
顾客	创新者	早期使用者	中间多数使用者	落伍者
竞争力	很小	增强	稳中有降	减小
营销目标	建立知名度 鼓励试用	最大限度地占有市场	保护市场 争取最大利润	压缩开支 获取最后价值

产品生命周期理论在我们生活中也经常用到。例如，电商求职中为什么更应该选择家居建材企业？因为服装电商已进入成熟期，未来增长空间有限，升职加薪机会较少；而家居建材已到成长期，将迎来爆炸性增长，升职加薪机会较多。平台电商与社交电商，你会选择往哪个方向发展？国内电商与跨境电商，哪个更有增长空间？这些都与产品生命周期有关。

5．产品五层次

从营销角度来看，产品分为核心产品、形式产品、期望产品、附加产品和潜在产品五个层次，如图3-4所示。我们可以从产品五层次角度进行需求调研，研发特色产品，提升产品竞争力。

核心产品是指向顾客提供基本效用或利益的产品。从根本上讲，每个产品实质上都是为解决问题而提供的服务。例如，消费者购买口红的目的不是得到某种颜色、形状的物体，而是通过使用口红提高自身的形象和气质。

潜在产品是指现有产品包括所有附加产品在内的，可能发展成为未来最终产品的潜在状态的产品。潜在产品指出了现有产品可能的演变趋势和前景。例如，彩色电视机可发展为大屏智能电视、量子点电视、激光电视等。

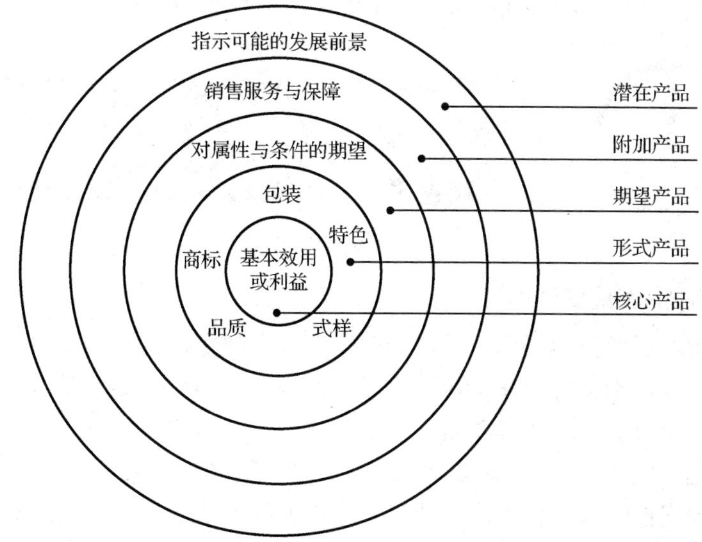

图 3-4　产品五层次

一般来说，产品的特点主要集中在形式产品、期望产品和附加产品这三个层次。

1）从形式产品层次挖掘产品特点

形式产品是指核心产品借以实现的形式或目标市场对某一需求的特定满足形式，包括品质、式样、特色、包装和商标。从形式产品层次打造或提炼产品特点，是企业常用的手法。

（1）品质。品质是指产品的质量，是产品的品位等级和质量等级的综合体现。费根堡认为："品质不是最好的，它只是在某些消费条件下的最好，这些条件指的是产品价格（隐含品质成本），以及实际的用途。"

例如，同样强调品质形成自己的特点，某饮用水说"27 层净化"；某品牌口香糖说"根本停不下来"；某品牌手机说"充电五分钟，通话两小时"。

（2）式样。很多产品都可能在形式上有所差异——产品的大小、形状或实体结构。对于服装、箱包、鞋帽、手表、眼镜等日用品来说，式样是产品的一个重要因素。

（3）特色。大部分产品可以在其基本功能上补充各种各样的特色，以满足不同细分市场人群的需求。

例如，同样是网上卖鲜花的品牌，"花点时间"是以周为单位对鲜花进行订购配送的；"FlowerPlus 花+"颠覆了传统鲜花多在节庆、纪念日消费的礼品花模式，填补都市人日常鲜花消费的市场空缺，通过手机端下单、包月制宅配的方式，培育日常用花的消费模式；"rose only"主打"一生只送一人""一生只爱一人"的概念，聚焦高端礼品用花市场。

（4）包装。包装的本质不是一个产品包，而是一个信息包，是一个信息"炸药包"！这个信息包在商场或电子货架上和其他信息包竞争，脱颖而出，引起消费者注意，并携带购买理由，"炸"开消费者的心智，达成购买。

例如，可口可乐的红，百事可乐的蓝。脑白金外包装为什么用蓝色？史玉柱说："因为当时保健品市场的大多数同类产品都是用红色的包装，所以在产品包装上我们选择了蓝色，让脑白金能在一片红里面脱颖而出，第一时间吸引消费者的目光。"

（5）商标。商标是运用图形或事物的象征性含义，间接地表现品牌的内在含义及特点。

例如，我们看到金拱门会想起麦当劳、看到上校会想起肯德基、看到小钩子会想起耐克等。看到如图 3-5 所示的三个商标，我们就知道它们所代表的汽车品牌。

图 3-5　汽车品牌商标

2）从期望产品层次挖掘产品特点

期望产品是指购买者在购买产品时，期望得到与产品密切相关的全部属性与条件。

例如，旅馆的客人期望得到清洁的床位、洗浴香波、浴巾、电视等服务。顾客对产品的期望与顾客自身的条件有关，如知识水平、收入水平、生活习惯、价值观念等。例如，我们住酒店，花 200 元和花 2 000 元，对酒店的期望和要求是不一样的。

企业可以从耐用性、售后、物流、使用方便程度等期望产品的层次，打造产品特点。

（1）耐用性。耐用性衡量产品在自然或有压力的情况下预期寿命的长短。耐用性对交通工具、家具建材、家用电器和其他耐用品来说是一个重要因素。

例如，充电宝市场上较为知名的品牌有品胜、羽博、倍斯特、罗马仕、小米、爱国者、飞利浦、电小二、忆捷、品能等。同样讲耐用性，可以讲“充电半小时，续航一整天/周”；可以讲“使用寿命 600 次以上，365 天只换不修”；可以讲“快充 5 分钟，微信 2 小时”；可以讲“偏执狂重塑经典，365 天只换不修”等。

（2）售后。售后是衡量当产品发生故障或失常时的维修响应速度及容易程度的因素。

（3）物流。物流是物品从供应地向接收地的实体流动过程中，根据实际需要，将运输、储存、装卸搬运、包装、流通加工、配送、信息处理等功能有机结合起来实现用户需求的过程。电子商务时代，顾客对物流速度有要求。

例如，外卖要求在半小时内送达，京东和天猫超市购物要求次日送达，电商物流“春节不打烊”等。

（4）使用方便。消费者厌恶复杂，于是诞生了“傻瓜相机”“P 图神器”“一站式服务”“自助下单”“0 秒退房”等简便功能或服务。

3）从附加产品层次挖掘产品特点

附加产品是指顾客购买形式产品和期望产品时，附带获得各种利益的总和。

例如，购物中心的免费停车、免费 WiFi，小区楼盘的会所、配套的重点学校，食品的试吃、赠品，酒店的无线网络、免费水果等。小米创始人雷军多次说过，小米真正学习的是同仁堂、海底捞和沃尔玛三家企业。“我们像同仁堂一样做产品，货真价实，有信仰；向海底捞学用户服务，做超预期的口碑；向沃尔玛学运作效率。”海底捞是家主营川味火锅的餐饮连锁店，让消费者津津乐道的不是它的产品或价格，而是其“逆天”的服务：等位时免费美甲、吃火锅时免费清洗眼镜、上洗手间时帮助挤洗手液、吃饭时的变脸及拉面表演、生日时加送的菜式及面条、服务员发自内心的微笑……

3.1.2　电子商务企业产品运营

【想一想】

天猫和京东，它们对产品的分类（类目）是否一致？为什么会这样？

1．电商平台的产品分类（类目）

电商平台的产品分类又称类目。目前，天猫或京东的产品数量已经有数十亿个，它们是怎样进行产品分类，并让用户精准、快速、方便地找到自己想要的产品的呢？

下面以天猫为例介绍电商平台的产品分类。

天猫按大到小的层次将产品分为天猫经营大类、一级类目、二级类目、三级类目、四级类目共五类。

根据“天猫 2020 年度各类目年费软件服务费一览表”的数据，天猫共分为服饰、鞋类箱包、运动户外、珠宝配饰、化妆品（含美容工具）、家装家具家纺、母婴、食品、保健品及医药、3C 数码、家用电器等 19 个经营大类。

天猫后台的类目分类和前台的类目分类展现是不一致的。电商平台的后台类目和前台类目因为目标客户不同，所以呈现的内容存在区别。

（1）后台类目面向商家，主要用于产品的分类和属性管理；前台分类面向用户，方便用户筛选和查找产品。

（2）后台类目相对稳定，不能随便删除；前台类目很灵活，根据市场变化和消费者需求，既可重叠，也可删除。

平台首页类目，会根据季节变化、消费者搜索习惯而改变。天猫优势重点类目在服饰、鞋类、箱包类。

2．店铺产品的分类

店铺产品的类型主要有四种：引流款（爆款）、利润款、活动款和形象款。店铺针对不同产品的类型有不同的推广方式。店铺产品的类型如图 3-6 所示。

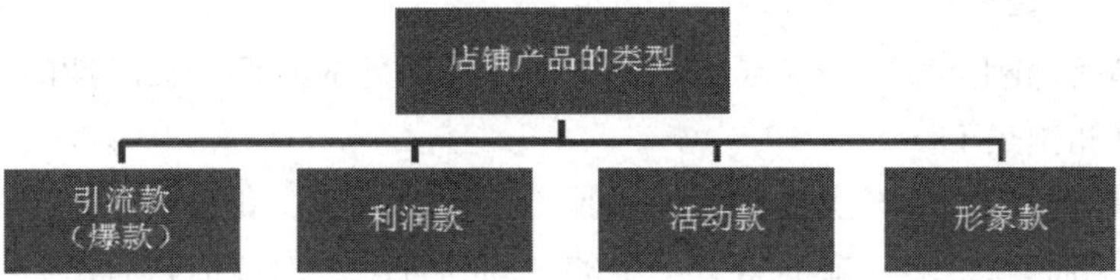

图 3-6　店铺产品的类型

1）引流款（爆款）

引流款一般来说是店铺中流量最大的产品，也是店铺的爆款。它的最大作用其实就是为店铺引进流量，吸引更多有意向的顾客来店铺选购产品，提高店铺的人气。引流款一般是大众款，也就是很多顾客可以接受的款式。引流款产品要求质量过关，当然价格要实惠（一般利润很低或保本状态），利润不高但可以很好地带动店铺其他款的销售。总的来说，引流款应具备的条件是：大众款、物美价廉、转化率高、高流量、爆款概率高、地域款式限制较少。

因此，引流款产品的受众面要广，并且在同行竞争中有一定的优势。在确定引流款时，要有一定的数据支持。例如，可以通过直通车测款，证明这个产品有成为爆款的潜力。

2）利润款

利润款是能给店铺带来比较高利润的产品。这类产品的定位要比引流款更加精准。因此，针对此类产品，要制定符合精准人群消费心理的营销策略。另外，针对这类产品的推广，可以通过搜索权重进行推送，把产品推送给有购买意向的精准人群。

3）活动款

活动款的主要目的是减少库存、提高销量、提升品牌知名度等。

对于某些店铺（如新开设的店铺）来说，基本不存在清库存的情况，活动款则主要是提高销量、提升排名。这种情况下，商家可以选择顾客比较喜欢的产品搭配促销活动进行销售，在提高店铺销量的同时，让顾客享受到优惠，从而达到提升品牌口碑等效果。

4）形象款

形象款是指好看、规格高，但价格也非常高的产品。这类产品的主要目的并不是盈利，而是提升店铺形象，在店铺中设置1～2款就够了。

3.1.3 网店爆款产品的打造流程

对于网店中的小卖家来说，爆款产品无疑是大家都致力追求和打造的。一个店铺，其自然流量中的80%都来自爆款。

一个爆款产品同样遵循产品生命周期的四个阶段，即介绍期、成长期、成熟期和衰退期，如图3-7所示。网店产品不同的生命周期，其运营策略也不一样。

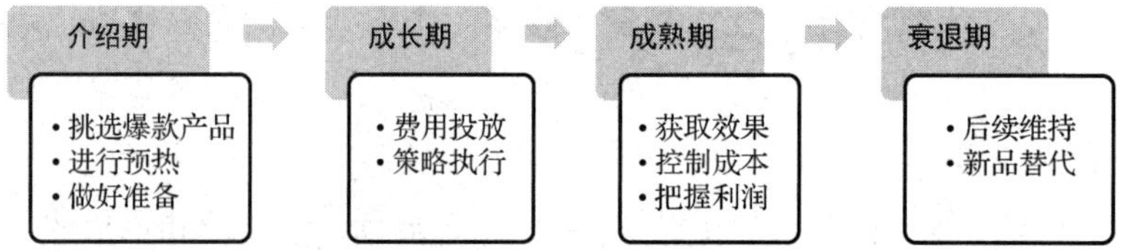

图3-7 网店爆款产品生命周期的四个阶段

1. 介绍期——选款、预热和优化

介绍期是指店铺刚上架的产品或准备上架的产品所处的时期。该时期的主要工作是如何做好选款、测款和预热工作。

选款、测款是形成爆款产品最重要的步骤。一开始，建议商家通过自己在线下多年积累的经验先选款，再测款，这样能够省下不少的时间和费用。通过选款后，店铺如果产品原本就有流量，可以通过关联营销导入流量测试产品，也可以通过直通车、生意参谋等工具的数据来参考选款，还可以通过站外一些工具渠道进行流量导入，看产品的转化率等各方面的数据，再预测该款式是否能成为爆款。

每个爆款产品，前期都需要进行预热。预热阶段一般需要提前1～2个月。通过站内流量收藏（直通车、钻展、淘宝客流量导入后引导收藏）、站外引导站内收藏、导航栏引进收藏、关联营销引进收藏等渠道进行预热，都是预热产品时要去做的。通过这几个渠道的流量导入，我们能更好地知道产品的收藏度、加购情况，能很好地知道产品的潜力，也能提高产品的权重和排名。

介绍期的准备工作，主要是指店铺装修、爆款产品详情页的优化、爆款产品的呈现（通过关联营销、店铺首页呈现爆款产品信息），甚至可以进行搭配套餐推广。

2．成长期——进行推广，占领市场

这个阶段是产品流量和成交量增长最快的时期，可以加大对产品的推广力度，增加在营销工具费用的投入，同时还要观察产品是否值得投入更多。

该阶段可以使用如直通车这样性价比高、见效快的营销推广工具。产品能不能成为爆款，取决于卖家在成长期的推广和运营。

3．成熟期——最大限度获取利润

成熟期是指当产品在成长期获得大量的成交订单之后，淘宝系统会自动判定这款产品是热销产品。这时，爆款产品的形成已经指日可待了。产品到了成熟期，我们要做的工作就是分析推广效果、控制成本，从而获取利润。

分析推广效果主要是看哪个推广平台取得的效果好。店铺和产品所投放的广告，不管是达人、直通车、钻展、超级推荐，还是其他推广平台，都要进行投入产出比分析。如果某个平台产出效果不好，就必须停止。同时，对于需要继续投入的平台，需要控制成本。

4．衰退期——关联销售，新品替代

在成熟期接近尾声的时候，爆款产品的成交量已经开始逐渐下降。如果在推广力度和投入费用稳定的情况下，流量开始下滑，就证明这款产品已经过时，到了衰退期。

这个时期应该减少在此产品上的推广投入，开始想办法做关联销售，让顾客充分了解自己的店铺，留住回头客。同时，要开始致力于挖掘新的有潜质的爆款产品，让爆款产品在衰退期的时候有新品补上，继续打造店铺的另外一款爆款产品！

【想一想】

假设你想通过赠品做促销，是同款产品少量装好？还是同类产品新款好？为什么？

____

____

任务实训

一、理论知识训练

单项选择题

（1）使用时间短、客单价低、重复购买率高的产品是（　　）。

A．易耗品　　B．耐用品　　C．服务　　D．其他

（2）使用时间长、重复购买频次低、决策周期长、单位产品毛利和定价高的产品是（　　）。

A．易耗品　　B．耐用品　　C．服务　　D．其他

（3）具有无形性、不可分性、可变性和易逝性的特征的产品是（　　）。

A．易耗品　　B．耐用品　　C．服务　　D．其他

（4）电视和网络视频广告中出现的提示性广告，这种产品的类型是（　　）。

A．易耗品　　B．耐用品　　C．服务　　D．其他

（5）产品在刚投放市场时，销售量（额）增长缓慢，没有利润，该产品处于生命周期中的（　　）。

A．介绍期　　B．成长期　　C．成熟期　　D．衰退期

（6）竞争对手增多，销售量（额）和利润额迅速增长，该产品处于生命周期中的（　　）。

A．介绍期　　B．成长期　　C．成熟期　　D．衰退期

（7）顾客多，但增长速度放缓，利润下滑，该产品处于生命周期中的（　　）。

A．介绍期　　B．成长期　　C．成熟期　　D．衰退期

（8）降低营销费用，尽可能获取最后价值的营销方式，是针对（　　）的产品而言的。

A．介绍期　　B．成长期　　C．成熟期　　D．衰退期

（9）加大营销投入、建立知名度、鼓励试用的营销手段，是针对（　　）的产品而言的。

A．介绍期　　B．成长期　　C．成熟期　　D．衰退期

二、综合能力训练

1．参考旅馆产品五层次，对手机、学校这两类产品的五个层次进行阐述。

旅馆核心产品：休息与睡眠。

旅馆形式产品：床、浴室、毛巾、衣柜、厕所等。

旅馆期望产品：干净的床、新的毛巾、清洁的厕所、相对安静的环境。

旅馆延伸产品：电脑、网络接口、鲜花、结账快捷、美味晚餐、优良服务等。

旅馆潜在产品：全套家庭式旅馆、公园旅馆、民宿。

2．认识产品生命周期，列举处于介绍期、成长期、成熟期、衰退期的产品，各举三例。

3．根据互联网产品的六种分类，每种分别找出三个产品或品牌。

三、创新创业项目训练

进入你喜欢的网店，找出引流款、利润款、活动款、形象款四类产品，并分析其通过引流款打造爆款的思路。

任务 3.2　价格运营——传递价值

工作任务单及参考流程图

<table>
<tr><td>工作任务</td><td colspan="2">为网店产品制定价格</td><td>教学模式</td><td>任务驱动</td></tr>
<tr><td>建议学时</td><td colspan="2">2 课时</td><td>教学地点</td><td>一体化实训室</td></tr>
<tr><td>任务描述</td><td colspan="4">假设一件服装的采购价为 60 元，若在天猫平台上销售，销售价格确定为多少才不会亏本？或者说，在天猫平台上卖服装，会产生哪些费用呢</td></tr>
<tr><td rowspan="4">学习目标</td><td>知识目标</td><td colspan="3">✓ 了解三种定价方法
✓ 掌握五种定价策略
✓ 掌握新产品上市的两种定价思路</td></tr>
<tr><td>能力目标</td><td colspan="3">➢ 能够对引流款产品进行定价
➢ 能够对利润款产品进行定价</td></tr>
<tr><td>素质目标</td><td colspan="3">✧ 具有学习能力，能够用所学营销原理解释生活现象
✧ 具有创新能力，能够用所学知识完成项目任务</td></tr>
<tr><td>思政目标</td><td colspan="3">◆ 具备“没有调查就没有发言权”的工作理念
◆ 具备实事求是的价值观和求真务实的工作态度</td></tr>
<tr><td>KPI 指标</td><td colspan="4">产品成本、人力成本、固定成本、物流成本、平台扣点、营销成本</td></tr>
<tr><td colspan="5">产品定价流程</td></tr>
<tr><td colspan="5">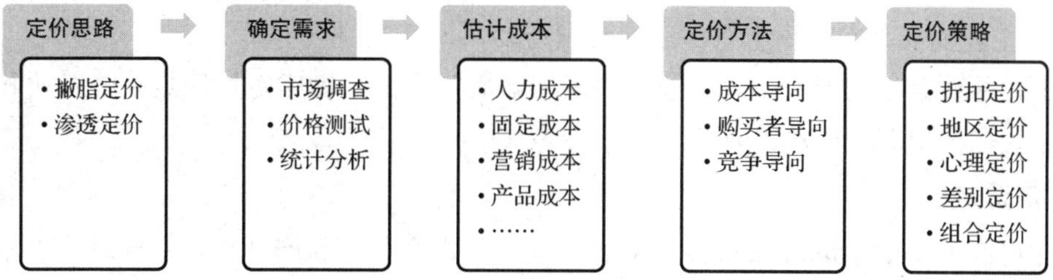
</td></tr>
</table>

任务实施

3.2.1　定价思路

价格是营销 4P 中产生收入的要素，也是变化较快的要素，其意义有两种：从狭义上来讲，是为了取得产品须付出的金额；从广义上来讲，是取得产品付出的代价（包括金钱、精力和时间）。企业的定价目标不同，其定价思路也是不同的。

【连连看】

定价目标	定价方向	代表品牌或产品
维持企业生存	低价	苹果手机
市场份额领先	比照同业定价	商场专柜高端服装
维持行业和谐	低价+补贴	滴滴出行刚推出时
新产品刚推出时鼓励消费者试用	高价	在淘宝网刚开店的卖家
塑造领导品牌与优质形象	低价	红米手机
当期利润最大化	高价	闲鱼上出售的产品

新产品上市时，有撇脂定价和渗透定价两种不同的定价思路。

1．撇脂定价

撇脂定价（Skimming Pricing）又称高价法，即将产品的价格定得较高，尽可能在产品的介绍期、在竞争者研制出相似的产品以前，尽快收回投资，并且取得相当的利润。然后随着时间的推移，再逐步降低价格，使新产品进入弹性大的市场。一般而言，对于全新产品、受专利保护的产品、需求价格弹性小的产品、流行产品、未来市场形势难以测定的产品等，可以采用撇脂定价方法，如高端手机、大多数3C数码产品均采用撇脂定价法。

撇脂定价法适用条件如下：

➢ 市场上存在一批购买力很强且对价格不敏感的消费者；
➢ 这样的一批消费者的数量足够多，企业有厚利可图；
➢ 暂时没有竞争对手推出同样的产品，本企业的产品具有明显的差别化优势；
➢ 当有竞争对手加入时，本企业有能力转换定价方法，通过提升性价比来提升竞争力；
➢ 本企业的品牌在市场上有传统的影响力。

在上述条件具备的情况下，企业应该采用撇脂定价法。撇脂定价法是某些企业和某些行业普遍、长期使用的一种定价方法。

2．渗透定价

渗透定价（Penetration Pricing）又称低价法，是指企业在新产品投入市场时将价格定得相对较低，以吸引大量顾客，并且迅速打开市场，短期内获得比较高的市场占有率的一种定价方法。该定价方法的目的是设定最初低价，以便迅速和深入地进入市场，从而快速吸引大量购买者，赢得较大的市场份额。较高的销售量能够降低成本，从而使企业能够进一步减价。

渗透定价适用条件如下：

➢ 市场对价格敏感；
➢ 生产经营费用随着销量的增加而降低；
➢ 低价不会引起竞争。

【想一想】

我们经常会听到这样的话："新款手机/汽车/电视不用着急买，过一段时间等它降价后再买，可以省不少钱。""这个楼盘的房子要赶紧下单，否则二期、三期就会越卖越贵。"为什么

3C 数码产品会越卖越便宜？而同一楼盘的房子却越卖越贵呢？

____

____

2020 年上半年，苹果公司净利润为 2 300 亿元人民币，净利润是三星集团的 2.7 倍，华为的 5.5 倍，是全球最赚钱的公司之一。之所以苹果手机全球销售数量不是最多的，但利润却是全球最高的，是因为苹果产品喜欢定高价以使市场份额最大化，实施的是撇脂定价法。

很多互联网产品，刚开始推出时，不仅不收费，而且对使用者实施补贴政策，如滴滴出行类的打车软件、美团单车（原摩拜）和 ofo 类的共享单车，在刚推出市场时，希望能用低价或补贴使市场份额最大化，有了用户后再考虑盈利方法。这种互联网产品实施的是渗透定价法。

两种不同定价方法的对比如表 3-2 所示。

表 3-2　两种不同定价方法的对比

对 比 项 目	撇 脂 定 价	渗 透 定 价
价格	高	低
需求弹性	小	大
单位成本	与销量关联度低	与销量关联度高
技术含量	拥有技术专利	技术被多个竞争者掌握

3.2.2　确定需求

不同的价格会导致不同的需求量，从而对企业的营销目标产生不同的影响。

我们可以通过市场价格调查、价格测试、统计分析等方法来估算市场需求。

市场价格调查是对市场同类商品的价格变动情况、消费者对价格及价格变动情况的反应等进行调查的活动。可以针对调查结果撰写市场价格调查报告，撰写要素包括市场价格现状、同类产品价格情况、价格调整状况、价格变动影响、行情分析、建议与意见等。

价格测试一般指价格敏感度测试。价格敏感度测试（Price Sensitivity Meter，PSM）是在产品生命周期中，需要评估品牌或品牌组合的定价策略及市场份额，为衡量顾客对不同价格的满意及接受程度、了解顾客认为合适的产品价格所做的测试研究。可通过描绘价格趋势图、气泡图、正态分布图等方法，为客户确定产品或服务的合适价格提供重要的参考依据。

这里所说的价格统计分析是指对商品的价格及其变化进行的整理和分析，从而估算市场需求，为自己的产品制定有竞争力的价格提供依据。

3.2.3　估计成本

【想一想】

假设服装采购价格为 60 元，在天猫平台上销售，定价多少合理呢？或者说，产品在天猫平台上销售，会产生哪些成本呢？

____

____

我们在定价之前，一定要核算成本。很多小卖家成本核算的方式很简单，即进货价多少钱，快递成本多少钱，然后以此为标准定一个价格。这种定价方法做下来，到月底一核算，基本上赚不到钱。

对于成本核算，大致可以分为人力成本、固定成本（如房屋租金、水电费用等）、营销成本、产品成本、退换货损利、尾货滞销损利、平台扣点费用七大项。其计算方法如图3-8所示。

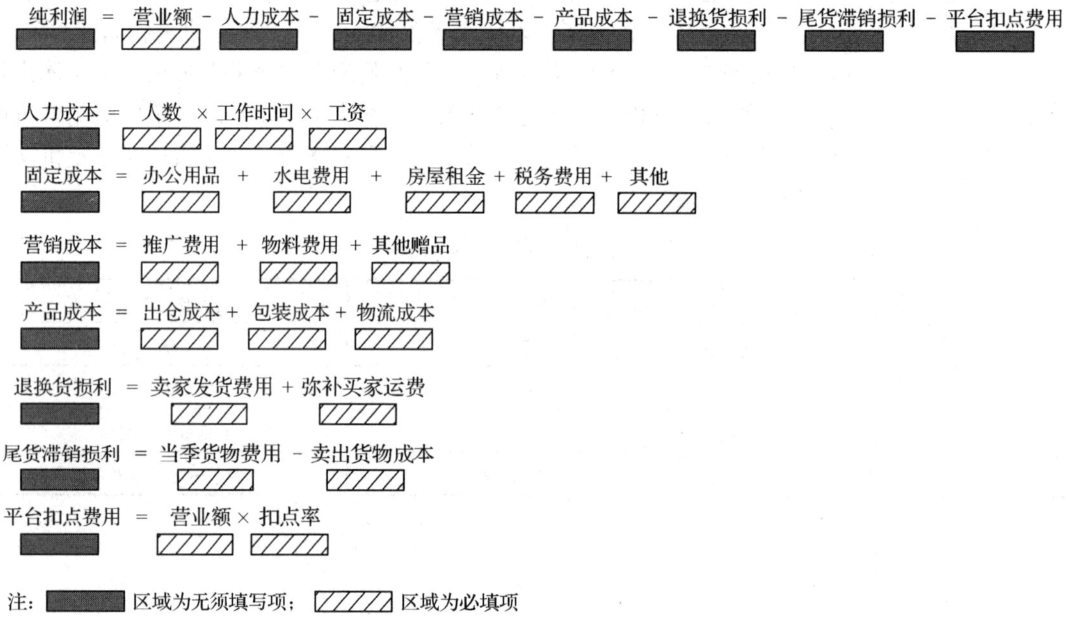

图3-8　网店产品的成本核算方法

3.2.4　定价方法

企业采用的定价方法有三种：成本导向定价法、购买者导向定价法和竞争导向定价法，如图3-9所示。

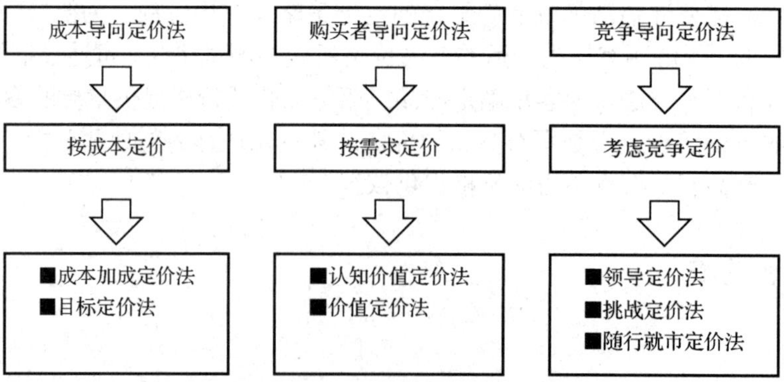

图3-9　企业采用的三种定价方法

成本导向定价法分为成本加成定价法和目标定价法。例如，在服装行业中，服装零售价=服装采购价×4，这是成本导向定价法中的成本加成定价法；希望选品的服装零售价不超过300元，希望采购价控制在75元以内，这是成本导向定价法中的目标定价法。

拍卖行制定拍卖底价（保留价）后，举行拍卖会，价高者得，这是购买者导向定价法。

购买者导向定价法又可分为认知价值定价法和价值定价法。

电商直播为什么火爆？因为网红主播能拿到比其他平台更低的价格，或者同样价格能给用户更多赠品，这就是竞争导向定价法。

1．引流款——购买者导向定价法

引流款是店铺流量的基石。它的优点是访客量大，有很多的曝光量，引流效果强；缺点是利润低，客单价低，风险大。虽然引流款的转化率很高，但是很容易出现差评。所以，处理客户的反馈信息很重要。

引流款的定价方法（以淘宝网为例）如下：

（1）搜索主词（就是大词），按照销量排序。在淘宝网主页搜索框输入“衬衫男”，单击“搜索”按钮，再单击“销量从高到低”按钮，如图 3-10 所示。

图 3-10　购买者导向定价法在淘宝网的应用

（2）计算首页的价格分布。例如，20 元以下的商品有 5 件，20～40 元的商品有 15 件，40～60 元的商品有 10 件，60～80 元的商品有 7 件，80 元以上的商品有 7 件。

（3）选出商品数量最多的价格区间作为自己的价格区间（如 20～40 元的有 15 件，数量最多），然后把这个价格区间的所有产品价格相加，再除以产品数量，作为自己的定价。当然，最后计算的价格一定要综合考虑成本问题。

2．利润款——竞争导向定价法

利润款是一个店铺正常运行必不可少的款式。利润款的优点是产品本身质量好、退货少、备货压力小、利润较大；利润款的缺点是转化率低。对这个款式一定要做好详情页及卖家秀的优化，突出其优势和特点。

利润款的定价用到了“0.618 黄金分割”定价法则，这个价格是大多数人能够接受的。

利润款的定价方法（以淘宝网为例）如下：

（1）搜索主词（就是大词），按照综合排序。在淘宝网主页搜索框输入“衬衫男”，单击“搜索”按钮，再单击“综合排序”按钮。

（2）找到点击量最大的价格区间，如图 3-11 所示，70～144 元占 44%。你会发现，点击量最大的价格区间一般都不是价格最低的。

图 3-11　竞争导向定价法在淘宝网的应用

（3）根据“0.618 黄金分割”定价法则计算利润款的价格区间，计算方法为

低端价格=（价格区间最高价格−最低价格）×0.382+最低价格

高端价格=（价格区间最高价格−最低价格）×0.618+最低价格

3.2.5　确定价格

【想一想】

假设服装采购价为 60 元，按照“零售价=采购价×4”的成本导向定价法，其估算价是 240 元。但在实际定价过程中，你会确定价格为 240 元吗？最终会定价多少？为什么？

在确定最终价格时，我们还需要考虑包邮、打折、关联销售、老会员额外优惠等细节。因此，一般会用到五种定价策略，如图 3-12 所示。

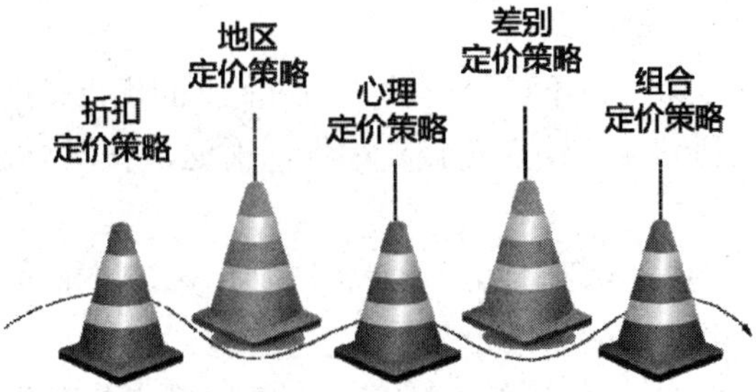

图 3-12　五种定价策略

1. 折扣定价策略

折扣定价策略是为了鼓励顾客早下订单、大量购买、淡季购买等采取的酌情降低其基本价格的策略，以促进多销、快销。通常采用的折扣方式有现金折扣、数量折扣、功能折扣、季节折扣和价格折让等。

2. 地区定价策略

地区定价策略即企业对卖给不同地区的顾客采取差别价格的策略，包括FOB原产地定价、统一交货定价、分区定价、基点定价、运费补贴定价五种方式。

3. 心理定价策略

心理定价策略是企业在制定产品价格时，运用心理学的原理，根据不同类型消费者的消费心理来制定价格的策略，它是定价科学和艺术的结合。

当企业采用成本导向、购买者导向或竞争导向定价法制定了一个基础价格后，这个价格并不一定能被市场和消费者接受。为了能让价格被消费者接受，而且企业自身也能满意，那么就应该针对不同的消费心理，对原先制定的基础价格进行修正。不同的企业有不同的定价目标，不同的消费者群有不同的消费心理，因此应该有不同的心理定价策略。

（1）心理定价策略之声望定价。用高价让消费者觉得产品有较高的声望或品质，常用于象征身份、地位、品位的产品。这种策略通常适用于高级名牌产品和稀缺产品，如豪华轿车、高档手表、名牌时装、名人字画、珠宝古董等。

（2）心理定价策略之尾数定价。在价格数字上不进位，而保留零头，使消费者产生价格低廉的感觉。消费者会认为这种价格经过精确计算，购买不会吃亏，从而产生信任感。这种策略通常适用于基本生活用品。

（3）心理定价策略之招徕定价。为适应消费者“求廉”的心理，特意将某几种商品的价格定得较低，以吸引消费者经常来采购廉价商品，同时选购其他正常价格的商品。

4. 差别定价策略

差别定价策略是指对同一产品针对不同的顾客、不同的市场制定不同价格的策略。其种类主要包括以顾客为基础的差别定价策略、以产品为基础的差别定价策略、以产品部位为基础的差别定价策略和以销售时间为基础的差别定价策略。

5. 组合定价策略

组合定价策略是指处理本企业各种产品之间价格关系的策略，包括系列产品定价策略、互补产品定价策略和成套产品定价策略。

在店铺运营过程中，不可能所有商品的利润都相同。因此，在进行产品定价整体布局时，需要遵循“网店产品 271”定价策略，也就是 20%的低价商品（用于引流和活动），70%中等价商品（保证主体销售额，不亏本，不压货），10%的高价商品（塑造品牌档次）。

史蒂夫·乔布斯说：“顾客不是要占便宜，而是要有一种占了便宜的感觉。”定价不是越低越好卖，如何能让顾客在有“占了便宜的感觉”的同时，还能让商家赚到钱，这就是营销的智慧。

任务实训

一、理论知识训练

单项选择题

（1）周杰伦演唱会门票，分为500元、800元、1 200元、1 500元、2 000元五个档次，这种定价采用的定价策略是（　　）。

A．折扣定价策略　　B．差别定价策略

C．心理定价策略　　D．组合定价策略

（2）高铁票的二等、一等、特等和商务座价格各不相同，采用的定价策略是（　　）。

A．折扣定价策略　　B．差别定价策略

C．心理定价策略　　D．组合定价策略

（3）华为手机Mate 40定价4 999元，P40 Pro定价6 488元，采用的定价策略是（　　）。

A．折扣定价策略　　B．差别定价策略

C．心理定价策略　　D．组合定价策略

（4）同一件商品，长三角地区包邮，东北三省不包邮，采用的定价策略是（　　）。

A．地区定价策略　　B．差别定价策略

C．心理定价策略　　D．组合定价策略

（5）麦当劳的全家桶，电商的搭配套餐，这是属于定价策略中的（　　）。

A．地区定价策略　　B．差别定价策略

C．心理定价策略　　D．组合定价策略

（6）雷军说“小米硬件综合净利润率，永远不会超过5%”。采用（　　），利润率才不会超过5%。

A．成本导向定价法　　B．购买者导向定价法　　C．竞争导向定价法

（7）拍卖会拍卖产品实施价高者得，采用的定价方法是（　　）。

A．成本导向定价法　　B．购买者导向定价法　　C．竞争导向定价法

（8）苹果手机新产品上市，一开始定高价，然后慢慢降价，采用的定价策略是（　　）。

A．撇脂定价　　B．渗透定价　　C．高价策略　　D．低价策略

（9）某件商品，商家会定价9.98元，而不是9.94元，这个定价策略是（　　）。

A．地区定价策略　　B．差别定价策略　　C．心理定价策略　　D．组合定价策略

（10）老干妈、滴滴出行、美团单车等产品，在介绍期以低价销售或红包补贴，以尽快占有市场。这属于新产品上市策略中的（　　）。

A．撇脂定价　　B．渗透定价　　C．高价策略　　D．低价策略

二、综合能力训练

1．按照五种定价策略（折扣、地区、心理、差别、组合），从网络上各找出三个例子，截图或用文字说明。

（1）折扣定价：____

（2）地区定价：____

（3）心理定价之声望定价：________________

心理定价之尾数定价：________________

心理定价之招徕定价：________________

（4）差别定价：________________

（5）组合定价：________________

2. 苹果手机和共享单车上市，分别采取的是什么新产品上市策略？它们为什么这样做？

（1）苹果手机上市采取的策略：________________

采取该策略的原因：________________

（2）美团单车等共享单车刚上市时采取的策略：________________

采取该策略的原因：________________

三、创新创业项目训练

扫描二维码并阅读“天猫开店经营成本详解”一文，假设一件采购价为 60 元的服装，你建议的定价是多少？按用成本核算（见图 3-8）的方法说明你的定价原因。

阅读材料：天猫开店经营成本详解

任务 3.3　渠道运营——布局网络营销渠道

工作任务单及参考流程图

工作任务	选择适合的网络营售渠道	教学模式	任务驱动
建议学时	2 课时	教学地点	一体化实训室
任务描述	假设你的家族是服装生产厂家，希望通过你的努力，将服装卖到全国甚至全世界去，你该如何做？		
学习目标	知识目标	✓ 了解经销与代理的区别； ✓ 辨别三种分销渠道的适用范围； ✓ 阐述网络分销渠道建设流程。	
	能力目标	➢ 能够根据企业目标，确定渠道建设方向； ➢ 能够根据企业目标和产品特性，制定渠道分销策略。	
	素质目标	✧ 具有学习能力，能够用所学营销原理解释生活现象； ✧ 具有创新能力，能够用所学知识完成项目任务。	
	思政目标	◆ 具备正确的价值观，能够传递正能量； ◆ 具备实事求是的价值观和求真务实的工作态度。	
KPI 指标	渠道长度、渠道宽度、中间商数量、销售成本、回款、返利、周转效率。		
网络营销渠道建设流程			

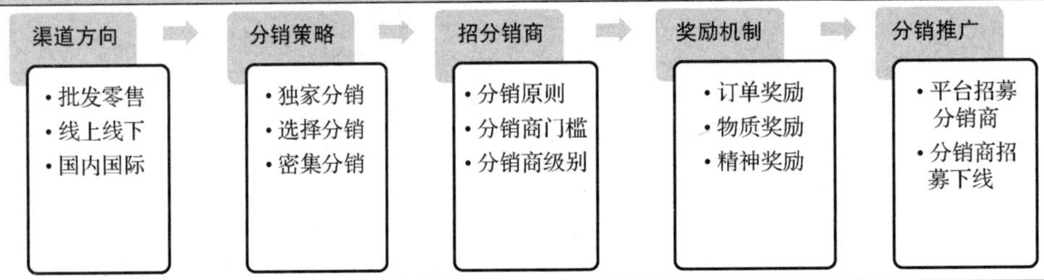

任务实施

3.3.1　确定渠道建设方向

【想一想】

假设你是服装生产厂家，请列出十种以上服装销售渠道。或者说，你要买一套求职西装，会去哪些地方购买呢？

____

____

1. 渠道与分销渠道商

买到商品或服务的地方，就是营销 4P 中的渠道。渠道又称销售渠道、分销渠道、营销渠道、销售网络等。

菲利普·科特勒认为："营销渠道是一整套相互依存的组织，这些组织促使最终顾客能顺利地使用或消费产品或服务。它们是产品或服务在生产环节后所经历的一系列途径，以被最终使用者购买并消费而告终。"渠道通常具有以下特征：

首先，渠道的起点是生产者，终点是消费者；

其次，渠道参与者是中间商，涉及的中间环节主要包括生产者自设的销售机构、批发商、零售商、代理商、中介机构等。渠道示意图如图 3-13 所示。

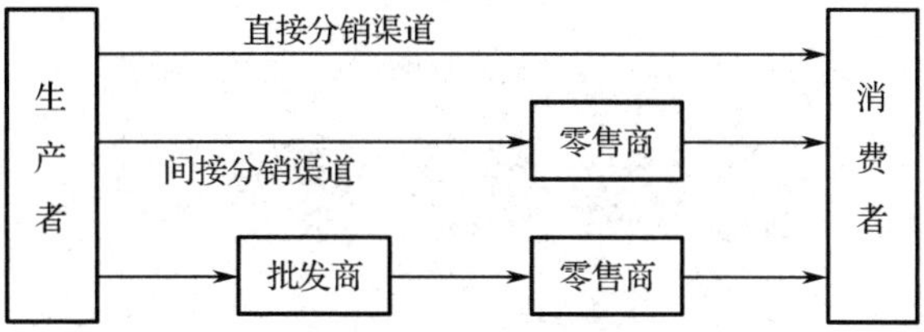

图 3-13　渠道示意图

【想一想】

什么是批发？什么是零售？什么是经销商？什么是代理商？经销商与代理商的区别在哪里？你是愿意做经销商还是代理商？微商说招代理，它实行是代理商制度吗？

批发商是指从生产企业购进产品，然后转售给零售商、产业用户或各种非营利性组织，不直接服务个人消费者的商业机构，位于商品流通的中间环节。

零售商是指将商品直接销售给最终消费者的中间商，是相对生产者和批发商而言的。

经销商是指在从事商品交易的业务活动中拥有商品所有权的中间商。经销商一旦购进商品，就得到了商品的所有权。他们往往独立经营，自负盈亏，自然就承担能否售出商品的风险。批发商和零售商都属于经销商。

代理商是指在商品流转过程中，不持有商品所有权的批发商。他们不承担商品交易的风险，只是组织买卖，达成交易，并借此赚取佣金或手续费。

2. 渠道的类型

渠道从分销数量角度，可以分为批发渠道和零售渠道；从分销区域角度，可以分为国内渠道和国外渠道；从分销形式角度，可以分为线下渠道和线上渠道。渠道的类型如图 3-14 所示。这里主要对零售渠道、线上渠道（电商平台）进行介绍。

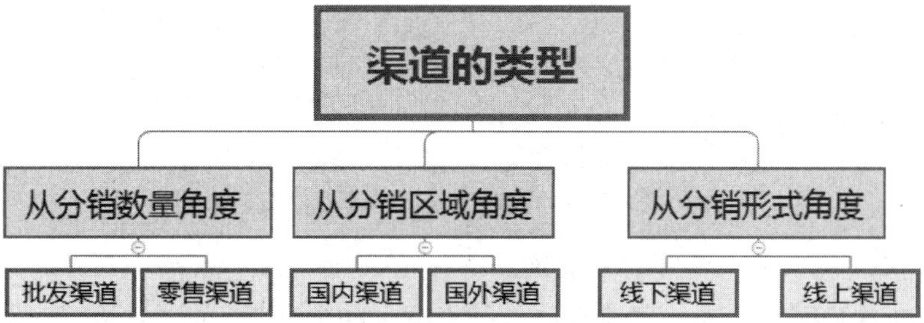

图 3-14　渠道的类型

1）零售渠道

零售是指将产品或服务直接卖给最终消费者以满足其个人和非商业性使用目的的所有活动。2017 年 3 月，阿里研究院发布的《C 时代新零售——阿里研究院新零售研究报告》中，将人类零售演进史分为两种类型和五个阶段。零售的两种类型是指传统零售和新零售。零售五个阶段出现的时间及特点如图 3-15 所示。

图 3-15　零售五个阶段出现的时间及特点

零售从有无店铺角度，分为有店铺零售业态和无店铺零售业态。它们的经营面积、经营商品及基本特点如图 3-16 所示。

有店铺零售业态

业态		经营面积	经营商品及基本特点
食杂店		一般100 平方米以内	以烟酒、饮料、休闲食品为主
便利店		一般200平方米以下	以日用小百货为主，营业时间一般约 16 小时以上
折扣店		一般300～500 平方米	商品均价低于市场均价，重视自有品牌
仓储会员店		6 000 平方米以上	自有品牌约 4 000 多种，低价、批量销售
专卖店		据商品特点定	以某一品牌系列商品为主，量少、质优、高毛利
厂家直销中心		建筑面积 100～200 平方米	品牌商品生产商直接设立
专业店	专业市场	据商品特点定	以经营某一类别商品为主，摊位管理
	专业超市	据商品特点定	以某一类商品为主，采用集中收款方式
百货店	高档百货店	6 000～20 000 平方米	高档百货商品
	时尚百货店	6 000～20 000 平方米	时尚百货商品
	大众百货店	6 000～20 000 平方米	大众百货商品
购物中心	社区购物中心	建筑面积 5 万平方米内	20～40 个租赁店独立经营
	市区购物中心	建筑面积 10 万平方米内	40～100 个租赁店独立经营
	城郊购物中心	建筑面积 10 万平方米以上	约 200 个租赁店独立经营
超市	便利超市	200～500 平方米	以食品、日用小百货为主，营业时间一般约 16 小时以上
	社区超市	500～2 000 平方米	以生鲜食品为主，营业时间一般约12 小时以上
	综合超市	2 000～6 000 平方米	日常生活必需品，营业时间一般约12 小时以上
	大型超市	6 000 平方米以上	大众化衣食日用品一次性购齐，设停车场

无店铺零售业态

电视购物	邮购	网上商店	自动售货亭	直销	电话购物

图 3-16　零售业态的经营面积、经营商品及基本特点

2）线上渠道

随着电子商务及网络技术的迅速发展，越来越多的消费者选择在网络渠道购物，同时越来越多的供应链在传统零售渠道的基础上开辟了网络零售渠道。

电子商务研究中心于 2020 年 12 月发布的《2020 年（上）中国网络零售市场数据监测报

告》显示，2019 年中国网络零售市场交易规模达 10.32 万亿元，占 2019 年中国社会消费品零售总额 41.16 万亿元的 25.07%。

中国电商行业（不含 B2B 和二手交易）可以分为综合电商、跨境电商、社交电商、垂直电商、生鲜电商等，如图 3-17 所示。

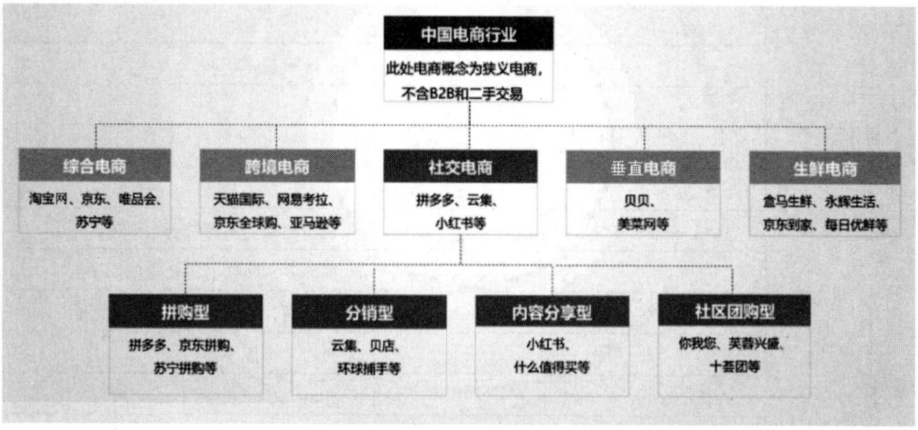

图 3-17　中国电商行业的分类（不含 B2B 和二手交易）

3．快消行业渠道分销模式

快速消费品行业（快消行业）的渠道分销模式如图 3-18 所示。

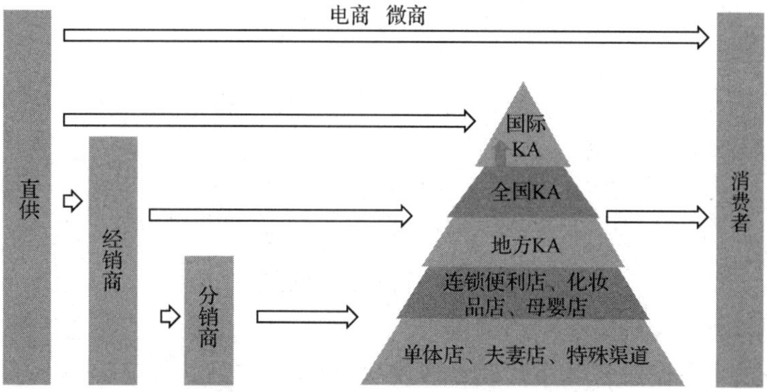

图 3-18　快速消费品行业的渠道分销模式

快消行业分销渠道，除直销电商、微商以外，主要分为三类：

（1）直供渠道。厂家可以直接把货卖给国际 KA（KA 是 Key Account 的缩写，意为重点客户），如沃尔玛和家乐福等。这里所谓的直供，意思是直接供货给客户。

（2）经销商渠道。可以把货源供给全国和地方 KA，如当地的一些比较知名的零售商。

（3）分销商渠道。可以把货源供给连锁便利店、化妆品店、母婴店、单体店、夫妻店及特殊渠道等。

4．服装行业的渠道分销模式

按照渠道的类型，我们可以将服装行业的渠道分销模式分为线下渠道和线上渠道，如表 3-3 所示。

表 3-3　服装行业的分销模式

分销类型		批发渠道	零售渠道
线下渠道	国内	服装批发市场	专卖店
		服装展览会	加盟连锁店
		—	百货公司专柜
		—	小区服装店
		—	地摊
	国外	广交会	—
		—	—
线上渠道	国内	1688.com	天猫、淘宝网等综合电商平台
		—	拼多多、小红书等社交电商平台
		—	淘宝网、抖音、快手等直播平台
		—	微店、小程序
	国外	Alibaba.com	eBay
		—	速卖通
		—	亚马逊

3.3.2　选择渠道分销策略

【连连看】

不同价格与定位的服装，渠道分销策略是不同的。请将渠道分销策略与不同价格与定位的服装用线条连接起来。

独家分销　　　　　　　　低档大众服装

选择分销　　　　　　　　中档特色服装

密集分销　　　　　　　　高档品牌服装

在了解了渠道类型及确定了渠道建设方向（批发为主还是零售为主？国内市场为主还是国外市场为主？线上电商平台为主还是线下实体店铺销售为主）以后，产品是直接销售还是找中间商代理，每个城市找多少个中间商，是渠道建设需要考虑的第二个问题。

渠道分销有三种策略可供选择，即密集分销、选择分销和独家分销。渠道分销的三种策略及特点如表 3-4 所示。

表 3-4　渠道分销的三种策略及特点

类　目	密集分销	选择分销	独家分销
渠道的长度、宽度	长而宽	较短而窄	短而窄
中间商数量	尽可能多的中间商	有限数量的中间商	一个地区一个中间商
销售成本	高	较低	较低
宣传任务承担者	生产者	生产者、中间商	生产者、中间商
商品类别	便利品、消费品	选购品、特殊品	高价品、特色商品

密集分销：在一个地区选择多家销售商，可形成较好的竞争态势，适用于低值易耗的快速消费品（如饮料、食品、洗化品）。

选择分销：在一个地区选择有限数量的销售商，鼓励彼此竞争，适用于消费品中的选购品（如家用 PC、品牌服装、运动鞋）。

独家分销：在一个地区只选择一家销售商，适用于选购品或特殊品（价格昂贵的耐用消费品，如钢琴）。

例如，优衣库为什么能够做到线上线下同价促销？为什么能够做到线上下单线下取货，或者线下购物送货到家？因为它采用的是独家分销的策略，中国 800 家门店及线上旗舰店全部采用直营的方式。

小米手机除网上开设官方旗舰店、线下开设自营门店以外，会授权通信运营店（移动、联通、电信）在其门店销售产品，还会在苏宁、国美等平台销售产品。小米公司采取的是选择分销策略。

可口可乐公司致力于使其饮品“达到无处不在”，也就是要求产品渗透到市场的每个角落，促使消费者能够在任何时候、任何地点都可以方便购买。对此，可口可乐公司将市场渠道分为 9 大主渠道、29 个次渠道、57 个子渠道，包括可口可乐在内的食品饮料等快速消费品。可口可乐公司主要采用的是密集分销策略。

分销策略的制定与顾客特性、产品特性、中间商的特点息息相关。渠道分销的影响因素如图 3-19 所示。

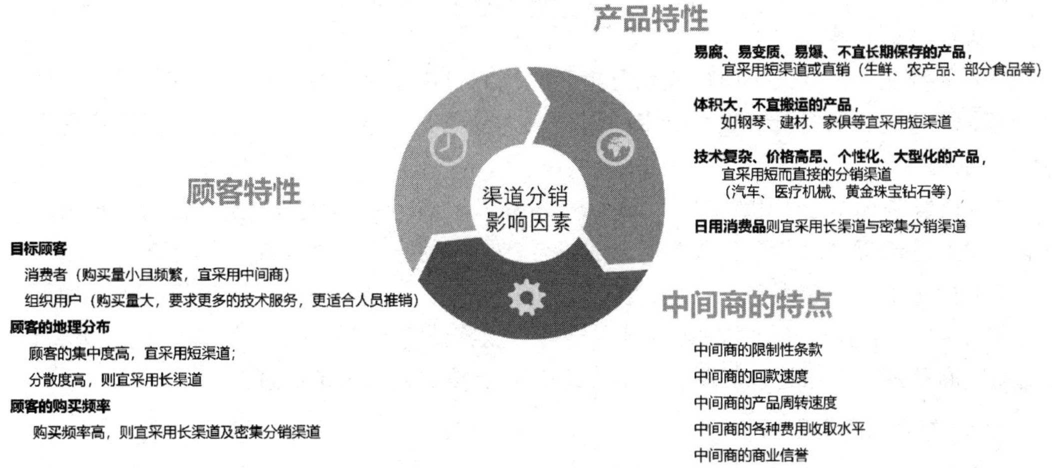

图 3-19　渠道分销的影响因素

对于服装来说，高档、高品质的特色服装，适合选择线上自营、线下商场专柜或专营店，实施独家分销策略；中档特色服装，一般会采用“自营+加盟连锁”方式，每个城市选择数量不多的加盟商，实施选择分销策略，这样既能迅速辐射全国市场，又能有效把控市场；低档大众特色服装，主打薄利多销，宜通过线上批发平台、线下批发市场进行销售。

3.3.3　招募网络分销商

采取独家分销策略的企业，线下渠道的拓展工作是在各个城市选址、谈判、装修、开业、运营，线上渠道的拓展工作是入驻天猫、京东、淘宝网等电商平台；采取分销策略的企业，线下要做的是跟进目标客户、合同谈判、开业培训、运营管理、促销推广等工作；采取密集分销策略企业，线下通过批发市场、展览会、陌生拜访等方式招募分销商，线上通过 1688.com、加盟网等平台招募分销商。

在网络分销商招募过程中，我们需要注意以下几个问题。

1．坚持“广进、少量”的招商原则

坚持“广进、少量”的招商原则包括：

（1）所有下游分销商在申请加盟的时候必须通过电话确认，初步判断其规模、网络零售能力及诚信度、经营资质；

（2）大部分分销商在经过审核后，设定其代理资格为入门级，提供少量的市场热销商品，商品价格在网络市场中要有一定优势；

（3）经过2～3周的试销期，对分销商进行优胜劣汰，销量好的分销商再给予更多的产品支持，提升其业务量。

通过“广进、少量”的做法，不仅能降低前期因商品数据庞大而导致在线铺货的难度，又能很好地依照“二八定律”，自然筛选和扶持优质分销商。

2．设置分销商门槛

设置分销商门槛的核心在于过滤部分劣质用户，通过设置一定门槛，让用户有“角色感知”，觉得“较难获得的东西应该更加珍惜”。

就电商平台而言，加入分销商分为无门槛加入及有门槛加入两种，包括免费加入、付费购买、流量要求三种方式。

（1）免费加入相当于无门槛成为分销商，用户仅需填写信息，后台审核通过之后便可成为分销商。门槛低虽然能够吸引更多的用户成为分销商，但也会带来更多“混水摸鱼”的经销商。

（2）付费购买相当于用户与平台进行一场博弈，“花小钱赚大钱”是平台给用户带来的心理暗示，通过购买“门票”获取赚佣金的机会。但这种方式有“拉人头”的嫌疑。

（3）由于部分平台需要一些自带流量的分销商，往往会设置有一定流量的用户加入分销的门槛。要求在申请成为分销商的时候上传自身能够证明流量的证据，如淘宝店铺DSR评分、微信朋友圈截图、微信社群截图等，后台运营人员核实之后再予通过。

3．设置分销商级别

同会员体系一样，分销体系也需要在体系中设定合理的晋升机制，循序渐进地加强分销商在分销体系中的作用。

设置分销商级别的核心是加强分销人员的自我驱动力。当其在平台中投入的成本越高时，对平台的黏性及信任度也会成正比提高。对于分销商来说，最主要的需求就是通过自身的人脉及关系，吸引更多的下线，从而通过下线的消费来获取相应的佣金。

对于分销商级别晋级机制的设计，一般有如下几种方式：

- 达到一定消费金额；
- 达到一定团队人数；
- 达到一定团队人数，并且团队人数中需要有x个高级分销人员；
- 达到一定消费金额和一定团队人数。

分销商晋级后的等级权益也应该直接明了。一般设定是等级越高，其获得的佣金比例越高，还可以获得减免邮费、优先囤货等优惠政策。分销商晋级机制中，对下线人数、消费金额的设定，可规划成阶梯式的增长，以促进前期初级分销商的积极性。

3.3.4 制定分销奖励机制

1．设置分销媒介佣金

分销媒介指的是在平台中具有价值的核心物品，例如，电子商务中的商品，在线教育中的课程等。通常，在设定分销佣金比例的时候有默认所有商品的佣金和单独商品的佣金两种情况。不同等级的分销商，所享有的佣金比例不同。优先等级一般是“单独商品的佣金比例>默认所有商品的佣金比例”。

在设定分销商品的时候，需要选择复购率较高、质量较好的商品。这样才能够让分销商有“谈资”去分享。

2．设置分销奖励机制

对于分销奖励机制的设计，源于“及时反馈”的用户心理，即让用户直观明了地随时查看自身的订单量及所获得的佣金。而促使分销商持续卖货、持续拉新的动力，归根结底就是奖励。设置分销奖励机制一般有三种，分别是分销订单奖励、分销物质奖励和分销精神奖励。

（1）分销订单奖励包括拉新的奖励和下级消费的订单奖励。及时分配利润、及时结账是设置分销订单奖励机制的核心。只有分销商得到了及时的反馈，才能够更好地去拉新及卖货。

（2）分销物质奖励主要是指针对优质分销商的奖励。“20%的分销商往往做了 80%的业绩”，那么针对这部分分销商，当达到一定的交易额或拉新量时，需要有类似月度、季度、年度奖励来不断促使其持续为平台付出。

（3）分销精神奖励是在分销物质奖励基础上的补充，它满足少部分人对精神上的需求。可在平台的展现当中，规划、设计相应功能，如分销商特有的权限、标志、荣誉等。

3.3.5 进行分销推广

分销推广指的是平台招募分销商和分销商招募下线。

平台招募分销商一般有两种做法：通过平台流量入口植入分销商招募介绍；在分销中心引入分销商招募介绍。

分销商招募下线一般也有两种做法：分销海报招募；在分享的产品信息中招募。

任务实训

一、理论知识训练

1．单项选择题

（1）适用于低值易耗快消品（如饮料、食品、洗化用品等）的分销策略是（　　）。

A．独家分销　　B．选择分销　　C．密集分销　　D．渠道分销

（2）华为、小米等手机，既会在天猫开设线上旗舰店，也会在线下开设手机专卖店，还会在电信运营商营业厅销售，它们实施的分销策略是（　　）。

A．独家分销　　B．选择分销　　C．密集分销　　D．渠道分销

2. 多项选择题

（1）易腐烂变质、不宜长期保存的产品（如生鲜、农产品），适合分销的策略有（　　）。

A．短渠道分销　　B．长渠道分销　　C．直销　　D．独家分销

（2）对于技术复杂、价格高昂、个性化、大型化的产品（如汽车、医疗机械、黄金珠宝、钻石等），宜采用的分销策略有（　　）。

A．短渠道分销　　B．长渠道分销　　C．选择分销　　D．密集分销

二、综合能力训练

1. 独家分销、选择分销、密集分销这三种渠道策略有何不同？它们分别适合哪类型产品？请各举两个例子。

2．请参考服装行业渠道的分销模式，设计十种以上将卫龙辣条卖给消费者的渠道。

3．产品生命周期包括哪四个阶段？根据如图 3-20 所示的便利店、超市、百货销售额增速，说出便利店、超市、百货各处于生命周期的哪个阶段？

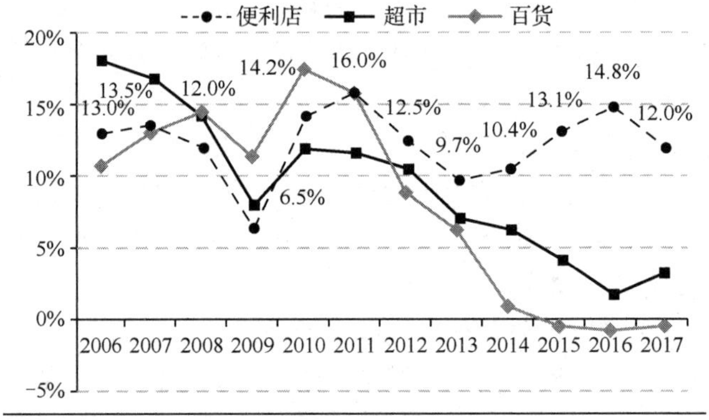

资料来源：Euromonitor，招商证券

图 3-20　便利店、超市、百货销售额增速

三、创新创业项目训练

就你感兴趣的某个电商平台（如云集、贝店、京喜、十荟团或其他），从网络分销渠道建设流程的角度，分析其渠道分销实施的流程。

任务 3.4　促销运营——打造私域流量池

工作任务单及参考流程图

<table>
<tr><td>工作任务</td><td colspan="2">设计有针对性的网络促销方案</td><td>教学模式</td><td>任务驱动</td></tr>
<tr><td>建议学时</td><td colspan="2">2 课时</td><td>教学地点</td><td>一体化实训室</td></tr>
<tr><td>任务描述</td><td colspan="4">假设你是一个服装家族企业的继承人，你的父母希望你拓展国内市场，要求第一年实现销售额 2 000 万元，给你提供 200 万元广告费，你该怎样建设渠道及做促销活动？</td></tr>
<tr><td rowspan="4">学习目标</td><td>知识目标</td><td colspan="3">✓ 了解拉斯韦尔传播 5W 模式；
✓ 说出促销组合五要素；
✓ 掌握 AIDMA 漏斗模型。</td></tr>
<tr><td>能力目标</td><td colspan="3">➢ 能够根据营销目标，制定促销组合方案；
➢ 能够根据营销结果，重新规划促销组合方案。</td></tr>
<tr><td>素质目标</td><td colspan="3">✧ 具有学习能力，能够用所学营销原理解释生活现象；
✧ 具有创新能力，能够用所学知识完成项目任务。</td></tr>
<tr><td>思政目标</td><td colspan="3">◆ 具备正确的价值观，能够传递正能量；
◆ 遵守《中华人民共和国广告法》等相关法律法规。</td></tr>
<tr><td>KPI 指标</td><td colspan="4">展现量、点击量、访问量、咨询量、订单量。</td></tr>
<tr><td colspan="5">设计有针对性的网络促销方案流程图</td></tr>
</table>

促销目的	促销内容的呈现形式	促销组合	促销对象	促销效果
• 应用下载 • 线索收集 • 门店推广 • 商品交易	• 图文 • 音频 • 视频 • 短视频 • 直播	• 人员促销 • 广告 • 销售促进 • 公共关系 • 直复营销	• 潜在人群 • 意向人群 • 目标人群 • 核心人群	• 展现量 • 点击量 • 访问量 • 咨询量 • 成交量

任务实施

促销（Promotion）是企业通过人员和非人员的方式，沟通企业与消费者之间的信息，引发、刺激消费者的消费欲望和兴趣，使其产生购买行为的活动。促销是营销 4P 中的最后一个 P，它与营销 4P 中前面的 3P（产品、价格、渠道）有所不同。企业的产品开发、价格制定、渠道拓展等市场营销活动，主要是在企业内部或企业与市场营销伙伴之间进行的；而促销活动则是在企业与其目标顾客或社会公众之间进行的，企业在开展促销活动的过程中，要向其目标顾客宣传、介绍其产品，目的是说服顾客购买。

如果说产品是营销的基础，价格是营销的核心，渠道是营销的关键，那么促销就是营销的手段。菲利普·科特勒在新版《营销管理》中，将促销更名为“营销传播”，从原来的“传递信息”升级为“传播价值”，引入了“传播”和“价值”的理念。

我们可以用拉斯韦尔传播 5W 模式来看促销的实施过程及要素。

拉斯韦尔是美国政治学家，传播学四大奠基人之一。他于1948年提出了传播过程及其五个基本构成要素，即谁（Who）、说什么（Says What）、通过什么渠道（In Which Channel），给谁（To Whom），取得什么效果（With What Effect）。这就是著名的5W传播模式，如图3-21所示。

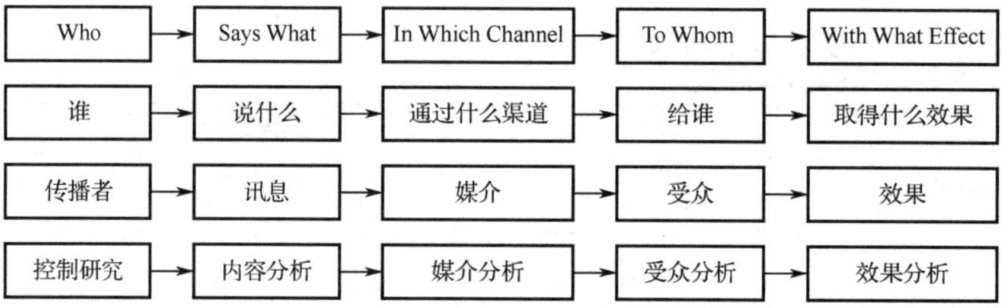

图3-21　5W传播模式

下面，我们从传播五要素角度，学习网络促销方案的制定流程：了解促销目的、规划促销内容、选择促销渠道、确定促销对象、总结促销效果。

3.4.1　了解促销目的

【连连看】

不同行业、企业或商品的网络促销目的是不同的。你能将下列行业或企业与其网络促销目的进行连接吗？

行业、企业或商品	网络促销目的
服饰、鞋帽、箱包等日用品	应用下载
家政、旅游、医美等服务业	线索收集
网络游戏、社交App	门店推广
汽车、房地产等耐用品	商品交易

促销的最终目的是实现商品交易。但并不是每次促销活动，都能达到商品交易的目的。例如，通过电视广告进行促销最主要的目的是提升品牌知名度；汽车、房子、餐饮和娱乐等也不可能在网上完成整个交易过程。不同类型的行业或企业，其促销目的不同。一般来说，促销目的主要有四种：应用下载、线索收集、门店推广、商品交易，如图3-22所示。企业需要根据产品和服务的特性，确定合理的促销目的。

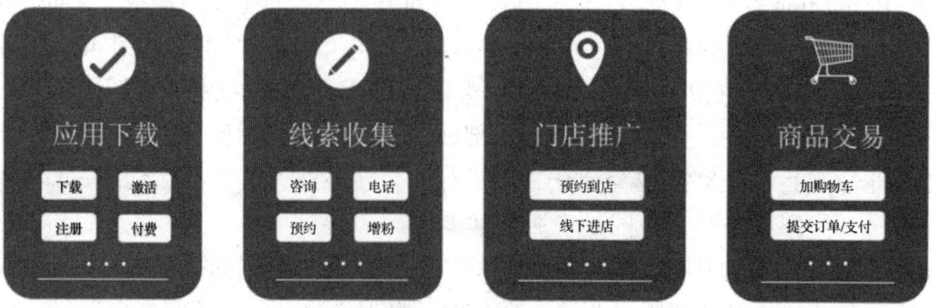

图3-22　促销的目的

3.4.2　规划促销内容

随着互联网的发展，促销内容的形式多种多样，包括图文、影像、音频、视频、直播等。针对不同的广告载体或平台，促销内容的形式也不一样。例如，传统纸媒以图文为主，门户网站（如搜狐）以图文为主，优酷土豆、爱奇艺以音频、视频为主等。不同广告载体或平台促销内容的呈现形式如图 3-23 所示。

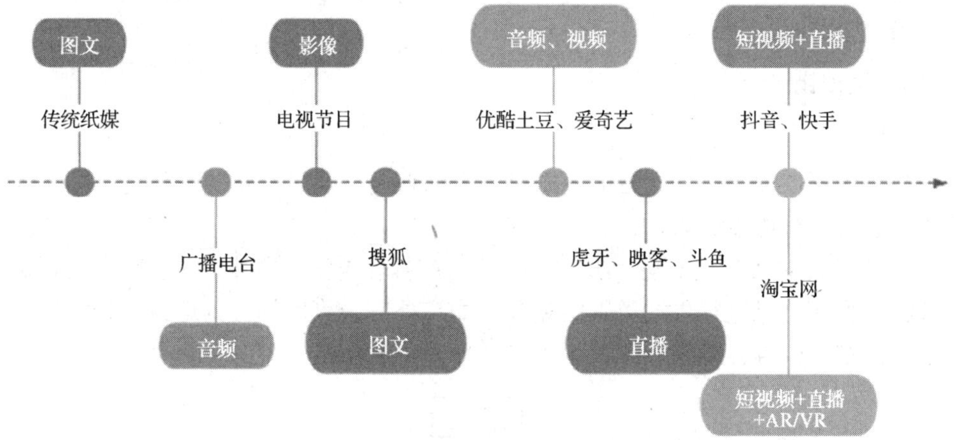

图 3-23　不同广告载体或平台促销内容的呈现形式

因此，企业在进行促销活动之前，要根据广告载体或平台的特点规划有针对性的促销内容。有关促销内容的规划，将在后面具体的营销平台中进行讲解。

3.4.3　选择促销渠道

促销渠道是指消费者接受产品或服务的信息的地方，既可以是物，也可以是人。

促销的核心是信息沟通，促销的目的是引发、刺激消费者产生购买行为，促销的方式有人员促销和非人员促销两大类。广告、销售促进、公共关系和直复营销属于非人员促销范畴。促销方式的分类如表 3-5 所示。

表 3-5　促销方式的分类

人员促销	非人员促销			
	广　告	销售促进	公共关系	直复营销
上门推销	印刷和电台广告	赠品	报刊宣传	邮购服务
柜台促销	外包装广告	展销会	演讲	电话购买
会议促销	电影画面	折扣	讨论会	电视购买
	宣传小册子	商品搭配	年度报告	电子邮箱
	广告牌		公司杂志	电子商务
	录像带		事件	
	网络广告			

1．人员促销

人员促销是以满足消费者的需求为中心，以上门销售服务为主要形式，以向消费者宣传和介绍产品、说服消费者购买为手段，向消费者提供其真正需要的满意产品的一种销售行为。

人员促销有上门推销（如保险、医疗设备）、柜台促销（如商场药店导购）、会议促销（如培训教育机构举办的各种讲座）三种形式。

网络人员促销是指促销人员利用互联网工具（如电话、QQ、微信、旺旺、千牛等）与目标客户进行一对一沟通，介绍推荐企业产品，实现交易的过程。网店运营中，网络促销人员一般主要指销售客服。

2．非人员促销

1）广告

广告是广告主以促进销售为目的，支付一定的费用，通过特定的媒体传播商品或服务等有关经济信息的大众传播活动。

广告按照出现时间的先后分为报纸、杂志、广播、电视、户外、网络六大类，如图3-24所示。各种大类还可以进行更细类别的划分，如户外广告可以细分为地铁广告、车身广告、楼宇广告、候车亭广告、路牌广告、墙体广告等。

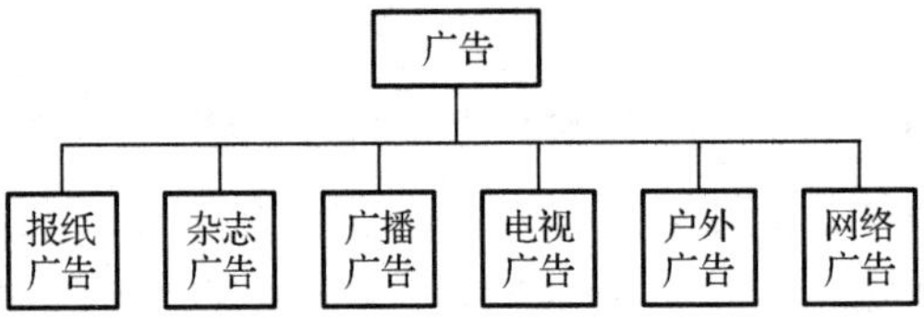

图3-24　广告的分类

【连连看】

不同类型的行业、企业或商品，重点投放的广告类别也不同，你能进行准确连接吗？

行业、企业或商品	重点投放的广告类别
汽车、手表、化妆品等奢侈品	报纸广告
房地产、旅游、培训、教育等行业	电视广告
食品、饮料、化妆品、洗浴等日用快消品	电台广告
邮电通信、交通服务、房地产等行业	杂志广告
电商平台的产品、互联网产品、手机、大促活动的产品	户外广告

【想一想】

为什么奢侈品喜欢投杂志广告？为什么房地产、旅游、培训、教育等行业喜欢投报纸广告？为什么日用快消品喜欢投电视广告？为什么电商平台和互联网产品喜欢投户外广告？随着网络广告的兴起，这些行业或企业的广告投向了网络广告的哪些地方？

按照艾瑞咨询的分类，将网络广告分为搜索、品牌图形、富媒体、电商、视频贴片、固定文字链、分类信息和其他类别广告。2015—2022年中国不同形式网络广告的市场份额如图3-25所示。

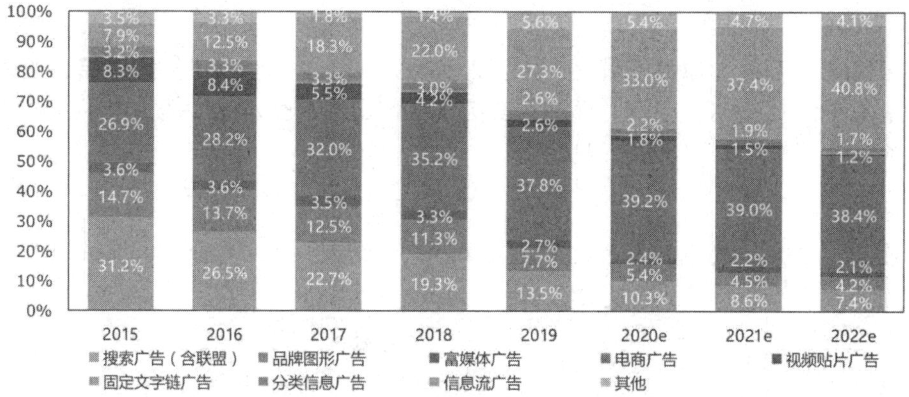

图 3-25　2015—2022 年中国不同形式网络广告的市场份额

高清图

2）销售促进

销售促进是指企业运用各种短期诱因（如赠券、折扣、赠奖等），鼓励购买企业产品或服务的促销方式。

销售促进在竞争激烈的日用消费品行业和节假日的商场中运用得最为广泛。每逢节假日，为吸引客户和促进销售，商场及场内商家纷纷通过打折、买赠、抽奖、转盘游戏等方式进行促销活动。

【想一想】

在天猫、淘宝网中，我们经常说直通车、钻展、淘宝客，也经常说限时折扣、优惠券、搭配套餐，那么，哪些是广告？哪些是销售促进？广告和销售促进有什么区别？

一般来说，广告投入的时间越长，其效果越好。但销售促进是一种短期行为，是把“双刃剑”。买赠、折扣等促销方式，确实能起到促进销售的作用，但长期使用会降低企业利润、贬低产品价值。所以，销售促进只能是特定时期的短期性促销工具，是一种辅助性的促销方式。

3）公共关系

公共关系是指企业在从事市场营销活动中正确处理企业与社会公众的关系，以树立企业的良好形象，从而促进产品销售的一种活动。公共关系促进销售的主要方式有如下六种：

（1）建立固定的公众联系制度。通过和消费者、政府机构、社会团体、银行、中间商等建立固定的联系制度，以加强信息沟通。

（2）与新闻媒体建立联系。企业应积极与新闻媒体建立联系，将具有新闻价值的企业信息提供给报社、电台、电视台等。

（3）赞助和支持各项公益活动。赞助和支持各项公益活动对企业来说是较好的宣传机会。

（4）举办专题活动。

（5）公关广告。公关广告包括致意性广告、倡导性广告和解释性广告三种。

（6）组织消费者、社会各界人士参观本企业。

4）直复营销

直复营销的方式包括邮购服务、电话购买、电子邮箱和电子商务。

3．促销组合

促销组合是有计划、有目的地把人员促销、广告、公共关系、销售促进等方式结合起来综合运用，形成完整的促销策略。企业对促销组合的选择和运用，受产品性质、产品生命周期、市场性质、企业情况等多种因素的影响。

【连连看】

不同行业、企业或商品，促销组合方式是不一样的。你能根据不同行业、企业或商品，找出常用的促销组合方式吗？请用线条连接起来。

行业、企业或商品	促销组合方式
保险、医疗设备行业	人员促销为主，广告为辅
保健、护肤品等微商	广告为主，销售促进、人员促销为辅
牛奶饮料、洗发水等快消品	人员促销为主，销售促进为辅
汽车、房地产等耐用品	广告、人员促销为主，销售促进为辅

（1）促销组合影响因素之产品性质。一般按产品的不同性质把产品划分为消费品和产业用品两大类。消费品更多地使用广告；产业用品则更多地使用人员促销。广告比较适合购买者数量多且分散、购买频次高且单次购买量少、产品单价低且技术含量较低的消费者市场；人员促销则比较适合购买者少且集中、购买频次少且购买批量大、产品单价高且技术含量较高的产业市场。无论是消费品还是产业用品，销售促进、公共关系等促销形式几乎可以被企业随时采用，但也处于次要地位。消费品与产业用品宜采用的促销策略对比如图3-26所示。

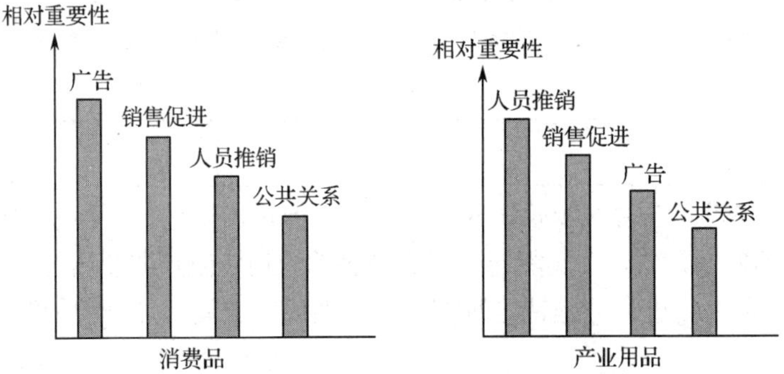

图3-26　消费品与产业用品宜采用的促销策略对比

（2）促销组合影响因素之产品生命周期。在产品生命周期的不同阶段，市场环境不同，企业的促销目标也不相同，所以促销方式的组合也有所不同。不同产品生命周期企业的促销目标和促销方式组合如表3-6所示。

表3-6　不同产品生命周期企业的促销目标和促销方式组合

产品生命周期	企业的促销目标	促销方式组合
导入期	让客户了解产品	广告>公共关系>销售促进
成长期	增进客户的兴趣和偏爱	广告>公共关系>销售促进>人员促销
成熟期	巩固市场地位 抢占市场份额	销售促进>人员促销>公共关系>广告促销
衰退期	忠诚客户的重复购买	销售促进为主，广告为辅
各个阶段	提升客户满意度	优化广告内容，加强公共关系

（3）促销组合影响因素之市场性质。从不同的角度看市场，市场会呈现不同性质。企业应根据市场性质，采用不同的促销组合。从市场的顾客数量及市场的集中程度来看：如果产品的目标市场集中，或者不同类型的潜在顾客数量不多，则人员促销的作用就会得到充分发挥，而且能节省广告费；如果产品的目标市场范围广阔，分散在全国各地，或者不同类型的潜在顾客数量很多，则应以广告宣传为主，此时若大量采用人员促销，则无法适应广泛的市场需求。

（4）促销组合影响因素之企业情况。企业的规模与资金状况不同，应该运用不同的促销组合。一般情况下，小型企业的资金力量弱，支付大量的广告费用比较困难，应该以人员促销为主；大型企业有规模效应，产品数量多，资金雄厚，有能力使用大量的广告对消费者施加影响，应该以广告促销为主，人员促销为辅。

3.4.4　确定促销对象

促销对象的分类有很多种，我们从购买意愿和购买能力的角度，可以分为潜在人群、意向人群、目标人群和核心人群四大类。不同的促销对象，其营销目标和促销组合方式也不一样。不同促销对象的营销目标和促销组合方式如表 3-7 所示。

表 3-7　不同促销对象的营销目标和促销策略

促 销 对 象	基 本 判 断	营 销 目 标	促销组合方式
潜在人群	有潜在需求	扩大品牌知名度	广告+公共关系
意向人群	有购买意愿	刺激需求	销售促进+广告
目标人群	购买意愿+能力+品牌偏好	最大限度抢夺	销售促进+广告+人员促销
核心人群	购买意愿+能力+品牌忠诚	牢牢把握	人员促销+销售促进

那么，如何对受众进行分析呢？我们可以分析受众一段时间的行为习惯，从而判断该受众是哪类人群。例如，长期浏览、关注相近或类似行业产品信息的人，是有潜在需求的人群，可以归类为潜在人群，主要营销目标是对其进行覆盖与传播；探索我的品牌，访问过我的网站的人群，是需求最明确的人群，可以归类为核心人群，促销时要牢牢把握这类人群。受众人群分析如图 3-27 所示。

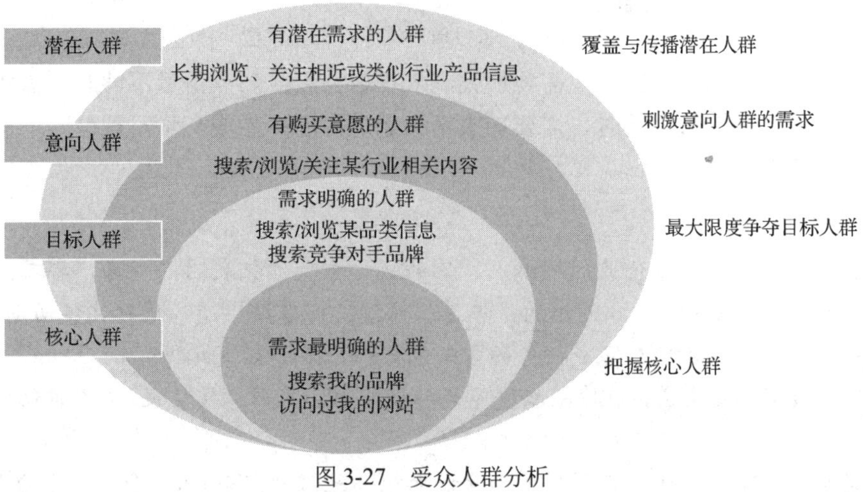

图 3-27　受众人群分析

3.4.5 总结促销效果

AIDMA 是消费者行为学领域非常成熟的理论模型之一，由美国广告学家 E.S.刘易斯于 1898 年提出。该理论认为，消费者从接触信息到最后达成购买，会经历这五个阶段：注意（Attention）、兴趣（Interest）、欲望（Desire）、记忆（Memory）和行动（Action）。AIDMA 漏斗模型如图 3-28 所示。

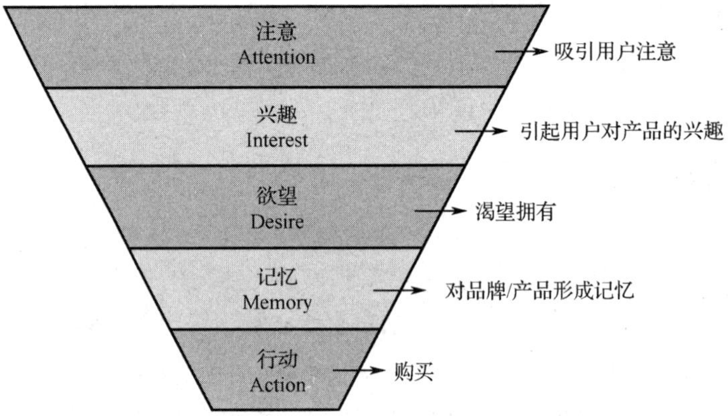

图 3-28　AIDMA 漏斗模型

将 AIDMA 漏斗模型用于营销领域，就可以形成广告投放营销漏斗转化模型，如图 3-29 所示。该模型将广告促销过程中潜在人群转化为成交客户，并分为五个可量化的指标，即展现量、点击量、访问量、咨询量和成交量。

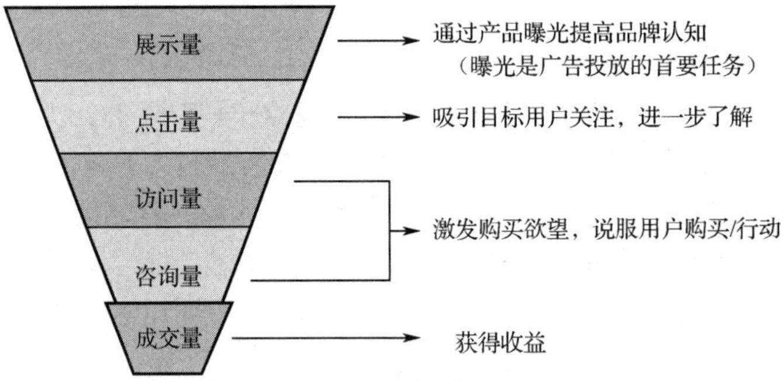

图 3-29　广告投放营销漏斗转化模型

当网站或网店展示量不够时，需要加大广告投放力度；当点击量不够时，需要优化传播内容；当访问量或咨询量不够时，需要加大销售促进力度；当成交量不理想时，需要在人员促销方面进行培训或提升。

【答一答】

假设你是一个服装家族企业的继承人，你的父母希望你拓展国内市场，要求第一年实现销售 2 000 万元，提供给你 200 万元的广告费，你该怎样建设渠道、进行促销活动？

如何拓展国内服装市场？完成任务的方法包括但不限于如下几种：

（1）建设线下批发渠道，在服装批发市场租赁店铺。采取“销售促进+人员促销”的促销策略。

（2）建设线下零售渠道，在百货商场开设专柜。采取“广告+人员促销”的促销策略。

（3）建设线下加盟连锁渠道，创建品牌，招募加盟商。采取“广告+人员促销”的促销策略。

（4）建设线上批发渠道，在 1688 等平台上开店，招募线上分销商。采取“销售促进+广告”的促销策略。

（5）建设线上零售渠道，在天猫等平台开店，采取“广告+销售促进+直播”的促销策略。

你还有更好的方法吗？

任务实训

一、理论知识训练

1．单项选择题

（1）在天猫“双十一”的十周年晚会上，泰国副总理、卢旺达总统、印尼总统等多个国家的领导人通过视频表达祝福，这属于促销组合中的（　　）。

A．广告　B．销售促进　C．公共关系　D．人员促销

（2）商场导购、保险从业人员、房地产中介人员，这些属于企业促销组合中的（　　）。

A．广告　B．销售促进　C．人员促销　D．公共关系

（3）天猫直通车、钻展、超级推荐，这些属于企业促销组合中的（　　）。

A．广告　B．销售促进　C．人员促销　D．公共关系

（4）店铺优惠券、限时折扣、买就送，这些属于企业促销组合中的（　　）。

A．广告　B．销售促进　C．人员促销　D．公共关系

（5）由于受服务区域的限制，以前房地产、医院、旅游等行业更喜欢投（　　）。

A．电视广告　B．电台广告　C．报纸广告　D．户外广告

（6）网络广告时代，家政服务、线下培训、鲜花配送等行业，更喜欢投（　　）。

A．搜索广告　B．电商广告　C．品牌图形广告　D．视频贴片广告

（7）网络广告时代，牛奶饮品、洗发水等快消品，广告投放更多地从电视广告转移到（　　）。

A．搜索广告　B．电商广告　C．品牌图形广告　D．视频贴片广告

（8）AIDMA 漏斗模型中，第一个 A 指的是（　　）。

A．注意（Attention）　B．兴趣（Interest）　C．欲望（Desire）　D．行动（Action）

（9）AIDMA 漏斗模型中，最后一个 A 指的是（　　）。

A．注意（Attention）　B．兴趣（Interest）　C．欲望（Desire）　D．行动（Action）

2．多项选择题

AIDMA 漏斗模型指的是（　　）。

A．注意（Attention）　B．兴趣（Interest）　C．欲望（Desire）　D．行动（Action）

二、综合能力训练

1．扫描二维码并阅读“2020 年中国网络广告市场年度洞察报告”一文，查阅央视市场研究（CTR）网站，指出网络广告有哪些类别？找出各类别前三名的广告主代表。

阅读材料：2020年中国网络广告市场年度洞察报告

2．扫描二维码并阅读“电商平台十大促销活动”一文，指出这十大促销活动分别属于提升销量、提升客单价、会员营销三大类的哪一类，并画出思维导图。

阅读材料：电商平台十大促销活动

3．打开林氏木业天猫旗舰店的网页，找出五种该店的促销活动，并截图说明活动的类型。

三、创新创业项目训练

假设你是一个服装家族企业的继承人，你的父母希望你拓展国内市场，要求第一年实现销售额2 000万元，给你提供200万元广告费，请从营销4P的角度，提交一份市场拓展方案。

任务 3.5　撰写网络推广策划案

工作任务单及参考流程图

工作任务	撰写网络推广策划案		教学模式	任务驱动
建议学时	4 课时		教学地点	一体化实训室
任务描述	贾师兄到广州一家餐饮企业面试网络推广专员，和老板聊得挺好，但没有被当场拍板录用，而是要求先写一份网络推广策划案。 假设你是贾师兄，该如何撰写网络推广策划案？			
学习目标	知识目标	✓ 了解媒体、新媒体、自媒体、社会化媒体； ✓ 说出十种以上网络推广方法； ✓ 掌握网络推广三板斧理论。		
	能力目标	➢ 能够用网络推广三板斧思维，梳理网络推广思路； ➢ 能够根据网络推广策划案写作七步法，做出网络推广方案。		
	素质目标	✧ 能够树立创新意识、创新精神； ✧ 能够运用营销基本理论知识，做出企业策划案。		
	思政目标	◆ 具备“没有调查就没有发言权”的工作理念； ◆ 具备实事求是的价值观和求真务实的工作态度。		
KPI 指标	方案的实用性和创新能力，目标人群描述的清晰度，市场分析的合理度，营销策略的可行性和创新性，方案实现路径的可操作性。			
撰写网络推广策划案流程图				

任务实施

3.5.1　了解媒体、新媒体、自媒体、社会化媒体

1．媒体

“媒体”（Media）一词来源于拉丁语“Medius”，音译为媒介，是指传播信息的媒介，是指人借助用来传递信息与获取信息的工具、渠道、载体、中介物或技术手段。

现代社会中，不同的人获取信息的来源和使用的工具是不同的。例如，我们的爷爷奶奶，他们仍保持着看报纸、听广播的习惯，他们的信息来源主要是报纸和广播；我们的爸爸妈妈，还保持着看电视的习惯，喜欢看新闻联播和综艺节目，他们的信息来源是电视；我们更习惯用计算机或手机看新闻、玩游戏、追连续剧，我们的信息获取渠道主要是计算机和手机。报纸、广播、电视、互联网、移动互联网就是媒体。

传递信息的工具，古已有之。例如，口语、手势、烽火、信鸽、书信、画、人（马拉松）、马（驿站）等，这些都是古代的传播媒体，它们的传播速度慢，也容易出现差错。现代的传播媒体按照出现时间的先后，有报纸和杂志、广播电台、户外、电视、互联网、移动互联网等。一般情况下，称报纸和杂志为第一媒体，称广播电台为第二媒体，称户外为第三媒体，称电视为第四媒体，称互联网为第五媒体，称移动互联网为第六媒体。

通常人们称报纸和杂志、广播电台、户外、电视为传统媒体，称互联网和移动互联网为新媒体。媒体的分类如图 3-30 所示。

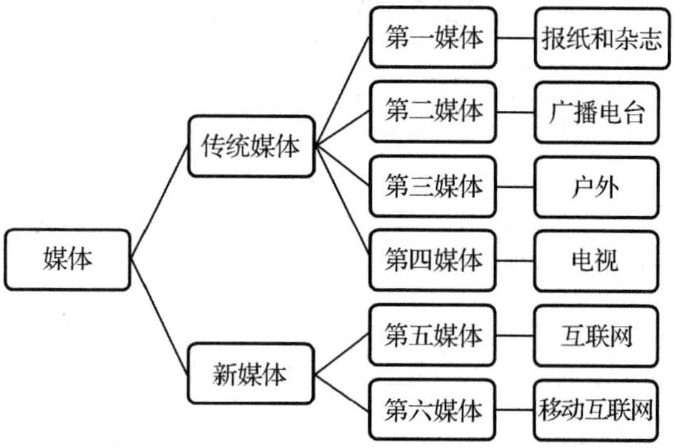

图 3-30　媒体的分类

2. 新媒体

1）新媒体的概念

新媒体是相对传统媒体而言的，是继报纸和杂志、广播电台、户外、电视等传统媒体后发展起来的新媒体形态，是利用数字技术、网络技术，通过互联网、宽带局域网、无线通信网、卫星等渠道，以及计算机、手机、数字电视机等终端，向用户提供信息和娱乐服务的传播形态。严格来说，新媒体应该称数字化新媒体。

2）新媒体概念的发展

新媒体概念的提出，始于 1967 年，然后陆续出现了自媒体、社会化媒体的概念。新媒体、自媒体和社会化媒体概念出现的时间如图 3-31 所示。

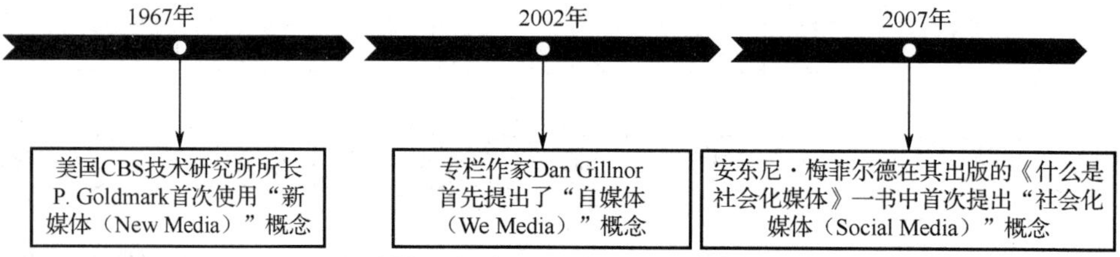

图 3-31　新媒体、自媒体和社会化媒体概念出现的时间

3）新媒体的分类

新媒体的分类如表 3-8 所示。

表 3-8　新媒体的分类

类　型	类　别
聚合导航类	门户网站（如新浪网、凤凰网、搜狐网）、搜索引擎（如百度、谷歌）、分类信息（如 58 同城、大众点评）、导航网站（如 hao123、360 导航）等
社区交流类	即时通信（如 QQ）、SNS（如人人网）、微博、微信、图片分享（如蘑菇街、美丽说）、职场社交（如脉脉、赤兔）、婚恋交友（如珍爱、百合、世纪佳缘）等
内容发布类	微博（如新浪微博）、网络文学（如起点中文网、红袖添香、新浪读书）、电子杂志或数字出版、新闻客户端（如今日头条、澎湃）、电子商务（如天猫、京东、拼多多、唯品会）等

续表

类　型	类　别
视听娱乐类	网络视频（如优酷土豆、腾讯、秒拍、美拍）、网络电视（如 PPTV 聚力、乐视网、芒果 TV）、网络广播（如喜马拉雅、荔枝）、网络短视频（如快手、抖音）、网络动画、网络游戏、网络音乐/音频、手机电视等
合作创作类	维客类（如百度百科、互动百科）、威客平台（如猪八戒、创意平台、百度知道、知乎、爱问）等

4）传统媒体与新媒体

传统媒体与新媒体的区别如表 3-9 所示。

表 3-9　传统媒体与新媒体的区别

项　目	传 统 媒 体	新　媒　体
传播载体	广播、电视、纸媒	互联网（PC 端、移动端） 智能屏（智能车载、智能家居产品等）
传播时效	固定时间进行传播，滞后传播	随时随地传播，即时信息
受众要求	主要用户群："50 后""60 后""70 后" 用户需求：以资讯信息和娱乐内容获取为主	主要用户群："70 后""80 后""90 后""00 后" 用户需求：资讯信息和娱乐内容获取、自我表达、参与互动等元素更加多元化、个性化、碎片化
传播形式	传播形式：文字、图片、音频、视频等 内容生产分发：以 PGC 内容和渠道分发为主，极少 UGC 内容	传播形式：新增视频直播、短视频、个性化图片（GIF 动图、表情包）等形式 内容生产分发：UGC 和 PUGC 内容大受欢迎，微信、微博、直播平台等自媒体大行其道

3．自媒体

1）自媒体概念

自媒体又称"公民媒体"或"个人媒体"，是指私人化、平民化、普泛化、自主化的传播者，以现代化、电子化的手段，向不特定的大多数或特定的单个人传递规范性或非规范性信息的新媒体的总称。人们一般在内容发布和社区交流新媒体上做自媒体。自媒体平台包括微博、微信、今日头条、抖音、快手等网络平台。

自媒体因具有平民个性化、低门槛、易操作、交互性强、传播速度快等特征，所以广受企业欢迎。

2）自媒体分类

自媒体的分类如图 3-32 所示。

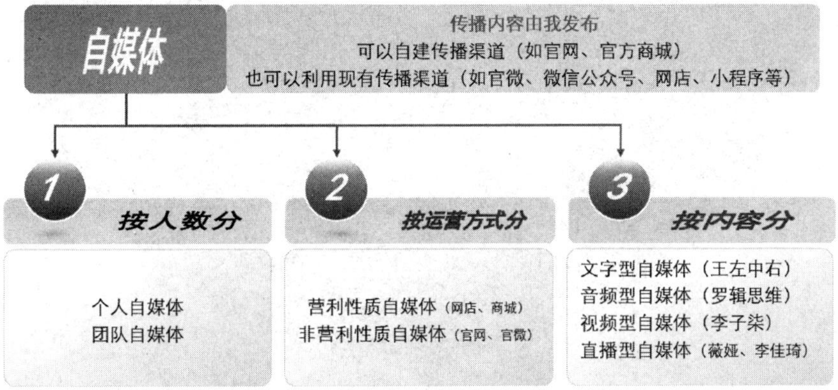

图 3-32　自媒体的分类

4．社会化媒体

1）社会化媒体的概念

社会化媒体是指以 Web 2.0 技术为支持，允许用户创造、分享与传播信息的实时互动的网络应用平台。社会化媒体以互联网技术为基础，将以往媒体与受众间信息的一对多对话模式转变为在用户间多对多的沟通模式。它支持知识和信息的民主化，使在此媒体平台上的用户群体从内容的消费者转变为内容的制作人。

2）社会化媒体的分类

WPP 旗下 Kantar Media CIC，从 2008 年起，每年推出中国社会化媒体生态概览图。在 2018 年中国社会化媒体生态概览图中，将社会化媒体分为核心社会化媒体和衍生社会化媒体两类。

核心社会化媒体主旨为增强人际关系，用户通过核心社会化平台频繁地交换各自的生活体验或其他信息，包括以交友、兴趣、新鲜事、即时通信为目的的线上平台。

衍生社会化媒体主旨为帮助平台增加黏性，赚取流量。用户从内容生产者获得更加个性化的信息，以进行更好的决策。衍生社会化媒体可以宽泛地分为网络游戏、影音娱乐、知识资讯、电商购物四大板块。

2018 中国社会化媒体生态概览如图 3-33 所示。

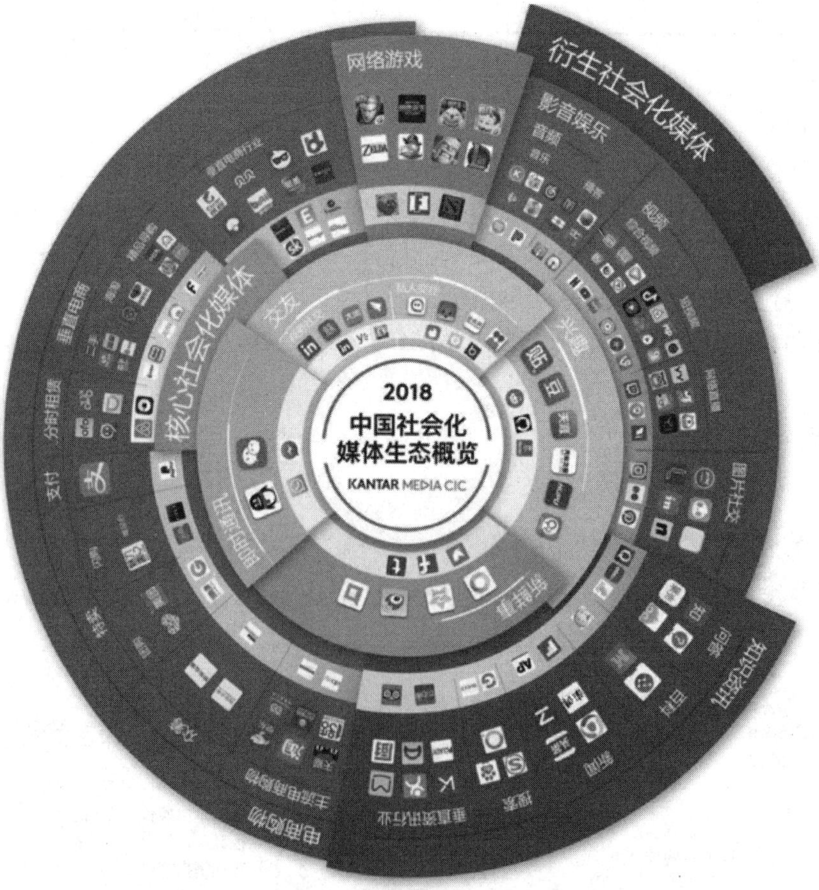

图 3-33　2018 中国社会化媒体生态概览

【想一想】

天猫、淘宝网、拼多多等电商平台是媒体吗？是自媒体还是社会化媒体？

5．自媒体与社会化媒体的区别

（1）目的不同：“我”建自媒体，是为了传播“我”的信息；“我”建社会化媒体，是为了方便大家的信息交流。

（2）内容创造者不同：自媒体的内容创造者为自媒体所有者；社会化媒体的内容创造者为全体网民（社会化媒体本身使命就是建平台，而非创造内容）。

（3）互动性有差异：自媒体首先是信息的传递，然后考虑互动；互动是社会化媒体的命脉，“无互动不社交”“无互动不社会化媒体”。

（4）平台的不同：自媒体可以自建平台，也可以借用社会化媒体的平台；社会化媒体本质上是一个信息传播交流的平台。

【想一想】

新浪网是自媒体还是社会化媒体？新浪微博是自媒体还是社会化媒体？

微信是自媒体还是社会化媒体？微信公众号是自媒体还是社会化媒体？

企业自建的网站或商城，是不是媒体？是自媒体还是社会化媒体？

【敲重点】

关于媒体概念的总结：

- 媒体本意是两者之间信息传递的工具、手段、平台和渠道。
- 媒体分为传统媒体和新媒体。
- 传统媒体包括报纸和杂志、广播电台、户外、电视。
- 新媒体包括互联网和移动互联网，互联网是第五媒体，移动互联网是第六媒体。

3.5.2　认识网络推广的方式方法

网络推广是指通过互联网的种种手段，将有关产品或服务的信息传递给目标消费者，以提高品牌知名度和产品销量的一种活动，是网络营销的一部分。

1．网络推广的方式方法

【想一想】

网络推广方法有哪些？你能列举十种网络推广的方式方法吗？

网络推广方式，从载体来看分为互联网推广和移动互联网推广；从传播渠道来看就是新媒体推广，包括聚合导航、社区交流、内容发布、视听娱乐、合作创作五大类。这些平台发布内容或投放广告，都可以起到推广企业产品或服务的作用。新媒体推广细分类别及举例说明如表 3-10 所示。

表 3-10　新媒体推广细分类别及举例说明

大　类	细　类	举例说明
聚合导航类	门户网站推广	在新浪网、凤凰网、搜狐网等门户网站发布企业软文、投放广告或进行栏目冠名合作
	搜索引擎推广	在百度、谷歌、360 等搜索引擎网站投放竞价排名广告，或者按照各大搜索引擎网站规则进行自身网站优化
	分类信息推广	在 58 同城、大众点评等网站发布企业信息或投放广告
	导航网站推广	在 hao123、360 导航等网站进行链接，或者购买外部链接
社区交流类	即时通信（IM）推广	IM（Instant Messaging）是指能够即时发送和接收互联网消息等业务，既包括企业建立粉丝 QQ 群进行客户关系营销，也包括企业在 QQ 平台上投放广告或进行商业合作
	SNS 推广	SNS(Social Networking Services)，即社会性网络服务。SNS 推广是指在人人网、开心网等社交网站上举办活动、发布信息、投放广告
	微博推广	在微博平台开通企业官方微博吸引粉丝，在微博广告平台投放粉丝通或粉丝头条广告
	微信推广	用微信开通微信公众号，吸引粉丝并与粉丝互动，或者在微信投放朋友圈广告或公众号广告
	职场社交推广	在脉脉、赤兔等平台进行推广
	婚恋交友网站推广	婚庆用品或相关企业，可以在珍爱、世纪佳缘等婚恋交友网站举办活动，投放广告进行推广
内容发布类	网络文学推广	在起点中文网、红袖添香、新浪读书网站上进行推广
	电子邮件、电子杂或数字出版推广	（略）
	新闻客户端推广	在今日头条、澎湃等客户端上推广
视听娱乐类	网络视频推广	拍摄视频，上传优酷土豆、腾讯视频、秒拍、美拍、快手、抖音等网站进行宣传，或者在上述网站投放贴片广告
	网络电视推广	拍摄企业视频，在 PPTV 聚力、乐视网、芒果 TV 等平台播放，或者在这些网站投放贴片广告
	网络广播推广	在喜马拉雅、荔枝等网络广播平台投放音频类广告
	网络动画、网络游戏、网络音乐/音频、手机电视推广	（略）
合作创作类	维客类推广	维客是一种在网络上开放、可供多人协同创作的超文本系统，维客的原名为 Wiki（也译为维基），将企业品牌名、企业产品等信息，在百度百科、互动百科等网站，以创建词条的形式进行系统介绍
	威客平台推广	威客是指那些通过互联网将个人的智慧、知识、能力、经验进行展示的人，将企业或产品信息在猪八戒、百度知道、知乎等问答平台，从消费者角度以问答形式进行介绍

2. 网络推广渠道分类

【想一想】

为什么企业一说做网络营销或推广，就想到的是在淘宝网、京东等电商平台开店，或者做“双微一抖一红”（官方微博、微信公众号、抖音号、小红书）？这样做合理吗？为什么？

____

____

网络推广渠道很多，可以按投入费用高低、所有权和可控制性、信息存续时间长短进行分类。

1）按投入费用高低划分

按企业投入费用高低，可将网络推广渠道分为免费推广渠道、分成推广渠道和付费推广渠道三大类。

（1）免费推广渠道：是指在官方网站、官方微博、微信公众号、论坛、邮件、百度问答等平台免费进行推广的方式。

（2）分成推广渠道：是指按照效果进行分成的推广渠道，如淘宝客、团购网站、CPS 联盟等。

（3）付费推广渠道。付费推广渠道包括以下几种方式：

- 搜索广告渠道，如百度、谷歌、360、淘宝直通车等；
- 联盟广告渠道，如百度网盟、搜狗网盟、360 网盟、谷歌网盟等；
- 视频广告渠道，如优酷土豆、爱奇艺、搜狐视频、芒果 TV 等；
- 社会化媒体广告渠道，如微博粉丝通、微信朋友圈、今日头条等；
- 电商平台广告渠道，如淘宝平台的直通车、钻展，以及京东、唯品会等平台。

2）按所有权和可控制性划分

按所有权和可控制性，可将网络推广渠道分为自有可控渠道和他有不可控渠道。

（1）自有可控渠道：指信息发布时间、内容、形式由企业主导，在遵守国家相关法律法规的前提下，完全或基本自主决定的渠道，如企业官方网站、官方微博、微信公众号、企业官方商城、企业官方网店（旗舰店、自营店）等。

（2）他有不可控渠道：指信息发布时间、内容、形式取决于平台属性或平台管理者，企业必须遵守平台规则，经平台审核后才能上线的渠道，如投放钻展或直通车的电商平台、投放竞价排名的搜索平台、投放信息流广告的新闻客户端、发布帖子的论坛贴吧等。

3）按信息存续时间长短划分

按信息存续时间长短，可将网络推广渠道分为信息长期存在推广渠道和信息阶段性存在推广渠道。

（1）信息长期存在推广渠道：指信息一旦发布，将在一段时间内长期存在的推广渠道，如企业官方网站、企业官方微博、微信公众号、论坛帖子、贴吧内帖子等。

（2）信息阶段性存在推广渠道：指信息存在的时间长短是有阶段性的，如网络广告、搜索类竞价排名、直通车、钻展等推广方式，与企业投入的费用息息相关，一旦企业广告费用中止，这些信息将自动下架。

【想一想】

假设你是网络推广策划人员，在决定通过网络推广渠道做活动时，是投入费用多的先做还是投入费用少的先做？是自主可控性强的先做还是可控性弱的先做？是信息存续时间长的先做还是存续时间短的先做？

3.5.3　网络推广三板斧

1．网络推广实施原则

网络推广渠道很多，针对哪些应该重点去做、哪些应该先做、哪些应该后做等问题，可以按照如下三个原则来实施：

（1）从投入费用高低角度来看，建议先做投入费用少的渠道，等网络营销经验丰富后，再做投入费用多的渠道；

（2）从所有权和可控性角度来看，建议先做自有可控渠道，后做他有不可控渠道；

（3）从信息存续时间长短角度来看，建议先做信息长期存在的推广渠道，后做信息阶段性存在的推广渠道。

2．网络推广三板斧

按照网络推广实施原则——先做投入费用少、自有可控、信息存续时间长的渠道，后做投入费用多、他有不可控、信息存续时间短的渠道，可以提炼中小微企业网络推广三板斧：先做自媒体营销，再做社会化媒体营销，最后做第三方平台广告营销。网络推广三板斧不同推广步骤的特点如图 3-34 所示。

分类	自媒体营销	社会化媒体营销	第三方平台广告营销
举例	官方网站 官方微博 微信公众号 抖音企业蓝V号 官方商城 淘宝网店 天猫旗舰店 微店 小程序	论坛（天涯猫扑） 问答（百度、悟空） 百科（百度、维基） 博客（新浪博客） 音频（喜玛拉雅、虾米） 视频（优酷、爱奇艺） 直播（斗鱼、虎牙） 短视频（抖音、快手） 电商（蘑菇街、小红书）	资讯（今日头条、新浪网） 阿里系（直通车、钻展） 百度系（竞价排名） 腾讯系（朋友圈广告） 视频广告
投入大小	投入最小	投入较小	投入最大
自主性	自主性强	有可能被删，自主性弱	限制最多，自主性最弱
存续时间	存续时间最长	存续时间较长	存续时间短

图 3-34　网络推广三板斧不同推广步骤的特点

1）网络推广第一板斧：自媒体营销

自媒体营销具有投入费用少、信息发布自有可控、信息存续时间长等优势，是绝大部分中小微企业网络营销推广的第一步。

自媒体营销的根本目的是建立网络营销根据地，也就是建立私域流量池。这是中小微企业网络营销的起点，也是中小微企业网络营销推广的最终落脚点。

这里所指的自媒体，既可以是企业官方网站，也可以是企业在微博、微信等社区交流媒体上开设的官方微博、微信公众号，还可以是企业在天猫、淘宝网、京东等电子商务交易平台上开设的企业官方旗舰店、自营店、专营店等。自媒体营销建设的原因、目的及内容如图 3-35 所示。

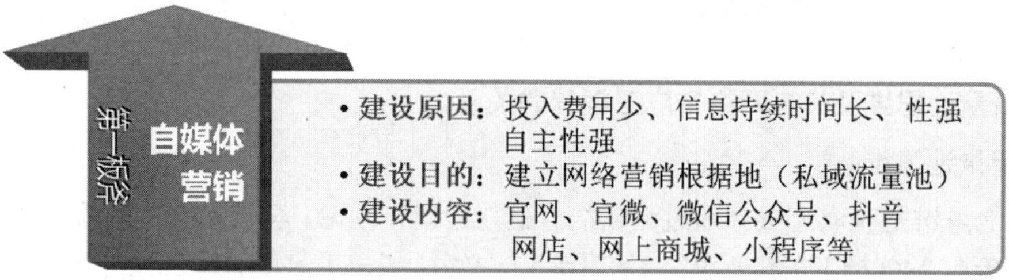

图 3-35 自媒体营销建设的原因、目的及内容

2）网络推广第二板斧：社会化媒体营销

社会化媒体营销的根本目的是实施低投入的精准营销。这是中小微企业在投入不多的情况下，与竞争对手争夺目标客户并将其转化为自有核心客户的机会。

社会化媒体因为鼓励用户分享评论，为用户创造内容提供了最大的便利。在聚合导航类、社区交流类、内容发布类、视听娱乐类、合作创作类这五大类新媒体中，都存在社会化媒体。人气较旺且适合企业做网络营销推广的主要有微博、微信、网络视频、短视频、论坛贴吧、搜索引擎、新闻客户端、门户网站等平台。

由于社会化媒体上有更多的消费者，消费者在上面花费更多的时间，“消费者感兴趣的内容”成为营销是否引爆消费者自主传播的关键。中小微企业通过社会化媒体营销，起到锁牢核心人群、抢夺目标人群的作用。社会化媒体营销建设的原因、目的及内容如图 3-36 所示。

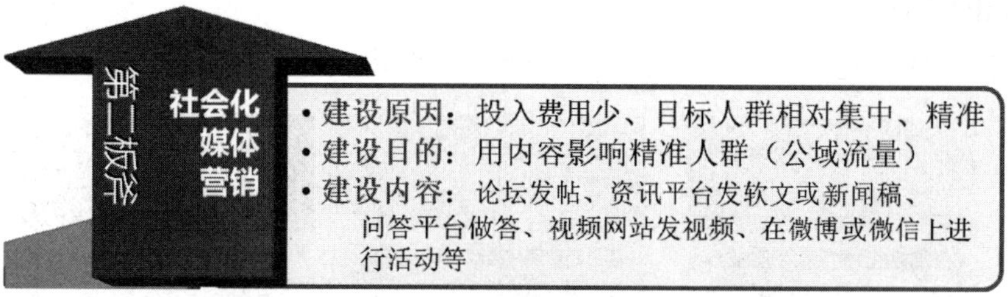

图 3-36 社会化媒体营销建设的原因、目的及内容

3）网络推广第三板斧：第三方平台广告营销

第三方平台广告营销的根本目的是实施高投入的借势营销。这是中小微企业在网络营销推广上取得初步成效、愿意加大投入情况下实施的网络营销推广的第三步。

广告平台因为聚集了大批量具有共同行为特征的人群，因此可以基于受众的自然属性、长期兴趣爱好、短期特定行为等受众定向技术，找到核心、目标、意向人群，通过内容创意对其产生即时购买或潜移默化的影响。

广告虽然具有投入费用高、信息发布受媒体特性影响、信息存续时间不长等劣势，但其具有辐射范围广、形式丰富多样、视觉冲击力强等优势，是企业锁牢核心人群、抢夺目标人群、影响意向人群的必由之路。为了提升广告投放效果，一般会将广告受众引流至企业自媒体平台。第三方平台广告营销建设的原因、目的及内容如图 3-37 所示。

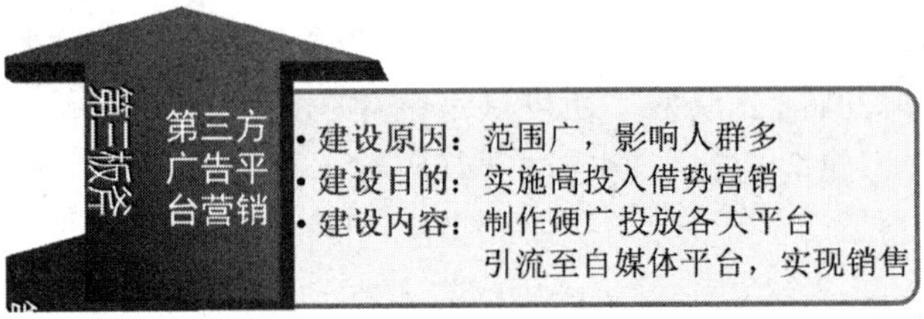

图 3-37　第三方平台广告营销建设的原因、目的及内容

3．流量池思维及其与网络推广三板斧的关系

1）流量池思维

流量池思维是获取流量并通过流量的存储、运营和发掘，再获取更多的流量的营销策略。Luckin Coffee CMO 杨飞在其所著的《流量池》一书中，提出了流量池思维的三个阶段，如图 3-38 所示。

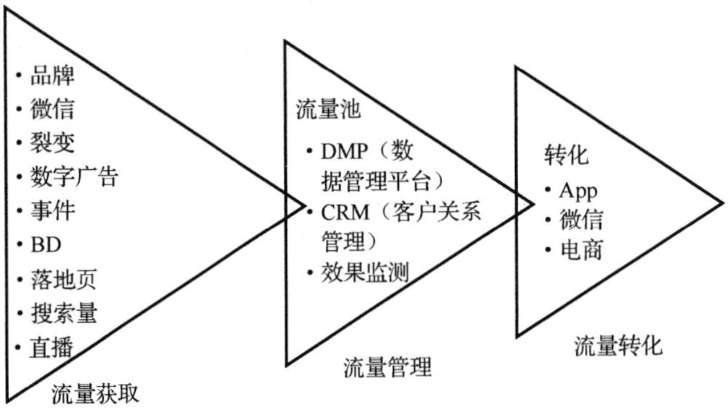

图 3-38　流量池思维的三个阶段

2）流量的三种类型

流量包括私域流量、公域流量和商域流量三种类型，如图 3-39 所示。

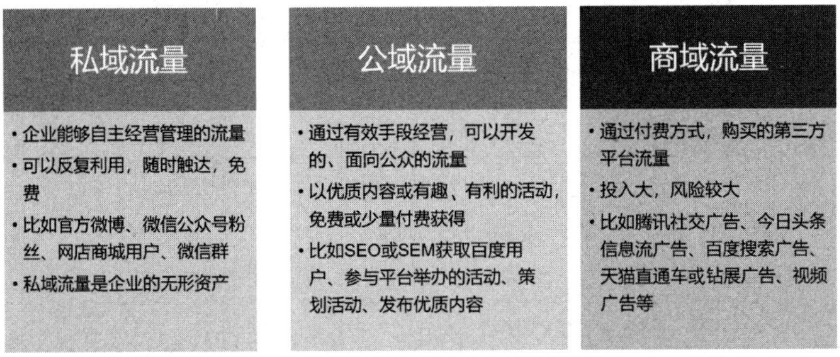

图 3-39　流量的三种类型

3）流量池思维与网络推广三板斧

【想一想】

为什么我们在论坛上发帖时很想加上自己的网址？在知乎上回答问题时会放上自己的微信公众号？投百度竞争排名时会放链接？投淘宝网直通车时会链接到商品详情页？

流量池思维与网络推广三板斧，是网络推广的一体两面，有着异曲同工之妙，两者的最终目的都是建立网络营销根据地（私域流量池）。如何建立根据地（私域流量池）？两者都是希望通过公域流量（社会化媒体营销）和商域流量（广告投放）进行引流。流量池思维与网络推广三板斧之间的关系如图 3-40 所示。

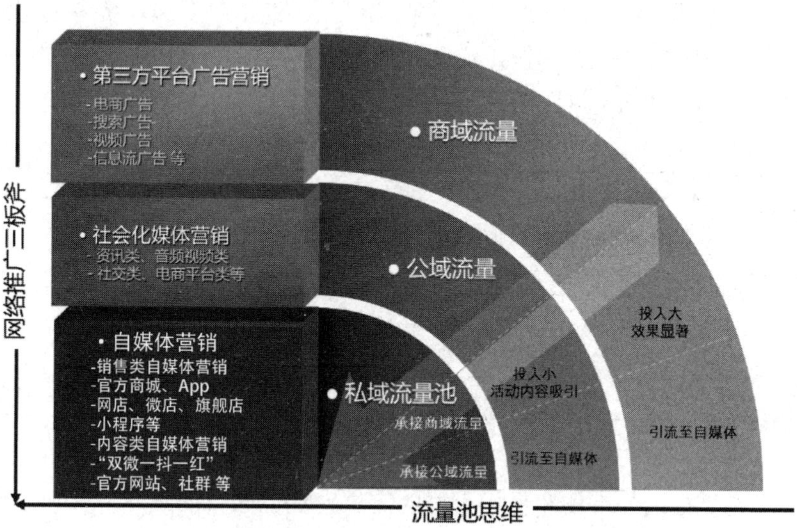

图 3-40　流量池思维与网络推广三板斧之间的关系

3.5.4　网络推广策划案写作七步法

【想一想】

假设你是贾师兄，应聘广州一家餐饮企业的网络推广专员，你该如何做网络推广，如何撰写网络推广策划案？

____

____

我们可以用“营销 4P+网络推广三板斧”的思路来撰写网络推广策划案。当然，任何营销或策划案的第一步，都是始于市场调研。只有在市场调研基础上做出的策划案，才有可能具有针对性和可实操性。

网络推广策划案写作七步法，指的是 SWOT 分析、定位、产品规划、价格规划、渠道规划、促销规划和运营规划，如图 3-41 所示。

图 3-41　网络推广策划案写作七步法

1. SWOT 分析

在进行 SWOT 分析之前先要进行市场调研。如何进行市场调研？我们在前面的学习内容中讲了“项目五看”：一看政府、二看行业、三看竞争对手、四看消费者、五看自身。可以通过资料调查法和实地考察法来了解项目。在做这份策划案时，既可以到网上搜索信息，也可以到这家企业的门店进行观察。在先了解行业、企业、竞争对手和消费者的基础上，再进行 SWOT 分析。下面以轻餐饮行业为例，说明如何进行网络推广策划。

轻餐饮行业的 SWOT 分析如表 3-11 所示。

表 3-11 轻餐饮行业的 SWOT 分析

行业概念		轻餐饮概念源自欧洲，在广州白领之间比较流行，它倡导饮食要低脂肪、低热量、少糖、少盐，多选择富含纤维的食物，以达到减肥塑身的目的
SWOT 分析	优势	广州是轻餐饮的流行地，已有三家线下门店，有先发的优势
	劣势	与第一名竞争对手存在差距，价格较高，消费者接受需要一个过程
	机会	都市白领越来越注重健身塑形，容易接受轻餐饮概念
	挑战	准入门槛低，老牌餐饮企业容易复制和进入

2. 定位

这里的定位主要指细分市场和目标人群的定位。定位的目的是回答客户是谁、他们在哪里、喜欢什么、对产品的态度如何等问题。定位的内容包括人口属性、行为分析、对产品的态度和日常偏好，如表 3-12 所示。

表 3-12 定位的内容

定位	具体内容
人口属性	性别、年龄、教育程度、所在行业……
行为分析	购买频率、购买价格、购买品牌……
对产品的态度	吸引原因、优势、不足、期待……
日常偏好	日常爱好、关注信息、获取信息的渠道、关注领域……

在轻餐饮行业中，我们可以对轻餐饮目标人群建立如表 3-13 所示的画像。

表 3-13 轻餐饮目标人群画像

轻餐饮定位	具体内容
人口属性	25～45 岁，月收入 5 000 元至 20 000 元，广州天河区写字楼上班白领
行为分析	上班时间不能在家午餐，以外卖为主，以堂食为辅
对产品的态度	关注自身健康，注重身体管理
日常偏好	每周定期或不定期地进行跑步、健身、瑜伽、羽毛球等运动

3. 产品规划

产品规划的内容如表 3-14 所示。

表 3-14 产品规划的内容

产品	具体内容
类目	日用快销品、耐用消费品、奢侈品、工业用品、服务
生命周期	导入期、成长期、成熟期、衰退期
五层次	核心产品、形式产品、期望产品、延伸产品、潜在产品

在轻餐饮行业中，我们可以对轻餐饮的产品做如表 3-15 所示的规划。

表 3-15　轻餐饮行业的产品规划

产　品		具 体 内 容
类目		餐饮服务，中西混合式健康午餐
生命周期		快速成长期
五层次	核心产品	都市白领健康午餐
	形式产品	外卖、堂食
	期望产品	高蛋白质、低卡路里、营养均衡、上餐速度快
	延伸产品	高颜值、标明营养成分
	潜在产品	暂无

4．价格规划

在前面的内容学习中，我们学过如表 3-16 所示的产品定价策略。

表 3-16　产品定价策略

价　格	具 体 内 容
新产品上市定价策略	撇脂策略、渗透策略
三种定价方法	成本定价法、竞争定价法、需求定价法
五种定价方式	地区定价、折扣定价、差异定价、心理定价、组合定价

在轻餐饮行业中，因为是当下流行的餐饮方式，目标人群又是关注自身健康的都市白领，针对目标人群，我们可以制定如表 3-17 所示的价格策略。

表 3-17　轻餐饮行业产品的定价策略

价　格	具 体 内 容
新产品上市定价策略	撇脂策略（新的餐饮方式，没必要采用低价格、低利润的渗透策略）
三种定价方法	可以参考竞争对手的定价，也可以了解顾客需求后定价
五种定价方式	组合定价法，套餐为主，价格在 25～99 元

5．渠道规划

在前面的内容学习中，我们学过如表 3-18 所示的渠道策略。

表 3-18　渠道策略

渠　道	具 体 内 容
按虚实分	线上渠道、线下渠道
按区域分	国内渠道、国际渠道
按消费方式分	批发渠道、零售渠道

在轻餐饮行业中，我们知道该企业已经在线下开设了三家实体店，接下来的重点是拓展线上渠道。轻餐饮行业产品的渠道规划如表 3-19 所示。

表 3-19　轻餐饮行业产品的渠道规划

渠　道	具 体 内 容
线下渠道	已有三家线下实体店
线上渠道	入驻美团、大众点评，建议在微信上开通小程序

6．促销规划

促销规划的实质就是我们讲的“网络推广三板斧”。就轻餐饮行业而言，其促销规划方法如图 3-42 所示。

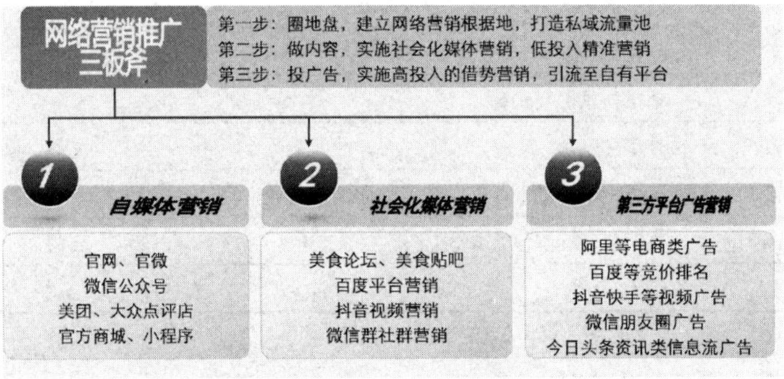

图 3-42　餐饮行业的促销规划方法

【想一想】

针对如图 3-42 中所示的网络推广方式方法，说说哪些必须要做？哪些可以暂时不做？哪些要先做？哪些可以后做？哪些需要重点去做？

____

____

7．运营规划

运营规划是指在确定营销目标后，根据目标预估营销费用、人员配备、年度推广日程等详细计划。

轻餐饮行业中，我们并不知道老板是否招聘网络推广专员，计划年投入费用多少，希望产出目标是多少。一般来说，企业推广费用的确定有三种办法：参考自身往年投入法、参考竞争对手投入法、按照销售额 8%～20%计提法。各种推广费用、人员配备、渠道投放比例，需要营销部门与老板多次沟通后才能确定下来。轻餐饮企业的运营规划参考模板如图 3-43 所示。

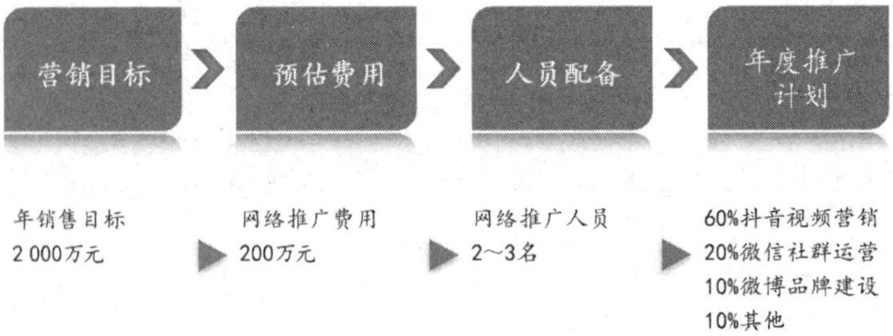

图 3-43　轻餐饮企业的运营规划参考模板

任务实训

一、理论知识训练

1．单项选择题

（1）企业能够自主经营管理、反复触达、免费使用的流量，指的是（　　）。

A．公域流量　　B．私域流量　　C．商域流量　　D．以上都不对

（2）企业在小红书上开通小红书企业号，属于（　　）。

A．传统媒体　　B．自媒体　　C．社会化媒体　　D．第一媒体

（3）拼多多、小红书属于（　　）。

A．传统媒体　　B．自媒体　　C．社会化媒体　　D．不是媒体

（4）通过付费方式购买的第三方平台流量，属于（　　）。

A．公域流量　　B．私域流量　　C．商域流量　　D．自有流量

2．多项选择题

按照流量池原理，流量包括（　　）。

A．公域流量　　B．私域流量　　C．商域流量　　D．自有流量

二、综合能力训练

1．扫描二维码并阅读“2018 中国社会化媒体生态概览白皮书”一文，依据 Kantar 2018 中国社会化媒体生态概览图，做出社会化媒体思维导图，要求每个类别列举三个具体平台的例子。

阅读材料：2018 中国社会化媒体生态概览白皮书

2．用“4P+网络营销推广三板斧”格式，为广州果实轻餐饮公司，制订一份餐饮行业网络推广计划书。

3．假设某家服装生产厂家，原来主营业务是出口成衣到欧洲国家（中高端女装）。该企业已有基础网络设备（电脑、网络等），以前从未涉足电子商务，现在准备针对国内个体消费者进行 B2C 电子商务，计划今年的销售目标为 2 000 万元，准备拿出 200 万元进行网络宣传推广，请从“营销 4P+网络营销推广三板斧”的角度，规划其网络营销开展过程及资金分配方案。

三、创新创业项目训练

按照网络推广策划案七步法，策划一个创新创业项目，分别制作 PPT 版本和 WORD 版本，参与学校或社会组织的创新创业比赛（如“互联网+”大学生创新创业大赛）。

项目 4

搭建自媒体营销矩阵

内容导图

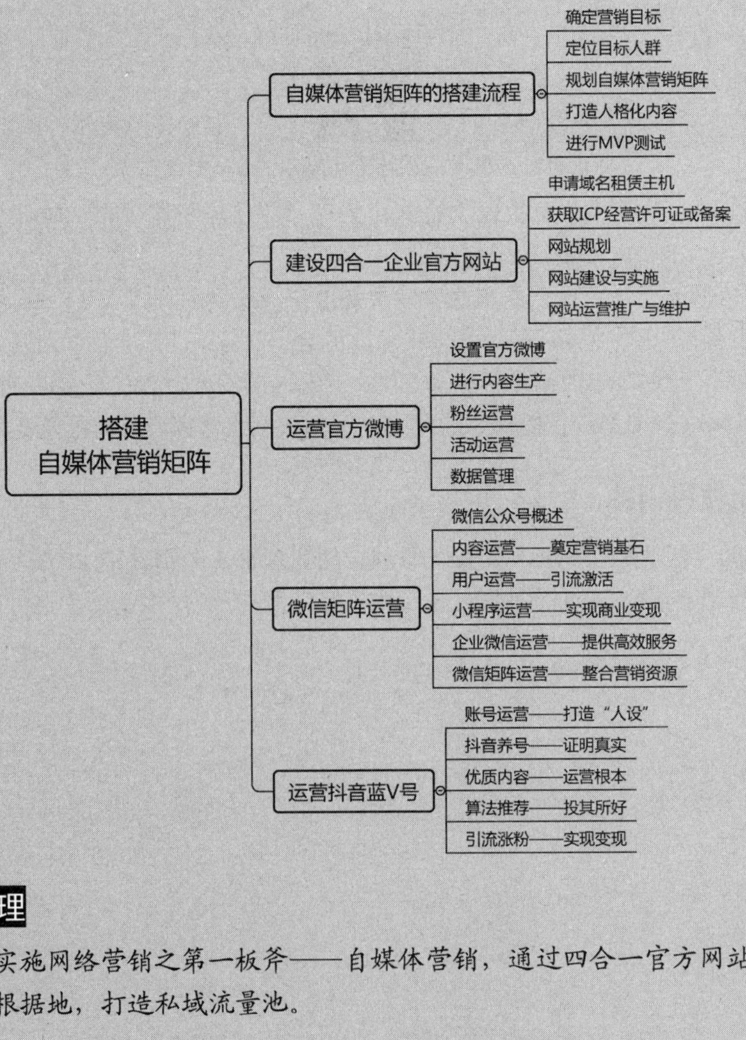

知识梳理

本项目为实施网络营销之第一板斧——自媒体营销，通过四合一官方网站、“双微一抖”建立网络营销根据地，打造私域流量池。

任务 4.1　自媒体营销矩阵的搭建流程

工作任务单及参考流程图

<table>
<tr><td>工作任务</td><td colspan="2">搭建自媒体营销矩阵</td><td>教学模式</td><td>任务驱动</td></tr>
<tr><td>建议课时</td><td colspan="2">2 课时</td><td>教学地点</td><td>一体化实训室</td></tr>
<tr><td>任务描述</td><td colspan="4">老板非常欣赏贾师兄提出的网络推广三板斧提案，安排贾师兄入职公司担任网络推广专员后，要求他建设网络营销根据地，开启自媒体营销。</td></tr>
<tr><td rowspan="4">学习目标</td><td>知识目标</td><td colspan="3">✓ 了解自媒体营销的四个目标；
✓ 能够说出自媒体平台的主要特征；
✓ 掌握自媒体矩阵的两种类型。</td></tr>
<tr><td>能力目标</td><td colspan="3">➢ 能够根据企业目标、人群定位，筛选自媒体平台；
➢ 能够根据企业目标、人群定位，搭建自媒体营销矩阵。</td></tr>
<tr><td>素质目标</td><td colspan="3">✧ 能够树立创新意识、创新精神；
✧ 能够借助大数据平台等工具搜索信息。</td></tr>
<tr><td>思政目标</td><td colspan="3">◆ 具备“没有调查就没有发言权”的工作理念；
◆ 具备实事求是的价值观和求真务实的工作态度。</td></tr>
<tr><td>KPI 指标</td><td colspan="4">自媒体矩阵账号库、账号信用等级、账号内容传播力、账号传播效果。</td></tr>
<tr><td colspan="5">搭建自媒体营销矩阵流程图</td></tr>
<tr><td colspan="5">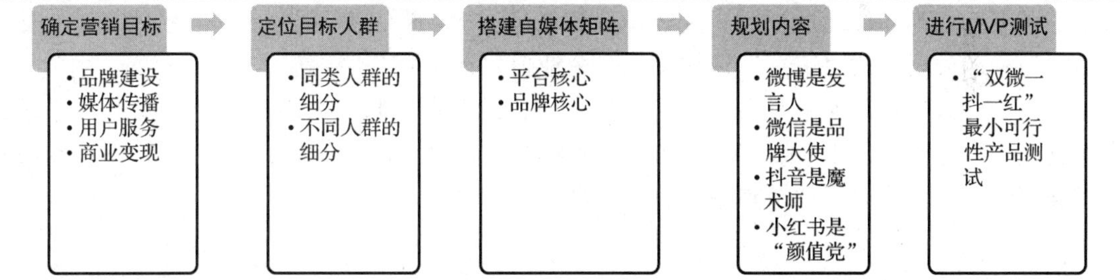</td></tr>
</table>

任务实施

4.1.1　确定营销目标

【想一想】

肯德基有没有在天猫开设旗舰店？效果好吗？为什么？在微信平台搜索“肯德基”，你有什么发现？假设你是肯德基工作人员，自媒体运营重点会放在哪里？

在前面的学习内容中，我们曾提到自媒体是指个人或企业创造内容，通过自有平台或现有社会化媒体平台，向目标人群传递产品或服务信息的活动。自媒体包括内容类自媒体和销售类自媒体，目的是建立网络营销根据地，打造私域流量池。

自媒体营销在企业网络营销中具有战略性的地位。早在2014年，小米公司联合创始人黎万强在《参与感：小米口碑营销内部手册》一书中把自媒体营销提升到企业战略的高度，提出“每个公司都是自媒体”“自媒体不是试验田，是主战场；先做服务再做营销；每天都要上头条；让员工成为粉丝，让粉丝成为员工”的观点。小米自媒体营销的“参与感三三法则”如图4-1所示。

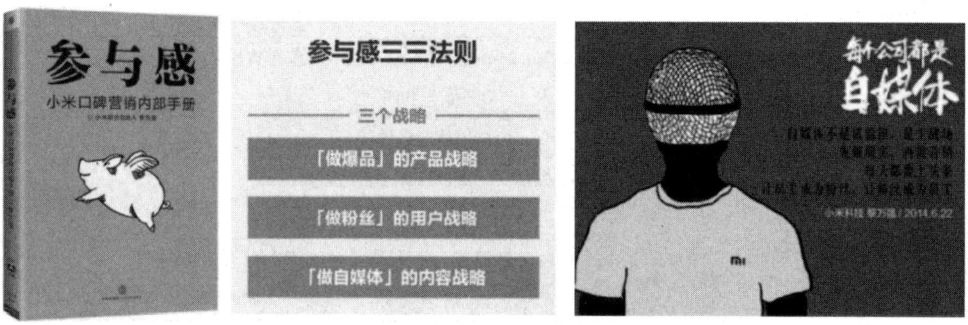

图4-1　小米自媒体营销的“参与感三三法则”

1. 自媒体营销与自媒体矩阵

自媒体营销需要形成网络全覆盖的矩阵。2014年起，小米在论坛、微博、微信、空间和贴吧实施自媒体营销，自媒体运营团队达到 70 人。小米董事长雷军，为了给新发售的小米CC做宣传，2019年6月开通了小红书账号，粉丝2.8万人。雷军的微博、今日头条、抖音粉丝数量庞大。小米公司之所以强大，之所以每次发布一个新品都能以最快的速度扩散出去，就是因为小米公司围绕“雷军”建立了一个企业自媒体矩阵。

什么是自媒体矩阵？就是多个自媒体平台有机组合在一起，为同一个企业或个人，打造品牌进行产品营销的营销手段。随着PC流量越来越低，移动流量越来越碎片化，要想承载更加精准的内容营销，自媒体矩阵是性价比最高的方式之一。

【答一答】

在各大社交平台上搜索“肯德基”，你会发现：

（1）肯德基在天猫开设了旗舰店，但旗舰店的目标不是销售产品，而是销售电子券；

（2）肯德基在微信平台，开设了多个微信公众号及小程序账号；

（3）肯德基在微博、微信、抖音、小红书平台上，都有开设自媒体账号，以传递信息为主；

（4）肯德基在美团、大众点评上密集开店，以销售产品为主。

通过对肯德基自媒体矩阵的分析发现，在不同自媒体平台开通营销账号，其作用是不同的。内容类自媒体平台，目标是塑造品牌或传播信息；销售类自媒体平台，目标是实现销售或服务用户。肯德基自媒体矩阵如图4-2所示。

企业搭建自媒体矩阵具有如下好处：可以低成本获取尽可能多的流量；多渠道接触各平台的目标客户；多风格展示品牌形象和产品特性；多平台运作，以降低企业运营风险。

图 4-2　肯德基自媒体矩阵

2. 自媒体营销目标

企业进行自媒体营销，打造自媒体矩阵，一般来说有四个目标，如图 4-3 所示。

图 4-3　打造自媒体矩阵的目标

1）品牌建设（打造 IP）

IP（Intellectual Property）是“知识产权”的英文缩写。IP 的特征是自带流量和可以进行商业转化。例如，鹿晗是娱乐 IP，罗辑思维是营销 IP，故宫是文创 IP，天猫是电商 IP，小红书是“种草”IP。

若想打造自己的 IP，则必须输出优质的内容来博取用户的关注。自媒体矩阵是内容的载体。例如，小红书前身是“香港购物指南”，是一款针对香港购物的 App，每天均有真实用户实时发布的最新香港商家货品信息，推出三个月就拥有数十万下载量，找到了第一批种子用户。小米、罗辑思维、完美日记等都是依托自媒体迅速崛起的品牌 IP。

2）媒体传播（传递商品或服务信息）

好的内容会为你留住用户，转化为粉丝。常规营销通常是用户购买之后，获得优质体验才对品牌有忠诚度。但自媒体营销打破了这种规律，你也许还未购买就已经被深深地吸引住，成为“小迷弟/小迷妹”。例如，你可能没喝过江小白的酒，但你却被江小白的文案打动过。

3）用户服务（社群运营）

自媒体平台对于拉近用户距离显得非常重要，人们既可以在企业自媒体上随时随地查询信息，也可以随时随地与客服人员沟通和解决问题，实现了客服的功能，增强了时效性。

4）商业变现（实现销售）

当前，自媒体（官方商城、小程序、App 等）成为另外一个销售平台和引流平台，各个平台都在不约而同地搭建内容与电商平台链接，也有较好的成功模式，这就需要考虑各个平台的特点，设计好电商产品，导流顾客到自媒体销售平台。

各自媒体平台，营销目标是不一样的。例如，微信公众号或资讯平台账号，主要目标是品牌建设和信息传递；微信服务号侧重信息传递和客户服务；微信小程序和电商平台实现销售（商业变现）。

【想一想】

是不是所有企业或产品，都必须要搭建自媒体营销矩阵？自媒体营销的目标是什么？

➢ 日用快销品，如牙膏、牙刷、牛奶、矿泉水；

➢ 耐用选购品，如3C数码、服饰箱包、家具建材；

➢ 特殊品，如房子、汽车、奢侈品；

➢ 工业品，如皮革、拉链、原材料和零部件；

➢ 服务类产品，如教育培训、旅游、医院、美容、特色餐饮。

按照自媒体营销目标的分类，请将各类商品的营销目标按优先顺序进行排列。

①品牌建设　②媒体传播　③用户服务　④商业变现

日用快销品自媒体营销目标是________________

耐用选购品自媒体营销目标是________________

特殊品自媒体营销目标是________________

工业品自媒体营销目标是________________

服务类产品自媒体营销目标是________________

4.1.2　定位目标人群

“丁香医生”账号（新媒体矩阵）创建于2014年，创建之时意在解决医患信息不对称的问题，为中国民众提供可靠的、值得信赖的医学科普知识。目前，旗下仅微信平台就有订阅号和服务号68个，小程序12个。

【想一想】

“丁香医生”为什么要在微信平台上开设80个自媒体账号？

____

____

企业确定要搭建自媒体营销矩阵后，需要对目标用户进行人群细分。

（1）同类人群的细分。有些企业运营的对象是某一类人群，例如，读书类账号“有书”，用户主要是爱读书的人群，其中女性偏多，年龄在20～50岁。在增长期，“有书”的用户数增加后又分化出对亲子阅读更感兴趣的妈妈群体和对学习口语需求更强烈的职场类人群。于是，“有书”搭建了微信平台矩阵账号，如表4-1所示。

表4-1 “有书”微信平台矩阵账号

账号名称	细分人群	细分需求
有书	20～50岁	读书
有书国学	30～50岁	对国学感兴趣
有书亲子共读	25～35岁	亲子共读（0～6岁）
有书夜听	35～45岁	需要情感慰藉
有书口语	25～40岁	英语学习

（2）不同人群的细分。有些企业运营的人群不是同一类，需要细分类别实现分类运营。例如，“学霸君”和“千聊”都运营了三类群体（“学霸君”的运营对象是学生+老师+家长，“千聊”的运营对象是听课者+讲师+分发机构），需要单独建立三个账号。

“果壳网”自媒体平台的人群定位及营销目的如图 4-4 所示。

<table>
<tr><th>平台</th><th>属性</th><th colspan="4">账号名</th><th>主要人群</th><th>主要目的</th></tr>
<tr><td rowspan="8">微信内矩阵</td><td rowspan="5">品牌账号</td><td rowspan="8">微信</td><td>果壳</td><td rowspan="5">服务号</td><td rowspan="3">果壳星球科学实验室</td><td rowspan="3">“90后”
大学生
都市青年</td><td rowspan="3">品牌建设
媒体传播
活动宣传</td></tr>
<tr><td>果壳视频</td></tr>
<tr><td>果壳实验室</td></tr>
<tr><td>果壳活动发生器</td><td>饭团</td><td>科技爱好者</td><td>活动资讯</td></tr>
<tr><td>果壳少年</td><td>果壳少年</td><td>中学生</td><td>知识付费</td></tr>
<tr><td rowspan="3">商业变现</td><td>果壳商店</td><td rowspan="3">小程序</td><td>果壳商店</td><td>都市青年</td><td rowspan="3">商业变现</td></tr>
<tr><td>物种日历</td><td>吃货研究所</td><td>美食科普爱好者</td></tr>
<tr><td>美丽也是技术活</td><td>果壳美丽</td><td>职场白领</td></tr>
<tr><td rowspan="8">外部矩阵</td><td rowspan="8">品牌账号</td><td colspan="2">官网</td><td rowspan="2">音频</td><td>喜马拉雅</td><td rowspan="2">社会各界</td><td>品牌建设</td></tr>
<tr><td colspan="2" rowspan="2">App</td><td>蜻蜓FM</td><td rowspan="7">品牌建设
媒体传播
活动资讯
内容分发</td></tr>
<tr><td rowspan="6">图文</td><td>微博</td><td>科技爱好者</td></tr>
<tr><td rowspan="5">视频</td><td>腾讯视频</td><td>豆瓣</td><td>“90后”</td></tr>
<tr><td>抖音</td><td>知乎</td><td>中学生</td></tr>
<tr><td>西瓜视频</td><td>今日头条</td><td>大学生</td></tr>
<tr><td>Bilibili</td><td>一点资讯</td><td>社会青年</td></tr>
<tr><td>秒拍</td><td>虎嗅</td><td>职场白领</td></tr>
</table>

图 4-4　“果壳网”自媒体平台的人群定位及营销目的

【答一答】

“丁香医生”在微信平台上开设了 80 个自媒体账号，是因为：

____

____

4.1.3　规划自媒体营销矩阵

1．自媒体平台的分类

按发布内容和平台功能可以将自媒体平台分为资讯、视频、社交、音频、电商五大类。资讯、视频、音频平台的主要目的是品牌建设、信息传递；社交平台的主要目的是信息传递和用户服务；电商平台的主要目的当然是商业变现。自媒体平台细分图谱如图 4-5 所示。

图 4-5　自媒体平台细分图谱

2. 主流自媒体平台的特征

主流自媒体平台的特征如表 4-2 所示。

表 4-2 主流自媒体平台的特征

平 台	主流形式	属 性	城市分布	品牌代表
微博	短图文	娱乐	一、二、三线城市为主	杜蕾斯
微信	长图文	社交	全覆盖	丁香医生
知乎	图文	问答	一、二线城市为主	-
小红书	图文+直播	购物笔记	一、二线城市为主	完美日记
抖音	短视频	流行	一、二线为主，下沉为辅	答案茶、美食
哔哩哔哩（B 站）	中长视频	二次元	一、二线城市为主	钉钉

微博是新闻事件聚合的开放性平台，是 KOL 传播平台，普通用户只是“吃瓜群众”，适合企业发布短讯、图片、互动信息。

微信本质上是熟人的社交平台，它的传播具有圈层性。由于它是基于个人的朋友关系的传播，具有封闭性，因此适合企业专业性的表达，以长文为主。

知乎是个有趣的问答平台。在知乎上最易获得高赞的是各种段子、鸡汤、抖机灵、编故事、情绪宣泄等回答。

小红书“种草”是站外引流的绝佳平台。商家也可以入驻小红书平台开通官方商城，在小红书平台完成交易。但是，目前主流的玩法是在小红书平台铺内容，用户对产品感兴趣后，转而去淘宝网或其他平台购买。

抖音是以音乐为背景的短视频平台，娱乐性极高，用户以 30 岁以下的年轻人为主，适合展现企业文化生活。

哔哩哔哩（B 站）是内容平台的风口。什么是内容平台的风口？是六、七年前的微博，是三、四年前的公众号，是过去两年的抖音、快手、小红书，是 2021 年的 B 站。

用一句话概括企业做自媒体营销，就是通过微博做推广、微信做关系、知乎做问答、小红书“种草”、抖音和 B 站做展示、天猫和淘宝网做收口。

3. 自媒体矩阵的分类

自媒体矩阵分为平台核心型自媒体矩阵和品牌核心型自媒体矩阵，如图 4-6 所示。

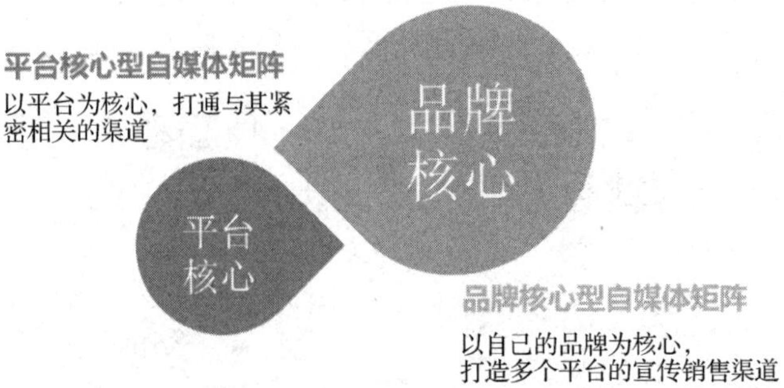

图 4-6 自媒体矩阵的类型

1）平台核心型自媒体矩阵

平台核心型自媒体矩阵，是以平台为核心，打通与其紧密相关的渠道。例如，在微博火爆时，小米公司从企业、高管、产品等角度，打造了小米的微博矩阵，如图 4-7 所示。

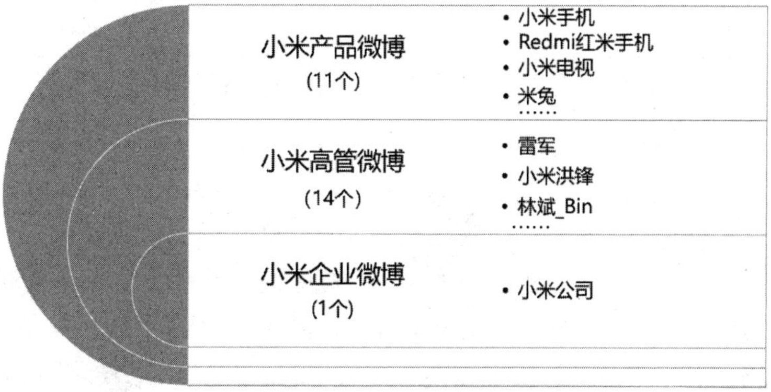

图 4-7　小米的微博矩阵

另外，在微信平台上，据不完全统计，“小米科技有限责任公司”主体下的公众号就有 21 个，相关主体旗下公众号有 25 个。小米的微信矩阵如图 4-8 所示。

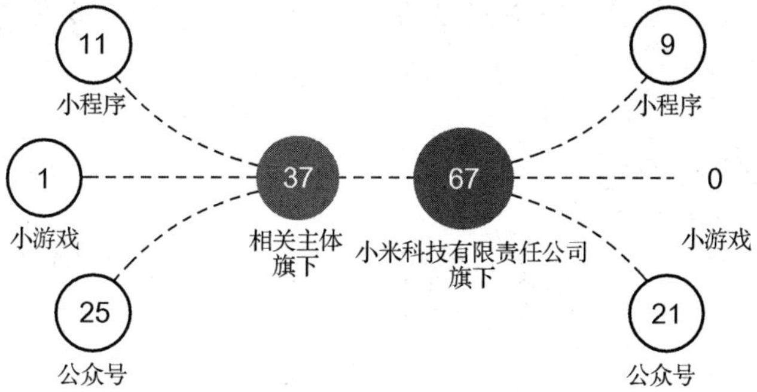

图 4-8　小米的微信矩阵

2）品牌核心型自媒体矩阵

品牌核心型自媒体矩阵，是以自己的品牌为核心，内容类自媒体+销售类自媒体双管齐下，打通多个平台的宣传销售通道。品牌核心型自媒体矩阵如图 4-9 所示。

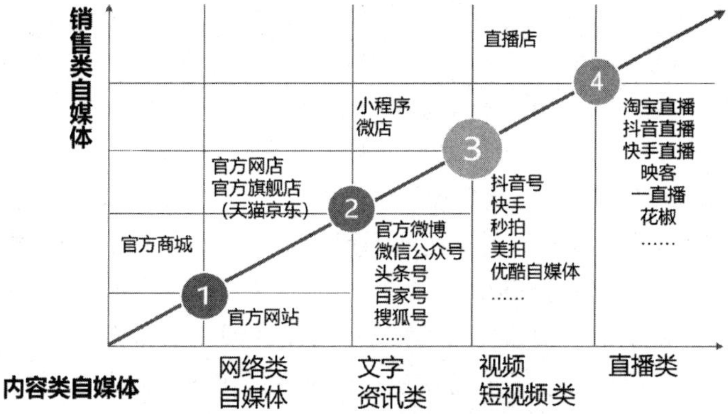

图 4-9　品牌核心型自媒体矩阵

【想一想】

据不完全统计，适合企业开设自媒体账号的平台有 100 多家，是不是每家都要入驻？入驻的标准或原则是什么？假设你是“完美日记”的营销人员，该如何搭建自媒体营销矩阵？

微播易分析了2020年各平台账号的类型，如图4-10所示。

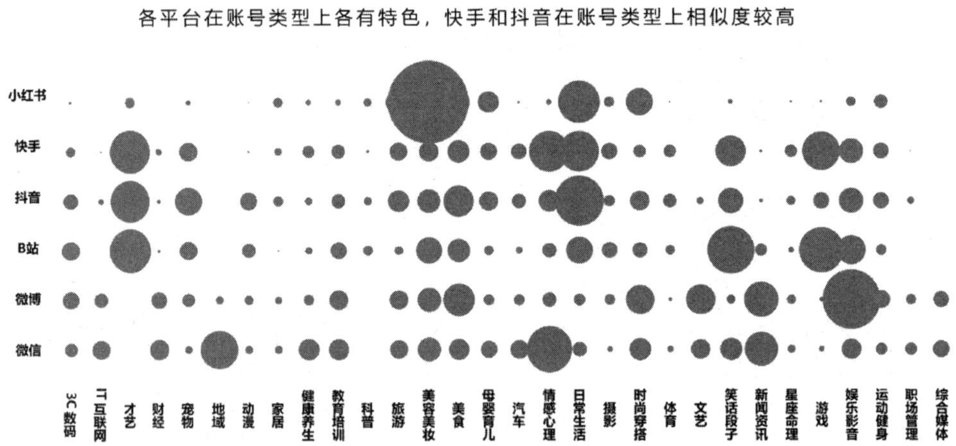

图4-10 各平台账号类型分析

4.1.4 打造人格化内容

不同的平台，有不同的角色定义、不同的内容创作方式和不同的营销玩法。企业要想经营好自媒体，必须选准平台，搭建不同的自媒体营销矩阵，为不同平台设定不同的角色，匹配不同的内容和推广手法。

【连连看】

平台名称	**平台作用**
微信	魔术师
微博	品牌大使
知乎	官方发言人
抖音	玩家
B站	颜值党
小红书	明日之星

世界上有那么多信息存在，企业为什么还需要一个自媒体？这是企业自媒体需要想清楚的基本问题。所谓用户价值，就是你的存在能为用户带来什么？你的自媒体有什么利他属性？只有独具个性的内容，才能被用户记住。

如何打造独具个性的人格化内容？广东省广告集团股份有限公司内容营销中心副总经理闫国涛（空手）说："企业运营自媒体需要从目标消费者出发，企业的目标消费者在哪里，就在哪里展开自媒体运营。再根据自身的产品属性、用户特征，结合不同自媒体平台的调性，来决定选择在哪个平台进行运营，根据不同平台可以采用不同的内容形式和运营玩法。""抖音是魔术师、微信是品牌大使、微博是官方发言人、知乎是玩家、小红书是颜值党……不同的平台有不同的角色定义、不同的内容创作方式和不同的营销玩法。"

1. 微博是发言人

“官宣”是从“官网”“官微”衍生而来的，义为“官方宣布”。指某个人或某机构宣布的某消息。把个人、机构等非官方行为称“官方”，也有强调其权威性、可靠性的意味。

因此，微博平台应该担当企业的官方发言人的角色，针对企业的重大事件、新品发布、各种营销活动及时发声，并针对社会上的一些重要事件、热点及时跟进，发出自己的声音，表达自己的态度和立场。例如，在海底捞每次教科书式的危机公关中，“海底捞火锅”官方微博成为企业最重要的发声地。

2. 微信是品牌大使

微信公众号是移动时代的企业官网。在 PC 时代，一个企业需要有自己的官方网站展示自身的实力和形象，一个连官网都没有的企业在消费者看来是不值得信任的。而在移动互联网时代，微信公众号承接的就是官网功能。企业需要通过公众号展示品牌形象、展示产品线、提供咨询和售后服务。

企业要经营微信平台，除了公众号，还包括个人号、微信群、小程序、企业微信。微信平台本身就是一个庞大的产品矩阵，要经营好微信，需要不同的自媒体产品各司其职，相互配合。

微信公众号是沉淀用户的核心载体，但要激活用户，打造账号“人设”，和用户进行深度互动，则需要借助个人微信号及其朋友圈，或者利用企业微信和消费者进行沟通，再通过微信粉丝群策划活动、做推广、引流和裂变。微信小程序的主要作用则是产品展示和实现商业变现。

【小知识】

“人设”，网络用语，即人物设定。该词最早形容动漫、小说、漫画等二次元作品中对虚拟角色的外貌特征、性格特点的塑造，如今是指公众人物在大众面前设定的形象。例如，有的人是吃货，有的人是女汉子等。通常设定好了“人设”，就会在外人面前营造自己的形象（吃货“人设”——走到哪里吃到哪里）。所谓打造“人设”，是指通过公司或自己设定的能引起大家好感的内容，赢得大家的关注和喜爱。如果某人的形象因为某件事情而声名俱毁，颠覆了之前留给大家健康积极的原本印象，则被称为“人设崩了”“人设已崩”等。

3. 抖音是魔术师

在企业的自媒体营销矩阵中，抖音扮演的角色应该是一个魔术师，把产品的魅力和魔力，用一种戏剧化的手法表现出来，从而让消费者为产品着魔。

例如，我们在抖音里搜“海底捞”，最火的视频就是关于海底捞的花式吃法集锦、网红吃法合集、100 块怎么吃遍海底捞的狂吃挑战。吃海底捞的戏剧性在于，它不只是一个填饱肚子的地方，而是一个你可以发挥创造性和想象力，吃得尽兴、吃得开心、吃得花样百出的地方。你把这些拍出来给消费者看，才能打动他们来海底捞消费。海底捞的抖音视频如图 4-11 所示。

4. 知乎是段子手

在知乎上最易获得高赞的，一般是各种段子、鸡汤、抖机灵、编故事、情绪宣泄等回答。这些在各个平台上早已验证过流行的内容，在知乎上不必冷静、客观地摆事实、讲道理，而是抱有一种玩的心态回答问题，这是一种极具专业水准的技术科普。

图4-11　海底捞的抖音视频

玩转知乎，要抱着一个玩知乎的心态，去当一名专业的玩家。千万不要一本正经地做枯燥乏味的科普，没人理你！所以，企业要想玩转知乎机构号，最应扮演的角色是玩家，用与自己产品相关的专业知识给用户提供一些有趣、好玩的内容。

例如，“丁香医生”新媒体负责人说：“‘丁香医生’在知乎定下了跟微信完全不同的策略，定位为‘有趣、有知识、有态度’，是一个非常皮的‘人设’。而且我们不断跨界，没有我们不能答的问题，什么问题都能让它跟健康拉上关系。”

5．小红书是颜值党

小红书是以图片为主导的社区，不管运营什么内容，图片一定要精致、精美、高精度，最好是原创。

在这个“颜即正义”的时代，图片不够美，在小红书上可是无法“种草”成功的。小红书的角色就是一个颜值党。

6．B站是未来

什么是内容平台的风口？是六、七年前的微博，是三、四年前的公众号，是过去两年的抖音快手、小红书，是2021年的B站。

在经过多年的沉淀以后，B 站正在跨越大众化的认知鸿沟，产生新的红利流量。大家可以多多重视这个平台，早做准备。

4.1.5　进行MVP测试

【想一想】

假设小米想在B站开展自媒体营销，你会建议小米如何搭建B站自媒体矩阵，如何设计“人格化”内容？

最小可行性产品（Minimum Viable Product，MVP）是埃里克・莱斯（Eric Rise）在他出版的《精益创业》一书中提及的理念，其核心是用最小的成本和最有效的方式，把产品快速推向市场，然后基于市场的反馈快速迭代。我们可以这样理解 MVP：Minimum 最小，坚持最低的成本；Viable 可行，你的方案要确保可以验证你的问题；Product 产品，包括除 App、网站、公众号以外的微信群、测试视频、原型演示等内容。

是不是所有企业都需要建设“双微一抖一红”？对于初创型小微企业来说，自媒体矩阵的建设可以学习“丁香医生”的做法。“丁香医生”在自媒体矩阵建设上奉行最小可行性产品的测试方法，即如果一个产品的效果好，就会持续增加投入，反之可能会完全放弃。

如果没有庞大的团队支撑，自媒体不用建得太广泛，只需要建好“双微一抖一红”即可，基本上覆盖了 80%以上的用户。

不管是大公司还是小企业，我们做自媒体营销时，都应该记住如下三个原则：

（1）创造价值而不是垃圾。用户对于自媒体的需求不外乎实用价值、兴趣满足和服务获取这三类。

美妆技巧、时尚穿搭、专业知识、使用教程、职场规划等内容就具有实用价值。将产品功能转换为实用价值，才是连接用户的正确方式。实用价值是高频需求，保持有价值内容的更新频率，占领心智后会一步步对用户形成拦截。

兴趣爱好虽不算高频，但是心里归属和价值认同感会更好。企业可以泛化产品功能，寻找兴趣切入口，如数码产品、运动产品等很容易延伸到的兴趣方向，通过兴趣满足打开用户心智大门，投其所好并为用户创造价值。

而一些家电、装修、生活等类别的企业，没必要天天变着花样“写段子”“扒八卦”，要做好的是自己的服务推送。用户购买你的产品可能是一次性的，但使用是日常化的，后续使用场景使你的服务推送具有无限可能性。

总之，搭建自媒体矩阵时，我们要转变思维。不要再天天挠头思考今天的广告推文该结合什么点，多想想你的目标人群有哪些需求，你的品牌通过自媒体能够给他们带来什么价值。

（2）做好自己而不是跟风。品牌是在竞争环境下为了差异化而存在的，天天跟着别人的脚步走，还想让自己的品牌知名度更高？

企业自媒体需要正视自己，明确自己价值的独特性。

走自己的路，每发一篇推文，都要想想这篇推文能为品牌带来什么，能够为用户提供什么不一样的价值。明白什么事情是自己该做的，什么事情是坚决不能碰的，找到自己的风格，然后一直坚持下去。

（3）应需而来而不是骚扰。“亲妈唠叨多了都让人厌烦”，何况是一个企业自媒体天天发广告。

要明白企业运营自媒体并不是为了每天发稿，每天搞抽奖活动，而是为了建立自己和用户直面沟通的通路，经营用户关系。所以，企业自媒体要创造价值，要保持价值的差异性。

因此，与其耗费大量精力产出一堆垃圾，不如集中精力打磨有价值的内容，做精做专，以精细化满足需求为导向来推送内容。

【小结】

总之，自媒体营销可以分五步进行，如图 4-12 所示。

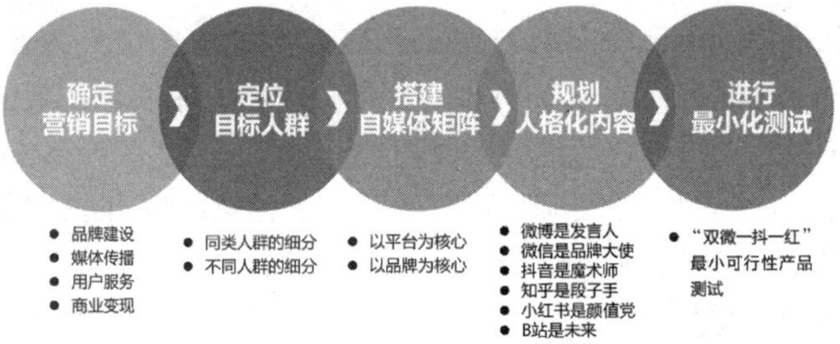

图 4-12　自媒体营销五步法

任务实训

一、理论知识训练

1．单项选择题

（1）营销中的 IP，指的是（　　）。

A．Internet Protocol 互联网协议　　B．Intellectual Property 知识产权

（2）企业做知乎营销，目的是（　　）。

A．技术科普　　B．展现企业行业地位

C．塑造企业品牌　　D．专业玩家

（3）最适合企业“种草”的平台是（　　）。

A．微博　　B．微信　　C．小红书　　D．抖音

2．多项选择题

（1）自媒体营销的目标有（　　）。

A．品牌建设　　B．媒体传播　　C．用户服务　　D．商业变现

（2）MVP 指的是（　　）。

A．Minimum 最小　　B．Viable 可行　　C．Product 产品　　D．Visual 可视

二、综合能力训练

1．“完美日记”在哪些平台上开通了自媒体账号？请至少找出六个平台并将账号截图。

2．扫描二维码并阅读“‘丁香医生’的百万粉丝新媒体矩阵是如何炼成的？”一文，参考“丁香医生”自媒体矩阵分析图，做出“完美日记”的自媒体矩阵图。

阅读材料：“丁香医生”的百万粉丝新媒体矩阵是如何炼成的？

3．“完美日记”在小红书平台的运营与微信平台的运营有何不同，为什么？

4．从 B 站的平台特性来看，“完美日记”要不要大力发展该平台？该如何规划“人格化”内容？

三、创新创业项目训练

参考“‘丁香医生’的百万粉丝新媒体矩阵是如何炼成的？”一文，完成“完美日记”自媒体营销矩阵搭建与运营的分析报告。

任务 4.2　建设四合一企业官方网站

工作任务单及参考流程图

<table>
<tr><td>工作任务</td><td colspan="2">建设四合一企业官方网站</td><td>教学模式</td><td>任务驱动</td></tr>
<tr><td>建议课时</td><td colspan="2">2 课时</td><td>教学地点</td><td>一体化实训室</td></tr>
<tr><td>任务描述</td><td colspan="4">老板认可了贾师兄的网络推广三板斧提议，要求他开始建设网络营销根据地，需要你告诉他要建哪些网站？大概需要多长时间？需要多少钱？</td></tr>
<tr><td rowspan="4">学习目标</td><td>知识目标</td><td colspan="3">✓ 熟悉网站域名申请、主机租赁及网站备案许可流程；
✓ 掌握建设网站流程；
✓ 了解企业网站优化与推广方法。</td></tr>
<tr><td>能力目标</td><td colspan="3">➢ 能够制作网站拓扑图；
➢ 能够借助网站建设工具，搭建网站。</td></tr>
<tr><td>素质目标</td><td colspan="3">✧ 具有学习能力，能够按照教程指引独立建设网站；
✧ 具有创新能力，能够用所学知识进行网站优化与推广。</td></tr>
<tr><td>思政目标</td><td colspan="3">◆ 遵纪守法，在网站建设前进行 ICP 备案；
◆ 诚实守信，具有社会责任感，在网站运营维护中传递正能量。</td></tr>
<tr><td>KPI 指标</td><td colspan="4">流量数量（PV、UV、IP）、流量质量（跳出率、平均访问时长、平均访问页数）、流量转化（转化次数、转化率）。</td></tr>
<tr><td colspan="5">企业官方网站建设流程</td></tr>
<tr><td colspan="5">域名主机：• 申请域名 • 租赁主机
➡ 进行备案：• ICP备案 • ICP经营许可证
➡ 网站规划：• 类型规划 • 站点导航 • 站点地图 • 网站拓扑图
➡ 建设实施：• 外包第三方网站建设 • 自助网站建设
➡ 运营维护：• 内容策划 • 信息更新 • 网站维护 • 数据分析 • 网站优化 • 网站推广</td></tr>
</table>

任务实施

【想一想】

关于网站建设，我们先思考以下几个问题：

（1）移动互联网时代，还要不要建设官方网站？

（2）下列三类企业，消费者更有可能访问哪类网站：易耗品企业（如牙膏、牙刷），耐用品企业（如家具、汽车）、服务类企业（如家政、培训、教育、医学美容）。

（3）新媒体运营过程中，企业仅建设官方网站是否足够？

（4）企业建设一个网站，需要多少钱？需要多长时间？应该怎么做？

当前，移动互联网快速发展，传统 PC 端网站的重要性逐渐减弱，企业更倾向于建设网店或小程序。但是，企业官方网站作为企业标配，仍有不可忽视的重要作用。根据第 46 次《中国互联网发展状况统计报告》及相关数据，截至 2020 年 6 月，我国网站、网店、App 与微信小程序的数量如图 4-13 所示。

图 4-13　我国网站、网店、App 与微信小程序的数量（截至 2020 年 6 月）

主流的网站建设企业如中企动力、广州凡科互联网科技股份有限公司（简称凡科）等上市企业，推出了“四合一网站建设模式”，即电脑网站（PC 端网站）+手机网站（移动端网站）+微信网站+小程序。企业建设网络营销根据地，仅仅有 PC 端网站不够，还需要多种模式组合。凡科推出的“四合一网站建设模式”如图 4-14 所示。

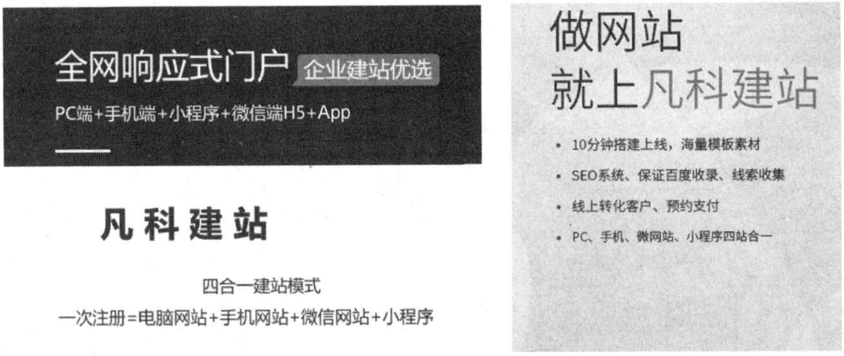

图 4-14　凡科推出的“四合一网站建设模式”

这里仅对 PC 端网站建设进行详细介绍。企业 PC 端网站建设流程一般分为五步：申请域名和租赁主机，获 ICP 经营许可证或备案，网站规划，网站建设与实施，网站运营推广与维护。PC 端网站建设流程如图 4-15 所示。

图 4-15　PC 端网站建设流程

4.2.1　申请域名和租赁主机

域名就像是企业在网络上的公司名称，主机就像是企业在网络的办公地点。

1．申请域名

目前，市场上提供域名和主机的服务商有很多，比较出名的有阿里云、新网、西部数码等。选择网站域名的注意事项如下：

- 简短好记，不要太复杂；
- 域名尽量和网站业务相关；
- 域名中尽量不要使用特殊符号；
- 尽量注册.com 后缀的域名，其次选择.net 和.org 的域名；
- 尽量不使用免费域名；
- 查看域名是否曾经被使用过。

2．租赁主机

在企业日常的网站维护中，各类技术及运营人员对主机的操作是极为频繁的。一台运行状态良好且安全的网站主机，是企业网站能够正常运行的首要条件。主机分为虚拟主机、独立主机、云主机、VPS 主机四类。主流企业的网站一般会选择虚拟主机，因为价格适中且能满足前期需要。某企业提供的“独享云虚拟主机”价格页面如图 4-16 所示。

图 4-16　某企业提供的“独享云虚拟主机”价格页面

4.2.2　获取 ICP 经营许可证或备案

为了规范互联网信息服务活动，促进互联网信息服务健康有序发展，国家对经营性互联网信息服务实行许可制度，对非经营性互联网信息服务实行备案制度。未取得许可或未履行备案手续的，不得从事互联网信息服务，否则就属于违法行为。

ICP（Internet Content Provider）经营许可证又称网站许可证，是指经营性网站办理的增值电信业务经营许可证。网络内容服务商是向广大用户综合提供互联网信息业务和增值业务的网络运营商。ICP 备案制度是工业和信息化部对网站的一种管理制度，是为了防止非法网站从事信息服务。获取网站经营许可或备案，就像经营小门面需要办理营业执照一样。在线支付、充值平台、网上广告、代制作网页、有偿提供特定信息内容、电子商务及其他网上应用服务的网站，均需办理 ICP 经营许可证。目前，经营互联网业务，如小程序上线、微信平台上线、跨境电商上线、投标上市等，也必须办理 ICP 经营许可证。

网站申请 ICP 经营许可证，必须先要进行 ICP 备案，且 ICP 备案必须是以公司名义申请的，提供服务器的单位必须有 IDC 或 ISP 证，且在当地通信管理局做过备案。ICP 经营许可证的单位名称要和企业注册名称保持一致。所有企业网站都要有 ICP 备案，但只有提供有偿信息服务的企业网站，才需要申请 ICP 经营许可证。ICP 备案与 ICP 经营许可证的要求图 4-17 所示。

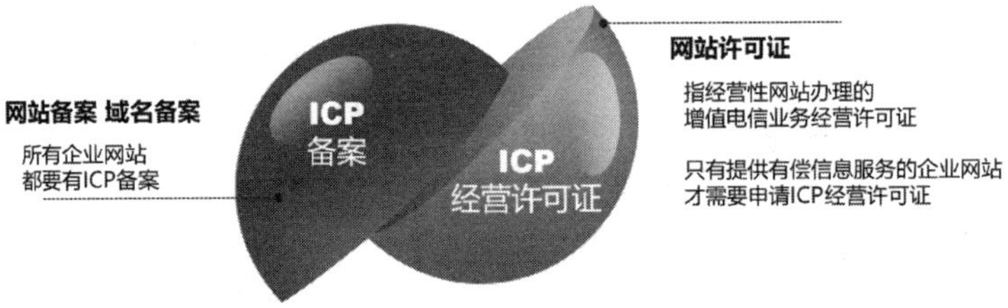

图 4-17　ICP 备案与 ICP 经营许可证的要求

ICP 备案可以在相关网站购买域名、申请主机后操作。一般来说，ICP 备案所需时间是 20 个工作日左右，而办理 ICP 经营许可证所需的时间是 60 日内，具体所需材料及办理流程可以查阅相关网络资料。

4.2.3　网站规划

1. 网站类型规划

网站是在互联网上拥有域名或地址并提供一定网络服务的主机，是以服务器为载体存储文件的空间。人们既可通过浏览器对其进行访问、查找文件，也可通过远程文件传输（FTP）方式上传、下载网站文件。网站按照使用性质分为公众服务型、企业商务型和企业管理型三类，如图 4-18 所示。

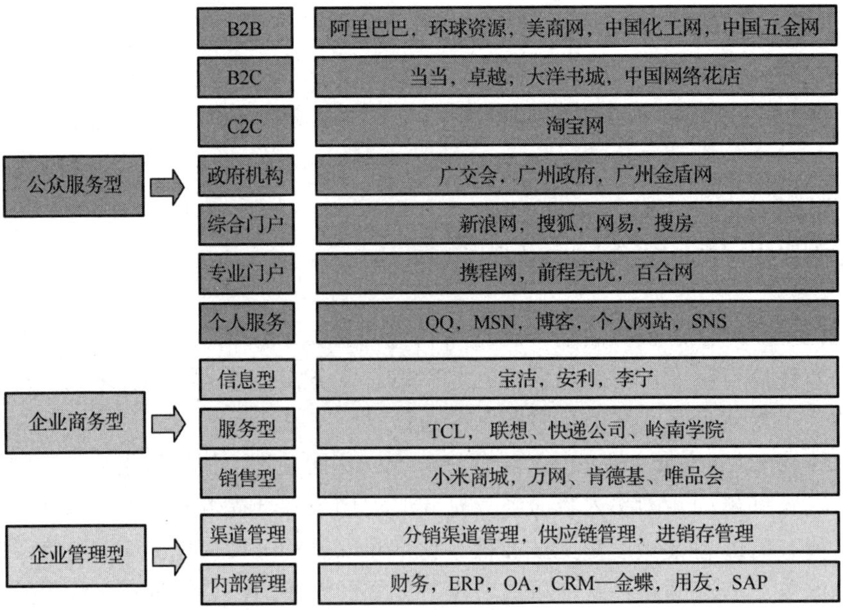

图 4-18　网站按照使用性质的分类

其中，企业商务型网站又分为信息型、服务型和销售型三大类，其功能和特点如表4-3所示。

表4-3　企业商务型网站的类型、功能及特点

网站类型	功　能	特　点
信息型	属于初级形态的企业网站，将网站作为一种信息载体，主要功能定位于企业信息发布	建设和维护比较简单，资金投入少，还能解决企业网上的需要，是中小企业网站的主流形式
服务型	企业通过网站为客户提供业务进度查询、产品技术支持等服务，有会员管理、业务信息查询、产品技术支持、售后服务等主要功能	对于传统的服务型企业来说是最佳的选择，网站的服务型功能可以提高企业的服务质量
销售型	在发布企业产品信息的基础上，增加了网上接收订单和支付的功能。购物车管理、订单处理、在线支付处理是这类网站的主要功能	网上直销是企业开展电子商务的一种方式，销售型网站又称商城

不同类型的网站，建设的目的不同，其投入、建设周期也不同。我们在为企业建设网站前，必须了解企业网站建设的目的，并预估投入费用。

2. 站点导航规划

站点导航是指通过一定的技术手段，为访问站点的用户提供一个路径，使其可以更加方便快捷地访问所需的内容。

站点导航的设计原则是以纯文本链接形式为佳。同时，导航文本需要包含核心关键词。站点导航分为主导航、次导航和面包屑导航，如图4-19所示。

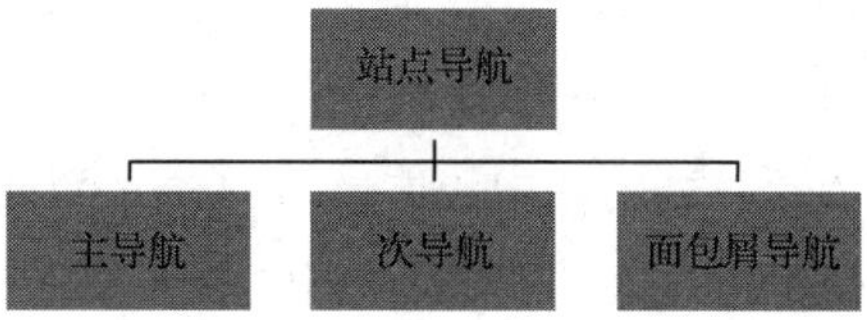

图4-19　站点导航的分类

1）主导航

主导航一般位于站点头部下方或Banner图上方，是网站栏目或主要内容的链接入口，方便用户以最快、最简单的方式到达不同的页面。主导航上的栏目是站点中最主要的、必不可少的内容，也是站长希望除首页外，最希望用户点击进入的或想要用户了解的页面。位于站点头部下方的主导航示例如图4-20所示。

图4-20　位于站点头部下方的主导航示例

站点的主导航位于优化网站中F区最重要的部位，是搜索引擎检索最看重、权重较高的位置之一。同时，在站点的主导航上还布局了产品新闻栏目及各个单页面的导入链接，是设置整个网站回流的核心部分。

2）次导航

次导航是相对于主导航而言的，一般位于网站页面的两侧和底部。主要放置产品分类和需要优化的关键词。次导航可以展示更多的产品，让用户更好的对号入座，快速找到自己想要的内容。次导航示例如图4-21所示。

图4-21 次导航示例

我们在布局次导航时，要注意关键词的优化和产品分类。产品分类可以按消费者购物习惯、产品特性、产品用途、使用环境、价格、品牌、使用人群等进行划分。

次导航的作用是解决主导航不能优化的关键词问题或不适合优化的关键词。次导航优化的关键词，也能提高站点的排名。因此，主导航和次导航上的链接地址，一定要用绝对地址。

3）面包屑导航

面包屑导航是一个位置导航，可以让用户明确自己所在的站点位置。面包屑导航可以清晰地指引用户进入网站内部和首页之间的路线。使用大于号隔开不同的文本链接，这个符号指示该页面相对于链接到它的页面的深度。其表现形式比较简单，一般形式为首页>一级栏目>二级栏目>三级栏目>内容页面。面包屑导航示例如图4-22所示。

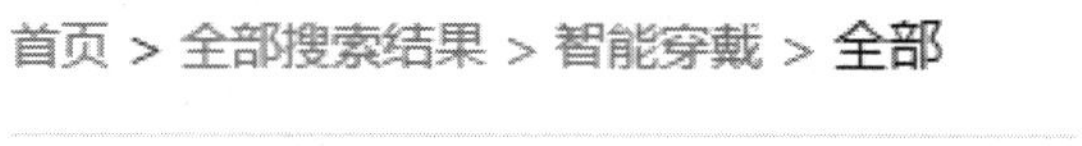

图4-22 面包屑导航示例

3．站点地图规划

站点地图又称网站地图，是描述整个站点结构的链接导向图。站点地图页面上放置了网站主要页面，既方便搜索引擎抓取，又可以让用户找到更多的内容。

站点地图对访问者和搜索引擎来说都非常重要。对于访问者来说，站点地图能起到辅助导航的作用，帮助他们发现网站中的资源，便于浏览和访问网站，另外，当很多人在网站上找不到自己需要的信息时，可能会将站点地图作为一种查找的辅助工具；搜索引擎蜘蛛非常喜欢站点地图，当搜索引擎蜘蛛爬到站点时，能够顺藤摸瓜地抓取整个网站，并突破动态页面所带来的困难。所以，从SEO角度分析，网站一定要有站点地图，这样对访问者和搜索引擎都有很大的帮助。

站点地图既可以是静态的HTML形式，也可以是XML形式。静态的HTML站点地图不仅能帮助搜索引擎蜘蛛对站点进行收录，还能帮助访问者进行导航；XML 形式的站点地图则纯粹是方便搜索引擎蜘蛛索引而编写的，所以对于搜索引擎蜘蛛的友好性更高。站点地图一般存放在根目录下并命名为 Sitemap。

站点地图一般包含主要产品分类页、主要产品页、帮助页面和访问量大的页面。

站点地图一定要确保每一个链接都是正确、有效的。如果在网站地图里出现的链接是断链或死链，对搜索引擎是非常不友好的。如果站点地图链接比较少，可以把所有链接审查一遍，以确保每一个链接都可以被追踪到；如果链接比较多，可以使用一些链接检查工具检测。站点地图内的链接不要超过一百个，否则，搜索引擎会认为不恰当。

4．设计网站拓扑图

网站拓扑图是网站后台支撑系统的设计图，一般取决于网站本身的建设意图。它设计水平的高低决定着网站的整体性能和运营模式的时效性、经济性。它的设计必须考虑网站的模式、运营思路、用户群体使用习惯和网站的功能等。网站拓扑示意图如图 4-23 所示。

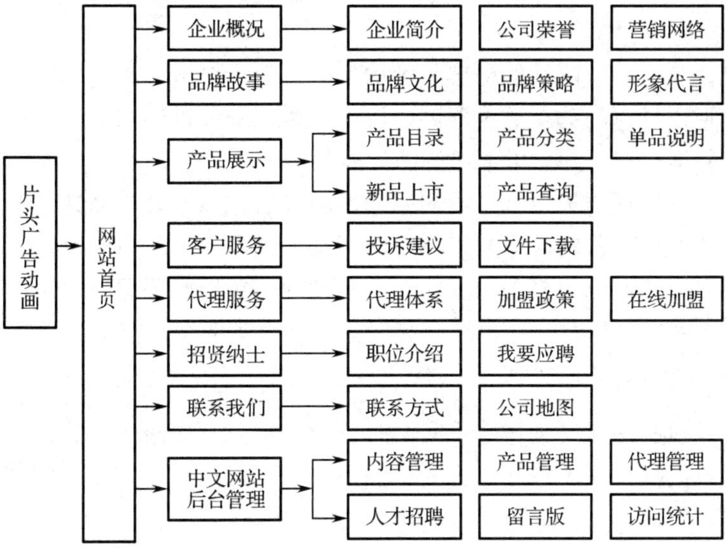

图 4-23　网站拓扑示意图

4.2.4　网站建设与实施

企业网站建设有两种方法：一是将工作外包给网站建设公司，二是利用自助网站建设工具为企业搭建网站。

1．外包给网站建设公司

1）寻找网站建设公司

外包的网站建设公司，可以找万网、中企动力、凡科等大品牌的专业网站建设公司，也可以到猪八戒网，寻找本地专业网站建设公司。

2）了解网站建设流程

网站建设流程如下：

（1）了解建设企业网站需求，完成网站定位。了解的内容包括企业的详细介绍、对核心产品及核心卖点的描述、网站需要实现的基本功能、对网站设计的基本要求等。

（2）与网站建设公司进行沟通，设计网站建设方案。在明确企业自身的需求之后，应要求网站建设公司根据企业的要求和实际情况，企划一个合适的网站建设方案，内容包括域名及主机的选择方式、网站内容建设及风格设定等。

（3）申请与企业契合的简短域名。域名就是企业网站的第一门面，应选择简短易记的域名。购买域名应选择知名服务商。

（4）规划内容及网站架构，确定建设方案。展示企业产品或服务内容是网站的基本功能。网站的内容非常重要，优质的内容不仅能够展示企业的产品或服务，还会提升公司的品牌。另外，还必须规划网站架构，给用户提供方便简洁的浏览导航，提升将浏览用户变为企业潜在用户的概率。

（5）梳理网站内容，确定首页广告。根据网站规划方案，由企业提供核心产品或服务等与网站建设相关的材料，包括图片和文字等，由网站建设公司将这些文字和图片进行处理、设计、排版、扫描、制作等。企业应积极配合网站建设公司做好相关工作，以便能够更好地开展项目。

（6）网页设计和开发。网站的内容与结构确定之后，接下来就是网页设计和开发。网页的设计与企业的形象息息相关。通过网站建设公司进行专业设计的网页，能使企业的网站更具有营销能力，能给用户及搜索引擎更好的体验。

（7）网站运营及后期维护。当企业网站建设完成后，并不表示网站建设公司的工作已经结束。一个设计、功能、营销能力都很出色的网站，如果没有用户浏览，就会浪费现有的资源。所以，一个专业的网站建设公司，应该会有过硬的售后服务保障。企业可以通过与网站建设公司的合作，对网站进行优化、推广和运营，从而实现企业网站的价值。

3）掌握网站验收要点

当企业通过外包网站建设公司建设网站时，由于企业对网站建设的认知并不深入，很多时候会对网站建设的结果表示迷茫。因为不知道哪些元素是网站建设必备的，哪些元素对网站运营是有利的。因此，在验收网站时，应该注意以下五点：

（1）网站功能验收。在网站建设中，网站功能是非常重要的部分。因此，在验收的时候要将网站功能摆在第一位。如果网站建设公司建设出来的网站在功能表现上并不完善，有些功能不具备，或者是开发过程中不完整、有错误表达，那么会给企业在后期的网站推广中带来不良影响。功能不完善的网站不仅对网站推广没有帮助，而且会降低用户对网站的体验；功能完善的网站可以为企业带来更多的商机。

（2）页面设计验收。建设网站的过程中，网站建设公司一般都会将设计稿提供给企业审核，企业满意了才开始正式设计。企业在验收时应与设计稿对照，如果有不符合的地方可以要求网站建设公司进行修改，保证接收的网站是符合要求的。

（3）页面布局方式验收。不少网站建设公司页面设计时为了方便快捷，会使用现有的表格模板进行页面布局。使用表格模板进行的页面布局，在代码上会出现很多冗余，从而导致网站的加载速度非常慢。那么，企业在验收网站的时候要注意网站的源代码，对源代码进行监测，检查页面布局的方式究竟是表格模板样式，还是Div+CSS网页布局样式。

（4）网站兼容性验收。企业对网站兼容性的验收，可以通过多种浏览器打开网站进行测试。通过不同的浏览器打开的网页能否完美显示出来，显示的效果是否一样，有没有出现布局混乱的现象等。

（5）验收网站域名。一般情况下，网站建设公司都会提供域名及空间，企业在验收的时候要将网站上线，看一下域名解析情况，以及自己在浏览器上输入域名，检查能否正常访问网站。

2．自助网站建设

自助网站建设属于 SaaS（Software as a Service，软件即服务）当中的一种。SaaS 是近几年比较火热的概念，它是传统软件服务的分水岭。相对于传统软件服务，它以私有化部署或者定制开发的形式实施。SaaS 仅需通过租赁的方式，购买或免费注册一个在线账号，不用安装实施即可使用，让企业软件实施变得简单快捷。软件是以一种服务的形式提供给企业的。

凡科网推出了高校专项公益性扶持项目，即“凡科网大学生优+计划”（简称“凡科优+”）。项目为高校师生提供凡科网多项自助网站建设工具（包括凡科网站建设、凡科轻站小程序、凡科公众号助手、凡科微传单、凡科互动等）、教程材料与案例素材。

阅读材料：凡科自助网站建设教程

【小结】

关于网站建设，我们可以总结为几下几点：

- 申请域名和租赁主机，相当于创业的公司名称和办公地点。
- 获取 ICP 经营许可证或备案。申请 ICP 经营许可证或备案，相当于公司的营业执照。ICP 备案时间为 20 个工作日左右。
- 网站建设，可以寻找第三方专业网站建设公司，也可以自助网站建设。
- 第三方网站建设也好，自助网站建设也好，网站拓扑图相当于地基，很关键。
- 第三方网站建设，可以找中企动力、阿里云、凡科等大企业，也可上猪八戒网寻找合作伙伴。

4.2.5　网站运营推广与维护

网站运营是指围绕网站开展的内容建设、流量建设、优化推广、付费转化等一系列的工作。网络营销体系中，一切与网站后期运作有关的工作都可以称网站运营。

网站运营包括很多内容，如内容策划、内容更新、网站维护、数据分析、网站优化、网站推广等。其中，最重要的工作就是网站的推广与维护。网站运营的内容如图 4-24 所示。

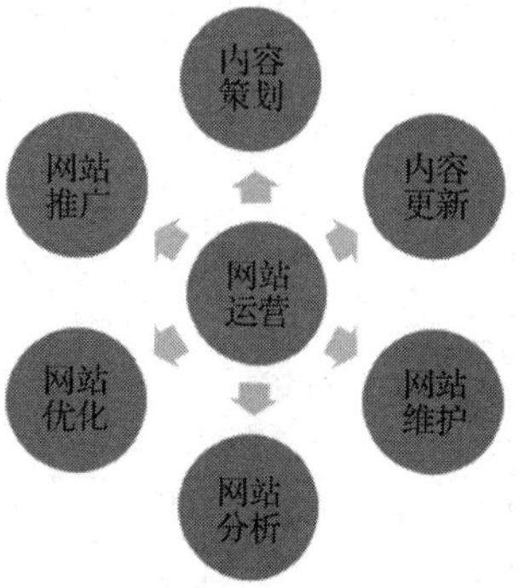

图 4-24　网站运营的内容

网站运营既包括对网页内容的策划和更新，还包括通过 FTP 软件进行网页内容的上传、空间和域名的管理、流量统计系统管理、网站的定期推广与维护等。

1．内容策划

某招聘网站内容策划的工作职责包括如下内容：

- 策划、执行在线推广活动，辅助官网专题页面文案的创意撰写；
- 与销售、研发等部门联动，策划与推广相关主题活动；
- 整合内容产品，包括但不限于常规内容发布、编排、推荐，专题活动策划、产品设置等；
- 关注内容产品的最终呈现方式，提出内容产品的改进需求；
- 提供合理化内容运营、内容获取意见，持续完善内容产品；
- 配合项目提供相关内容运营方案。

2. 内容更新

内容更新是指在不改变网站结构和页面布局的情况下，为网站的固定栏目增加或修改内容。例如，一个电子商务网站，它在运行中既需要增加商品种类，也需要对商品的描述或报价进行修改，这时就要对网站内容进行更新。网页在一段时间内必须进行更新与调整内容，以便用户看到新的内容。在网站栏目的设置上，也最好将一些可以定期更新的栏目（如企业新闻等）放在首页上，使首页的更新频率更高。

3. 网站维护

由于企业业务范围、网站改版或网站数据等发生变化，网站的内容也需要随之调整。因此，企业要对网站进行长期的、不间断的维护和更新。在网站运营过程中，企业应制定相关网站维护方案，将网站维护制度化、规范化，这样才能保证网站的运营质量和效率。网站维护包括以下两个方面内容。

（1）服务器及相关软硬件的维护。网站运营过程中，我们要对网站或相关软硬件可能出现的问题进行评估，制定解决问题响应的时间。其中，服务器及相关软硬件的维护尤为重要，需要进行很多方面的测试，制定维护方案。

（2）数据库维护。数据库维护是网站维护的一项重要内容，包括数据库的备份、冗余数据的清理。在网站运营过程中，要用相关软件对数据库进行定期维护，清理不必要的缓存数据，这样才能使数据得到高效运行。

4. 网站分析

网站分析是网站运营的核心。常用的分析指标可以分为流量数量指标、流量质量指标和流量转化指标三类，具体包括浏览量（PV）、访问次数、访客数（UV）、新访客数、新访客比率、IP数、跳出率、平均访问时长、平均访问页数、转化次数、转化率等。网站分析的常用指标如表4-4所示。

表4-4　网站分析的常用指标

指标类别	具体指标	定　义	指标说明
流量数量指标	浏览量（PV）	页面浏览量即为PV（Page View），用户每打开一个页面就被记录一次	计算机从网站下载一个页面的一次请求为一个PV，只有当页面上的JS文件被加载后，统计系统才会统计这个页面的浏览行为，有如下情况需注意： 1. 用户多次打开同一页面，浏览量值累计。 2. 如果客户端已经有该缓冲的文档，甚至无论是不是真的有这个页面，都可能记录为一个PV。但是，如果利用网站后台日志进行分析，因为缓存页面可能直接显示而不经过服务器请求，那么不会被记录为一个PV

续表

指标类别	具体指标	定　义	指标说明
流量数量指标	访问次数	访问次数是指访客在网站上的会话次数，一次会话过程中可能浏览多个页面	如果访客连续半小时内没有重新打开和刷新网站的网页，或者访客关闭了浏览器，则当访客下次访问网站时，访问次数增加一次。反之，访客离开后半小时内再返回，则计同一个访问次数（以 Cookie 为依据）。页面浏览量是从页面角度衡量加载次数的统计指标；访问次数则是从访客角度衡量的分析指标。如果网站的用户黏性足够强，同一用户一天中多次登录网站，那么访问次数就会明显大于访客数
	访客数（UV）	访客数（UV），即唯一访客数，指一天内网站的独立访客数（以Cookie为依据），一天内同一访客多次访问网站只算一个访客	当客户端第一次访问某个网站服务器的时候，网站服务器会给这个客户端的电脑发送一个 Cookie，记录访问服务器的信息。当下一次再访问服务器的时候，服务器就可以直接找到上一次它放进去的这个 Cookie。如果一段时间内，服务器发现两个访次对应的 Cookie 编号一样，那么这些访问一定是来自同一个访客的
	新访客数	一天的独立访客中，第一次访问网站的访客数	新访客数可以衡量营销活动开发新用户的效果
	新访客比率	新访客比率=新访客数/访客数，即一天中新访客数占访客数的比值	如果网站访客数不断增加，而且新访客比率较高，就能说明网站运营在不断进步
	IP 数	一天之内，访问网站的不同独立 IP 的个数之和。其中，同一 IP 无论访问了几个页面，独立 IP 数均为 1	从 IP 数的角度衡量网站的流量
流量质量指标	跳出率	只浏览了一个页面便离开了网站的访问次数占总的访问次数的比率，即只浏览了一个页面的访问次数/全部的访问次数和	跳出率是非常重要的访客黏性指标，它显示了访客对网站的兴趣程度：跳出率越低说明流量质量越好，访客对网站的内容越感兴趣，这些访客越可能是网站的有效用户、忠实用户。该指标也可以衡量网络营销的效果，指出有多少访客被网络营销吸引到宣传产品页或网站上之后，又流失掉了。例如，网站在某媒体上做广告推广，分析从这个推广来源进入的访客指标，其跳出率可以反映选择这个媒体是否合适、广告语的撰写是否优秀，以及网站入口页的设计是否具有良好的用户体验
	平均访问时长	平均每次访问在网站上的停留时长，即平均访问时长等于总访问时长与访问次数的比值	平均访问时间越长，则说明访客停留在网页上的时间越长。如果用户对网站的内容不感兴趣，则会较快关闭网页，那么平均访问时长就短；如果用户对网站的内容感兴趣，在网站上停留了很长时间，则平均访问时长就越长
	平均访问页数	平均每次访问浏览的页面数量，平均访问页数=浏览量/访问次数	平均访问页数多，说明访客对网站的兴趣大；浏览信息多，表明访客对网站更加了解。这对网站市场信息的传递、品牌印象的生成，以至对将来的销售促进都有一定的作用。一般来说，会将平均访问页数和平均访问时长两个指标放在一起分析，进而衡量用户对网站的体验情况
流量转化指标	转化次数	访客到达转化目标页面，或完成网站运营者期望其完成动作的次数	转化就是访客做了任意一项网站管理者希望访客做的事，与网站运营者期望达到的推广目的和效果有关
	转化率	转化率=转化次数/访问次数	转化率即访问转化的效率，数值越高说明越多的访客次数完成了网站运营者希望访客进行的操作

从流量数量、流量质量和流量转化三类 11 个指标来分析一个网站的运营，能够看出一个网站运营的好坏。其中，IP 数、跳出率、转化率是比较重要的指标：网站 IP 数的多少，说明网站推广的情况怎样，知道的人多不多；网站跳出率的高低，可以看出网站的好坏，对访客的吸引力够不够；网站转化率（不管是会员注册还是下单）的高低，可以看出网站是否有很好的成交转化。

5．网站优化

网站优化可以从狭义和广义两个方面来说明：狭义的网站优化，即搜索引擎优化（简称 SEO），也就是让网站设计适合搜索引擎检索，满足搜索引擎排名的规律，从而在搜索引擎检索中获得靠前的排名，增强搜索引擎营销的效果；广义的网站优化考虑的因素不仅仅是搜索引擎，也包括充分满足用户的需求特征、清晰的网站导航、完善的在线帮助等，在优化的基础上使得企业的网站功能和企业信息得到良好的展现。也就是以企业网站为基础，与网络服务商、合作伙伴、渠道商等网络营销环境中各方面因素建立良好的关系。网站优化的内容如图 4-25 所示。

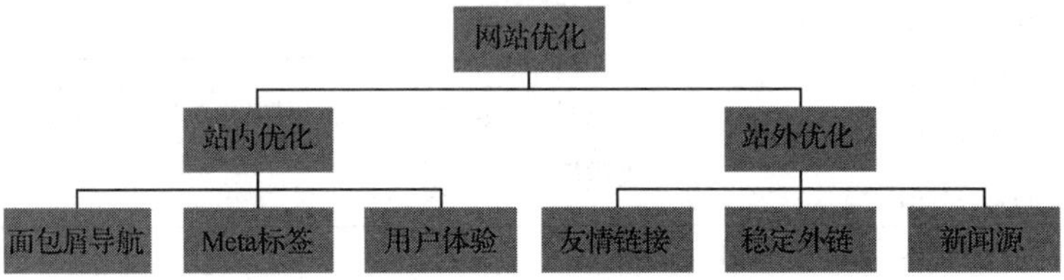

图 4-25　网站优化的内容

1）站内优化

（1）添加面包屑导航。在优化内部链接的时候，必须给每一个页面添加面包屑导航，使页面布局合理、层次感强。这样不仅方便用户找到所需内容、回到上一级目录，而且优秀的面包屑导航，能够帮助搜索引擎蜘蛛抓取页面内容，帮助搜索引擎判断站内页面与页面的逻辑关系。

（2）添加 Meta 标签。Meta 标签包括标题（Title）、关键词（Keywords ）和描述（Description）三个要素。一般来说，网站优化就是让网站搜索排名靠前，这三个都是非常关键的搜索引擎要素，它们可以使网站更容易被搜索引擎收录，从而在搜索引擎相关关键词的排名中占据有利的位置。

（3）增强用户体验。站内内容的更新必须考虑用户的体验，可以从用户的需求上进行优化。一方面，保留原创程度高、优质的内容；另一方面，增加信息更新的频次。例如，对于访问量大的网站来说，用户对新信息的需求必定是强烈的、迫切的，这时候网站就需要频繁更新，并根据统计的数据进行分析，更新用户所需求的内容，以提高用户体验。

2）站外优化

网站的站外优化，其实是建立在网站站内优化基础之上的，它所指的就是网站外部的推广宣传，主要包括网站的外链建设、网站友情链接的交换，以及问答平台的推广等。由于网站的站外优化是基于站内优化基础之上的，所以，我们在把站内优化的内容都做好了以后，网站的排名也就会慢慢提高。站外优化的主要内容包括以下三个方面：

（1）为企业网站添加高质量的友情链接。高质量的友情链接有提高网站流量、完善用户体验、提升 PR（权重）、提高关键字排名和知名度、吸引蜘蛛爬行等作用。

（2）为网站发布尽可能多且稳定的外链。发布外链是一种宽泛的说法，包括在论坛、分类信息、百度知道、博客、贴吧、书签、分类目录、微博等平台留链接。这些地方留下的网址链接都属于外链的范畴。

（3）在门户网站发布高质量的新闻稿。高质量的新闻稿，在做品牌宣传的同时，也为网站做了外链。

6．网站推广

企业网站建设完成后，就要开始进行网站推广了。网站推广就是以互联网为基础，凭借互联网信息平台和网络媒体的广泛传播来实现网站营销目的的。

网站推广的方式方法包括但不限于如图 4-26 所示的几种。

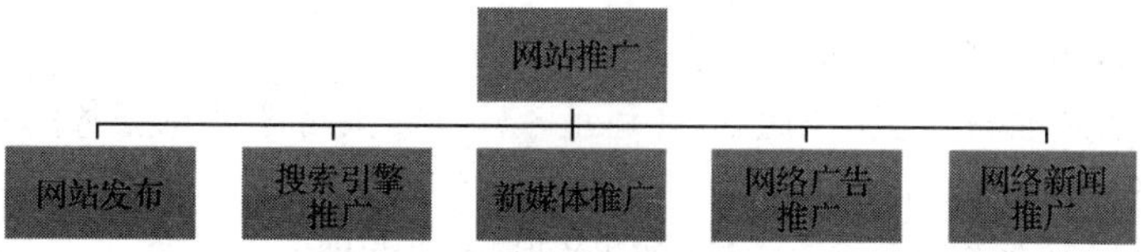

图 4-26　网站推广的方式

1）网站发布

新的企业网站建成之后，应该向各大搜索引擎提交，以便搜索引擎进行收录。网站提交并被收录后进行网站内容更新，可以提高网站的搜索权重。

2）搜索引擎推广

越来越多的企业通过搜索引擎来发现新客户，利用搜索引擎广告或通过搜索引擎优化，使自己网站在搜索引擎中的排名靠前，以增加客户发现并访问网站的可能性。搜索引擎广告需要向搜索引擎运营商支付广告费。竞价排名是根据对所选关键词出价的高低，对其网站进行排名，出价越高排名越靠前，并按点击次数收费。面对激烈的市场竞争，对现有网站进行搜索引擎推广是非常有必要的。

3）新媒体推广

新媒体（如微博、微信、抖音、快手、小红书等）已经深入网络推广的行列之中。因其具有用户群体庞大、时效性强、受众面广、传播门槛低、可以在线互动等优势，被很多人用来作为推广宣传的重要方式之一。问答类网站（知乎、百度问答）具有极强的互动性，可快速传播信息。问答类网站推广作为重要的网络推广方式之一，不得不强调其在口碑营销中的重要性。利用问答类网站，结合 SEO 的推广技巧，抛出用户关心的问题并进行解答，植入相关的信息，确实是一个较好的推广方式。

4）网络广告推广

网络广告是指在互联网上发布的以广告宣传为目的的信息，如图像式网络广告、网络联盟广告、关键词广告、邮件广告、竞价排名广告、信息流广告等，随着互联网的迅猛发展，网络广告已经成为网络推广的一种主要形式。与传统广告相比，网络广告有很大的优势，如传播范围广、不受时空限制、交互性强、效果可量化、能有效监控、投放灵活、有针对性、多种载体（文字、音频、视频）、费用相对比较低等。在选择网络广告时，应根据自己的产品情况、经济能力选择合适的网站、合适的广告位和时段进行投放。

5）网络新闻推广

网络新闻已成为越来越多网民获取新闻的一种重要形式。网络新闻就是基于互联网，以互联网为传播介质的新闻。如果能很好地利用网络新闻，不但能使品牌的美誉度大大提升，还能有利于促进市场销售。

任务实训

一、理论知识训练

单项选择题

（1）ICP 备案是指（　　）。

A．网站备案或域名备案，所有网站都需要申请和办理

B．经营性网站办理的增值电信业务许可证，只有提供有偿信息服务的企业网站才需申请

（2）ICP 经营许可证是指（　　）。

A．网站备案或域名备案，所有网站都需要申请和办理

B．经营性网站办理的增值电信业务许可证，只有提供有偿信息服务的企业网站才需申请

（3）办理 ICP 备案需要的时间是（　　）。

A．20 个工作日左右　　B．60 个工作日以内

（4）办理 ICP 经营许可证需要的时间是（　　）。

A．20 个工作日左右　　B．60 个工作日以内

（5）PV 指的是（　　）。

A．页面浏览量，用户每打开一个页面就被记录一次

B．访客数，一天之内网站的独立访客数

（6）UV 指的是（　　）。

A．页面浏览量，用户每打开一个页面就被记录一次

B．访客数，一天之内网站的独立访客数

（7）IP 数指的是（　　）。

A．一天内访问网站的不同独立 IP 数之和，同一 IP 访问了 N 个页面，独立 IP 数为 1

B．一天内访问网站的不同独立 IP 数之和，同一 IP 访问了 N 个页面，独立 IP 数为 N

（8）衡量网站推广效果的指标是（　　）。

A．IP 数　　B．跳出率　　C．转化率

（9）衡量网站质量、网站内容吸引力的指标是（　　）。

A．IP 数　　B．跳出率　　C．转化率

（10）衡量网站销售力的指标是（　　）。

A．IP 数　　B．跳出率　　C．转化率

二、综合能力训练

1．登录优衣库、宝洁中国、顺丰速运官网，参考联想集团的格式完成如表 4-5 所示内容。

表 4-5　优衣库、宝洁中国、顺丰速运的官方网站分析

序号	公司名称	网站地址	许可证或ICP备案号	业务分析	网站类型	主导航栏目内容	网站功能分析研究
例	联想集团	www.lenovo.com.cn	京公网安备110108007970号	公司主要生产台式电脑、服务器、笔记本电脑、打印机、掌上电脑、主机板、手机等电子产品	销售型	个人及家庭用户 成长型企业 企业级产品及解决方案 服务与支持 ERP 会员专享	主要是对联想一系列的产品进行销售推广，增加销售额
1	优衣库						
2	宝洁中国						
3	顺丰速运						

2．请为你们学校的电子商务专业规划一个网站拓扑图。网站类型为信息型网站，网站建设目的是展示学生、老师、专业的风采，为专业招生做准备，网站要利于搜索引擎搜索。

3．假设你就职的企业需要建设一个销售型网站（商城），计划外包给第三方专业网站制作公司来实施。请找出三家网站制作企业，从企业背景、实施时间、产品功能、报价等角度进行列表对比。

三、创新创业项目训练

参考“凡科自助网站建设教程”一文（扫描第 113 页的二维码阅读），通过凡科自助网站建设工具，为你们学校的电子商务专业或某社团，建设一个信息型网站。

任务 4.3　运营官方微博

工作任务单及参考流程图

工作任务	运营官方微博	教学模式	任务驱动
建议课时	2 课时	教学地点	一体化实训室
任务描述	贾师兄毕业后决定回到家乡自主创业，家人计划资助 20 万元，希望贾师兄在当地（三线城市）开设一家奶茶店，贾师兄计划开通官方微博，宣传、推广其奶茶产品。		
学习目标	知识目标	✓ 了解粉丝头条与超级粉丝通； ✓ 熟悉官方微博活动运营的四种方法； ✓ 掌握官方微博内容生产的六个步骤。	
	能力目标	➢ 能够根据微博指引，开通并装修企业官方微博； ➢ 能够独立运营企业官方微博。	
	素质目标	✧ 具有学习能力，官方微博运营能与微博发展与时俱进； ✧ 具有创新能力，能够用所学知识完成项目任务。	
	思政目标	◆ 具备正确的价值观，创作积极向上的作品； ◆ 具备有条不紊、灵活变通的精神，具备团队合作精神。	
KPI 指标	粉丝数、评论数、转发数、活跃度。		

开通运营官方微博流程图

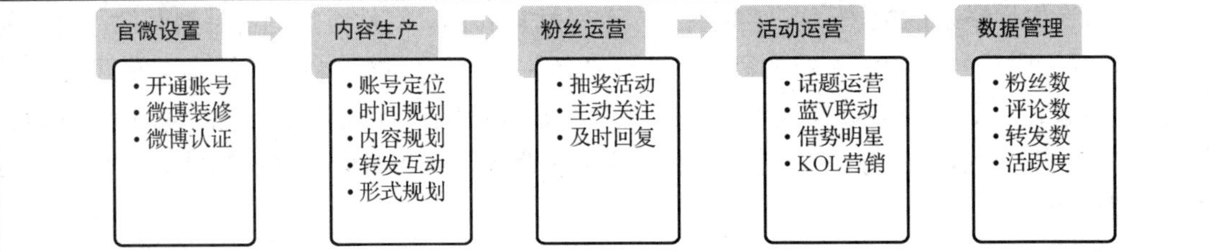

任务实施

【想一想】

企业自媒体营销，一般指“双微一抖一红”，“双微一抖一红”具体指的是什么？还有哪些平台可以建设企业自媒体？

____

____

官方微博（新浪微博专业版）是新浪微博为企业、机构用户（包括媒体、政务、机构、校园、网站等）量身打造的服务平台。它是一种为企业提供形象展示、新闻发布、产品营销、客户服务、公关处理、人才管理的一种平台。

根据克劳锐《2020 年各平台品牌蓝 V“成长”指南》的数据，2019 年微博企业蓝 V 号入驻企业突破 150 万家。不同行业和企业，重点运营的平台是不同的。例如，数码 3C、食品饮料、服装、美妆等行业对自媒体的布局以“入驻时间早、布局范围广”而著称，各平台企业账号的开通，他们都是“最早吃螃蟹的人”。大促节点的丰富、电商直播的兴起对电商品牌的大众覆盖、宣传曝光效果提出了更高要求，而微博的强用户覆盖、营销工具的多样性与其宣传诉求达到了高度契合，电商行业蓝 V 强力布局微博平台。短视频内容具备强“展示”功效，与用户对汽车的基本诉求相吻合，抖音成为汽车蓝 V 的主要阵地之一。各行业在微博、抖音、小红书平台分布的占比如图 4-27 所示。

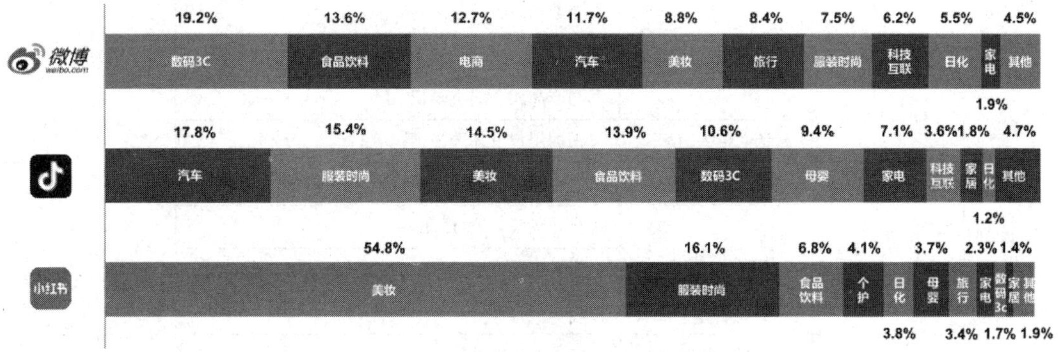

图 4-27　各行业在微博、抖音、小红书平台分布的占比

阅读材料：2020 年各平台品牌蓝 V“成长”指南

微博作为活跃用户数量较多的社交平台，成为企业建设自媒体营销根据地的首选。各平台营销环境及发展现状对比如图 4-28 所示。

图 4-28　各平台营销环境及发展现状对比

如何从零开始在微博上开通官方微博（企业蓝 V 账号）并进行运营，可以按如图 4-29 所示的流程进行。

图 4-29　开通、运营官方微博的步骤

微博运营主要工作流程如表 4-6 所示。

表 4-6　微博运营主要工作流程

阶　段	主 要 项 目		工 作 明 细	人 员 分 工
前期（官微设置）	微博开通		账号注册	编辑人员
	微博装修		头像、背景、昵称、标签等资料设置及完善	编辑人员
	微博认证		向微博平台提交认证申请	编辑人员
中期（内容生产、粉丝运营、活动运营）	运营日志		每天的粉丝互动、转发、评论	编辑人员
	内容建设	企业相关信息	企业动态、领导活动新闻	
			新品上市、活动促销	
			与产品相关的小知识	
		受众相关信息	根据用户群体选择话题	
	活动策划	独立活动	自身发起的各种微博活动	BD 人员
		联合活动	异业微博	
			媒体机构	
			跨部门合作	
	外部推广	红人转发	红人外包转发	
		官网广告	内部资源配合	
		EDM 推广		
		站外论坛	相关热门论坛推广	
	客服工作	处理投诉	紧急投诉及危机公关	编辑人员
		咨询答疑	解决用户咨询的问题	
		奖品券发放	活动结束后续处理	
		粉丝互动	评论/转发用户留言	
后期（数据管理）	总结分析	运营数据分析	每周、每月微博各项数据指标分析	编辑和 BD 人员
		活动分析总结	活动结束后数据分析	
	目标检查	目标考核分析	结合整体目标定期进行阶段性检查	运营负责人

4.3.1　设置官方微博

1. 开通账号

打开微博主页，在右上角登录模块（见图 4-30），注册个人账号并登录。

2. 微博装修

在进行官方微博装修前，必须清楚以下几个问题：

（1）开通微博的目的。企业开通微博最主要的目的是什么？是提升品牌的知名度？是与目标客户进行沟通？是找到潜在客户进行产品销售？是增加品牌与客户沟通的渠道？目的不同，微博装修的风格、规划的内容也不一样。

（2）目标客户是谁。进行目标客户定位时，最好有个清晰的目标人群画像。只有有了清晰的目标人群画像，才能有针对性地进行微博装修和内容设计。

图 4-30　微博主页登录模块

（3）企业的品牌调性。企业的主色调是什么？广告语是什么？品牌调性是高雅的还是亲民的？是运动的还是沉稳的？调性确定下来以后是不能随意更改的。例如，可口可乐和天猫的红、百事可乐的蓝、淘宝网的五彩缤纷，不用浏览它们的官方微博，就能猜出它们的微博背景颜色。

微博装修内容及基本原则如表 4-7 所示。

表 4-7　微博装修内容及基本原则

装 修 内 容	基 本 原 则
微博模板	模板的设置一定要遵循美观性原则和一致性原则
个性域名	个性域名一经确定将无法修改，所以应谨慎选取，最好与企业品牌的定位保持一致
微博昵称	昵称不宜太长，应尽量与定位保持一致，避免出现生僻字和中英文混搭现象
微博头像	企业微博头像可使用公司 Logo，子账号可根据自身属性设置，但切忌频繁变动
认证信息	对微博进行认证可提高真实性，增加权威性，提高曝光率（争取企业蓝 V 标志）
微博简介	企业介绍可让用户对企业有一个最直观的认识
公告栏目	建议企业微博可利用公告栏放置告示性文字，如通知、活动信息等
门店位置	线下门店增加消费者信任
微客服	让有需要的粉丝找到你，最多可设置五个
微博标签	标签的作用有两种，一种是展示效应，另一种是搜索效应
置顶微博	明星代言、近期活动、促销信息等企业重要内容
视频展示	展示的视频可以是宣传企业文化、品牌等信息的视频
领导人/员工/子品牌	企业领导人相关信息展示，但被设置为领导人的微博需要保持更新，因为其代表着企业的形象

3．微博认证

【想一想】

登录新浪微博，找到李子柒和淘宝网的官方微博，看看账号头像右下方的 V 字有何不同？为什么有会这种区别？对比你的个人微博和企业的官方微博，说说企业的官方微博有什么优势？

微博、抖音、B 站，都有橙 V 和蓝 V 认证。橙 V 代表个人身份，是对各领域的知名人士的认证；蓝 V 代表组织机构身份，开放给企业（品牌）、政府机关、媒体。微博蓝 V 账号的特权如图 4-31 所示。

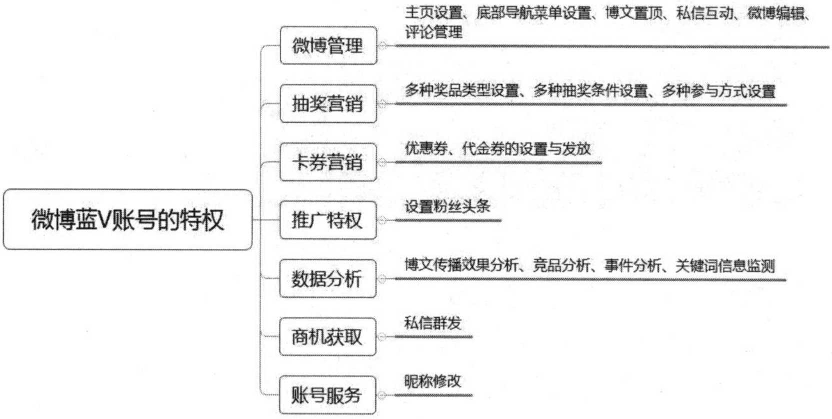

图 4-31　微博蓝 V 账号的特权

企业蓝 V 认证，可以通过手机端或 PC 端进行，除提交相关营业执照、认证公函以外，每年需缴纳一定的年审费用，具体流程如下：

账号登录成功后，单击导航条右上角⚙按钮，选择“V 认证”选项，打开“微博认证”页面。在“机构认证”列表中选择“企业认证”选项，打开“服务包营销中心”的“企业认证”界面，如图 4-32 所示。单击“立即申请企业认证”按钮，根据提示进行操作即可。企业蓝 V 认证包括填写资料、选择权益和等待审核三个步骤。

图 4-32　“企业认证”界面

4.3.2　进行内容生产

官微的内容生产，包括账号定位、时间规划、内容规划、转发互动、借势热点和展现形式六个方面。

1．账号定位

企业开通官方微博，主要有如下四种目的：品牌传播、产品推广、营销转化和客户服务。

定位品牌传播为主的账号，在内容的构建上需要紧紧围绕品牌本身，通过视频、图文、话题等方式，借势节日、明星等热点，将品牌的形象进行多维度展示。定位品牌传播为主的账号更加注重整体品牌形象的打造。

定位产品推广的账号更加聚焦单一产品的推广，如新品上市、爆品热销、产品功能推荐、转发用户晒单等。

营销转化是广大企业在微博上的主要诉求之一，如线上售卖、吸引消费者到店消费，或者获取客户资源等。微博提供了多种商业工具、广告产品，以及明星、KOL 与企业联动等多种玩法，帮助企业实现营销转化。

选择单独建立微博客服账号的多为大型企业，它们有较多的客户服务需求。如@宝洁生活家小宝姐、@中国移动 10086、@OPPO 客服、@滴滴出行客服等。

2．时间规划

发布微博的时间及频率，可以参考如图 4-33 所示的五条内容。

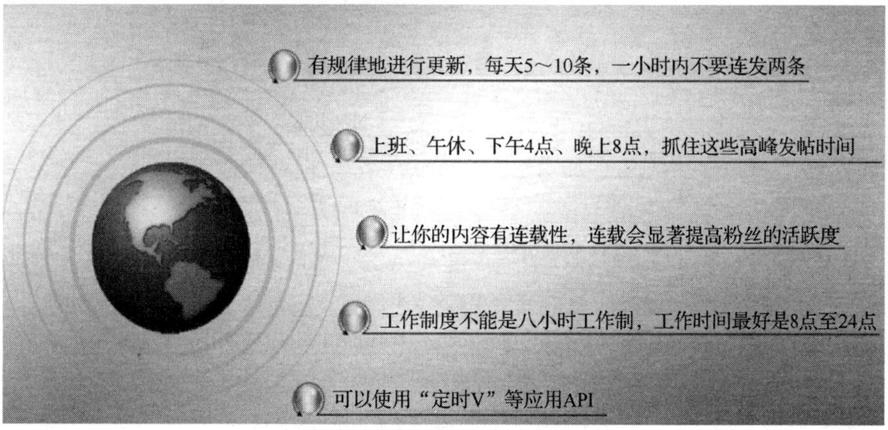

图 4-33　发布微博的时间及频率

3．内容规划

官微在进行内容规划前，必须确定目标受众、结合营销目的等来规划内容。进行内容规划前需要思考的问题如图 4-34 所示。

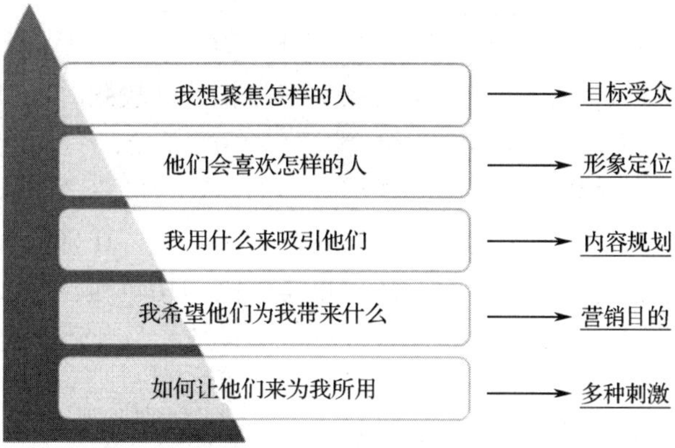

图 4-34　进行内容规划前需要思考的问题

进行内容规划前，除了要对发布的微博内容进行规划，还要对内容进行明确的界定，即发布的微博内容需要遵守“三要三不要”原则。

“三要”原则是指官方微博的内容必须有趣、有用、有益。微博运营人员甚至每天都可以问自己：我的目标客户是谁？他们对什么感兴趣？我能带给他们什么好处？心中有客户，运营才长久。

“三不要”原则：第一，不要违反国家法律法规，不要违反《中华人民共和国广告法》，不要涉及黄、赌、毒及敏感话题；第二，不要诋毁竞争对手；第三，不要泄露本公司机密。

是不是客户感兴趣的内容就是官方微博规划的内容？当然不是。某些客户可能关心的不是内容，而是公司要求你必须传递给客户的信息。例如，企业品牌背后的故事、企业动态消息、企业新闻、促销活动信息、企业产品上市及问题答疑、企业与客户之间的互动故事、企业员工间的互动互助故事等，这些内容都是企业希望传递给客户的，但客户不一定感兴趣。

是不是客户感兴趣的内容，你在进行微博内容规划时必须面面俱到？当然不是。一是不可能；二是没必要；三是如果让微博变成大杂烩，无法形成自己的特色，反而削弱官微的影响力。所以，只有客户感兴趣、与企业品牌有关联的内容，才是微博的重点规划的内容。或者说，必须让客户感兴趣的内容，变成与品牌产品相关联，这样的内容才是微博规划的重点内容。

官微内容规划的重点如图4-35所示。

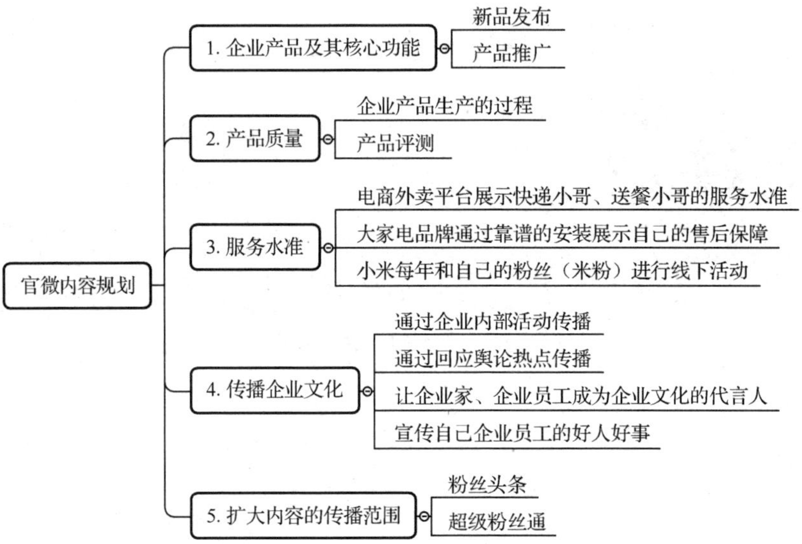

图4-35 官微内容规划的重点

因此，对于客户感兴趣的内容，且又与品牌产品相关性较强时，可以形成固定栏目，每天或定期进行发布。

另外，粉丝头条和超级粉丝通是新浪微博推出的企业自助投放广告、扩大内容传播范围的工具。粉丝头条可以保证高质量的博文获得更高的曝光量，让好的内容产生更大的反响，它既可以将博文推广给自己账号的粉丝，还可以推广给与指定粉丝相似账号的用户（如竞品粉丝、同行业KOL粉丝等）；超级粉丝通可以将博文投放给目前还不是粉丝的潜在用户。

4．转发互动

官微日常运营，除原创固定栏目外，也可以转发内容，与粉丝互动。

官微转发的内容，包括粉丝的原创内容、行业资讯，以及与公司、明星或KOL相关的内容，或者是账号矩阵的内容。

企业蓝V账号在选择转发博文内容时，应遵循以下几个原则：

- 转发微博在于精而不在于多，不要为了提高存在感而疯狂刷屏；
- 只转发优质的内容、独到的观点或独家报道，转发对粉丝有价值的内容；

➢ 转发各类营销大 V 发布的刷屏式热点新闻前，需要确认消息来源；
➢ 转发时应谨慎表达负面观点。

5．借势热点

官微借势热点包括借势营销和顺势营销两个方面，如图 4-36 所示。

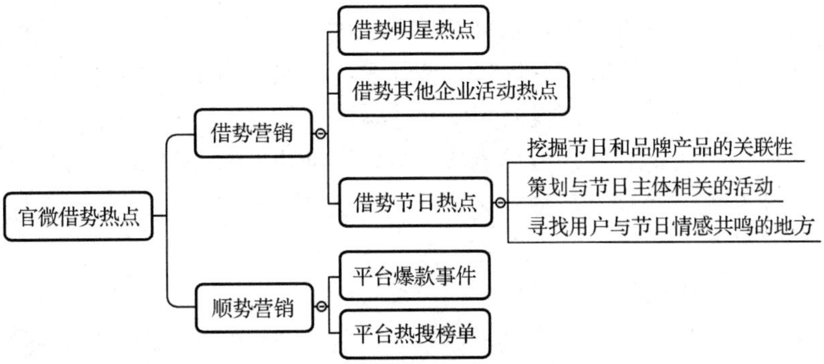

图 4-36　官微借势热点

6．展现形式

微博的内容展现形式包括文字、图片、视频等。目前，博文已经支持 18 图和给图片加标签，多种展现形式将增加微博内容的吸引力。例如，给视频类博文增加字幕、通过微博问答增加粉丝互动、直播带货和淘宝直播打通、微博投票功能等，都是不错的展现形式。

【小结】

官方微博内容生产如图 4-37 所示。

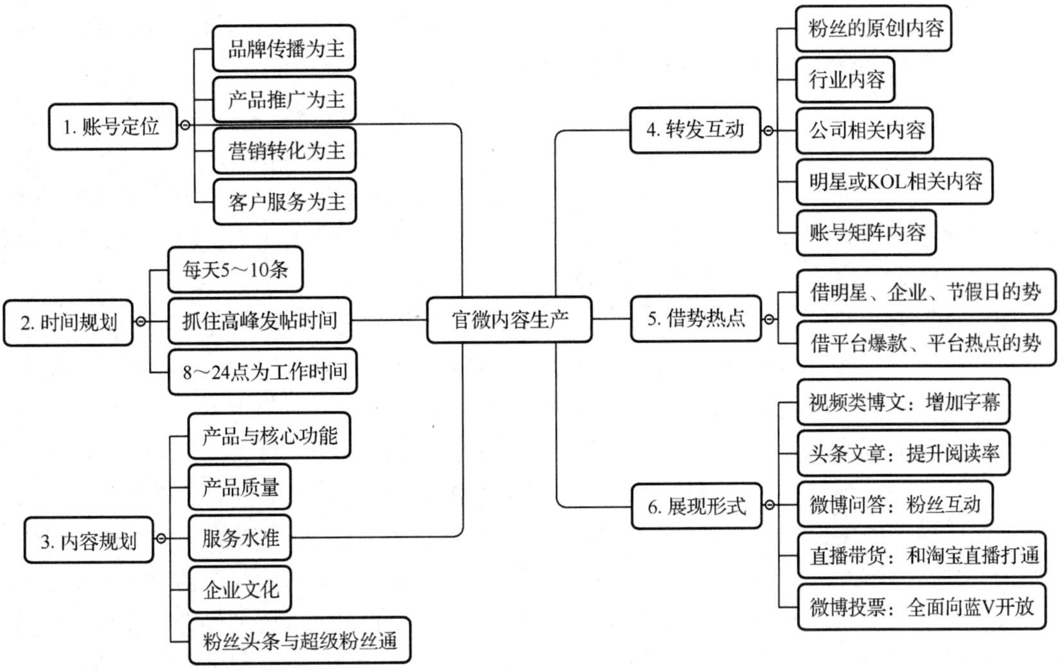

图 4-37　官方微博内容生产

4.3.3 粉丝运营

如何从0开始增加粉丝，进行粉丝运营，有如下十种方法供参考。

（1）吸粉方法一：从企业内部开始。一个人背后往往具有十分丰富的人际交往关系圈，这实际上就是很好的互动资源。可以发动企业员工及其身后一切有利资源进行微博互动及信息交流，这样做的目的在于短时间内能够有效聚集有用的粉丝，因为由员工带来的粉丝，在某种程度上会下意识地关注自己认识的人所在企业的微博动态。

（2）吸粉方法二：从企业合作伙伴老客户开始。企业加盟商、供应商、合作伙伴及意向合作伙伴，企业老客户，这些人都是对企业比较感兴趣的群体，会很容易成为官方微博首批粉丝。

（3）吸粉方法三：主动关注。首先，通过关键词查找方式，用官方微博首先主动关注行业名人、行业媒体、目标客户的微博，然后主动、持续与更新频率较高的目标微博进行互动，或者私信求得关注，获得精准粉丝；其次，到竞争对手的微博里，主动关注与竞争对手有互动的粉丝微博，粉丝能与竞争对手互动，说明这些人比较积极，关注公司微博的概率也会比较高。

（4）吸粉方法四：高质量的评价。在与行业相关的大咖的微博发表高质量的评价，表明自己的独到见解，或者发表有趣文字，这样容易引起目标粉丝的主动关注。

（5）吸粉方法五：自媒体宣传推广。在企业官方网站、公司员工名片、公司产品外包装及说明书、公司画册、公司海报等，凡是出现公司名称和联系方式的地方，加上企业官方微博的二维码，方便有兴趣的意向客户进一步了解公司信息，成为官微粉丝。

（6）吸粉方法六：社会化媒体宣传推广。加入更多的微博群。微博群有人数优势，是一个展示自己、提高展示机会的渠道，经常发布观点会增加别人对你的关注。

（7）吸粉方法七：发布信息要有趣、有用。只有信息有趣，粉丝才愿意细看，进而愿意转发。同时，微博推广作用之一是传递有用的信息，因此在编辑内容时，既可以从行业角度出发，也可以从其他粉丝想知道的企业新闻角度出发，以达到扩大宣传范围、提高知名度的效果。目前，我国大部分企业都采取这种方式进行内容更新。在发布内容时，添加热门话题标签，可以极大地增加曝光率和被关注的概率。

（8）吸粉方法八：互动交流要及时、专业、礼貌。互动交流，指的是通过和自己的粉丝进行交流，达到人际传播和推广的效果，这一点是很多企业容易忽视的。为了形成良好的互动交流，企业微博应关注更多的用户，并积极参与回复、讨论。例如，发布一件新产品时，有粉丝进行询问或调侃，这时候商家要做的就是参与其中，让粉丝没有唱独角戏的感觉，通过互动，让更多的粉丝进行话题讨论，这才是成功微博的营销互动。此外，在语言上，要时刻注意自己代表的是整个企业的形象。因此，在语言选择上应具有一定的严肃性及礼貌性。

（9）吸粉方法九：定期举办抽奖活动，带给粉丝利益。免费和抽奖活动永远是吸引粉丝的最有效手段之一。罗永浩在微博里面写道：“我们请了专业媒体人苦心经营了@锤子科技这个官方微博13个月，更新了几百篇有品质、有水准的文章（以至于被很多人认为是新浪微博上‘规格最高的官方微博’），新浪粉丝数才艰难地达到10万人。而@锤子科技营销账号用抽奖和利诱的方式，只用了三天就达到了10万粉丝。”官微抽奖活动的相关内容如图4-38所示。

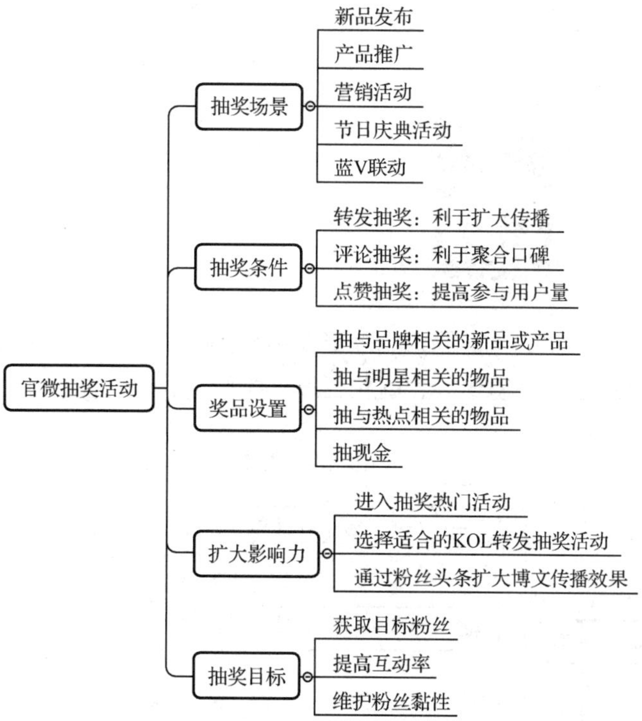

图 4-38　官微抽奖活动的相关内容

（10）吸粉方法十：投放粉丝头条和超级粉丝通广告。按照人群、地域、时间段，精准投放粉丝头条和超级粉丝通广告，也是快速吸引精准目标客户的好方法。当然，将粉丝头条和超级粉丝通广告结合进行促销活动，效果会更佳。

4.3.4　活动运营

【想一想】

企业官微活动运营有话题运营、蓝 V 联动、借势明星、KOL 营销四种主要形式，如图 4-39 所示。那么，各种形式的优劣势在哪里？哪种形式效果最好？

____

____

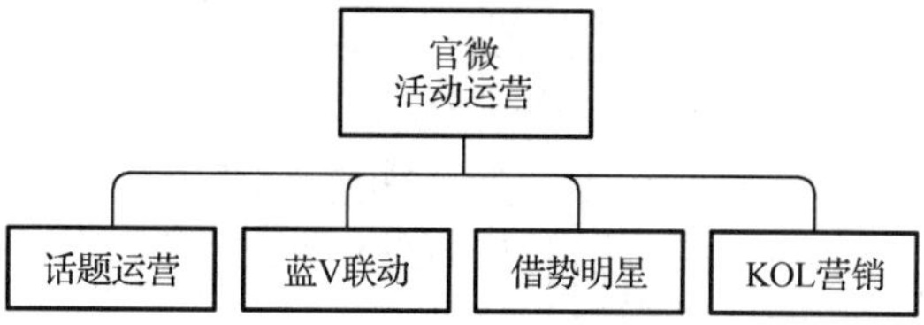

图 4-39　官微活动运营的主要形式

1. 话题运营

很多企业会打造 1～3 个日常话题进行特色内容聚合，这也是低成本增加官微黏性及互动的重要方法。例如，@北京大学就固定了三个栏目：早安北大、北大人物、学科知识问答，如图 4-40 所示。

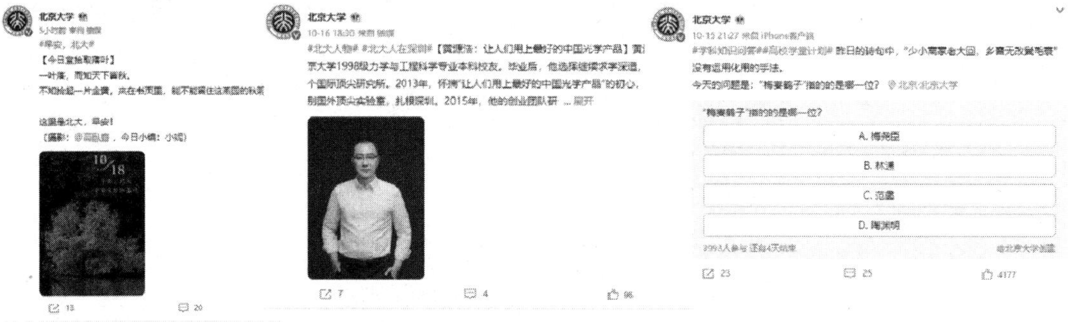

图 4-40　@北京大学官方微博的固定栏目

微博为话题运营设立了大赛话题、红包话题、投票话题等功能。官微话题运营的方法如图 4-41 所示。

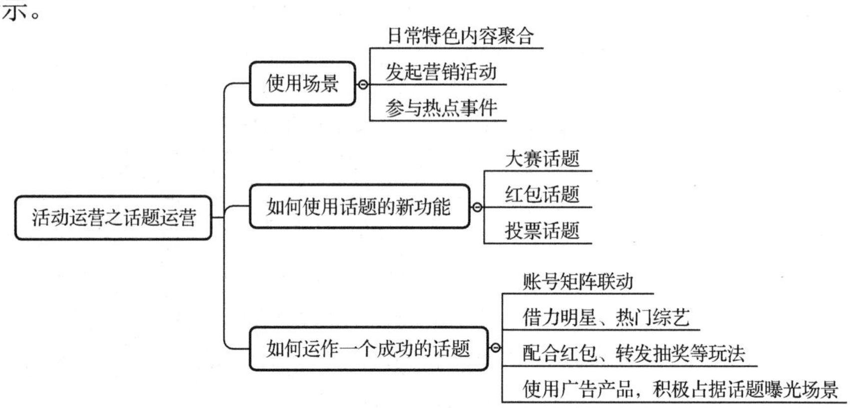

图 4-41　官微话题运营的方法

2. 蓝 V 联动

蓝 V 联动（品牌联合营销）是指不同的品牌主通过资源互补、协同营销等方式开拓市场，共同分担营销成本，达成各自营销目的的方式。

例如，2018 年现象级微博营销文案——支付宝锦鲤活动，此次活动百家蓝 V 联动，博文互动量最高达 420W+次，博文阅读量高达 2.58 亿次，覆盖用户数量达 13.77 亿人，很好地实现了各联合品牌的品牌曝光和引流吸粉。

蓝 V 联动活动种类、实操步骤及注意事项如图 4-42 所示。

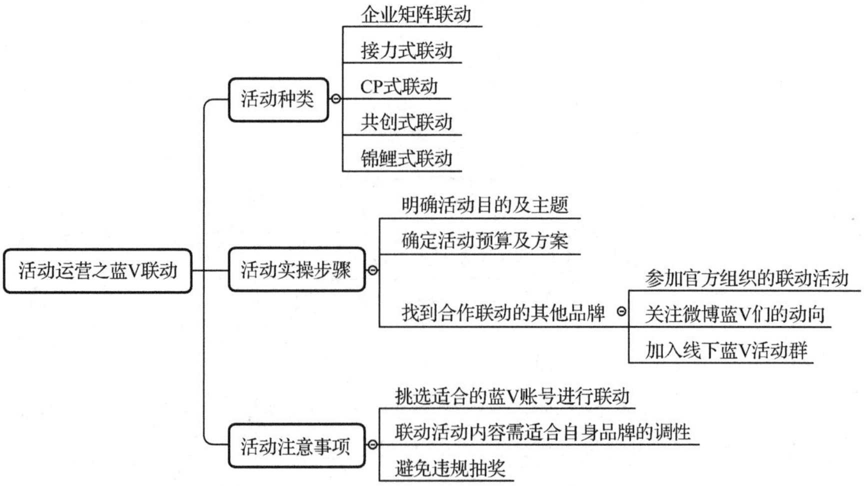

图 4-42　蓝 V 联动活动种类、实操步骤及注意事项

3．借势明星

由于明星自带流量，在微博上明星话题阅读量和明星博文阅读量，都远远高于其他博文的阅读量。

如何借势明星？低成本借势明星法，就是转发明星周边产品抽奖活动信息，或者跟进突发热点事件；高成本借势明星法，就是签约明星成为品牌代言人，或者请明星在微博投放产品硬广或软文。

如何将品牌代言人的影响力最大化，有如图 4-43 所示的五种方法。其中，扩大宣传是指投放粉线头条或超级粉丝通广告。

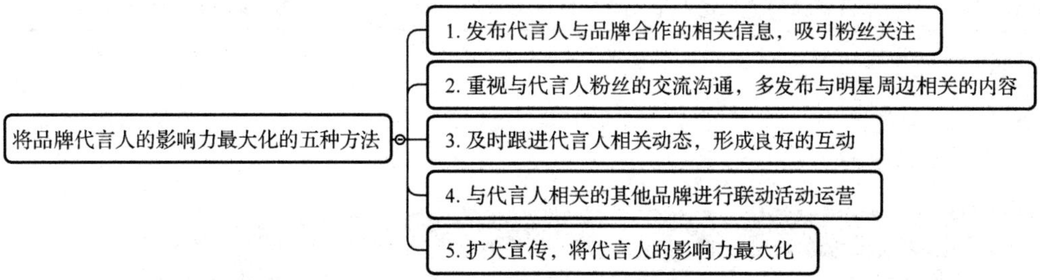

图 4-43　将品牌代言人的影响力最大化的五种方法

4．KOL 营销

关键意见领袖（Key Opinion Leader，KOL）是营销学上的概念，通常被定义为拥有更多、更准确的产品信息，且被相关群体所接受或信任，并对该群体的购买行为有较大影响力的人。

微博 KOL 营销方式包括 KOL 直发、帮上头条、KOL 转发等。活动运营之 KOL 营销的相关内容如图 4-44 所示。

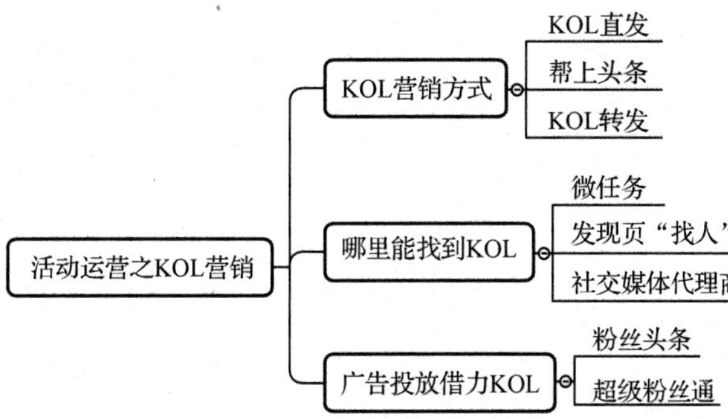

图 4-44　活动运营之 KOL 营销的相关内容

4.3.5　数据管理

微博的基本数据主要来源于微博强大的后台，分析内容包括昨日关键指标分析、粉丝分析、博文分析、互动分析、相关账号分析、文章分析、视频分析及大数据分析等。微博数据分析指标及内容如表 4-8 所示。

表 4-8　微博数据分析指标及内容

分析指标	分析内容
粉丝数	关注微博的人数，可以直接反映微博的人气（切勿造假）
关注数	主动关注的微博数量，最高上限 2 000 人，日关注数量 500 人

续表

分析指标	分析内容
评论数	用户对微博内容的回复，可以反映微博内容的受欢迎程度和微博用户的活跃度
转发数	用户对微博内容进行的二次传播行为，反映微博内容的受欢迎程度和微博用户的活跃度
平均转发数	每条信息的转发数之和/信息总数量，一般计算日平均转发数或月平均转发数，计量单位为次/条，平均回复数与平均转发数计算方法类似
粉丝活跃度	这是一个综合数据，一般可以通过平均转发数或平均回复数来衡量
微博的活跃度	一般是与竞品微博或其他微博进行比较，对企业理性看待微博营销效果有指导意义
搜索结果数	在微博搜索框中输入指定关键词得到的结果数，反映企业品牌或产品名称被提及的总数

【特别建议】

微博平台日新月异，运营官方微博时，建议关注如图4-45所示的几个新浪微博账号，以便及时得到最新资讯。

图4-45　运营官方微博时建议关注的新浪微博账号

【小结】

官微运营的内容如图4-46所示。

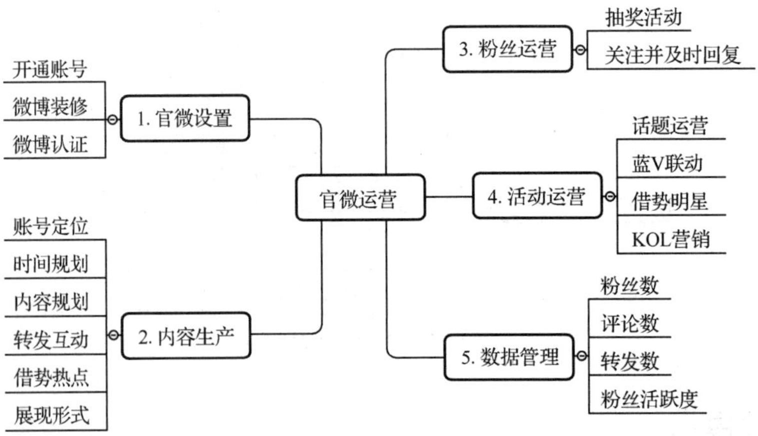

图4-46　官微运营的内容

任务实训

一、综合能力训练

1．对照如图4-47所示的@vivo智能手机旧版官方微博（PC端），截图新版PC端官方微博，找出新旧两个版本的不同之处，并说出微博改版原因。你认为改版成功吗？同时，对比PC端和移动端微博的区别（不少于3个），说说@vivo智能手机微博为什么这样设置？

图 4-47　@vivo 手机旧版官方微博（PC 端）

（1）新旧两个版本的区别（不少于 5 个）：______________________________

____

（2）@vivo 智能手机官方微博改版的原因是什么？你认为改版是否成功？______________________________

____

（3）移动端和 PC 端@vivo 智能手机官方微博的区别有哪些（不少于 3 个）？为什么这样设置？______________________________

____

2．从账号定位角度，画出@小米微博矩阵思维导图。

（1）小米集团的微博分类。

以品牌传播为主的微博：______________________________

以产品推广为主的微博：______________________________

以营销转化为主的微博：______________________________

以客户服务为主的微博：______________________________

（2）画出小米集团微博矩阵的思维导图（截图提交）。

3．官微活动运营主要有哪四种方式？登录@淘宝官方微博，各找两例并截图，从转化数和评论数两个角度，指出哪类运营效果较好？

（1）淘宝官微话题运营（截图）：______________________________

（2）淘宝官微蓝 V 联动（截图）：______________________________

（3）淘宝官微借势明星（截图）：______________________________

（4）淘宝官微 KOL 营销（截图）：______________________________

（5）淘宝官微活动运营效果较好的方式：______________________________

4．对照官微内容生产的六个步骤（见图 4-37），分析如表 4-9 所示的@肯德基官微的内容生产。

表 4-9　@肯德基官微的内容生产

肯德基官网	内容生产分析
账号定位	
时间规划	每天　条
内容规划	
转发内容	
借势热点	
展现形式	

二、创新创业项目训练

扫描二维码并阅读“美的官方双微运营及推广（2018 企业提案）”一文，为你们学校或社团制定微博运营及推广方案。

阅读材料：美的官方双微运营及推广（2018 企业提案）

任务 4.4　微信矩阵运营

工作任务单及参考流程图

工作任务	设计微信矩阵运营方案	教学模式	任务驱动
建议课时	4 课时	教学地点	一体化实训室
任务描述	假设你是公司微信运营专员，需要你设计微信运营方案，在微信系统完成从客户引流、激活、留存、变现、推荐的整个过程，你该如何做？		
学习目标	知识目标	✓ 了解微信内容运营、用户运营的主要内容； ✓ 了解微信小程序的变现方法； ✓ 掌握 AARRR 模型。	
	能力目标	➢ 能够根据 AARRR 模型，制作微信矩阵运营鱼骨图； ➢ 能够根据企业产品用户特征，设计微信矩阵运营方案。	
	素质目标	✧ 具有学习能力，能够利用凡科工具开通微信小程序； ✧ 具有创新能力，能够借鉴成功案例设计微信矩阵。	
	思政目标	◆ 遵守微信公众号运营相关规定，杜绝黄、赌、毒； ◆ 诚实守信，具有社会责任感，在微信运营中传递正能量。	
KPI 指标	日活跃用户数量（DAU）、月活跃用户数量（MAU）、销售额。		
微信矩阵运营流程图			

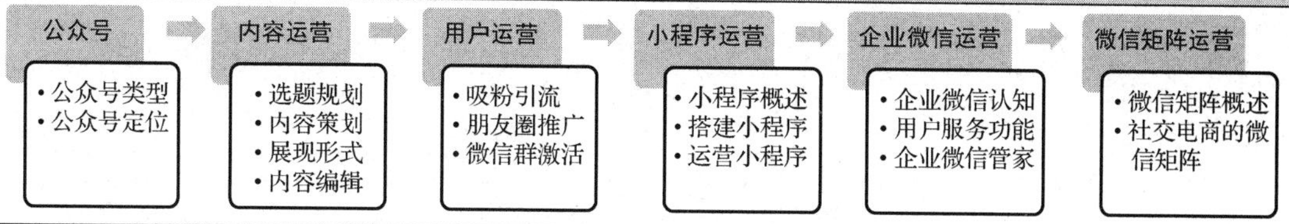

任务实施

【想一想】

打开微信移动端，指出微信有哪些产品？哪个产品用户数量最多？哪个产品最有发展前景？

____

____

从微信界面来看，微信底部栏目包括微信、通讯录、发现、我四个栏目。微信（Version8.0.1）各栏目主要功能如图 4-48 所示。

据商业化 VIEW 统计的资料，从微信发展历程来看，微信在优先关注用户体验的前提下，截至 2020 年大约经历了四个阶段。微信产品关键迭代历程如图 4-49 所示。

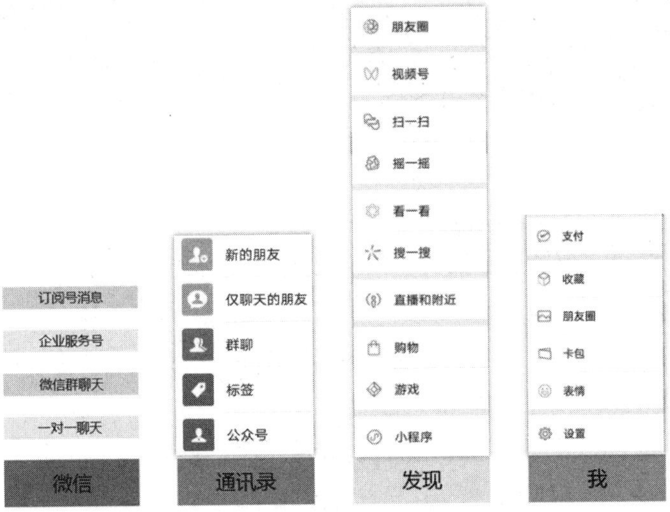

图 4-48　微信（Version8.0.1）各栏目主要功能

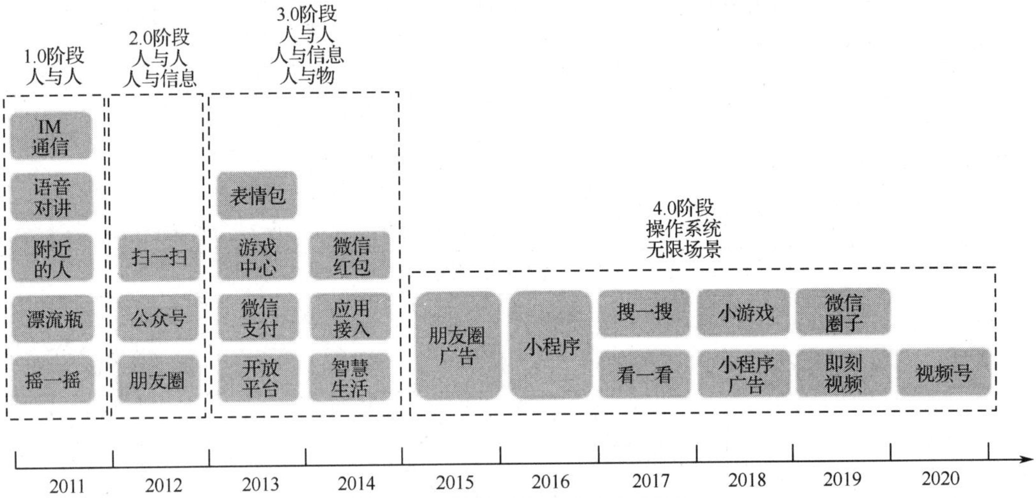

图 4-49　微信产品关键迭代历程

从功能角度，微信产品可以从产品形态分为四大生态（四大类）：社交生态、内容生态、交易生态和开放生态。微信可支撑变现的四大生态及衍生资源如图 4-50 所示。

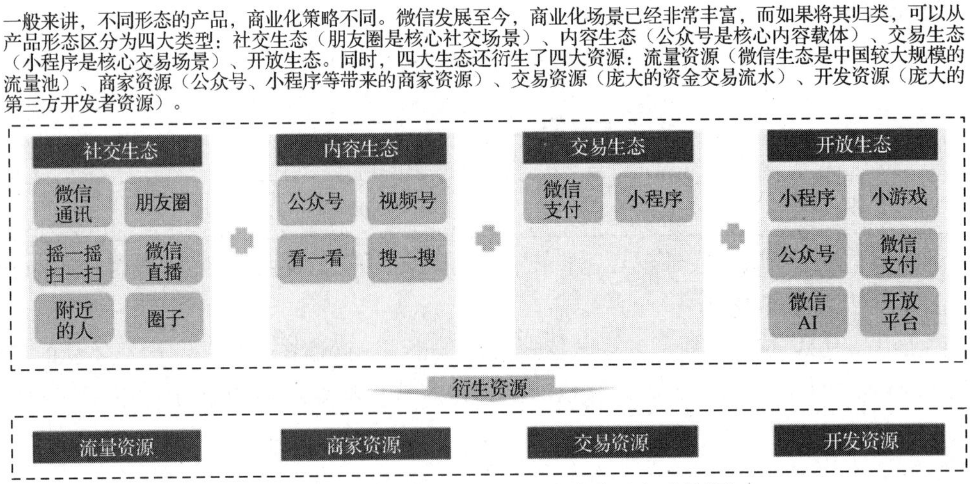

图 4-50　微信可支撑变现的四大生态及衍生资源

2021 年微信十周年，张小龙在 2021 微信公开课 Pro 版的“微信之夜”透露了一组数据：每天约有 10.9 亿用户打开微信，约有 3.3 亿用户进行视频通话，约有 7.8 亿用户进入朋友圈，约有 3.6 亿用户阅读订阅号文章，约有 4 亿用户使用小程序。微信产品的功能特点如图 4-51 所示。

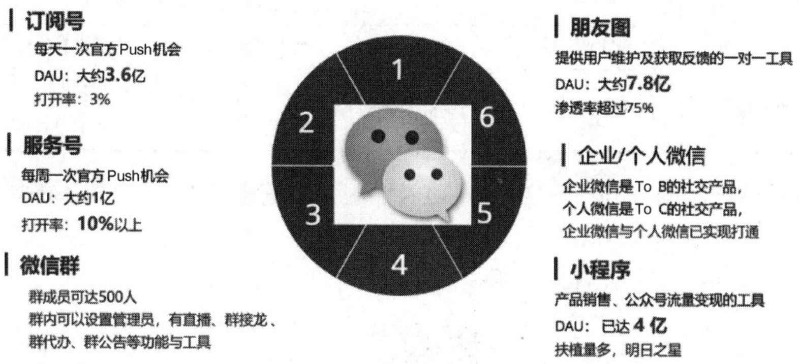

图 4-51　微信产品的功能特点

4.4.1　微信公众号概述

1．微信公众号类型

按照微信官方的分类方式，微信公众号账号分为四类，如图 4-52 所示。

图 4-52　微信公众号账号分类

- 服务号：给企业和组织提供更强大的业务服务与用户管理能力，帮助企业快速实现全新的公众号服务平台。
- 订阅号：为媒体和个人提供一种新的信息传播方式，构建与用户之间更好的沟通与管理模式。
- 小程序：提供一种新的开放能力，可以在微信内被便捷地获取和传播，同时具有出色的使用体验。
- 企业微信：企业的专业办公管理工具，与微信一致的沟通体验，提供丰富免费的办公应用，并与微信消息、小程序、微信支付等互通，助力企业高效办公和管理。

在微信矩阵中，服务号和订阅号是企业内容营销及品牌建设的中心环节。服务号加深用户对品牌的认知和信任；订阅号触达用户、沉淀人群。服务号与订阅号的区别如表 4-10 所示。如果想用公众平台进行商品销售，建议选择服务号，后续可认证再申请微信支付商户；如果想用公众平台简单发送消息，做宣传推广服务，建议选择订阅号。

表4-10 服务号与订阅号的区别

类别	服务号	订阅号
特点	为企业和组织提供更强大的业务服务与用户管理能力，主要偏向服务类交互（功能类似12315、114、银行的服务电话）	为媒体和个人提供一种新的信息传播方式，主要功能是在微信侧给用户传达资讯(功能类似报纸、杂志，提供新闻信息或娱乐趣事)
适用人群	媒体、企业、政府或其他组织	个人、媒体、企业、政府或其他组织
群发次数	服务号一个月（按自然月）内可发送四条群发消息	订阅号（认证用户、非认证用户）一天内可群发一条消息

小程序更像是简化版的 App，主要提供功能性服务，其设计和运营的逻辑与服务号和订阅号相比复杂很多。

企业微信的主要功能是办公管理、提供服务、留存用户。

阅读材料：企业微信公众号的基本设置

2．微信公众号定位

1）行业认知

在接手一个公众号时，要做的第一件事情是什么？要做的第一件事情是去了解自己所在的行业、自己的公司，它们的商业模式（怎么赚钱）是什么？

商业模式一般分为三类：第一类直接盈利（卖货/服务）；第二类免费+增值服务（如印象笔记）；第三类免费，通过其他形式变现（如自媒体的广告）。商业模式即是从生产到流通再到最终转化的过程。

因此，必须能把公司的核心业务用逻辑流程图画出来，这样才能知道运营核心与切入点是什么？自己所在的行业和公司目前面临的困境是什么？该行业的领先者是如何应对的？该行业涌现出哪些新模式和新方法？自己产品的优劣势是什么？消费频率如何？用户的购买流程、购买动机和决策因素分别是什么？

如果不能站在行业和企业的角度去分析，很多运营决策和动作将有可能只是隔靴搔痒。

2）价值定位

我们知道，公众号营销一般在企业中承担着品牌宣传、商品营销、客户服务、渠道服务等作用，不难发现公众号营销基本上是围绕销售展开的。

作为运营公众号的第一步，必须明确公众号的价值定位，这直接决定运营的方向与重心。那么，如何才能准确找到公众号的价值呢？你可以先问运营团队以下几个问题：

- 用户为什么要购买、使用我们的产品？
- 我们企业存在的价值是什么？
- 用户为什么要关注我们的公众号？
- 我们能够帮用户解决什么问题？

用用户的真实需求去定义公众号的价值，并懂得升华价值（挖掘需求的本质）。

例如，一家服装企业的价值可能是“为用户提供更好的衣服”，我们会发现这个需求比较浅显，无法真正打动消费者的本质需求。用户为什么需要更好的衣服呢？因为他们需要用更好的衣服表达美。那么，我们可以将价值定位为“让用户更美丽”。一家卖可乐的公司的价值定位如图 4-53 所示。

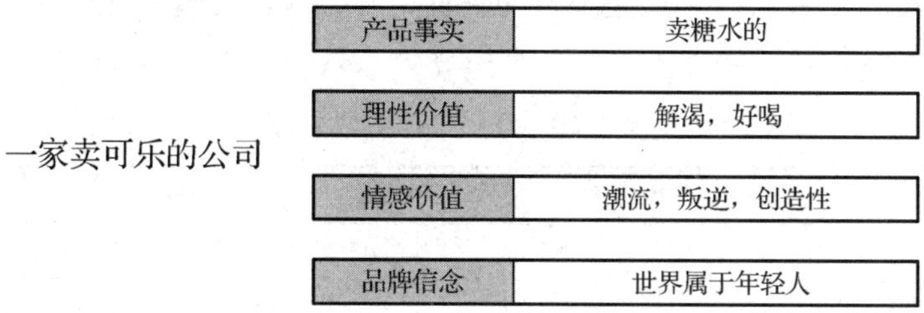

图 4-53　一家卖可乐的公司的价值定位

3）用户分析

在寻找公众号价值的过程中，常常困惑于“这个价值是不是用户所需要的、所感兴趣的”，甚至在运营过程中总是充满了不确定感，不清楚这次的运营动作能否产生效果？用户是否满意、喜欢？这些困惑都指向同一个原因——“你不了解你的用户”。

用户分析的分析维度如表 4-11 所示。

表 4-11　用户分析的分析维度

分析维度	举　例
需要什么	优衣库公众号的图文推送主要以活动信息、新品上架为主，因为品牌知名、受众较多（购买需求明显），所以用户最需要及时知道优衣库的活动及产品信息
喜欢什么	追明星红人热点几乎是新媒体运营的常态工作，因为用户喜欢了解娱乐八卦，小编们自然投其所好
在意什么	纸尿裤早期的产品卖点为方便，但市场反响平平；将卖点更换为舒适健康后，市场却热度高涨。为什么呢？因为消费者更在意宝宝的舒适健康
烦恼什么	游戏类公众号基本会推送大量的教程类图文，因为游戏用户都有这样的烦恼：“不知道怎么玩好这款游戏”
交流什么	母婴亲子类的公众号大多数都做过关于宝宝的投票活动，且效果较好。因为母亲最热衷于交流分享关于自己宝宝的话题与活动

对用户的分析主要集中在上述五个维度。在进行用户分析的时候，要建立自己的用户模型，并不断更新补充。简易版用户模型如表 4-12 所示。

表 4-12　简易版用户模型

分析维度	用户信息	备　注
需要什么	例如，快递查询、售后服务……	—
喜欢什么	—	—
在意什么	—	—
……	—	—

那么，如何才能收集用户的这些维度的信息呢？主要通过以下五种方法来完成：

（1）用户交流。寻找公众号粉丝中的典型代表（即典型用户），与他们沟通交流，自然会获得真实、有效的用户信息。推荐先从身边的亲朋好友入手，大多数公众号都能在自己的人脉圈中找到典型用户，与他们沟通和询问，简单、易行、有效。

（2）换位思考。把自己代入用户，从用户的角度去思考。假设自己就是用户，那么自己对公众号有什么需求？有什么期盼？

（3）资料分析。互联网信息资源丰富，通过用户报告、行业分析、同行上市公司财务报表、分析工具等可以了解用户。这些报告的数据采样量大，经过专业的分析整理能有效地帮助卖家洞察用户，这是运营必备之良策。常用分析工具/网站如表4-13所示。

表4-13　常用分析工具/网站

常用分析工具/网站	
企鹅智酷	艾瑞数据
199IT 互联网数据中心	大数据导航
百度指数	阿里指数

（4）同行借鉴。通过对竞争对手运营动作的收集分析，推导竞争对手的运营动机和目的，再反证用户信息。建议借鉴竞争对手公众号的设置内容（功能介绍、关注时回复、关键字回复、菜单设置、商城界面、官网界面等）、图文推送（公众号历史消息、其他新媒体推送如新浪微博等）、活动记录（公众号菜单、个人中心活动列表、图文消息等，这需要随时查看并记录成案）、服务项目（自定义菜单、个人中心）等信息。要形成自己的竞品分析笔记，记录竞争对手的运营情况，并反推记录这个动作是为了满足客户什么需求。竞品分析记录表如表4-14所示。

表4-14　竞品分析记录表

竞品运营动作	运营目的	用户需求
每月8日为“秒杀”日：约提供五款产品进行“秒杀”	提升销量 提升商城流量 培养购买习惯	优惠需求； 微商城购买习惯需培养
—	—	—
—	—	—

（5）内部沟通。公司是一个团队，要达成目标，就要善于调用一切能调用的资源为己所用。公司一般有零售终端、客服部门、市场渠道、研发设计等部门提供帮助，多和他们聊聊用户，相信你一定会有所收获。

4.4.2 内容运营——奠定营销基石

内容运营是指基于产品的内容进行内容策划、内容创意、内容编辑、内容优化、内容传播等一系列与内容相关的工作。公众号的内容运营包括选题规划、内容策划、展现形式和内容编辑等。

1. 选题规划

1）填写选题规划表

内容运营之前必须进行选题规划，即策划出下一阶段的主要内容形式、内容选题等，并填入选题规划表，作为下一阶段的内容运营总纲。某饮食类公众号选题规划如表4-15所示。

表 4-15　某饮食类公众号选题规划

星　期	内容形式	推送时间	内容选题	暂拟标题
星期一	图文	18:00	美食 DIY	五步教你蒸蛋羹
星期二	图文	18:00	旅行美食	都说江南美景，那江南有什么美食
星期三	图文	18:00	美食盘点	盘点：六种超省时间的早餐做法
星期四	图文	18:00	健康美食	为什么要劝你多吃木耳
星期五	图片	18:00	挑食材	苹果怎样区分品种
星期六	图片	22:00	夜宵推荐	泡面的另类吃法
星期日	图文	22:00	下周吃啥	马上冬至，据说吃这些不冻耳朵

2）确定选题方向

日常撰写公众号文章时，确定选题方向的方法如下：

（1）从内容定位中挖掘关键词，再通过关键词的延伸和组合来确定文章的选题方向。

（2）从精准用户的需求出发，分析自己公众号的用户群，以他们的需求和痛点为基本出发点，结合自己擅长和专注的领域确定选题方向。

（3）追热点。追热点的选题角度为“热点关键词+内容定位+用户痛点”。

（4）借鉴同行。竞争对手是你不容忽视的灵感来源，建议关注多个同行的公众号，以便博采众长。一般要关注三个维度的竞品公众号：第一，和自己各种条件相似的（更具借鉴价值，不易“水土不服”）；第二，比自己牛的（学习思路技巧，提升眼界，但要记住勿生搬硬套）；第三，做得不好的（少看，主要是警示自己，避免犯同样的错误）。

（5）借鉴爆文，关注自媒体的爆文（能爆往往是因为抓住了用户的眼球和需求）。借鉴爆文可以适当修改一些元素来进行应用，如更换字眼、更换对象、更换场景，甚至唱反调都是不错的应用方式。

3）好选题的特征

一个好的选题，应具备潜在用户多、吸引力强、选题新鲜三个特征。

（1）潜在用户多，即对此选题感兴趣的用户比较多，也就是说一个选题要爆，它的受众人群一定要广。唯有满足大多数人的需求，才有大概率成为爆文。

（2）吸引力强，即这个选题能有效地激发用户点击和阅读的兴趣，也就是常说的标题技巧。只有赋予选题强烈的需求吻合和话题性，才能促使用户点开浏览。

（3）选题新鲜，即这个选题还没“烂大街”，被消费程度低。当然不是说所有被用烂的选题就不能用了，只要能别出心裁，也能被使用。例如，这个事件别人都从 A 角度去谈，而你则反其道而行之，从 B 角度去谈。

4）找到好选题的技巧

（1）懂用户，更懂用户的需求和痛点。某位公众号运营人员认为，“为什么我常常写出阅读量超 10 万次的文章，因为我对用户爱得深沉”，只有你懂用户，为用户创造价值，那么用户就会用行动来为你站台。所以找好选题的第一条件是要尽可能多地写出目标用户的需求和痛点，然后在这些需求和痛点中选出 1～3 个去解决，以此来确定选题。

（2）尽可能选择大众化、受众群广的需求和痛点来切入，人群数量的上限决定你引爆的可能性的大小，前提是不能偏离内容定位。那么，怎么判断这个切入点的受众广泛与否呢？

建议从以下两个方面来判断：第一是马斯洛需求层次理论；第二是“天主教的七宗罪”。只要选题切入点能贴合这两个方面，就认为它是符合需求的。

（3）追热点要快、准、特别，当发现热点时，要迅速判断是否适合追。如果适合，通过什么角度去切入。一般热点都从两个方向去延伸：人和事。即这个热点事件中有哪些人物参与，可以从人物角度切入；这个热点事件是一件怎样的事，这个事件有哪些特点可以切入。

阅读材料：选题规划方法

2．内容策划

1）策划公众号内容调性

公众号必须在粉丝心中塑造一个专属形象，占据粉丝的心智。当用户一想到你专注的领域时，会立马想起你的公众号。为了达到这样的战略效果，我们必须在内容层面就明确“写什么”和“不写什么”，为用户提供具备识别度、持续一致的内容价值。

（1）内容定位。确定内容定位，需要解答以下三个问题即可：

➢ 用户是谁（人群划分）；

➢ 用户有什么需求（用户诉求）；

➢ 我们能满足用户什么需求（企业诉求）。

回答这三个问题时，答案要具体、真实、精准，如图4-54所示。

维度	A版本	B版本
用户是谁	女性白领	位于广州，对生活品质有追求，偏好拉丁文化风情的女性，职位多为白领与大学生，一般有出国甚至国外定居经验
用户有什么需求	美食、健康、旅游	喜欢正宗国外美食、偏好天然新鲜的原材料美食、钟爱拉丁国家风土人情
我们能满足用户什么需求	提供高性价比的美食	为用户提供原汁原味的拉丁美食与极具拉丁风情的用餐环境

图4-54　公众号的内容定位

（2）调性定位。公众号的内容定位其实可以总结为一句话，即以同时满足品牌需求和用户需求为核心追求，确定一个写作风格（人格化）即可。调性定位是非常难的一件事：一是你必须要给自己的内容调性找到显著的不同和差异所在；二是“调性”这个词毕竟务虚，即便真的找准了，你要落到实处，找到具体的发力点也很不容易。

内容调性一般包括三个维度：

➢ 人格设定，即什么性格；

➢ 语言特点，即说话有什么特点；

➢ 价值取向，即认为什么是对的，什么是错的。

因此，接手一个公众号时，先明确用户是谁，用户有什么需求，我们应该满足用户什么需求。把答案全部写在一张纸或黑板上，思考用户一般倾向于找谁解决这些问题。确定人格方向后，再提取这个人格应该有什么性格和特点，分析自己品牌、产品的特征，进行多种组合。最后在多种组合中选择最具差异化和契合度的特点作为公众号的内容调性。

2）构建写作素材库

“巧妇难为无米之炊”，一个文案若想灵感源源不断，保持持续、高质量的输出，必须要有专属的内容素材库，以便挖掘灵感、高效写作和引经据典。

（1）公众号素材搜集工具及方法。首先来认识一下哪些工具能帮助你搜集素材，如图 4-55 所示。

平台	工具名	使用方法	备注
移动端	手机相册	拍摄：看到好的素材立刻拍下来 截图：看到手机端好的素材，可直接截图	注意要命名并简略写上记录的原因，最好进行云端备份，隔一段时间保存在PC特定文件夹里
	微信收藏夹	看到好的文章，马上收藏、添加特定标签	图文可能会失效，所以重要的文章，最好将链接在PC端打开，复制到本地文件夹/笔记类软件里
	微信文件助手	有好的灵感时，可以马上用语音方式发给文件助手，闲暇时再以文字录入到别的笔记工具	快捷方便，适合记录突发灵感
移动端/PC端	印象笔记	可以把好的素材、灵感记录到此类软件App中，移动端和PC端同步，使用方便	类似软件还有有道云笔记 注意分类整理
PC端	方片收集	谷歌浏览器插件 适用于快速记录浏览器的素材	
线下	笔记本	将好的灵感和素材以手写的方式记录下来	虽慢且烦琐，但面对高质量素材，这是最好的记录方法

图 4-55　公众号素材搜集的工具及方法

（2）建立素材库。

① 标题库。即收集优秀的标题。标题具有很强的借鉴性，保存各种类型的好标题便于日常学习和借鉴。

② 内容库。内容库建议这样进行分类：按照文字、视频、音频、图片进行分类保存，在保存的同时添加此内容的收集理由。

③ 灵感库。即将平时自己迸发的和借鉴他人的灵感素材收集到此库。该库的功能与“点子王”的功能类似。

（3）素材库的更新与维护。“书到用时方恨少”，因此，不要总是在需要用时才去翻看素材库，日常也应该预留一些时间来翻阅，这样既可以提升素材库的使用效率，也可以提升自己的审美能力和文字感知力。分门别类并做到井井有条，将素材库里庞大的素材按照属性、用途进行分类，通过文件夹和文件名的命名来区分；定期清理素材库，将无价值、不使用的素材删除，或者移入待确认删除的文件夹。运营公众号的素材库截图如图 4-56 所示。

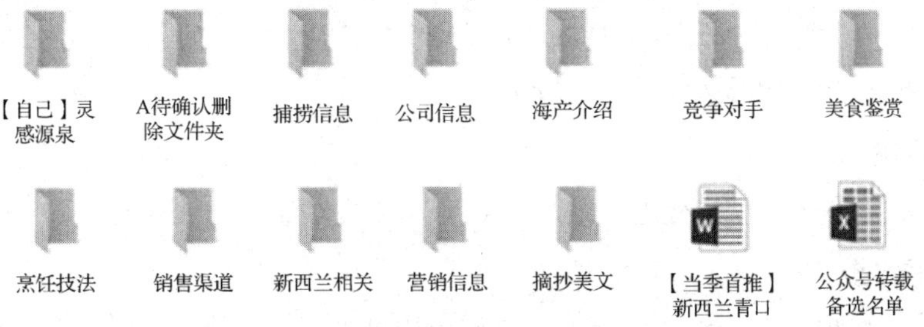

图 4-56　运营公众号的素材库截图

3．展现形式

1）原创、转载和翻译

根据内容来源分类，展现形式可以分为原创、转载和翻译。

（1）原创。微信公众平台从创立以来采取了多种方式鼓励原创作品，比如，在2015年1月22日上线了微信公众平台原创声明功能，原创者可在微信公众平台后台的“素材管理”处进入“图文消息”编辑，点击“申请原创声明”，并填写提交原创声明的信息。

（2）转载。长期坚持原创是一件非常困难的事情，所以，为了保持稳定的更新频率，部分公众号会采取转载的方式更新推文。转载是一种相对简单的内容制作方式，只需要获得原创方的授权，并遵循相关规定转载即可。

（3）翻译。除了转载，翻译也可以作为原创文章的补充。相比于纯原创，翻译耗费的时间相对较少，但相比于直接转载，翻译具有一定的技术门槛。

2）文字、图片、音频、视频

根据内容形式分类，展现形式可以分为文字为主型、图片为主型、音频为主型、视频为主型。

（1）文字为主型。微信公众号中的大部分推文是以文字为主的图文型，搭配少量的图片进行解释说明。对于此类公众号来说，文案是灵魂，配图则有锦上添花的作用。

（2）图片为主型。图片型公众号大多属于漫画型或照片型，漫画和照片是此类公众号最重要的部分。

（3）音频为主型。音频类公众号的核心在于声音，主播的声音决定了此类公众号的受众。

（4）视频为主型。视频类公众号的运营难度相对较大，需要较为专业的视频拍摄能力，比较典型的有一条、日食记等。

3）故事型、知识型、评论型

根据内容的体裁分类。展现形式可以分为故事型、知识型、评论型。

（1）故事型（记叙文）。记叙文是以记人、叙事、写景、状物为主，以写人物的经历和事物发展变化为主要内容的一种文体形式，通俗来说就是讲故事。大多数情感公众号的推文都属于记叙文。

（2）知识型（说明文）。说明文是一种以说明为主要表达方式的文章体裁。它通过对实体事物科学地解说，对客观事物做出说明或对抽象事理的阐释，使人们对事物的形态、构造、性质、种类、成因、功能、关系或对事理的概念、特点、来源、演变、异同等能有科学的认识，从而获得有关的知识。许多以提供干货为主的公众号的推文都属于说明文，考虑到传播度，大部分公众号都会把干货内容写得非常通俗易懂，浅显有趣。

（3）评论型（议论文）。议论文是以议论为主要表达方式，通过摆事实、讲道理，直接表达作者的观点和主张的常用文体。

4．内容编辑

公众号文章结构一般包括标题、摘要、导语、正文和结尾五个部分。

1）标题写作技巧

标题乃文章成败关键，毕竟在碎片化阅读的背景下，不点击是用户的常态行为。如何才能使标题出彩、夺人眼球呢？无非学套路（看爆文标题、纳入素材库供借鉴）、懂用户（多接触用户，多换位思考，以为用户产生价值为使命）、看数据（要有运营思维，善于分析文案数据，科学指导工作）三点而已。

（1）“抱大腿”。让标题出现名人、头衔、权威机构名称或热点事件。这里的“大腿”犹如日常消费中的知名品牌一样，能提升用户的熟悉度、内容的含金量，迎合用户追求权威和从大流的心理。“抱大腿”一般采用替换法，先根据内容将标题构思出来，然后对标题进行分词，根据分词展开联想，延伸思路直至能找到这个领域的“大腿”，然后进行替换处理。

（2）用数字。“数字是上帝的语言”，能用数字的地方就别用文字。因为数字的辨识度高、客观具体、直观明了。

（3）与用户有关。与用户有关，即想尽一切办法，让读者觉得“这篇文章跟我有关，我得点开看看”。

阅读材料：不做标题党

2）摘要写作法

摘要与标题、封面共同组成吸引用户点击阅读的第一展现要素，如图 4-57 所示的这种黄金展位的摘要，其重要性可想而知。

图 4-57　微信公众号的封面、标题和摘要

摘要写作技巧如下：

（1）读后感。用户决定是否看图文，关键是文章价值的多少，将一句诚挚的读后感作为摘要，能帮助用户打消疑虑，用户更愿意点击浏览。

（2）价值提炼，即把文章的核心价值概括给用户，让用户明确文章的价值点，帮助他阅读。

（3）对标题进行补充，即用摘要延续标题，强化前后呼应，让价值点更加突出。

（4）推荐语，即将图文的热度、稀缺度和重要性推荐给用户。

技巧总结：摘要不要过于长和啰唆，简洁明了，尽量用一句话让用户看明白（建议 15 个字以内）。

3）导语写作法

导语其实是新闻术语。由于新闻是非常成熟的写作形式，因此在很多文案写作中也会运用这个技巧，但这并不是非用不可的（如果你确定使用这一结构，最好持续地使用下去，以便形成自己的图文风格）。导语就是以简要的文句，突出最重要、最新鲜或最富有个性特点的事实，揭示新闻要旨，吸引读者阅读消息的开头部分。导语的写作方法如下：

（1）内容概括或中心提炼。内容概括或中心提炼是最常用的导语写作方法。写这类导语不能急，应该是在你写完全文后方构思写作。其实就是用导语告诉用户这篇文章说什么，只需要在导语中用简洁干练的语言，将主体内容告诉用户即可。但要注意措辞的艺术性，即注意对用户的吸引力，避免过于平淡。

（2）推荐语。虽然第一种方法常用，但有时候不是很贴合新媒体文案的需求，反而是推荐语这种形式更加适合。所谓推荐语，就是给用户一个看这篇图文的理由，促使用户继续阅读。怎么写？有痛点切入和推荐理由两种方法借鉴。

（3）帮助用户阅读。帮助用户阅读与第一种方法类似，但有所差异。这里的导语是指向用户交代此图文写作的背景及相关专业知识，避免用户遇到阅读障碍。图文可能有很多地方是用户不了解的，会严重影响用户的理解。在开篇交代这些内容，便于用户流畅阅读。

4）正文写作法

文章的正文写作难有规律和套路可讲，无法给出“放之四海而皆准”的写作公式。这里从微信公众号文案需要完成的三个目标出发，总结正文的写作技巧。

在发达的网络时代，互联网具有海量的信息、获取成本几乎为零等特点，用户是挑剔且浮躁的。吸引用户，需要在文章中完成三个目标：让用户读下去、让用户分享出去、让用户认可我们所说的（将核心诉求传递给用户）。为了完成这三个目标，我们可以在正文写作中使用以下一些技巧：

（1）让用户读下去，常用技巧有标题与正文相契合，化繁为简、直击要害、学会讲故事、与用户分享你的秘密、激发用户的情绪等。写完文章后，不要急于发送给用户，先平静自己急于表现的内心，再仔细回看文章，你会发现很多问题的。如果可以给其他人看，提出修改意见会更好（当然追热点时要快，别在此步骤耽误太多时间）。

（2）让用户分享出去。新媒体传播最重要的特性就是裂变传播，你的图文就是裂变传播最重要的武器。用户在什么情况下会分享一篇图文呢？生活就是最好的老师，现在可以打开你的微信，看看你经常转发什么样的文章，看看你的朋友圈都在转发什么样的文章，把它们记录下来，然后进行统计分析，尝试反推当时分享的动机，也许你会更有感触。

其实，分享就是一个社交动作，在社交中有哪些需求和特点呢？

- 新奇好玩。我们往往会和别人分享交流那些平常少见、反常甚至未出现的事。他们往往具有稀奇、有趣、好玩、私密、新鲜等特点，如明星的绯闻八卦、奇闻趣事等。
- 吐露心声。我们也经常向别人吐露心声、倾诉想法，如职场上常见的转发好员工标准之类的图文等。
- 帮助他人。我们都有助人为乐的心肠，喜欢“赠人玫瑰，手有余香”。所以朋友圈也充斥着生活技巧、养生保健、防骗安全等图文信息。
- 表达自我。我们更喜欢表达自我，甚至是攀比心理。例如，科比退役时很多球迷都主动发心情图文和转载相关图文来表达自己球迷的形象；很多游戏引入排名机制，并且很多玩家都会把成绩分享到朋友圈。

如果你的文章能满足用户的上述需求（哪怕一项），你的用户会用行动让你满意。可以通过这四点内容建立你的文章自检机制，写完文章后，检阅自己的文章是否拥有上述四点（拥有一个点即可），如无，你则需要根据内容方向，看看要往哪个要点去优化。

（3）让用户认可我们所说的。作为文案，价值传递是核心使命，但在运营过程中，往往要分阶段传递不同价值。图文撰写过程有两个阶段：第一是追求文章价值，即往往以图文的阅读率和转发率为核心，希望吸引更多用户的关注、建立用户的关注度与信任度。第二是追求商业价值，在满足第一阶段后，需要将自己的商业价值与用户价值结合，追求用户行为的改变。简单来说，就是先有粉丝，再建关系，最后谋求变现。

文章要达成用户认可，除了要与用户有关，还要能实质性地给用户带来价值。在公众号运营过程中，影响用户认可度有两方面的因素：公众号的影响力和传递价值的质量。

5）结尾写作法

人们常说写文章要“虎头”“猪肚”“凤尾”。因此，结尾对于文章写作很重要，结尾处要对文章进行总结、提炼、升华。接尾常用技巧如下：

（1）总结全文。对内容进行概括、提炼，突出其价值。

（2）强调文章观点，引发用户兴趣。

（3）根据文章内容，抛出问题，引起讨论和思考。

（4）“鸡汤”结尾，以情动人。

（5）结合用户，强化实用价值。

（6）号召、引导用户行动。

阅读材料：公众号文案写作架构及要领

6）图文排版

公众号内容编辑除了撰写文案，图文排版也非常重要。

阅读材料：文案运营技巧之排版

4.4.3　用户运营——引流激活

1．吸粉引流

1）什么是吸粉引流

凡事谋定而后动，在进行吸粉引流工作前，需要深刻认识它的原理与核心。要理解吸粉引流，需要先弄清楚以下问题：

- 我的精准粉丝是谁？
- 他们有什么特点？
- 我的精准粉丝在哪儿？
- 如何触达精准粉丝？
- 我的精准粉丝为什么会关注我？

➢ 如何使精准粉丝愿意传播分享？

以某进口婴幼奶粉为例，其吸粉引流需要解决的问题如表4-16所示。

表4-16　某进口婴幼奶粉需要解决的问题

问　题	具体内容
我的精准粉丝是谁	处于怀孕期、哺育期的父母及其家人
他们有什么特点	年龄段集中（25～35岁），极其关注怀孕及哺育资讯知识，注重口碑，重视产品安全与价值
我的精准粉丝在哪儿	医院、药店、母婴店、家政机构（月嫂）、母婴论坛、母婴类商城/App、信息问答平台等
如何触达他们	线下异业合作、宣传物料触达、网络交流咨询（回帖、回答问题等）、平台合作
我的精准粉丝为什么要关注我	领取试用、了解产品、购买产品、促销活动、售后服务、专家咨询、资讯经验技巧
如何使精准粉丝愿意传播分享	活动、高价值图文、分销、用户惊喜、社区社群等

上述问题涉及用户定位、推广渠道、关注动机和分享时机。

2）吸粉引流的九种方法

（1）求关注。吸粉第一步就是有技巧地利用自己的人脉资源，多方求关注、求转发，完成第一批粉丝的初始积累。

（2）内容涨粉。通过投稿等方式让文章被大号转载是一种非常有效地增加粉丝的方式，而且通过内容吸引的粉丝，一般黏性都比较强。

（3）活动涨粉。最容易打动用户的方式是什么？是利益，是货真价实的好处。所以，活动一直是微信运营核心模块之一。吸粉活动三大指标是用户活动触达量、用户活动参与率、用户活动分享率。什么是一场优秀的吸粉活动呢？以最低成本吸引尽可能多的精准用户，同时确保用户的体验度。

例如，通过H5页面活动来达到推广商品、吸引粉丝的目的，是微信营销中常用的一种方法。H5是具有视觉、听觉、触觉综合感官的移动端应用。常见的H5页面包括简单活动类，如红包、抽奖、投票、砍价、拼团等；中级趣味类，如H5小游戏、答题、测试、生成海报等；高级动效类，如快闪、VR全景、视频、一镜到底、模拟界面、重力感应、序列帧、画中画、事件触发等。

（4）广告。微信广告是一个基于微信公众平台，可提供广告主在微信生态多种广告形式投放，并利用专业数据处理算法实现成本可控、效益可观、精准定位的效果广告投放系统。目前，微信广告主要分为公众号广告和朋友圈广告两种：公众号广告的广告位以图片方式展示在公众号文章底部；微信朋友圈广告是基于微信公众号生态体系，以类似朋友的原创内容形式在朋友圈中展示的原生广告。

（5）线下渠道。自己企业所拥有或合作的直营店、加盟店、复合店、商超等终端零售渠道，因为这些渠道都能接触大量的精准用户，所以可以通过铺码的方式（易拉宝、X展架、海报、水牌台卡、宣传单页等）植入渠道，借助渠道进行吸粉（企业这方面资源越多，效果越好）。

（6）产品。一家企业会有大量的产品流通在市场，最终接触购买用户，所以也可以通过为产品铺码的方式来吸粉引流。产品铺码第一需要注意码的显眼化，要让用户容易看到，第二要给予用户扫码理由（如活动、服务、资讯等的植入），同时搭配显眼的扫码信息让用户知道扫码价值。

（7）地推。企业的渠道资源毕竟有限，因此可以选择用地推的方式来拓展线下吸粉入口。地推的方式主要有：

- 驻点摆摊，在精准用户聚集出没的地方进行地推（以活动、宣传单页为主），以吸引用户关注。
- 异业合作，与其他企业机构合作（非竞争关系，但客户群体类同，如文具企业与学校合作、珠宝企业与婚庆公司合作），合作关键点是利益分配制度，即别人与你合作能得到什么好处？如何量化好处？合作形式则以铺码/放置物料/设立专区/联合活动为主。

（8）微信公众号互推。与一些客户群体相近，但是业务不同的微信公众号合作，进行互推，当然前提是自己的粉丝要到达一定的量。就像传统的PC网站添加友情链接来增加权重一样。

（9）其他自媒体引流。利用内容从其他自媒体引流是一种相对较慢，但黏性较强的方式。但是，各平台规则不同，有些明确限制引流，因此在通过其他自媒体引流时，要了解其规则。如百度系自媒体、今日头条等；有些对引流行为限制不严，如知乎、简书等，简书甚至可以在后台直接绑定微信、微博等社交账号，并显示在个人主页上。

2．朋友圈推广

通过朋友圈做推广的目的是让用户添加个人/企业微信号，增加品牌信息和促销活动触达目标人群的机会。

朋友圈做推广可以分三步走，即内容规划（打造“人设”）、广告投放和集赞裂变。

1）内容规划（打造“人设”）

个人号/企业微信的品牌账号，在朋友圈除了发布品牌活动信息，还可以通过以下方式打造“人设”：

（1）分享日常动态，以此强化品牌形象，加强用户的信任；

（2）精心规划内容，打造专属“人设”（如权威专家/时尚达人/精致人士/旅拍博主等），培养关键意见消费者（Key Opinion Consumer，KOC）。

（3）制定朋友圈操作流程，将每位好友标记不同的标签，实行精细化运营。某公众号朋友圈内容规划如图4-58所示。

每周朋友圈内容规划

周一	周二	周三	周四	周五	周六	周日
7:00～9:00（起床至上班路上）						
一周规划	思考	资讯	生活	趣闻	生活	段子
11:30～13:30（午休时间段）						
生活	观点链接	思考	干货	观点看法	趣味段子	资讯
18:00～20:00（下班至回家路上）						
趣闻	鸡汤	广告	观点看法	广告	社交展示	人格展示
21:00～23:00（躺在床上刷手机）						
干货	干货	干货	干货	干货	干货	周复盘

图4-58 某公众号朋友圈内容规划

（4）朋友圈的运营，是要和顾客通过朋友圈的形式建立一种更频繁的联系和互动关系。每一次互动，彼此的信任就会增强一分，这样才更有利于营销。

2）广告投放

朋友圈广告是以类似朋友的原创内容形式在用户朋友圈进行展示的原生广告，按点击付费，准入门槛低且适用范围广泛。

朋友圈广告作用非常全面，既可以推广品牌活动、我的门店、我的商品、我的应用、公众号、小游戏，也可以派发优惠券或收集销售线索。朋友圈广告的作用如图4-59所示。

图4-59　朋友圈广告的作用

阅读材料：朋友圈广告的投放操作流程

3）集赞裂变

集赞裂变是我们常见的裂变营销方式，是拉新的有效利器。鼓励用户分享海报/链接到朋友圈，用户可以通过集赞获取福利；而品牌/产品则可以获得曝光，通过用户的社交关系链进行裂变。

3. 微信群激活

微信群是用户流量沉淀和唤醒的主要场所。微信群营销主要有四种方式：社群福利、话题互动、上新/促销和激励拉新，如图4-60所示。

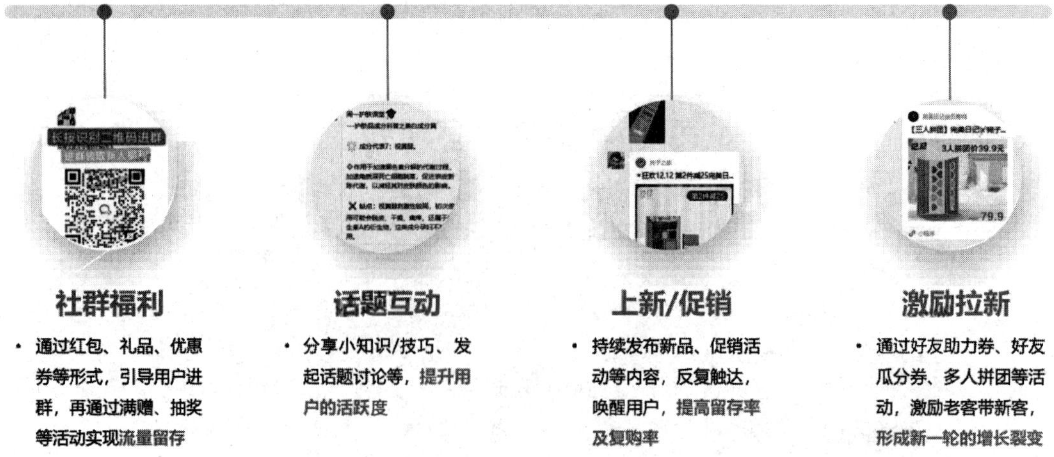

图4-60　微信群主要营销方式

我们可以从用户增长AARRR模型角度，总结微信群运营五步流程。

AARRR 是 Acquisition、Activation、Retention、Revenue、Referral 五个单词的首字母组合，分别对应用户生命周期中的五个执行步骤，如图 4-61 所示。

图 4-61　AARRR 模型

1）获取

凡是社群皆有目的，即一群人为同样的需求做一件事。例如，“课程学习群”是在大家一起学习，打卡同一个课程并互相促进的地方；“宝妈交流群”是一群宝妈讨论育儿婚姻问题，相互交流学习的地方；“销售快闪群”是对产品感兴趣的人在同一时间段交流购买产品或服务心得的地方；“公司群”是同一企业或单位的人讨论工作事宜的地方。

获取群成员（即涨粉），可通过资料包涨粉、微课涨粉和福利涨粉等方式进行，如图 4-62 所示。

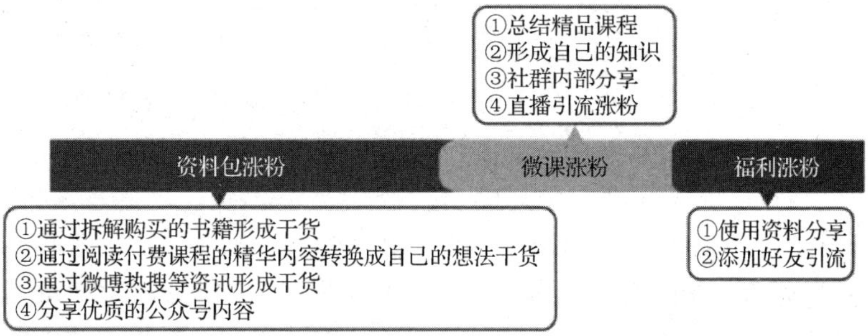

图 4-62　获取群成员（即涨粉）的方法

2）激活

可以通过欢迎仪式、任务驱动、群内引导、干货促活和重要通知等方式激活群用户，如图 4-63 所示。

图 4-63　群用户激活方式

3）留存

通过定期发布有价值的信息、设立话题/引导讨论、刺激活跃等方式，让用户产生黏性。并且随时根据用户反馈的意见优化社群。具体操作方式如下：

（1）发布早报，即早间分享。内容要与群目标一致，如学习的内容、交流的主题，以及群成员身份等。

（2）设立话题/引导讨论。话题可激发群成员的讨论欲望。关注热点，结合每日分享设置一个话题，再由群工作人员与群主配合带动氛围。

（3）刺激活跃。可以偶尔发红包激活成员，或者给活跃成员提供一定的奖励。

（4）产生黏性。黏性即吸引力，也就是群价值。要想使群产生吸引力，要么有KOL，要么内容有价值，日常维护时还要注意群成员之间的关系。

（5）用户反馈/优化社群。当社群运行一段时间后，可以在群内发起调查，或者一对一与用户沟通，了解情况并及时做出调整。

（6）找到用户的长期需求并提供相应的服务。例如，情感咨询、客户服务、资源对接、用户链接等，时刻记住群的价值所在。当一个群没有价值时，哪怕用户不离开，也是“死群”。

4）变现

通过客户服务，提高服务质量，得到的是提升品牌形象及复购率；通过粉丝服务，以增加粉丝黏性，方便引流变现。变现的操作流程如图4-64所示。

图4-64　变现的操作流程

5）推荐

如何实现用户的自发传播并引发用户自发推荐？裂变营销是一种非常不错的方法。

裂变的原意是分裂，就像细胞的分裂，一个变两个，两个变四个，能够成指数级的增长。

裂变营销以传统终端促销的加强为基础，整合了关系营销、数据库营销和会务营销等新型营销方式的方法和理念。这种裂变模式其实指的是终端市场的裂变，其核心内容是：市场开始不要全面摊开、急速发展，而要精耕细作，全力以赴进行单点突破。

裂变的核心要素包括种子用户的选择、福利激励的设计、裂变玩法的参与设计、分享渠道的选择、分享引导的设计、落地页路径等。只有将上述各个环节的核心要素都通盘考虑，并做好各个环节设计，才能保证裂变更好的落地。

裂变的分类如图4-65所示。

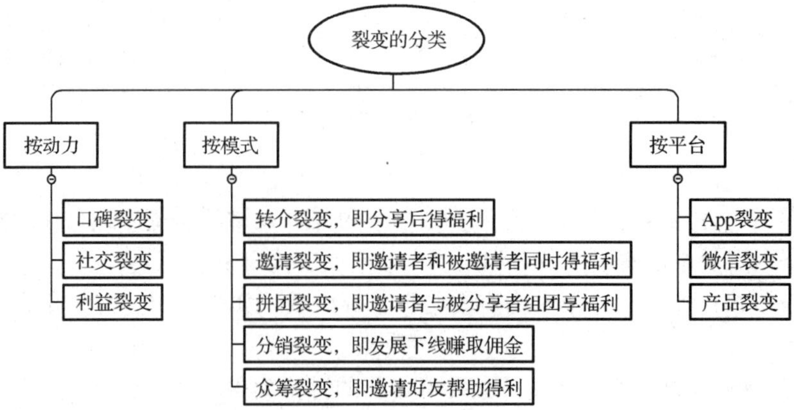

图4-65　裂变的分类

4.4.4　小程序运营——实现商业变现

【想一想】

2017 年 1 月正式上线的小程序，仅短短 4 年时间，就已经成为 4 亿人离不开的工具。你用过哪些小程序？小程序在哪些领域最常用？请进入小程序数据分析平台阿拉丁网站，找出当月榜单并进行分析。

____

____

1．小程序概述

1）小程序是什么

当我们讲小程序时，通常指的是微信小程序。但小程序不止微信有，百度、阿里都在开发小程序。根据阿拉丁研究院的《2020 年小程序互联网发展白皮书》，全网小程序数量已超过 600 万个，如图 4-66 所示。

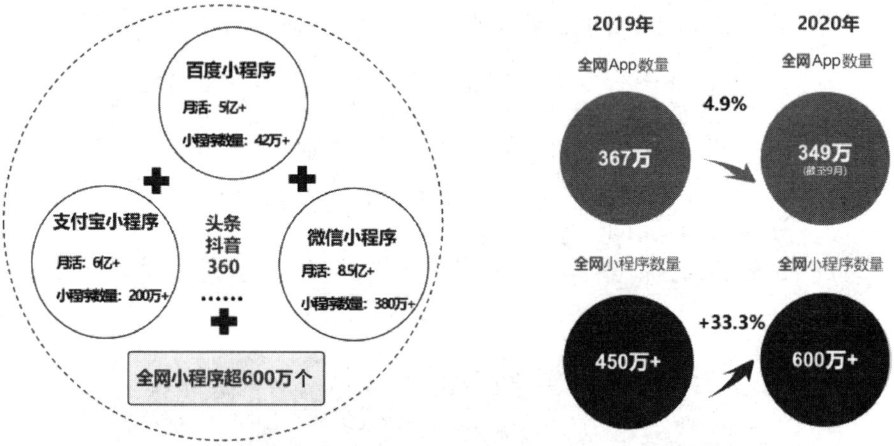

图 4-66　全网小程序数量

微信小程序是一种不需要下载安装即可使用的应用，它实现了应用“触手可及”的梦想，用户扫一扫或搜一搜即可打开应用。在微信生态里，微信小程序、微信订阅号、微信服务号、微信企业号是并行的体系。企业、政府、媒体、其他组织或个人开发者，均可申请注册。

2）小程序的应用领域

阿拉丁研究院统计的小程序榜单前 30 名榜单如图 4-67 所示。前五名是拼多多、京喜、滴滴出行、同程旅行订酒店机票和美团外卖，涉及网络购物、生活服务、旅游、外卖等领域。

目前，小程序主要应用领域包括网络购物、生活服务、游戏、政务、内容资讯、视频、工具、社区团购、线下零售、餐饮、旅游、教育、图片摄影、社交等多个领域，如图 4-68 所示。小程序的类型、场景分类及涵盖行业如图 4-69 所示。

排名	小程序名称	分类	排名	小程序名称	分类	排名	小程序名称	分类
1	拼多多	网络购物	11	顺丰速运+	生活服务	21	班级小管家	教育
2	京喜	网络购物	12	欢乐斗地主	游戏	22	山东电子健康通行...	政务公益
3	滴滴出行	生活服务	13	京东赚赚 免费领...	网络购物	23	小红书	网络购物
4	同程旅行订酒店机...	旅游	14	乘车码	生活服务	24	猫眼电影演出|电...	生活服务
5	美团外卖	餐饮	15	兴盛优选	网络购物	25	云货优选	网络购物
6	快手短视频	视频	16	微博	内容资讯	26	通信行程卡	工具
7	京东购物	网络购物	17	小年糕+	视频	27	饿了么外卖服务	餐饮
8	青桔骑行	生活服务	18	多多买菜	网络购物	28	唯品会	网络购物
9	美团团购丨优选外...	生活服务	19	成语小秀才	游戏	29	票圈vlog—原...	视频
10	花小猪打车	生活服务	20	金山文档	工具	30	大众点评美食电影...	生活服务

图 4-67　阿拉丁研究院统计的小程序前 30 名榜单

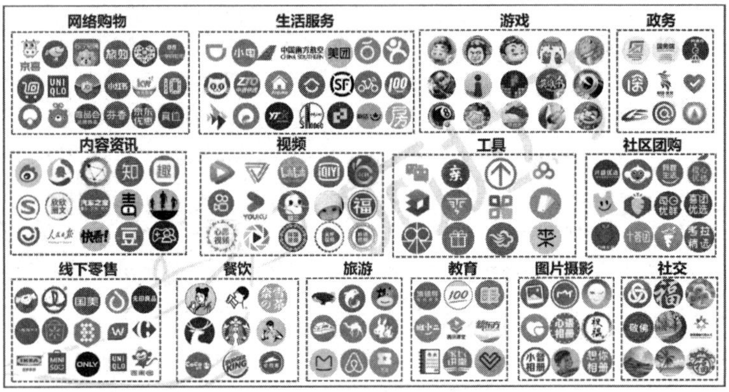

图 4-68　小程序主要应用领域

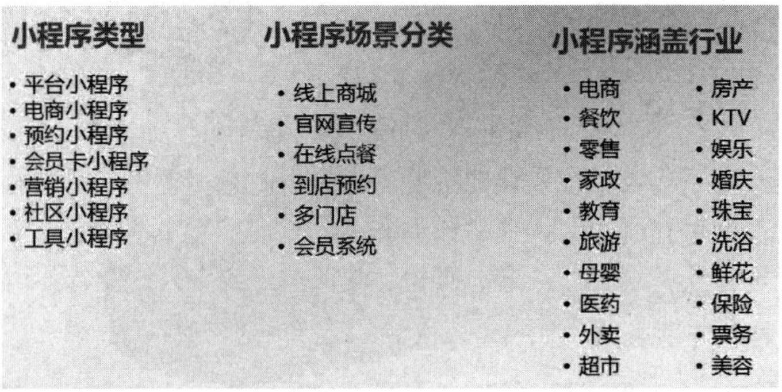

图 4-69　小程序的类型、场景分类及涵盖行业

3）小程序的作用

（1）小程序是连接碎片场景的最优解决方案。如何将线下零售店一次性消费的客户资源转移至线上，与社群、公众号、直播无缝打通，提升复购率，小程序是低成本、高效率的解决方案。小程序成为传统零售品牌商互联网化的重要基础设计。小程序连接消费场景碎片化示意图如图 4-70 所示。

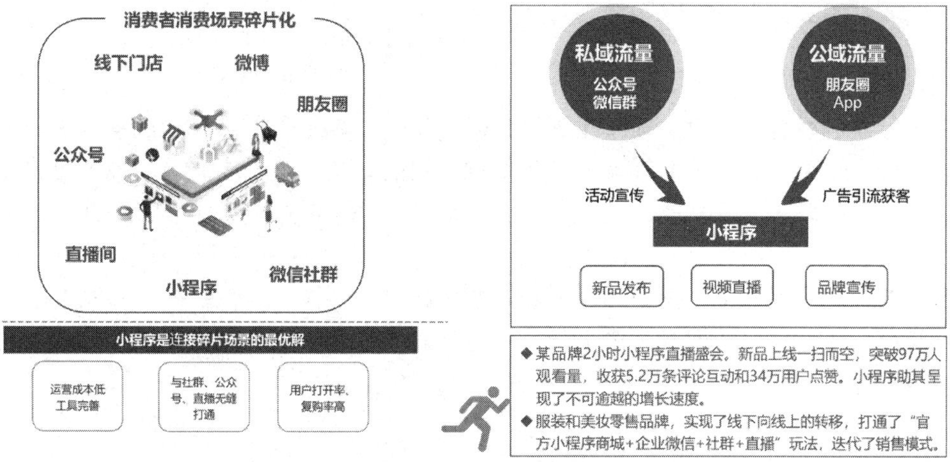

图 4-70　小程序连接消费场景碎片化示意图

（2）小程序是构建私域流量池的重要抓手。通过线下扫码、公众号、朋友圈、微信好友、直播、社群等获取的用户，沉淀在小程序里，实现拉新、转化和复购。小程序的“用户沉淀+数据沉淀”模式如图 4-71 所示

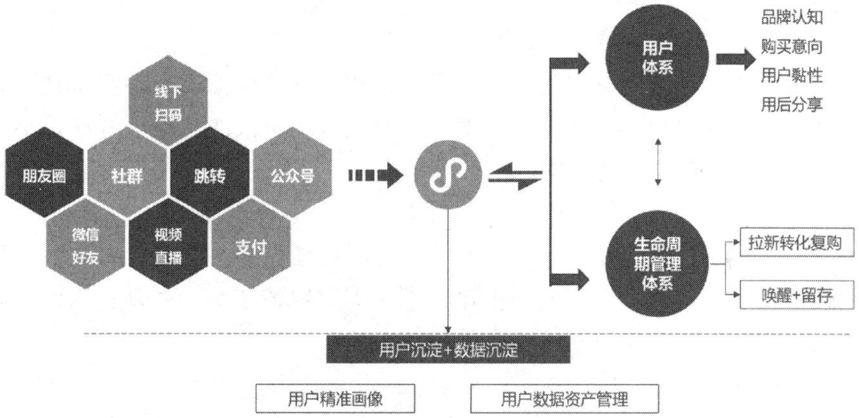

图 4-71　小程序的“用户沉淀+数据沉淀”模式

（3）小程序实现商业变现。随着微信视频号功能的逐渐完善，小程序借势打造了短路径的商业变现。小程序的商业变现模式如图 4-72 所示。

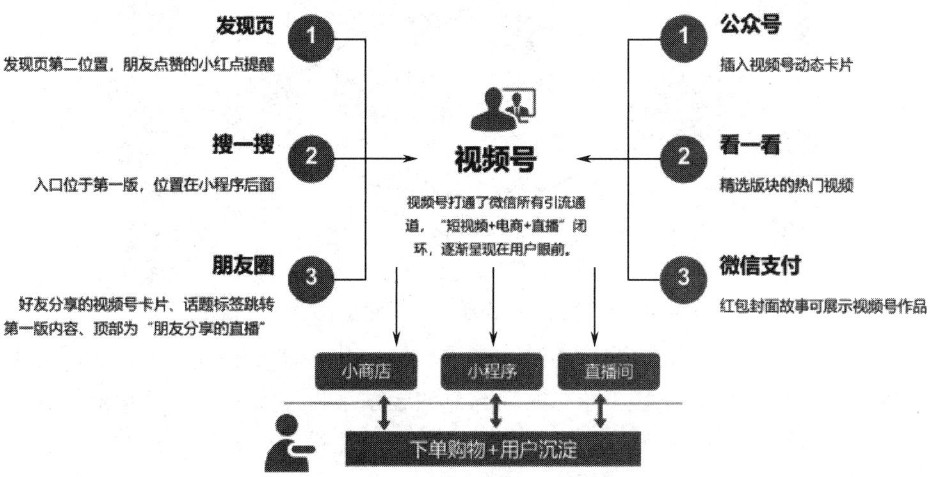

图 4-72　小程序的商业变现模式

2. 搭建小程序

1）自助搭建微信小程序

对于开发者而言，微信小程序开发门槛相对较低，难度不及 App，能够满足简单的基础应用，适合生活服务类线下商铺及非刚需低频应用的转换。小程序能够实现消息通知、线下扫码、公众号关联等七大功能。其中，通过公众号关联，用户可以实现在公众号与小程序之间相互跳转。

全面开放申请后，主体类型为个人、企业、政府、媒体、其他组织的开发者，均可申请注册小程序。小程序、订阅号、服务号、企业号是并行的体系。微信小程序的开放注册范围如 4-73 所示。

图 4-73　微信小程序的开放注册范围

注册微信小程序是不需要支付费用的，但如果想要开通微信支付功能，则要对微信小程序进行微信认证，并支付一定的费用（注意：注册主体为个人的微信小程序是不支持微信认证的，同时也不能开通微信支付功能）。

像网站建设一样，微信小程序也存在域名和备案问题。分以下两种情况：

如果是企业自己创建微信小程序服务器，一定要申请域名，并且要做域名备案；如果微信小程序使用的是第三方开发公司的服务器，则不需要申请域名，可以直接使用，但如果想要发布或使用高级功能，就要进行域名注册和备案。

自助搭建小程序的流程：申请账号；安装开发工具；开发小程序；提交审核和发布。

2）利用凡科工具搭建小程序

在凡科轻站小程序平台，搭建小程序分六步进行，如图 4-74 所示。

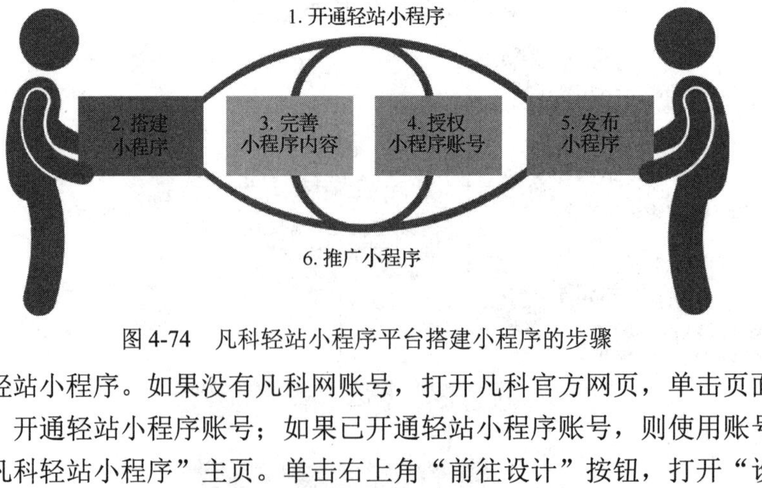

图 4-74　凡科轻站小程序平台搭建小程序的步骤

（1）开通轻站小程序。如果没有凡科网账号，打开凡科官方网页，单击页面右上角“免费注册”按钮，开通轻站小程序账号；如果已开通轻站小程序账号，则使用账号和密码进行登录，打开“凡科轻站小程序”主页。单击右上角“前往设计”按钮，打开“设计小程序”页面，如图 4-75 所示，开始小程序设计。

图 4-75 “设计小程序”页面

（2）搭建小程序。凡科轻站小程序平台提供大量精美模板，覆盖多种行业，通过单击“更换模板”按钮，可以一键复制现成的模板搭建小程序。

（3）完善小程序内容。通过模板搭建了小程序的框架后，还可以自行添加多种模块，完善小程序内容。

高清图

- 多图文模块：在有限的空间里可以展示多张图片，如企业、门店环境介绍等。
- 文章列表模块：可用于展示企业动态、案例成果等。
- 服务列表模块：企业可在小程序中添加服务，提供给客户预约。
- 名片列表模块：可用于展示企业人员的联系方式，方便客户与企业取得联系。
- 视频模块：可用于企业介绍、案例展示等场景。
- 表单模块：可用于客户反馈、问卷调查、服务预约等场景。
- 地图模块：可用于展示企业所在位置，便于客户到店联系。
- 留言板模块：可用于客户反馈，增强企业与客户间的互动。
- 营销模块：可用于快速获得客户联系方式、激活客户、裂变营销等。
- 专栏模块：可用于吸引有效潜在客户、为客户提供系统性学习体验。
- 知识付费模块：可帮助用户实现内容的商业价值，满足在线自媒体、教育培训机构、健身医疗机构、知识生产者、咨询者、各领域专业人士等行业及个人的内容变现需求。
- 在线答题模块：可用于企业培训、评测考核、知识竞赛、模拟考试等场景。
- 计算报价模块：可用于装修报价、建材报价、房贷计算等场景。

除此之外，更有魔方导航、搜索、标签等多种模块，企业可按需求进行添加。

（4）授权小程序账号。凡科轻站小程序支持同时发布微信小程序和百度小程序。发布前，需要将对应的小程序账号授权给凡科轻站。

（5）发布小程序。操作完成以上步骤后，小程序就基本搭建完成了，可以在“设计小程序”页面顶部，单击“审核发布”按钮，将小程序发布至线上，发布成功后其他人即可访问小程序。

（6）推广小程序。小程序成功发布后，如何推广、传播、获取流量是关键。微信小程序可通过智能名片、商机雷达、公众号跳转、微信搜索、小程序分享、附近的小程序等方式推广。

3．运营小程序

1）找流量，拉新获客

（1）门店导流。通过用户在小程序商城下单时主动选择服务门店，将线上流量导流至门店，构建门店与用户更直接、更紧密的连接关系，拉动实体门店的业绩增长。

（2）预约到店。商家后台设置预约活动，用户线上登记报名，预约时间到门店，即可线下到店体验或消费。在提高消费者体验的同时，带动店铺营收的提升。

（3）拼团。拼团指必须邀请指定数量好友一起购买，才可享受优惠或福利的一种营销玩法，是常见的社交电商玩法之一。因此，拼团跟小程序的结合将会把拼团拉新的价值进一步放大。

（4）砍价。小程序砍价指通过分享，邀请好友帮忙砍价，即可享受优惠的玩法。通过利益刺激用户分享传播，而对于被分享的好友而言，这是一种低成本的举手之劳。

（5）荐客有礼。荐客有礼活动是指当粉丝推荐会员或小程序访客达到一定数量时，即可获得积分、余额、优惠券等奖励。通过老顾客推荐拉新的奖励条件可分为最高层奖励、阶梯奖励和单条件奖励。

（6）任务卡。任务卡允许商户自定义发布任务，用户上传截图，商户审核通过后系统发放奖励，支持多种奖品类型（实物、优惠券、积分、余额），适用于朋友圈集赞、到店打卡、晒单有礼等多种营销场景。

（7）小程序+广告。无论是小程序广告、公众号文中广告、公众号底部广告或是朋友圈广告，都能够帮助商家通过社交传播触达微信活跃用户，达到快速获取潜在客户的目的。

2）激活用户，促进转化

（1）开屏推广。开屏推广是一款定向曝光推广的工具，当特定人群进入商城特定页面后，可以第一时间看到弹窗广告内容（图片或优惠券），适合商户进行新品上市/会员活动/促销季等信息推广活动。

（2）知识付费。知识付费功能支持商户将图文、音频、视频以知识商品和专栏的形式放于店内出售，实现内容变现。

（3）买家秀。买家秀是一款店铺内容营销工具，支持用户在店铺下单后发布图文，商户审核通过后展示到店铺买家秀社区，以用户真实购物体验带动商品销售。例如，服饰类商户使用买家秀后，买家可将自己的实拍图上传至买家秀社区，商户挑选优质的内容展示在买家秀社区，并将买家秀社区放在首页。通过买家秀中关联的商品，跳转到店铺进行购买。

（4）专题文章。商户可以通过创建优质内容、管理专题文章，刺激用户购买欲望，提升转化率，提高店铺流量与销量。

（5）直播。小程序直播更适合随时随地浏览购买的场景。商户可以通过手机跟粉丝直播互动，让商户更亲民地进行品牌宣传、产品售卖、客户关系维护，为商户打开视频营销的流量入口。

（6）导购。以会员招募、导购分成、导购管理、智能客服、大数据分析等为亮点，充分激发导购的积极性，实现业绩的快速增长。

（7）优惠券/特权价。优惠券又可分为代金券、折扣券、兑换券等不同形式，通过优惠券的刺激提升店铺的销量和转化。商户可通过此活动投放某一个优惠商品或某一些优惠商品组合，并将特价商品链接分享至某一类人群，如社群、门店客流等，粉丝只能通过二维码或商家链接才能访问和购买特价商品。

（8）周期购。周期购可以为商户提供“买家一次付款，商家多次发货”的服务。商铺既可以灵活制定配送周期、时间及配送方式，还可以线上统一管理订单、客户、周期性发货，达到提高销量、快速回笼货款的效果。

（9）*N* 元 *N* 件。多件商品灵活搭配销售，帮助商户提高店铺销量。

（10）限量抢购/限时折扣。限量抢购可以刺激消费，让商家销量快速上涨，可以营造紧张氛围，促进用户消费，提高当天的营收；通过设定高优惠的限时折扣活动吸引粉丝进行快速转化，实现新品推广，达到清理库存等目的。

3）裂变营销，引爆客流增长

（1）好物圈。好物圈被誉为“微信生态中的小红书”，旨在通过用户点赞、推荐、好评等帮助商家获取新流量。用户可以直接将“好物”分享给好友、微信群，实现圈内“好物”在圈外的裂变传播。

（2）社区团购。商家在小区或便利店招募团长，团长在群里推广团购产品，用户通过小程序下单，在裂变用户的同时拉动了商品的销量。社区团购特点：利用熟人关系降低商家获客成本；预售模式降低了损耗；消费者可选择物流配送和社区门店自提，在提高用户体验的同时减少配送成本；运营模式轻，易于规模化复制。

（3）分销。分销是一款店铺利用客户推广带来流量与销量的营销工具。商户可吸引用户注册，利用现金、积分、储值余额的奖励方式刺激粉丝进行推广，提高店铺转化率。分销在快速裂变获客的同时，其佣金模式还可激励用户传播动力的持久性。

（4）礼品卡。用户在微商城购买礼品卡后，既可以将礼品卡赠送给微信好友，也可以自己兑换使用，主要适用于美妆、珠宝、服饰、箱包、玩具、母婴、数码产品等。

4）精细化运营，留存用户

（1）签到有礼。签到功能的核心规则在于连续签到时间越长，可获取的收益越大，中途中断签到，则连续天数归零并重新计算，从而实现用户与商家的持续互动。签到有礼在提升客户活跃度的同时，也提升了消费复购率。

（2）会员卡。会员卡功能包括会员卡创建体系、开卡方式、动态会员成长值和会员权益等，旨在帮助商家寻找优质用户，固化会员消费群体，提高店铺复购率。会员消费升级机制，鼓励粉丝通过享受会员特权不断消费，达到提升复购率的目的。

（3）积分商城。积分商城是一款会员使用账户积分兑换商品的营销工具，店铺通过设置具有吸引力的积分商品提高用户活跃度与忠诚度。积分商城能够提高小程序的日活跃用户数，促进用户二次消费；提高特权感，增加会员粉丝黏性，提升会员复购率。

阅读材料：小程序运营玩法 24 招

4.4.5 企业微信运营——提供高效服务

【想一想】

当你通过微信公众号及微信个人号，积累了几百甚至上千个用户时，该如何对手上的用户资源进行批量管理，提供高效服务呢？

1．企业微信认知

企业微信可以直接链接11亿微信用户，可以直接添加用户的个人微信，实现用户管理和营销功能。开通企业微信，等于拥有了一个强有力的协同办公软件+用户管理工具。截至2020年12月23日，使用企业微信的真实企业数突破550万家；活跃用户数突破1.3亿人；触达微信用户4亿人；80%以上的500强企业都已开始布局企业微信。企业微信的功能如图4-76所示。

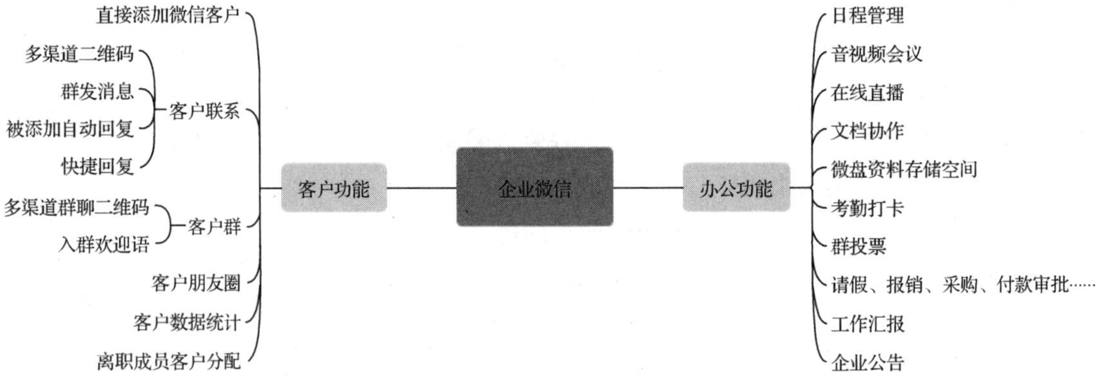

图4-76 企业微信的功能

与个人微信相比，企业微信在好友上限数、添加后自动回复、群发、建群等方面，有着个人微信无法比拟的优势。个人微信与企业微信的功能对比如图4-77所示。

功能对比	个人微信	企业微信
好友上限数	5 005	无上限
添加好友	有上限，容易封号	加人不封号
添加后自动回复	容易封号	官方自带功能
群发	200人/次，不限次数	1天/次，不限次数
朋友圈	防止折叠	可统一内容分配发送
建群	500人，封号风险	100人，同时支持企业个人微信
用户流量	员工离职容易带走	直通客户，可以重新分配客户
数据分析	人工统计分析	自动数据分析
注册数量	一个身份证可注册5个账号	一个企业主体可申请5个企业微信账号
核心场景	社交产品	营销服务必备
好友共享	不可共享	可共享客户

图4-77 个人微信与企业微信的功能对比

2．企业微信的用户服务功能

企业微信的用户服务功能，主要体现在企业认证、统一管理、高效营销、企业资产管理四个方面：

- 企业认证。在添加用户过程中，增加账号的权威性和信任感。
- 统一管理。无论是内部员工，还是外部用户，企业管理员都可以在企业微信后台进行统一管理，设置员工的管理权限。
- 高效营销。企业微信提供快捷回复和入群欢迎语，提高企业员工的服务效率。
- 企业资产管理。员工离职时，员工管理的用户可以由管理员分配给其他员工，避免企业微信资源用户随员工一起流失。

企业微信的“客户联系”界面如图 4-78 所示。

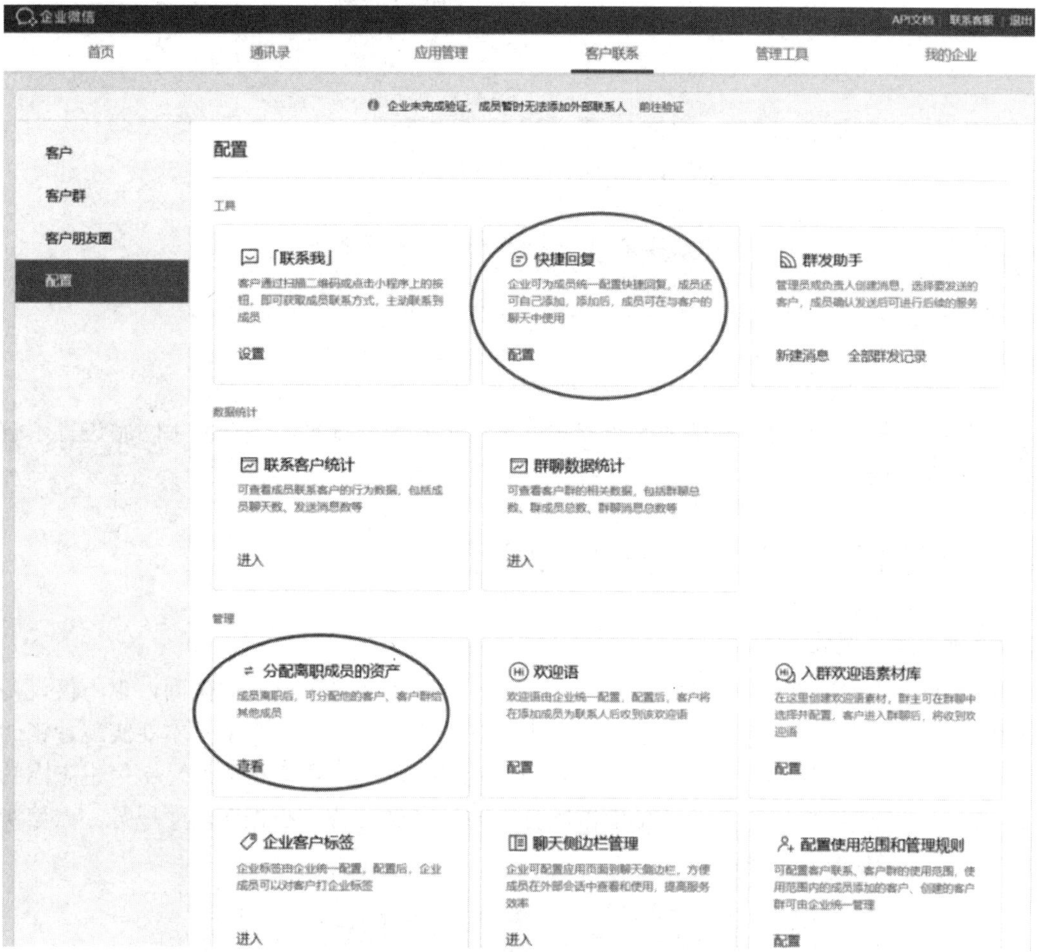

图 4-78　企业微信的“客户联系”界面

3．企业微信管家

现在企业微信已经具备活码、欢迎语、群自动回复、群发、直播、对外收款等近 20 种功能，我们可以借助企业微信自带的这些功能完成引流获客、服务沟通、转化下单这一闭环。

在实际的用户运营过程中，我们的一线导购、客服、运营和销售人员还会遇到一些用企业微信不能解决的问题，如导购怎样引导用户添加账号效果会比较好、客服怎样提升沟通效率、运营怎样高效运营社群、销售怎样跟进用户转化率等，这时往往需要利用企业微信服务商（微信管家）、微伴助手等工具来解决，如完美日记就是采用“微信管家”来管理的。

微伴助手具有的微信营销功能如图 4-79 所示。

客户引流	渠道活码、批量加好友、区域扫码、抽奖转盘、一客一码
客户管理	客户画像、自动打标签、批量打标签、客户评分、客户订单同步管理
客户意向追踪	互动雷达、自定义表单、直播统计
客户触达	个人SOP、群SOP、群日历、历史朋友圈
聊天效率	话术库、企业话术、团队话术、个人话术、话术共享、企业微信素材库、雷达资料、商品链接、红包模板
客户群运营	标签建群、区域扫码拉群、自动拉群、一键拉群、群红包、群打卡、群活跃排行
客户跟进转化	客户阶段管理、客户公海、客户线索跟进、待办事项提醒、跟进模板记录
企业资产管理	消息存档、违规提醒、删人提醒、流失提醒、在职继承、离职继承
数据互通	API数据互通、淘宝数据互通、有赞数据互通、小鹅通数据互通

图 4-79　微伴助手具有的微信营销功能

关于如何使用微伴助手，详细操作方法可进入企业微信管家、微伴助手网站进行了解，可以先申请免费试用。

4.4.6　微信矩阵运营——整合营销资源

1. 微信矩阵概述

我们讲微信营销，不仅仅是做微信公众号，不仅仅是通过个人号做微商，也不仅仅是通过小程序卖货。对于企业来说，微信是一个生态圈，我们可以在微信上基本能实现营销的所有功能：产品宣传、活动推广、用户互动和销售变现。例如，我们可以通过微信生态圈的公众号做内容、朋友圈做推广、企业微信做服务、微信群做运营、小程序做变现等。微信实现营销功能的方法如图 4-80 所示。

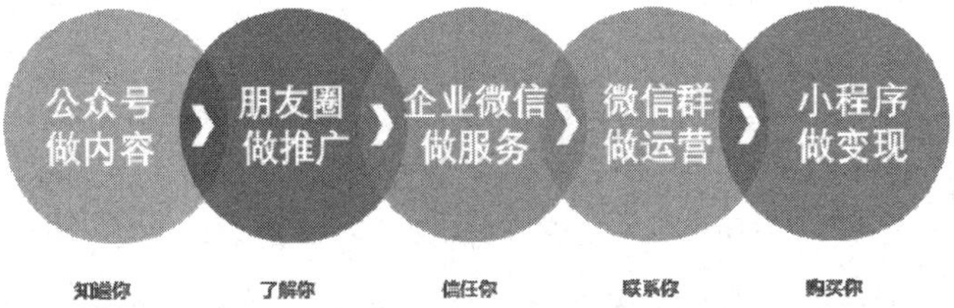

图 4-80　微信实现营销功能的方法

微信矩阵，顾名思义是一些微信的集合，多数是一个特定类型的同级兄弟微信公众号的集合，当然也有上级、下级微信公众号的集合。企业可以设立多个不同类型的微信矩阵，从而可以覆盖更多内容，面向更多用户。例如，公众号“丁香医生”的微信矩阵包括四个特定人群公众号、五个疾病相关公众号、三个泛健康相关公众号、两个公益类公众号，如图 4-81 所示。

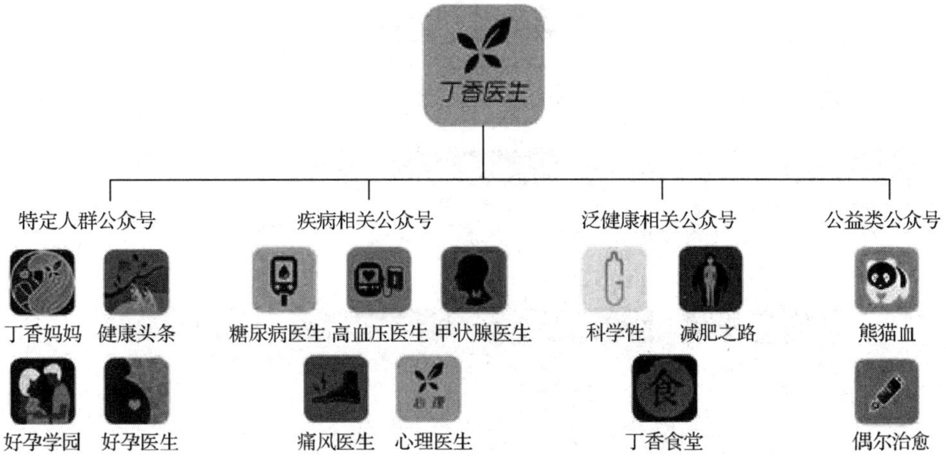

图 4-81　公众号“丁香医生”的微信矩阵

不同公众号发挥的作用不同。微信矩阵的主要作用如下：

- 发布品牌资讯、行业知识等优质品牌内容，打造用户专属信息平台，展示品牌理念及价值观；
- 通过留言互动、福利投资、派发优惠券等手段，提升用户黏性；
- 嵌入小程序卡片、视频号等，打通生态渠道，构建消息链路。

2. 社交电商的微信矩阵

亿欧智库在《2019 中国社交电商生态解读研究报告》中，将中国电商行业分为了综合电商、跨境电商、社交电商、垂直电商、生鲜电商共五类。

社交电商是与传统平台型货架电商相对应，基于社交媒介功能，建立在社交关系基础上，通过社交活动、内容分享等方式低成本获取流量，最终实现商业变现的创新型电商模式。

社交电商依托的社交媒体，指的是微信、QQ、今日头条、快手、抖音、平台 App 等。

社交电商源起于 2009 年的美丽说，发展于 2010 年微商。在经历了萌芽期、探索期后，模式相对清晰成熟，开始进入成熟期，并已出现了多家上市公司，如有赞、拼多多、蘑菇街、微盟、云集等。社交电商的发展历程如图 4-82 所示。

图 4-82　社交电商的发展历程

按照社交对电商影响的主要环节，社交电商可以分为拼购型（主要影响分享传播）、分销型（主要影响销售模式）、内容分享型（主要影响购买决策）、社区团购型（主要影响需求获取）四种社交电商模式，如图 4-83 所示。

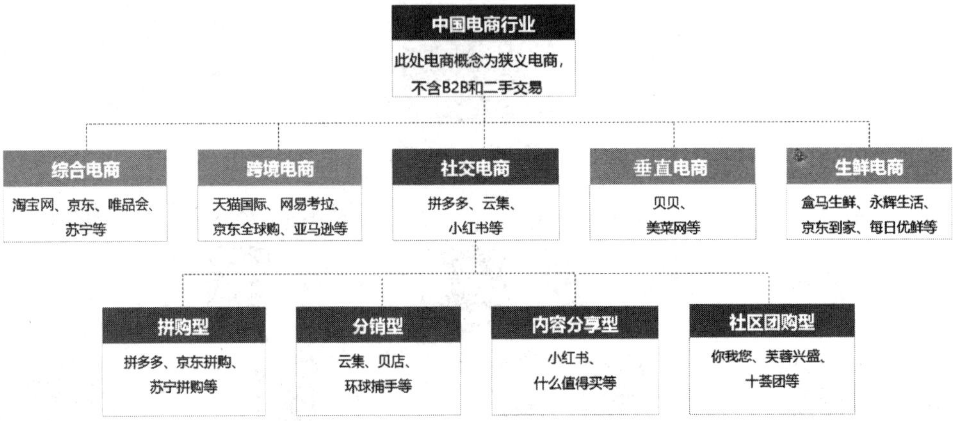

图 4-83 中国电商行业的分类

拼购型（如拼多多）、分销型（如云集）、社区团购型（如你我您），基本在微信生态圈内完成销售闭环。

1）拼购型社交电商的微信矩阵运营

拼购型社交电商典型的代表是拼多多。截至2020年底，拼多多平台已汇聚7.313亿年度活跃买家和510万家活跃商户，平台年交易额达人民币14 576亿元。

拼多多称“自己是C2B模式的社交电商平台”：

- 一方面，将“电商”与“社交”进行深度融合，用户通过参与或发起和家人、朋友等的拼团，用优惠的价格购买商品；
- 另一方面，平台通过迅速聚合的大量需求，反向推动上游供给侧的生产流通。在拼多多构建的拼团世界里，社交分享是其核心。

当一个用户选择了一款商品后，可以向好友用微信发送拼单邀请，拼单成功后主动发起者能以低价购买商品，被动参与到拼单的人增加了非目的性购物的机会。在这种模式下，拼多多借助微信海量活跃用户和低价爆款产品的吸引，实现了快速传播与裂变。

拼多多通过铺天盖地的线上线下广告及微信群实现拉新；通过“拼、送、比、帮、砍、返、换”等裂变活动，引发消费者在各自微信群的自发传播；通过小程序或App实现商品销售。拼多多的涨粉裂变活动如图4-84所示。

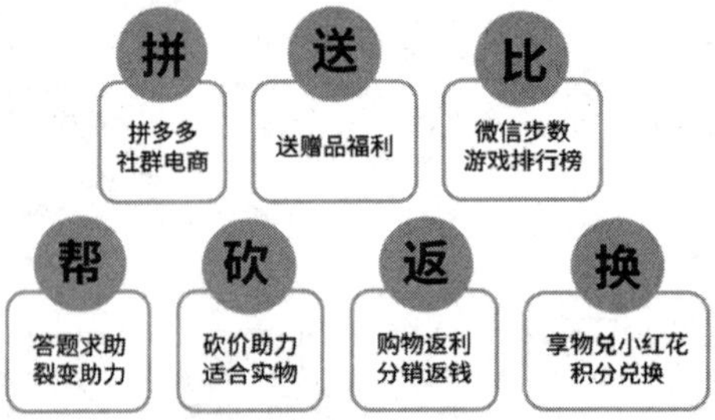

图 4-84 拼多多的涨粉裂变活动

拼多多的用户增长模型如图4-85所示。

2）分销型社交电商（微商）的微信矩阵运营

分销型社交电商（微商）的微信矩阵运营模式非常简单，就是“个人号+微信群”：

- 个人号做推广——利用原有的社交关系、每日在朋友圈发布商品信息；
- 微信群做运营——组建社群，发布信息，实现交易。

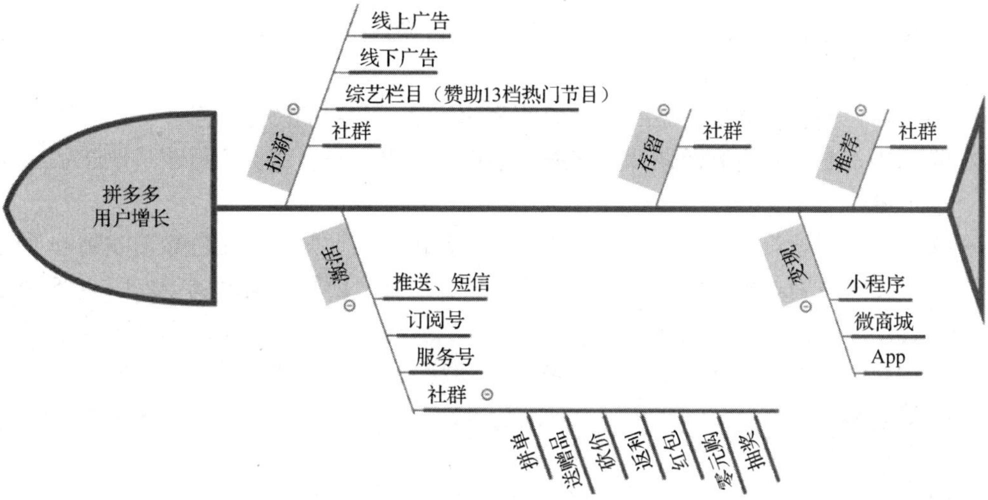

图 4-85　拼多多的用户增长模型

微商用户增长鱼骨图模型如图 4-86 所示。

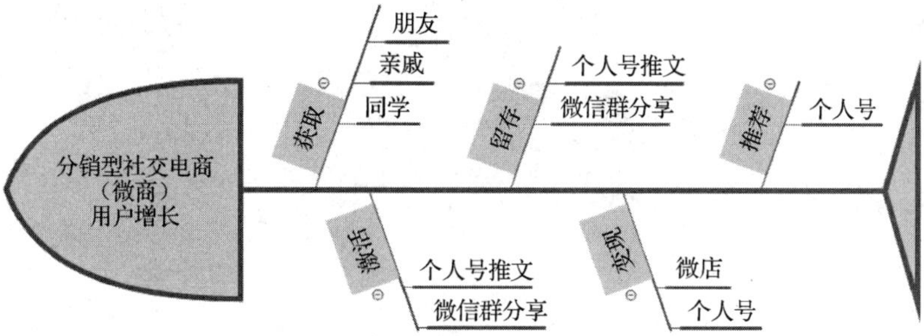

图 4-86　微商用户增长鱼骨图模型

3）社区团购型社交电商的微信矩阵运营

社区团购型社交电商是以生鲜等高频消费品类切入，在社交的基础上，依靠社区和团长资源实现商品流通的新零售模式，其本质是线下交易通过微信或小程序转到线上快速获取流量的过程。

社区团购是围绕团长进行的“人、货、场”的重构。社区团购平台雇用团长，部分为全职员工，并为团长提供商品、物流、系统、运营、品牌、售后等全方位支持。团长基于社区邻里关系，维护社区居民用户，负责建群运营、推荐产品、售后服务。社区团购的流程如图 4-87 所示。

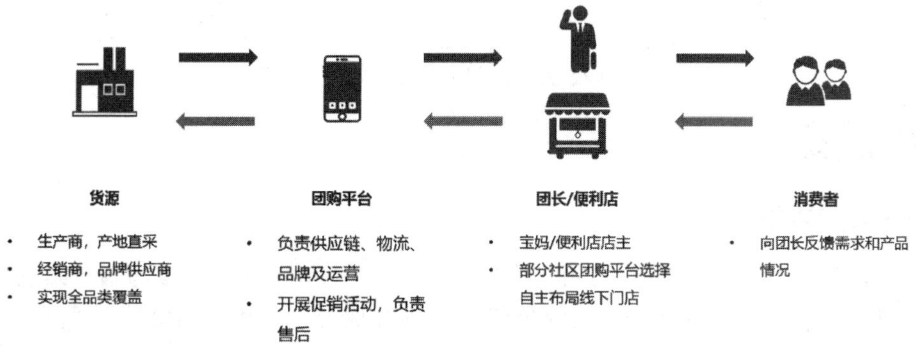

图 4-87　社区团购的流程

社区团购型社交电商的微信矩阵运营模式，主要就是“个人号+微信群+小程序”。其流程非常简单：

- 第一步，团长在微信群发布第二天的团购信息，业主们浏览信息；
- 第二步，业主点击商品图片直接进入小程序下单，或者浏览小程序其他产品，统一自助下单；
- 第三步，团长第二天中午收到公司货品，发出取货通知。业主的微信收到取货通知，在方便时，到本栋楼团长家自助提货。你我您社区团购的运营场景如图 4-88 所示。

1．团长建立微信群发布团购信息　2．业主点击链接进入小程序自助下单　3．业主的微信收到到货信息

图 4-88　你我您社区团购的运营场景

社区团购型社交电商的用户增长鱼骨图模型如图 4-89 所示。

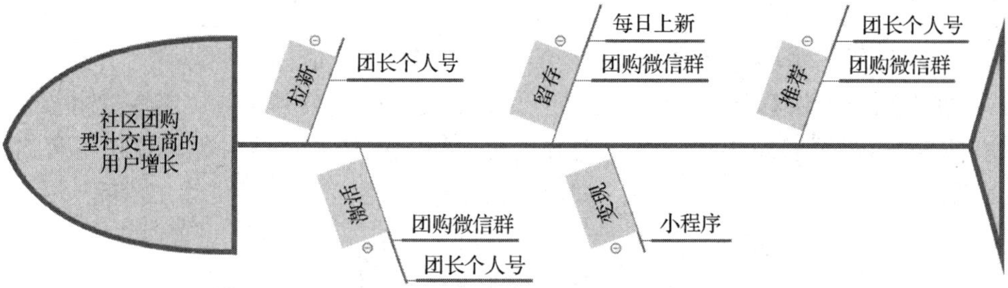

图 4-89　社区团购用户增长鱼骨图模型

任务实训

一、综合能力训练

1. 通过自主学习并回答什么是用户增长？什么是 AARRR 模型？参考增长黑盒梳理的用户增长思维图，如图 4-90 所示，结合你的理解，画出企业用户增长的鱼骨头模型。

图4-90　用户增长思维图

（1）用户增长概念：________________________________

（2）AARRR 模型指的是：________________________________

（3）企业用户增长的方式方法（鱼骨图思维导图，截图提交）。

2．扫描二维码并阅读“微信生态下的营销洞察报告”一文，画出完美日记用户增长鱼骨图思维导图。

阅读材料：微信生态下的营销洞察报告

3．依托但不限于微信生态圈，为你们学校某社团策划一场用户增长活动。

（1）社团获取方法：________________________________

（2）社团成员激活方法：________________________________

（3）社团成员留存方法：________________________________

（4）社团成员变现方法：________________________________

（5）鼓励社团成员推荐方法：________________________________

（6）社团用户增长活动思维导图（鱼骨图思维导图，截图提交）。

二、创新创业项目训练

协助企业，在凡科网上为企业开通小程序并运营。

任务 4.5　运营抖音蓝 V 号

工作任务单及参考流程图

<table>
<tr><td>工作任务</td><td colspan="2">运营抖音蓝 V 号</td><td>教学模式</td><td>任务驱动</td></tr>
<tr><td>建议课时</td><td colspan="2">4 课时</td><td>教学地点</td><td>一体化实训室</td></tr>
<tr><td>任务描述</td><td colspan="4">贾师兄刚刚毕业，应聘到零食企业三只松鼠的新媒体部，和其他三位同事共同负责开发抖音平台，并进行宣传推广与销售。贾师兄及其团队该不该开通抖音蓝 V 号？如何开通，需要准备哪些资料？开通后又该如何运营好抖音蓝 V 号，才能提升三只松鼠的品牌影响力？如何很好地进行直播营销？</td></tr>
<tr><td rowspan="4">学习目标</td><td>知识目标</td><td colspan="3">✓ 了解抖音推荐算法原理；
✓ 了解抖音养号的意义及步骤；
✓ 了解抖音账号的定位；
✓ 掌握抖音内容运营知识。</td></tr>
<tr><td>能力目标</td><td colspan="3">➢ 能够按步骤开通运营企业的抖音蓝 V 号；
➢ 能够按视频制作步骤拍摄视频；
➢ 能够按规定正确发布视频；
➢ 能够利用视频与直播涨粉引流变现。</td></tr>
<tr><td>素质目标</td><td colspan="3">✧ 树立创新意识、创新精神；
✧ 能够不断学习各种短视频平台运营的新知识。</td></tr>
<tr><td>思政目标</td><td colspan="3">◆ 具备“没有调查就没有发言权”的工作理念；
◆ 具备实事求是的价值观和求真务实的工作态度。</td></tr>
<tr><td>KPI 指标</td><td colspan="4">制作数量、播放量、粉丝数、点赞数、意见用户（评价数、私信数）。</td></tr>
<tr><td colspan="5">开通运营抖音蓝 V 号流程图</td></tr>
<tr><td colspan="5">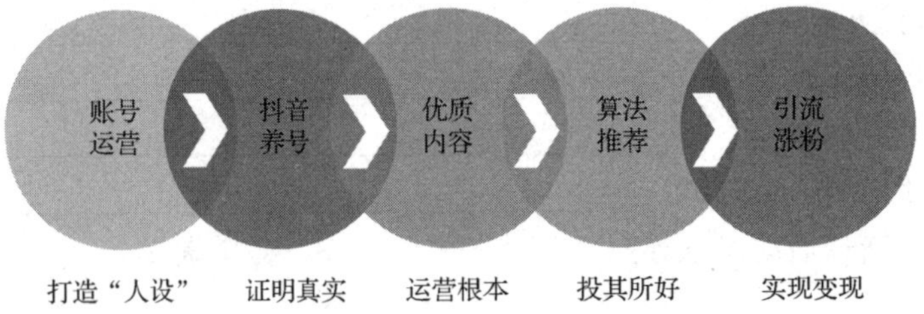</td></tr>
</table>

任务实施

4.5.1　账号运营——打造“人设”

1．账号注册

与其他平台一样，登录抖音首先要注册一个抖音账号，然后绑定手机号。请注意手机号的选取，这是抖音企业号注册、认证的必要条件，后期很难更改，须慎重选择。账号注册成功后就是抖音企业号认证的过程，根据相关规定填写或提交认证资料，通过审核后即可完成抖音企业号的注册及认证，具体步骤见后面企业蓝 V 号认证相关内容。

2. 账号设置

【想一想】

三只松鼠是一家零售企业，力图通过“风味”、“鲜味”和“趣味”构建独特的“松鼠味”，这样的企业号如何打造“人设”呢？

____

____

1）账号昵称

账号昵称一定要简单，符合起名字的三要素：好记忆、好理解、好传播，要让别人一眼就能看懂你是干什么的号，这样才会更容易被关注，如销售高手、护肤小妙招、星座大师等。

2）账号头像

如何设置账号头像？如果不是打造个人品牌或有很强的个性内容，建议用文字作为头像。这样更加直观、一目了然，用户看了之后不用费脑筋去理解。毕竟玩抖音的一般都是刷来刷去，浏览你视频的人可能只停留几秒钟。如果一看到你账号的名字非常显眼，又是自己感兴趣的内容，自然就会点击关注，否则就可能会一闪而过，这样关注率就会大大降低。

3）个性签名

个性签名栏实质是昵称的延伸，可根据品牌定位，突出 2～3 个特点。一两句话就好，不用太长，太长了不方便记忆。最好能够简单明了、一针见血，告诉粉丝这个抖音账号是干什么的。个性签名中不要有生僻字，不方便用户搜索。例如，华为终端的个性签名“华为最新产品，这里都有↓”，小米手机的个性签名“我就是一面科技，一面艺术的小米官抖~”，OPPO 的个性签名“买手机，选它就对了↓”，如图 4-91 所示。

图 4-91　个性签名示例

3. 账号定位

定位之父杰克・特劳特说：“所谓定位，就是令你的企业和产品与众不同，形成核心竞争力。对受众而言，即鲜明地建立品牌。”对于抖音来说，定位就是要在粉丝的心中，打造一套有别于其他账号的概念和认知。

例如，一谈到口红，我们可能就会立刻想到“口红一哥”李佳琦，就会关注他的抖音账号；很多辣妈想减肥，想做减肥餐，就会立刻想到“辣妈鳕鱼”。这就是定位的作用。

1）抖音企业号定位五要素

具体来说；抖音企业号定位有五个要素：品牌理念、受众分析、账号“人设”、内容规划、运营团队。

（1）品牌理念。品牌理念是企业通过品牌定位力图传给消费者的一种产品概念。如百事可乐“新一代的可乐”的品牌理念，在很大程度上依靠广告定位加以实现。1960 年代，广告大师、影响现代广告六巨头之一的李奥贝纳最为推崇的广告理念为“与生俱来的戏剧性”，他相信每一件商品都有天生的戏剧性一面。然而，今天的大多数广告，要么是乏味无趣的洗脑叫卖口号，要么是离产品隔着十万八千里的空洞情感与态度诉求，恰恰忘记了最能打动消费者购买的就是产品本身在用户生活中展现的魔力效果和戏剧性的应用场景。

抖音就是展示产品戏剧性应用场景的利器。在企业的自媒体营销矩阵中，抖音扮演的角色应该是一个魔术师，把产品的魅力和魔力，用一种戏剧化的手法表现出来，从而让消费者为产品着魔。

（2）受众分析。下面从三个维度了解抖音用户特征。

- 性别。抖音用户中，55%的用户为女性，45%的用户为男性，男女比例基本持平。
- 年龄。22～35 岁的用户数相对较多，占 40%左右。因此，在制作内容时，要想获得更多的流量，就要迎合主要用户群体的喜好。
- 城市和学历。相较于其他短视频应用，抖音的用户画像呈现“三高”现象，即高学历、高消费和高收入。

（3）账号“人设”。企业账号打造“人设”的目的是通过账号内容准确传达企业理念，让用户对品牌产生认可。打造企业账号“人设”的步骤如下：

- 账号简介。简介是用户对企业号的第一印象，因此至关重要，要用简练的语言直白地体现出鲜明个性。
- 视频封面。封面是账号的“脸面”，封面内容和形式要统一，充满视觉张力，以便展现“人设”的统一性和可信度。
- 视频内容。符合“人设”是内容制作的基本原则，切忌单纯追求热点。
- 互动行为。在评论区互动时多用口语化、幽默的语言，而在私信互动时注意解答的专业性和权威性。

（4）内容规划。内容仍然是企业品牌在抖音平台上传播的重中之重，知道再多的方法论，最终都要表现在内容的传播上。以下是五种引爆品牌营销的内容形式：

①“戏精”类：完美展现品牌特性。“戏精”类内容是指 KOL 运用自身的表演技巧和出乎意料的剧情安排，将品牌的特性完美展现。在内容创作上，企业也可以充当演技派，采用歌曲演绎、自创内容演绎和分饰多个角色等拍摄手法，将视频变成你的表演秀。“戏精”类内容适合想要塑造或改变形象（如想要更年轻、更鲜活、更有趣、更不一样）的企业。

例如，抖音联合七大博物馆推出的文物“戏精”系列，偏正统、严肃的博物馆及展品，被赋予了鲜活的新形象，甚至成为“潮酷”的代表，重新塑造和展示了新的品牌意义。

② 特效类：插入视频展示品牌形象。当品牌主自己有口号、主题，希望充分表达的时候，

可以借助抖音达人的原生影响力与标签，运用各种特效来充分彰显品牌理念和主张。

③ 实物类：引发“带货”效应。KOL 将实物产品软性植入拍摄场景，或者作为拍摄道具直观展现，引发“带货”效应。

例如，长城汽车的一个视频，抖音达人通过在视频里加入长城汽车的海报信息，以及在衣服粘上“WEY”的车型标志，并搭配富有创意的舞蹈，毫无违和感，让短视频更加具有整体感。再如，用户在视频中对“小爱同学”玩“调教 Play”，通过小米 AI 音箱的人性化 AI 功能，在自动识别用户的语音后，给出充满趣味性的回答，令人捧腹。更有人设计了一套“恶搞”问题的训练计划，让人工智能的回答变得更有趣。当大家都在研究如何让“小爱同学”变成优秀的段子手时，“小爱同学”成为小米 AI 音箱的代名词，也让其附带上二次元属性，成为较火的 AI 音箱。

④ 故事类：引发互动，产生共鸣。KOL 将产品或品牌信息用讲故事的手法，带入特定的、暖心接地气的短视频情境中，与用户产生情感共鸣，引发互动。

例如，口味王品牌的一个视频，抖音达人通过平淡暖心的叙事手法，将口味王零食送给辛苦的劳动者，让他们感受温暖，从而传递品牌的亲民性。

⑤ 动作类：潜意识打入用户心智。KOL 运用肢体动作，表现品牌或产品蕴含的个性特征，引发用户联想，从潜意识切入、打入用户心底。

例如，在电影《环太平洋 2》的宣传视频中，抖音达人用极具特色的形式拍摄视频，搭配电影的经典背景音乐，最后模仿预告片经典动作，展现品牌内容。

（5）运营团队。在新媒体公司，运营抖音的黄金配置一般有三个人：

- 编剧策划。打造“人设”，写段子、脚本。编剧策划一定要有创意，思维活跃，脑洞大开，喜欢刷抖音，对流行热点特别敏感，文笔好，相当于公众号的小编。
- 拍摄和剪辑员。拍摄和剪辑员镜头感要好，要有“网感”，有一定的镜头构图审美。负责执行层面的拍摄、剪辑、字幕、音乐，最好用手机和单反就能完成拍摄工作。
- 演员。演员是可以上镜表演的人物。要么有颜值，要么“油菜花”，要么很搞笑，要么有干货。在抖音平台上，如果需要实拍的场景，还需要有外围工作人员配合，如化妆师、灯光师、修音师、包装师等。

2）抖音账号的四级定位法

抖音账号的四级定位法如表 4-17 所示。

表 4-17　抖音账号的四级定位法

基础定位	类型	才艺、情感、育儿、励志、美妆、娱乐等
	行业	美妆、护肤、服装、教育、情感、咨询、汽车等
	细分领域	行业差异化的细分领域，如服装行业的时尚旗袍
账号设置	昵称	个性、有辨识度，最好能体现企业 IP
	签名	一两句个性化的说明，让粉丝能够更深刻地认识和记住
IP“人设”	“人设”	无论有无真人出镜都要有“人设”，表明企业的个性、标签和与众不同
	关键词	体现精准定位的关键词
内容规划	视频素材	你的视频画面出镜的人、物和场景，以什么样的方式展现
	内容形式	视频内容展现和表达方式
	对标账号	在抖音或小红书等其他平台上，与你账号定位类似的大 V 账号

4．蓝 V 号认证

【想一想】

贾师兄和团队成员对是用个人号进行宣传推广，还是用企业蓝 V 号进行宣传推广产生了争执，企业在抖音的运营有必要开通蓝 V 号吗？开通蓝 V 号需要准备哪些资料呢？

____

____

1）蓝 V 号是什么

蓝 V 号也就是经过企业认证的号码，当企业完成认证后，账号界面上会多一个蓝 V 标识。企业在抖音上开通蓝 V 号，可以持续创作经营内容、表达品牌理念、推销产品或服务、与粉丝及非粉丝持续互动、引导承接、实现流量转化、发起平台级营销活动等。抖音蓝 V 号集内容经营平台、互动互粉平台于一身，既是移动短视频时代品牌资产管理的核心阵地，也是一种前沿的企业营销方式。

2）蓝 V 号权限

蓝 V 号拥有尊贵身份识别、店铺营销获客和数据监测三大类权限。

（1）尊贵身份识别权限包括：

➢ 官方蓝标认证；
➢ 全昵称搜索置顶；
➢ 认证昵称唯一性保护；
➢ 自定义首图；
➢ 外链跳转；
➢ 联系方式；
➢ 营销视频内容不被打压。

（2）店铺营销获客权限包括：

➢ 视频置顶功能；
➢ POI 地址认领；
➢ POI 相册编辑；
➢ POI 卡券定制；
➢ POI 详情页；
➢ 评论置顶设置；
➢ 智能化私信互动；
➢ 用户分类管理；
➢ 电商购物车；
➢ 抖音橱窗功能。

【小知识】

POI 地址认领：POI 地址页将展示对应企业号及店铺基本信息，如菜单、推荐支持高德地图上所有地址认领，支持电话呼出咨询、订餐等，为企业提供更直接的信息曝光及流量转化。创新资源入口，展示即转化，效果直达，用户发布视频均可插入 POI 地址，到达 POI 页面的流量均可转化为企业流量。

POI 卡券定制：在 POI 地址页将展示对应企业号的优惠券。支持满减券、通用券、兑换券；支持设置活动时间、活动门店、活动说明、最低消费、活动 Banner；支持对用户领取频次、每日发券数量、卡券使用频次进行限制。

智能化私信互动：企业号可对视频评论设置评论置顶、删除，管理有用评论；私信自定义回复、私信不折叠、私信无上限，节约互动时间成本；用户管理、用户信息编辑。

（3）数据监测权限包括：

- 主页访问数据监测，包括访问人数、访问次数、访问增长比率、跳转链接次数、粉丝数、新增粉丝数；
- 粉丝变化数据监测；
- 视频播放数据监测，包括播放数、点赞数、评论数、分享数；
- 互动相关数据监测；
- 活动相关数据监测；
- 用户画像分析，包括性别、年龄、平台、地域、兴趣分布等。

3）蓝 V 号认证方式

阅读材料：蓝 V 号认证方式

【想一想】

找出如图 4-92 所示的两个抖音账号的不同之处。

____

____

图 4-92　抖音号界面

高清图

4.5.2 抖音养号——证明真实

【想一想】

人们在闲暇时光大多做什么？喜欢刷哪些短视频平台？抖音和快手有什么区别？

1．抖音与快手短视频平台

作为当前短视频市场的两大热门平台，抖音、快手的初始定位并不相同。抖音是主打“年轻人的音乐短视频社区”；快手则定位为“普通人记录生活的社交平台”。但随着双方业务的不断扩张，两个平台的界限也变得越来越模糊。

1）两大平台的主要差异

抖音与快手两大平台的差异如表4-18所示。

表4-18 抖音与快手两大平台的差异

比较项目	抖音	快手
价值观	记录美好（探索时尚优质的内容） 对内容消费者更友好	记录真实，普惠公平 对内容生产者更友好
内容运营	重人工运营（排行榜、话题挑战赛、明星入驻）	早年强调中性、淡化运营，近年开始加强运营（设定“精选”版块、设立排行榜、主动邀请明星入驻）
内容形态	短视频（15秒、60秒），直播，图片，影集	短视频（11秒、57秒），中视频（300秒），直播，图片，K歌，文字（说说）
内容分发	相对中心化（头部内容点赞量千万级别） 给予内容质量更高权重，给予社交关系更低权重（粉丝看到达人新发视频的概率为10%） 运营干预相对大 用户行为重要性排序为点赞率>评论率>转发率	相对去中心化（头部内容点赞量百万级别） 给予社交关系更高权重（粉丝看到达人新发视频的概率为30%～40%）、注重流量分配的公平性 运营干预相对小（后期运营力度加大） 用户行为重要性排序为评论率>转发率>点赞率
视频展现形式	单列沉浸式	双列选择式/单列沉浸式
对创作者的吸引力	对优质内容生产者更友好，优质内容曝光量上限高于快手，涨粉更容易	粉丝和达人之间情感联系、信任度更强，单位粉丝价值更高，更适合做私域流量沉淀
创作者生态	粉丝头部集中度高，头部用户中明星占比更大	粉丝分布相对均衡
种子用户	时尚、高颜值的年轻人为主（抖音早期从各地艺术院校邀请用户进行内容生产）	北方方言用户、三四线用户为主
用户画像	一二线用户比例更高，南方用户的重合度在提升	更下沉，北方用户的重合度在提升
用户增速	更快	相对平稳
用户接收内容方式	被动推送	被动推送
用户对内容的容错率	低	高
用户内容的消费体验	看到优质内容概率更高，感受更好，使用时长易提升	看到中长尾内容概率比抖音高，体验相对欠佳

续表

比较项目	抖　音	快　手
粉丝互动性（赞评比均值）	低（卡思数据 42∶1）	高（卡思数据 13.05∶1；快手公布 4∶1）
商业化变现	更适合平台主导的变现方式，如信息流广告	更适合达人主导的变现方式，如直播打赏、带货

2）两大平台的变现步骤

抖音变现只需经历三步，即主页→个人页→橱窗，如图 4-93 所示；快手变现需经历四步，即主页→内容页→个人页→快手小店，如图 4-94 所示。之所以变现步骤不同，这是由于两款产品的生态基因不同造成的。

图 4-93　抖音变现步骤

图 4-94　快手变现步骤

【答一答】

人们在闲暇时光大多做什么？人们喜欢刷哪些短视频平台？为什么朋友甲的手机里下载安装的是快手，而朋友乙的手机里下载安装的是抖音呢？为什么许多年轻人都喜欢浏览 B 站呢？

《2020 短视频用户价值研究报告》显示，在预设场景“如何丰富自己的周末闲暇时光”中，72.8%的网民更愿意看短视频。人们喜欢刷的平台主要是快手和抖音。快手更多生活化、平民化的达人在平台上与其他用户共同营造了“老铁文化”的关系氛围，用户对快手达人的整体满意度高于抖音，尤其是购物达人；功能体验上，抖音创新多样的挑战赛等主题活动多次引发网民模仿风潮，收获好评。

【继续想】

抖音和快手两款 App 的首页如图 4-95 所示。

图 4-95　抖音和快手两款 App 的首页

说说哪一幅是抖音的首页，哪一幅是快手的首页？从这两幅图你能总结出两款 App 的不同点吗？

____

____

2. 抖音养号

【想一想】

贾师兄团队计划利用抖音直播带货，他们首先注册了抖音号，然后立即开始拍摄并发布了作品，他们这样做对不对？为什么？

____

____

1）养号的意义

养号的意义在于维护账号的稳定性，提升账号的活跃度与权重，从而有机会得到系统更多的推荐量。不养号一般造成前五个视频没起来，基本上就沦为僵尸号的局面。也就是说，后面发布的视频得不到推荐量，即使有爆款视频出现，也是偶然性。大部分视频的各项指标都会低得可怜。

什么是养号？需要运营者尽可能地“模仿正常活跃用户的行为”，如完整填写资料、每天刷抖音视频、评论和点赞他人视频等。

2）养号的步骤

（1）正确注册抖音账号。在注册账号的过程中，计划批量运营账号的团队或企业，最好不要使用 WiFi，而要用数据流量来注册。因为如果共用一个 WiFi 进行多账号注册，后期很可能会影响其他账号的运营数据。

（2）账号资料的填写。账号资料的填写注意以下事项：

- 养号期不要修改个人资料，头像也要一次性设置好，不要随意更改；
- 头像尽量原创、高清，否则会影响权重；
- 昵称不要用类似创业、穿搭、美妆等营销敏感词，否则很容易被官方判定为营销号，影响后期的流量曝光；
- 个性签名简短清晰。

（3）合理制定养号周期。

- 养号周期一般为 3～5 天，最佳时长为 7 天，7 天内不要发布任何作品。
- 养号期间每天浏览视频的时长最好控制在 1～2 小时，并且要在不同的时间段浏览。如上午浏览 40 分钟，间隔 5 小时后，下午再浏览 40 分钟，晚上可以看看直播。
- 只看垂直领域的作品，并主动进行点赞和评论。其他不想看的视频可以直接跳过，直到系统给你打上标签，也就是系统推荐给你的视频都是你的领域。
- 养号期间用不同网络、在不同的地方浏览视频效果会更好。

（4）发布测试作品。完成 3～5 天的养号周期，接下来要做的就是对这个账号进行检测。具体做法是用抖音自带的相机拍摄一个视频，但不能随便拍，主题一定要新颖。当你的前几个抖音测试视频播放量在 200～300 次时，就说明养号成功了。

4.5.3　优质内容——运营根本

抖音内容运营包括视频制作、视频发布和粉丝互动三个部分。

1．视频制作

抖音短视频制作包括确定选题和脚本、拍摄思路和形式、拍摄工具和原则、编辑视频四个步骤。

1）确定选题和脚本

我们可以根据以下六个基本步骤建立一个视频的核心框架：

（1）确定大纲。提前列好人物关系，设计好情景、场景。

（2）确定主线。脚本作为一个短视频的灵魂，需要有一个完整且有意义、有价值的故事作为剧本的支撑。

（3）设计情境场景。一个真实自然的情境场景能让用户有代入感，觉得自然、真实，更容易引起用户的共鸣。

（4）设置转折和冲突。流水账一样的故事很容易让人浏览完就忘记，而情节突转的内容，更能让用户记忆犹新。

（5）控制时间节奏。人对事物产生新鲜感、引起注意的时间大约是 15 秒。时间太短，内容没办法呈现；时间太长，会让人产生视觉疲劳。15 秒是一个刚刚好的临界值，在前 15 秒内至少设置一个反转或爆点，这样能在有限的时间里呈现更好的效果。

（6）升华。用户一般会给什么样的短视频点赞、收藏？当然是对自己有用的。不管是“鸡汤”还是“干货”，如果你提供了用户所需求的价值，就有让用户点赞、收藏的动力。

2）拍摄思路与形式

（1）如何让画面更吸引人？可以让帅哥、美女出境，可以利用滤镜、美颜等特效功能，这样拍摄的画面才会更美。

（2）如何让用户停留时间更长？拍摄形式可以从以下几个方面着手：

- 实用类——快速说明主题，封面配上文案。
- 娱乐类——搭配有吸引力的音乐。
- 结合真人出镜进行拍摄，效果会更佳。

3）拍摄工具和原则

抖音自带很多拍摄功能，利用抖音 App 可以拍摄出有吸引力的短视频。拍摄时注意以下几点：

（1）准备好可以辅助拍摄的工具，如拍摄支架、打光灯等；

（2）准备好“服化道”，即服装、化妆、道具；

（3）充分利用相机的自带功能运镜，如速度、倒计时、慢动作等特效；

（4）内容须原创、无水印（主要指本地上传的视频）。

4）编辑视频

编辑视频的内容主要包括以下几个方面：

- 背景音乐。背景音乐对于抖音来说是一个非常重要的吸粉元素，因为在抖音的内容体系中，存在明显的“以某一音乐作为内容聚合单位”的设定。可以利用不同风格的音乐打造视频。安卓版抖音可选择在本地上传音乐。
- 特效利用（主要针对本地上传的视频），如利用充分倒流、反复等特效。
- 封面选择，选择视频里的一个精彩的画面作为视频封面。

2. 视频发布

1）做标题

标题是视频的眼睛。标题起得好，获得的点击量就会大，更容易获得平台的推荐。视频的标题还有两个核心作用：

（1）给用户看。我们可以采取不同的方式做标题，从而获得用户的注意。

- 简单叙事：叙事型标题通过一段完整的描述，帮助用户降低对视频的理解难度，单看文字就能获知视频表达的主旨。
- 设置悬念：这类标题通常是把话说一半留一半。用户会在猜疑、揣测中期待视频接下来将发生什么。这种风格的标题，可以帮助提高视频播放的完成度。如果视频效果也与用户期待值一致，还会促进用户互动。当然，不能在标题中出现答案，答案要放在视频中。
- 刺激互动：标题可以通过文案与内容的互动提高粉丝活跃度，可以非常巧妙地刺激用户点赞、评论和转发。
- 唤醒情绪：这种标题属于情感因素类的标题，无非就是通常说的“爱情、友情、亲情”。另外，还可以添加一些高唤醒的情绪，如感动、暖心、愤怒等。

（2）给平台看。例如，在写标题的时候，可以根据自己定位的领域，布局一些常见的行业关键词，从而提高视频被推荐的概率。

（3）其他注意事项。

- 避免词汇太专业、冷门、生僻。因为它们不利于机器人的识别，可能只有行业内的专业人士才能看懂。虽然标题起得很好，但如果点击量很少，机器人就会降低推荐。
- 避免缩写词汇。缩写词汇一方面用户看不懂，看到标题也不会点击；另一方面平台机器人无法识别，也会降低推荐量。
- 善于通过开放式文案抛出话题，有意引导用户留言互动。标题平淡，无法吸引潜在客户点击。内容好的视频，虽然机器人能够识别，但是被推荐之后，用户不点击，机器人认为用户不喜欢该视频，也会降低推荐率。
- 标题字数不要太多，建议15～20个字为宜，最多不超过55个字。展现在手机上面就是1～2.5行。如果不能在2秒之内用标题吸引用户的眼光，这个标题就是失败的。
- 加热门话题标签、艾特好友或官方小助手，也能够在一定程度上加大内容被曝光的机会。
- 适当采取亲民式的口语化表达，避免使用官方语言，也能吸引用户点击。

2）选封面

封面选得好，播放量少不了。有了好看的皮囊，才会有人想了解你有趣的心灵。那么，抖音短视频的封面怎样设置，才能让粉丝一眼就有点开视频的欲望呢？

（1）抖音封面的设计方法。一些常见视频封面的设计方法如下：

① 人物元素类封面要能凸显故事情节。有人物元素的视频，可以使用突出故事情节的高潮部分作为短视频的封面。例如，papi酱的内容主要是她本人出境的搞笑剧情演绎类，可以看到她的视频封面都是带有剧情冲突点的动态图片，具有吸引用户点开的动作和元素，让用户产生一看到封面就会产生浏览视频内容的想法。papi酱的封面如图4-96所示。

② 卖货类封面要突出刺激点。对于抖音上很多直接卖货引流的账号，如美食类、美妆类，一定要突出刺激点。美食类可以直接截取各种美食的动态图片作为封面，直接放出清晰、诱人的大图刺激用户的眼球，从而增加播放量和转化量。美食类账号的封面如图4-97所示。

③ 提取重点，用文字直接覆盖。除人物、图片形式的账号以外，还可以采用文字覆盖图片的形式作为封面，如图4-98所示。这种封面最大的好处是可以直接指明视频的关键要点、核心要素，让用户一看就能产生共鸣。

（2）抖音封面设置的基本要求。不管是哪种类型的视频或封面，能被设置为封面的静态或动态截图都存在一些共性。其基本要求如下：

- 清晰明亮。要让用户一眼就能看懂封面的意义。如果太模糊或太昏暗，就会给人造成粗制滥造的感觉，从而影响用户体验。
- 层次分明。封面的排版和布局要层次分明，不要与视频的其他元素相互遮挡。封面不能挡住标题，标题也不能影响封面。
- 重点突出。无论是有故事情节的视频，还是没有故事情节的单纯表演视频，如果封面需要有人物出现，那么人物就应该尽可能处于中间醒目的位置，这样可以帮助用户更快地找到重点。

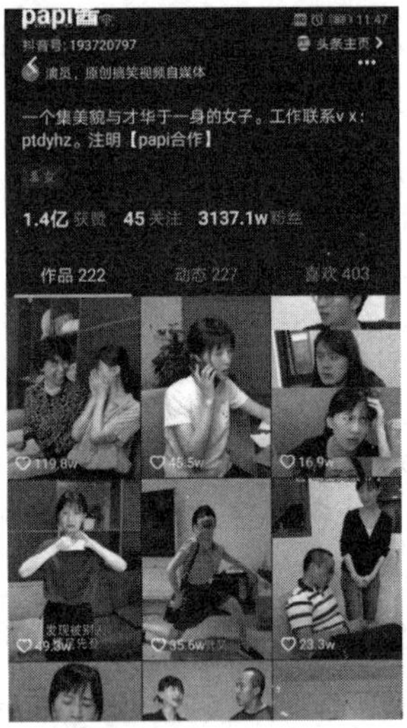

图 4-96　papi 酱的封面

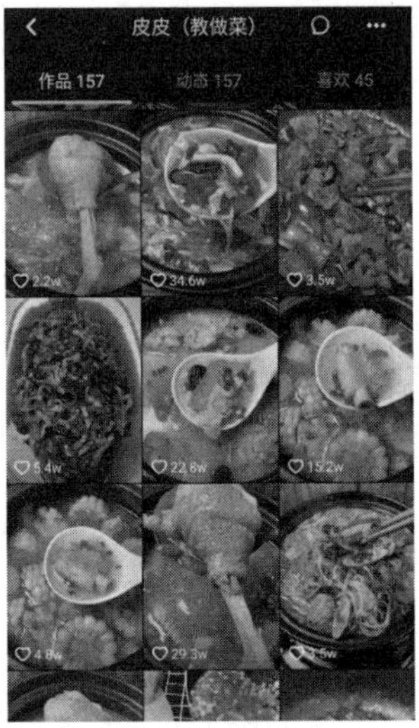

图 4-97　美食类账号的封面

图 4-98　文字覆盖图片类封面

3）定时间

视频在什么时间发布更容易上热门呢？以穿搭类视频为例，我们可以从以下三个方面入手选择发布时间：

（1）找同类型热门视频的发布时间。分析同类型热门视频的发布时间规律，可以总结出爆款的时间轴。在这个时间段发布，可以增加视频获得推荐的概率。例如，在飞瓜数据的“热门视频”中，可以通过行业分类查看近六小时甚至三个月的穿搭类热门视频数据。点击指数分析，可以迅速查看视频的发布时间。

（2）查看同行业 KOL 的发布时间。作为行业 KOL，发布时间一般来说会有一定的规律，与他们同时间发布视频，粉丝活跃度也会比较高。基于抖音的推荐机制，在这个时间段内发布，同类视频被刷到的概率是比较大的。

那么，如何快速找到同行业的 KOL 呢？飞瓜数据的“播主排行榜”，根据播主发布内容细分 34 个分类，用户可以通过选择时间范围查找排行，精确定位行业大号。我们可以直接选择月榜来查看长期稳定的头部达人是怎样做的。点击榜单的“详情”按钮，进入播主详情页后找到播主视频，按照最热排序，通过分析热门视频发布的时间和规律，选择自己视频的发布时间。如果十个视频中，有八个视频的发布时间是稳定在 17:00～18:00 的，那么你的发布时间也可以选择在这个时间范围内。

（3）选择账号粉丝的活跃时间。抖音会提醒用户关注的人发布了新的视频，在这段时间发布视频，更能保证视频发布的第一时间就会被看到，对视频获得第一波流量、帮助进入更高一级流量池起到非常关键的作用。在飞瓜数据的“我的抖音号—粉丝特征分析”页面中，可以定位账号粉丝的活跃时间，在这个时间段内发布视频，可以获得更精准的推荐。

想要获得好的视频曝光量，每个环节都很重要。选对了抖音作品的发布时间，是可以帮助视频获得更多曝光量的。

3．粉丝互动

粉丝互动包括评论互动和签名互动。

1）评论互动

随着短视频行业从最初的用户红利期过渡到现在的内容红利期，有越来越多的用户如果在使用抖音短视频的过程中碰到感兴趣的视频，就会直奔评论区，查看精彩评论。

评论互动具体操作方法如下：

（1）提前拟定评论区的引导性内容，引导粉丝互动。主要采取账号管理者以“创作者”的名义直接参与互动和运用其他抖音小号进行评论两种方式。

账号管理者直接在抖音短视频中发布评论内容，往往是对视频的标题和内容的一种补充和解释说明，特别是当视频可能会引发用户争议时，在视频发布的同时发布作品评论，是对视频提前“洗白”的重要步骤，能有效规避不必要的举报或投诉。

抖音小号评论的作用在于“抛砖引玉”，是为了更好地利用视频发布后最为宝贵的黄金两小时。所有的爆款短视频在发布后的两小时内，通常都会有比较突出的评论数据和转发数据。抖音小号的评论内容既可以是与短视频内容相关的，也可以是与短视频内容不相关、纯粹是为了娱乐搞笑而评论的。当然，如果二者能结合起来，就会达到最好的效果。

（2）统计评论区关键词。评论区的用户评论，往往是用户需求直观的体现。由于没有前提条件的预设，因此，用户需求的精准度甚至要高于有偿的用户调研。

在做选题规划和账号定位时，通过查看用户评论，统计评论者反响最多的话题、热词，判定用户的兴趣点，细化评论区的用户需求，并将分析结果反哺到创意策划上，将有助于提升接下来作品的吸引力和与用户的共鸣度。因此，抖音短视频发布后的两小时为运营推广的重要时间段。如果在浏览短视频评论时，有精彩的评论可以与用户互动，甚至可以诱发更为优质的爆款评论，短视频能成为爆款的概率就要远远高于没有做评论区运营和维护的短视频。

（3）多“翻牌”，贴地气，把用户当成朋友。所谓“翻牌”，指的是回复评论区中粉丝的评论。如果不能做到对每条评论都回复，也要尽量做到给每一条评论点赞。这样做的好处在于，当用户看到自己的评论被点赞的消息后，有 75%以上的概率会查看是谁点赞了自己的评论，进而再次打开自己所评论的视频，或者进入该视频账号的主页，翻阅该账号的其他老视频。若其再度对其他老视频进行互动操作，刺激系统的推荐机制，则有机会将原有的老视频推荐给更多的用户浏览。

此外，评论区回复率、粉丝用户私信的回复率也关系抖音系统对抖音账号优质度的评判。在抖音账号运营的前期，要尽可能地对每一条评论都给予回复，因为在这个时期，有时间和精力去培养用户的黏性。

（4）筛选高互动粉丝，建立种子用户群。参考一些微信公众号、自媒体账号的做法，建立种子用户群的方法总结如下：

① 种子用户是账号变现和账号裂变的基础，也是创作账号视频内容素材的重要源泉之一。一个视频的素材可以让种子用户评定、投票、发表，这是最稳妥的爆款打造攻略。

② 种子用户群也可以有一定比例的升降级机制，用以保持种子用户群的活跃度。

③ 按照固定的收益比，给予种子用户一定的特殊回馈和奖励，这也是部分抖音头部大号惯用的手法。

2）内容互动

抖音之所以和西瓜视频不一样，在于它有大量互动类视频。互动类视频更容易培养人与人之间的关系。这类视频，内容只是载体，社交才是本质。

互动类视频必须具备社交互动的五大因素，分别是确定的社交对象、确定的情感表达、确定的表达对象、确定的内容元素和确定的互动元素。

（1）确定的社交对象——人。用户社交的对象，肯定是和某个人在社交，即使他实际不是一个人，也要有拟人化的、人格化的属性。这个“人”，既可以体现在标题里，也可以直接体现在视频里。例如，如果是分享你的所见趣闻，视频内容本身是和你不相关的事情，视频里的人物也不是你，那么标题一定要体现你的人格或想法。否则，该视频就是一则新闻，而不是来自你的分享。

（2）确定的情感表达——情绪或思想，一定要是这个人的。

（3）确定的表达对象——你的用户。一定要是表达给你的用户的，而不是表达给其他人的，这个需要从标题和内容的细节去思考。如果能强化浏览用户的存在感，则是最好的。

（4）确定的内容元素——浏览视频毕竟不是及时通信，也不是一对一的交流，所以必须要有主题和内容载体。

（5）确定的互动元素——思想互动、语言互动、行为互动等都可以在视频中体现。并且，需要对你用户的互动做出你的反馈信息，这样才能激发更多用户的互动。

4.5.4 算法推荐——投其所好

1. 抖音算法推荐原理

1）抖音算法推荐流程

抖音视频是如何被推荐的，抖音官方并没有披露，仅凭经验可以总结如下：

（1）双重审核机制。在抖音平台上，每天有数量庞大的新作品上线，纯粹依靠机器审核会容易被钻空子，纯粹依靠人工审核又不太现实。因此，双重审核成为抖音算法筛选视频内容的第一道门槛。

① 机器审核。机器审核一般是通过提前设置好的人工智能模型来识别作品的视频画面和关键词的，它主要有两个关键作用：审核作品、文案中是否存在违规行为，如果疑似存在，就会被机器拦截，通过标黄、标红等提示人工注意；通过抽取视频中的画面、关键帧，与抖音大数据库中已存在的海量作品进行匹配消重，内容重复的作品进行低流量推荐，或者降权推荐（仅粉丝可见、仅自己可见等）。

② 人工审核。人工审核主要集中视频标题、封面截图和视频关键帧三个地方。针对机器审核筛选出的疑似违规作品，以及容易出现违规领域的作品，抖音审核人员进行逐个细致审核。如果确实违规，将根据违规账号进行删除视频、降权通告、封禁账号等处罚。

（2）冷启动。抖音的推荐算法机制是著名的信息流漏斗算法，也是今日头条的核心算法。通过审核后进行冷启动流量池曝光。例如，通过双重审核的作品，系统将会分配给它一个初始流量池（如300～400个在线用户，也可能有上千个曝光量）。无论用户是不是大号，只要有能力产出优质内容，就有机会与大号竞争。

（3）数据加权。抖音会根据1 000次曝光量产出的数据，结合用户账号分值来分析是否给作品加权。如完播率、点赞、关注、评论、转发、转粉、浏览深度等指标，都会对作品数据造成影响，都会作为是否加权的依据。如果达到加权标准，就会挑选数据综合指标位居前10%的作品，再增加1万次曝光量。

（4）加大推荐。这一步会给数据综合指标好的作品进行更大的加权，强化人群标签分发，让内容分发更加精准。这就好像机器猜测你喜欢的视频，然后打上标签，与用户标签进行配备后进行内容分发一样。

（5）进入精品推荐池。作品一旦进入精品推荐池，就会得到大规模的曝光量；一旦被进行精品推荐，人群标签就会被弱化。就像当年温婉的视频，几乎每个抖音用户都会刷到。

2）抖音推荐倒三角算法

抖音延续了头条的算法基因，通过强大的算法做运营支撑。如果了解这套算法，就能让创作者事半功倍。具体而言，抖音是一种“倒三角形”的精品流量池算法，基于每条视频在流量池中的“正向反馈”逐级晋升。只有视频经过了上一级流量池的考验，才能进入下一级流量池，获得更多的曝光机会和播放量。判断一个视频是否符合“正向反馈”，有五个核心指标，即完播率、点赞量、评论量、转发量、关注量。抖音倒三角流量池算法如图4-99所示。

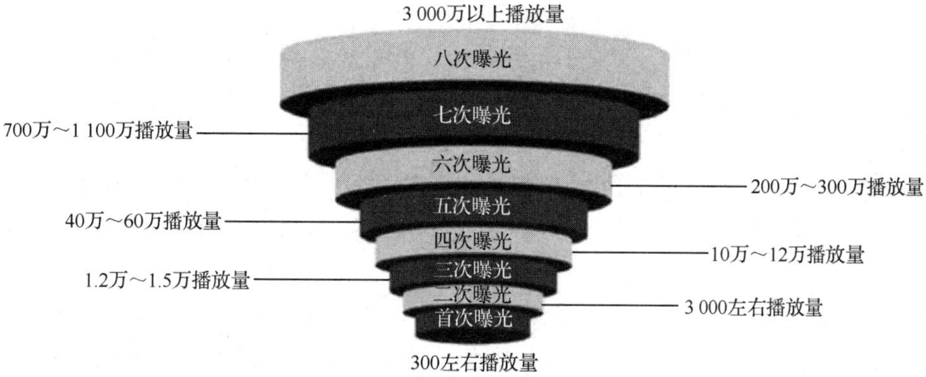

图4-99　抖音倒三角流量池算法

要想有好的播放量，就要有好的视频质量分值，这取决于两个重要指标，即账号分值和互动数据。抖音算法会根据这两大数据进行评分。抖音视频质量分值如图4-100所示。

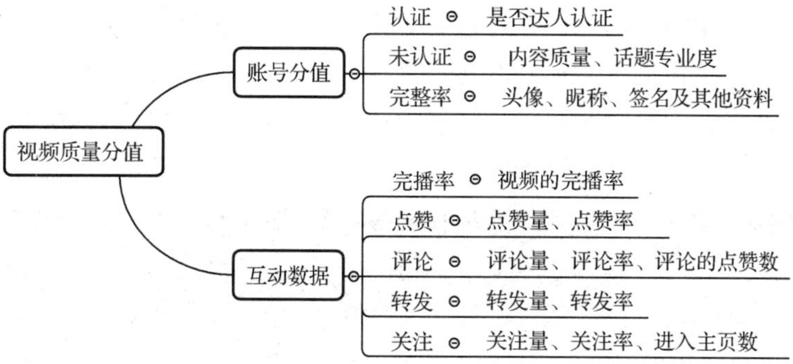

图4-100　抖音视频质量分值

【小结】

创作者在抖音发布内容，经过机器和人工审核后，会被分配一个初始流量池。平台会根据初始流量池的用户行为反馈数据来判断内容是否受欢迎（重要反馈指标权重为完播率>点赞量>评论量>转发量）。如果反馈数据好，平台会将内容推进更大的流量池。依此类推，只要视频的数据反馈是好的，平台就会持续增加视频的内容曝光量。经过多轮筛选，最后进入热门流量池的视频一定是少量的、浏览体验很好的精品内容，而这些精品内容会占据平台的大部分流量。没有被算法选中的大量视频曝光量会非常少，平台的内容生态就会出现“贫富差距大”的特征。

2．利用算法提升曝光量的四个技巧

1）调整发布时间

据统计，有62%的用户会在吃饭前和睡觉前刷抖音，而在地铁、上厕所等碎片化时间刷抖音的有10.9%。由于每个人吃饭和睡觉的时间点不一样，所以，并没有标准的发布时间点，所谓的工作日的12点、18点及21至22点，是指可能比较闲的时间段，最多只能作为参考。

真正的科学发布时间，是当你发布完成后，你的精准用户是否处于最佳看视频的恰当状态。例如，鸡汤类、情感类视频适合21至23点发布，因为这个时间段用户心情会比较放松，适合看鸡汤类、情感类的视频，正好迎合用户；而励志、职场类型的视频适合8至9点和11至12点发布，这个时间段属于黄金时段。因此，关于发布时间，没有最好，只有最合适。

2）提升四项指标

抖音平台评价视频在冷启动环节中的表现，主要看点赞量、评论量、转发量、完播率这四项指标。所以，想要获得推荐，就必须在视频发布之后，发动所有资源去提升这四项指标。

（1）在视频描述里要引导用户完成点赞、评论、转发等动作。例如，很多视频会在开头提醒用户“一定要看到最后哦！”，在结尾会说“喜欢视频的点个赞哦！”，就是为了提升完播率。

（2）在视频描述中，设置一些互动问题，引导用户在评论区留言，提高评论量。

（3）通过与用户互动，提炼视频核心观点，引导更多潜在用户参与话题讨论中来，提高评论数量。

（4）提前准备精彩评论内容，有意识引导用户展开更多互动。

3）积极参与挑战

在抖音平台上，在能上热门的方式有很多，简单、效果又好的方式就是利用抖音的“热门挑战”功能。抖音平台上每天都有不同的挑战，你可以根据对比来判断话题是否具有热门话题的潜力，选出你认为最可能会成为热门的话题进行挑战，这样可以提高被推荐的概率。抖音互动体验挑战赛活动页面如图4-101所示。

图4-101　抖音互动体验挑战赛活动页面

4）持续维护

抖音的推荐算法有时候会“考古”。因此，对于比较优质的视频要持续维护、点赞、评论、转发。通过不间断运营，也许过一段时间就会被推荐。

4.5.5　引流涨粉——实现变现

1．引流涨粉技巧

抖音粉丝持续增长，说明账号持续被用户喜欢。系统会根据用户对账号的喜欢程度提升账号权重，账号因而可以获得更多的推荐。不管是直播带货还是短视频带货，大量的粉丝基础都是变现的一大助力，有助于更快、更高效地完成变现。

那么，抖音账号怎么做才能涨粉呢？

1）抖音矩阵涨粉

把抖音矩阵涨粉做到极致的非“樊登读书”莫属。一亿粉丝矩阵所产生的效果就是，你打开抖音，不管你有没有关注过樊登读书，都会看到一个胖胖的男青年，在视频里讲各种“人生哲理”的段子。

打开抖音，搜索“樊登读书”，更是能够看到几百个相关账号。这些都是“樊登读书”抖音矩阵下的“官方马甲”。几百个矩阵账号，获取流量主要以“量”取胜，看似简单粗暴，但不可否认，效果非常明显。基本上每天都能刷到他们的视频，而且由于出现频次高，让你即使是反感，也能对他们产生深刻的印象。

这种矩阵“打法”，本质上还是利用了抖音平台的算法机制。一个账号被推荐的流量有限，而如果是几十个、几百个账号批量发布，就表示同一个内容可以进入不同的流量池几十次甚至上百次，这就像一张网一样，“收揽”了大批量的流量。而“樊登读书”一个抖音账号往往一天发布 5～6 条视频，这样的发布密度使得相同的内容得以在最大范围内传播，形成一股流量收割飓风。

2）留住老粉丝，吸引新粉丝

抖音涨粉，一边要想办法留住老粉丝，然后带动新粉丝，形成粉丝裂变，从而增加自己的粉丝量。那么，怎样做才能在留住老粉丝的同时吸引新粉丝呢？

（1）打造抖音个人 IP。真正做大的账号，都是“有血有肉”的人，他们乐于分享，有自己的风格和特色，粉丝愿意长期互动关注。在此基础上，账号上的作品热度不断提升，不断被更多人发现，从而吸引更多粉丝。

（2）打造多个媒体传播渠道。要保证粉丝稳定增长，还需要拥有多个有价值的输出渠道。一个平台，想要源源不断地获取高质量的粉丝，最好就是为自己的平台准备一些高价值的推广渠道，如本地微博频道、意见领袖公众号、移动 App 等。

（3）多给粉丝发放福利。想要留住粉丝，一个非常有效的诀窍就是发放福利。但是，发放福利需要提前做好粉丝调查，例如，“如果我的抖音涨粉到 10 万，我就发跳舞的视频”，或者“涨粉到百万之后，送粉丝福利”等。这些方式可以在很大程度上满足抖音粉丝的需求，然后让他们会更加坚定地成为你的忠实粉丝。

3）蹭热点涨粉

蹭热点是快速有效的涨粉方法，但随意用不适合自己的热点，也有可能适得其反。

那么，怎样才能通过蹭热点涨粉呢？

（1）明确哪些热点可以蹭。每一个热点都会吸引很大范围的目光，这种时候我们更需要合理地蹭热点，从热点本身出发。抖音热搜榜每天都会更新当前在抖音上最热门、最流行、最有趣的热点话题。

（2）蹭热点速度要快。不管是娱乐新闻、热点人物或热点事件，这些热点话题的特点是：它只在某一段时间内关注度高，一段时间过后又会被其他话题掩盖。所以，蹭热点的速度一定要快，在热点出现的第一时间把握时机、快速出击、掌握主动权。

（3）加强与热点视频的互动性。在日常发布视频时，互动就是提升视频热度的重要因素，蹭热点也一样。

2. 利用 DOU+引流涨粉

1）什么是 DOU+

DOU+是为抖音创作者提供的视频加热工具，能够高效提升视频播放量与互动量，提升内容的曝光效果，助力抖音用户的多样化需求。

DOU+工具有以下优点：

- 操作便捷，App 端可直接操作使用；
- 互动性强，多触点交互，强力聚粉，效果清晰可见；
- 流量优质，基于抖音平台的优质用户流量，变现率高。

DOU+工具也有其缺点：

- 定向条件偏少，用户不能精准定位；
- 广告效果需要一条条视频去检测，无法通过数据进行对比；
- 系统没有广告模型，无法针对“关注”行为做出优化。

2）DOU+投放流程

DOU+的投放流程如下：

- 选择想要投放的视频，点击右侧的“…”按钮，选择“DOU+上热门”选项；
- 选择期望提升目标、投放时长和定向方式，设置投放金额并进行支付；
- 投放设置成功后，等待系统审核通过；
- 点击“我”按钮，再点击右上角的菜单栏，选择“创作者服务中心”选项，再选择“DOU+上热门”选项，可以查看投放记录和投放效果。

3）DOU+投放技巧

DOU+在投放时间点的选择上很关键，在视频发布一至两个小时之后，如果看到视频有要火爆的苗头，就可以用 DOU+去助推，让视频火爆的概率增加。但是，如果发现视频发布了一个小时之后，点赞量和播放量都非常低，那就建议不要去投 DOU+。

那么，怎样判断视频有火爆的苗头呢？适合投放 DOU+的视频，主要看视频的各项指标值：完播率在 15%～30%；点赞率在 5%～10%；转发率和评论率在 1%左右。

以下几种情况，建立投放 DOU+：

（1）带货投 DOU+。如果你的账号是一个带货账号，你发的带货视频，一旦火了就可以马上投 DOU+，并且立刻开直播，这样直播带货的效果会非常不错。

（2）用 DOU+养账号。一个新注册的账号，可以尝试用 DOU+养标签，可以选择与达人相似的粉丝投放。当你的内容制作符合用户的心理预期时，账号的质量就会快速提升。账号也可以快速被系统打上标签，会更加有利于后期系统对作品的精准推荐。

（3）阶段性 DOU+投放。如果一个视频的 DOU+总预算是 300 元，那么，可以分三次投放，每小时投放 100 元。

3. 添加 POI 引流涨粉

1）什么是 POI

POI 是“Point of Information”的缩写，可以翻译为“信息点”。在地理信息系统中，一个 POI 可以是一栋房子、一个商铺、一个邮筒、一个公交站等。抖音的 POI 功能，其实也可以称地址功能，就是在发布视频的时候，将地址信息添加到视频上。

2）添加 POI 的好处

（1）有助于曝光。POI 是视频的正常信息，且是抖音的一个分发入口。POI 详情页是一个类似关注页的内容聚合页，任何带有该 POI 的视频，都有可能成为你的潜在引流渠道。

（2）丰富视频信息。对于美食店的粉丝来说，POI 可以让他们了解店铺所在位置，也可以让你的视频内容信息更加丰富。

（3）提高内容质量。用户通过你的视频点击并了解位置信息，说明用户通过你的视频对店铺产生了兴趣，也说明你的视频内容对用户有较高的吸引力，这将使你的视频有机会获取更多的流量。

3）怎样引导用户点击 POI 图标

引导用户点击 POI 图标，可以有如下三种方法：

- 视频内口播引导，如“如果想知道这家店在哪里，请点击视频左下角的图标”。
- 视频文案引导，如“今天去这家店，点击图标偶遇我”。
- 评论引导点击，如“点击评论上方的图标就知道位置”。

4. 变现

1）直播变现

2020 年 8 月 27 日，巨量引擎联合抖音电商首次发布《抖音直播营销实战经验手册第一期》，对抖音上半年的商业直播案例进行了全盘梳理和分析，针对“品牌宣传+电商带货”两大最具代表性的开播目的，围绕人、货、场三个层面分享了实战经验。

（1）人：从开播目的出发，灵活运用“明星+达人+品牌”的组合策略。

在抖音庞大的内容平台上，不同身份、不同类型的主播形成了丰富的直播形态，他们在不同维度上存在各自的特色和优势，品牌方可依据自身的直播目的进行选择和组合。不同直播策略的特点如表 4-19 所示。

表 4-19　不同直播策略的特点

策　略	特色和优势	表现优异的指标
明星	本身自带影响力和话题度，有强有力的品牌宣传效果	曝光量、互动率、增粉量
达人	根植于平台，有较深的粉丝沉淀和内容技巧，擅长营造直播间氛围	商品点击率、购物车点击率
品牌方	熟悉市场和产品，真实不套路，更具官方说服力和背书能力	曝光量、商品点击率
品牌方+明星	明星大流量带动品牌关注度，品牌强背书能力促进品效结合	关注度、转化率
明星+达人	双重引爆直播间热度，促销型内容驱动销量	热度、转化率
品牌方+明星+达人	强造势、深互动，多围度诠释品牌内涵，促进用户与品牌的深度连接	关注度、热度、转化率

（2）货：选品公式=价格优势（高折扣）×高知名度×强需求。通过分析影响消费者购买的各种因素得出的选品公式，能够有效激发消费者的购买力。

有关数据显示，尝鲜成本越低的商品越容易拉新。抖音平台上各个品类的商品中，日常生活用品拉新率最高，60%的客户都将生活用品作为他们在抖音直播上的首次消费对象。

对于短视频作者来说，直播间直播卖货时，选择与以往作品内容相关的产品，或者是与主播个人标签高度吻合的产品，更能激发消费者的兴趣。此外，由于不同圈层用户消费需求的差异，主播选品时选择有差异性、价格跨度大的产品能够覆盖更广泛的用户圈层。

（3）场：最佳直播时间在 18:00～21:00，直播一小时进入卖货高峰期。播出时间、引流资源和直播脚本等，对一场直播起着至关重要的作用。是否把握直播的黄金时间、如何设置预热内容，不仅直接影响直播间的流量和数据指标，还会影响品牌拉新和达人增粉数据指标。

2020 年第二季度抖音平台数据显示，最佳的直播时间在 18:00～21:00，通常在直播后的一小时进入卖货高峰期，有接近 50%的订单量在这段时间产生。

预热内容是保证一场直播流量的基础，可占直播当天 70%～80%的关注度。其中，TopView、FeedsLive、DOU+、Feed 都是非常重要的流量来源，用好这几个预热资源对直播间引流效果的提升有极大的影响。

在以带货为目的的直播中，直播间脚本重在气氛和爆点刺激。直播脚本的参考模式如表 4-20 所示。

表 4-20　直播脚本的参考模式

直播环节	节奏（建议时长）	价格策略	核心玩法	
整个过程	约 30 分钟 1 次	—	抽奖、发福利	互动和下单
开播	暖场 （5～15 分钟）	—	轻量级抽奖	刷屏引导 直播间互动引导（点赞、转发等）
正式售卖	售卖初期 （1～2 小时）	引流款，客单价逐渐增加	完成任务用户抽奖（如转、评、赞、下单） 福利款商品秒杀	下单流程教学 产品亲身示范（试用、试吃、做实验等），介绍赠品数量及实用价值
	售卖高潮期 （1～2 小时）	突出最大众化的潜力爆款，体现价格优势，客单价高低结合	免单（从下单用户中抽 n 名免单） 红包（不定时发红包） 抽大奖（高客单价热门商品或大礼包）	神秘嘉宾、知名嘉宾空降直播间，活跃氛围 品牌方围绕商品价格优势深度讲解
	售卖结尾期 （0.5～1 小时）	客单价由高转低		根据前期下单数据及在线用户画像安排爆款商品返场
结束	收尾 （5～10 分钟）	—	送礼品，感谢粉丝	—

（数据来源，巨量引擎联合抖音电商首次发布《抖音直播营销实战经验手册第一期》）

2）商品橱窗

抖音在 2018 年上线了商品橱窗。商品橱窗相当于抖音的商品分享功能。想要在抖音平台上分享商品，必须先开通商品橱窗功能。开通商品橱窗功能之后，就能获得在视频或直播里面添加商品的权限了。商品会以购物车（小黄车）的形式显示在视频或直播页面，如图 4-102 所示。

图 4-102　视频或直播页面购物车的位置

抖音申请开通商品橱窗的条件如下：

- 实名认证；
- 个人主页视频（公开且过审）数量≥10 条；
- 账号粉丝（绑定第三方账号的粉丝不计算数量）数量≥1 000 个；

开通抖音商品橱窗功能，可获得如下权益：

- 拥有个人主页商品橱窗，支持在你的视频或直播间中添加并分享商品。这些商品来源包括但不限于抖音小店、淘宝网、京东、考拉海购、唯品会、苏宁易购等。
- 拥有个人页视频置顶功能（可置顶 3 个视频）。
- 支持登录达人 PC 管理平台（e.douyin.com），可在 PC 端回复消息、设置私信自动回复、私信自定义菜单、查看账号运营数据、置顶评论等。

3）知识付费

抖音不仅能通过短视频带货实现变现，还能通过短视频引流或付费问答实现知识付费。短视频作为切入用户场景的一种形式，直观的传达效果大大缩短了变现路径，配合推荐算法引流的效果远超过传统推广渠道。那么，如何在抖音平台上做知识付费呢？

（1）通过短视频引流。知识付费的变现逻辑是满足自我提升的需求。随着人工智能的发展，工作岗位竞争越来越激烈，大家对新知识的求知欲也越发高涨，愿意为知识付费的人也越来越多。根据第三方调研机构的数据，截至 2018 年，国内知识付费用户已超过两亿人，行业保持着两位数的高速发展，市场前景广阔。

分析抖音知识类的内容和用户的需求后，可以得出以下几个切入点：情感教学、心理咨询、法律求助、个人提升、技巧学习等，庞大的流量配合强大的算法推荐机制，很容易触及目标用户。

作为短视频分发平台，在抖音平台上任何变现模式都绕不开系统推荐，知识付费也不例外。因此，在抖音做知识付费的模式可以归纳为“自制垂直短视频引流小程序深度学习+课程付费”。

（2）付费问答。近几年，参与门槛较低的付费问答大行其道。由于问答场景可满足人们的好奇需求，可以说是适合大多数内容型平台，对拥有数亿活跃用户的抖音也不例外。

付费问答又可以分两类：专业问答与泛娱乐问答。其中，专业问答可以归纳为问答形式的知识付费；泛娱乐问答则更符合抖音平台的定位。

4）引流卖货

除电子商务平台外，越来越多的线下商家也开始用抖音进行推广。那么，线下实体店如何去推广，抖音推广能打开营销市场吗？实体店的生意越来越难做，不仅面临着巨大的租金风险，而且越来越多的流量被电商行业抢走。做传统生意的商家，如果还不考虑接触电子商务行业，那后面的路更是举步维艰。

那么，实体店怎么用抖音进行营销呢？

（1）口碑扩散。如果你是做奶茶的，就可以晒出排队购买的火爆场面的视频；如果你是开饭店的，就可以把店里的美食照片拍出来，让大家知道饭店的独特之处。

（2）线上导流。抖音号认证蓝V号后，可获得一系列POI功能，包括认领店铺地址、产品服务展示、优惠券投放、一键拨号等，且能避免广告处罚。通过短视频挂载入口，能有效为店铺导去线上的精准流量。

（3）用户留存。实体店经营的一大痛点为缺乏有效的用户运营能力，而围绕门店的抖音账号，商家可以聚拢一批忠实用户。通过视频与用户互动，培养用户黏性，帮助提升用户的留存率。如果是做服装的，还可以和已经消费的顾客达成拍摄试衣照片的合作，这都是实实在在的场景营销。

在抖音平台，一旦一个视频火爆起来，曝光量过亿是很容易的事情！这对带动实体店产品的销售是有极大的帮助的。

5）销售广告

企业品牌主还可以在抖音平台上投放广告获得变现。目前，在抖音平台上为品牌提供的展示方式主要有开屏广告、信息流广告和抖单挑战赛等。

（1）开屏广告。开屏广告在抖音App启动时展示，覆盖新生代的消费主力。分为静态、动态和视频三种。

（2）信息流广告。信息流广告展示在抖音信息流内容中。信息流广告展现样式的特点：原生——竖屏全新视觉体验、账号关联聚粉强、支持分享；传播方式灵活——支持多种广告样式和效果优化方式。例如，在2018年世界杯期间，哈尔滨啤酒凭借抖音短视频开屏、信息流等高价值广告曝光资源，以及强互动参与度的挑战赛活动，视频总播放次数达到19.9亿次。据悉，活动期间的信息流广告页面浏览量超过257万次；内马尔开屏广告的页面浏览量高达5 600万次，点击量超过295万次。另外，根据主题赛定制的“喇叭+足球+哈啤”组合贴纸道具，使用人数超过6.9万人，成功扩大了品牌声誉。

（3）抖音挑战赛。企业依托抖音挑战赛形式，实现品牌推广诉求。抖音挑战赛这种营销方式新颖、灵活，能够吸引用户主动参与，能够完成品牌高曝光量。抖音挑战赛是一种整合打通抖音站内资源的合作模式，包括定制挑战、核心入口展示、达人互动、定制贴纸和音乐入库等。

任务实训

一、理论知识训练

单项选择题

（1）设置头像时，如果不是打造个人品牌或有很强的个性内容，建议用（　　）头像，这样做更加直接、干脆，用户看了之后不用费脑筋去理解。

A．卡通　　B．图片　　C．文字　　D．LOGO

（2）以下哪些是抖音企业号进行定位的要素（　　）。

A．品牌理念　　B．受众分析　　C．账号风格　　D．内容规划

（3）（　　）内容适合想要塑造或改变形象的企业（如有些品牌想要更年轻、更鲜活、更有趣、更不一样的形象）。

A．故事类　　B．实物类　　C．特效类　　D．戏精类

（4）企业认证蓝 V 号后可获得以下哪些权限（　　）。

A．尊贵身份识别　　B．店铺营销获客

C．三大维度数据监测　　D．发布更多作品

（5）企业认证蓝 V 号需要提交哪些资料（　　）。

A．抖音认证申请　　B．抖音认证公函

C．法人身份证正反面　　D．营业执照

（6）抖音内容运营可分为三步完成（　　）。

A．视频发布→视频制作→粉丝互动　　B．视频制作→视频发布→粉丝互动

C．视频发布→粉丝互动→视频制作　　D．粉丝互动→视频制作→视频发布

（7）人的新鲜感注意力时间刚好是（　　）。时间太短，内容没办法呈现；时间太长，会让人产生视觉疲劳。

A．10 秒　　B．15 秒　　C．30 秒　　D．60 秒

（8）（　　）类标题通常是把话说一半留一半。用户会在猜疑、揣测中期待视频接下来将发生什么。

A．简单叙事　　B．刺激互动　　C．设置悬念　　D．唤醒情绪

（9）发布抖音作品时，可以从以下哪些方面入手来选择发布时间（　　）。

A．找同类型热门视频的发布时间　　B．选择节假日时间

C．选择账号粉丝的活跃时间　　D．查看同行业 KOL 的发布时间

（10）要想有好的播放量，取决于哪个重要指标，即（　　）。

A．账号的质量　　B．视频的质量　　C．视频的互动数据　　D．广告的投放

（11）把抖音（　　）做到极致的非“樊登读书”莫属。你打开抖音，不管你有没有关注过樊登读书，都会看到一个胖胖的男青年，在视频里讲各种“人生哲理”的段子。

A．利用 DOU+引流涨粉　　B．留住老粉吸引新粉丝

C．蹭热点涨粉　　D．矩阵涨粉

（12）（　　）相当于抖音的商品分享功能。想要在抖音分享商品，就必须要先开通这个功能。

A．商品橱窗　　B．抖音小店　　C．直播带货　　D．POI

二、综合能力训练

小贾学校毕业后应聘到三只松鼠公司的新媒体事业部，主要从事抖音运营工作，请完成以下实训任务：

1．小贾应如何养号？

2．如何打造账号“人设”？

（1）账号设置。从账号名称、账号头像、个性签名三个方面进行账号设置。

（2）账号定位。运用打造企业号“人设”四步法，策划三只松鼠账号“人设”的打造方案。

3．制作优质内容。

（1）根据六个基本步骤，确定视频拍摄的选题和脚本，撰写一份脚本。

（2）根据脚本拍摄一个作品。

（3）拟定作品的标题、封面及发布时间。

4．按照直播人、货、场重构理论策划一场直播活动，按照教材中直播脚本的参考模式（见表4-20）编制自己的直播脚本。

三、创新创业项目训练

根据本任务综合能力训练中撰写的直播脚本，尝试进行一场抖音直播。

项目 5

实施社会化媒体营销

内容导图

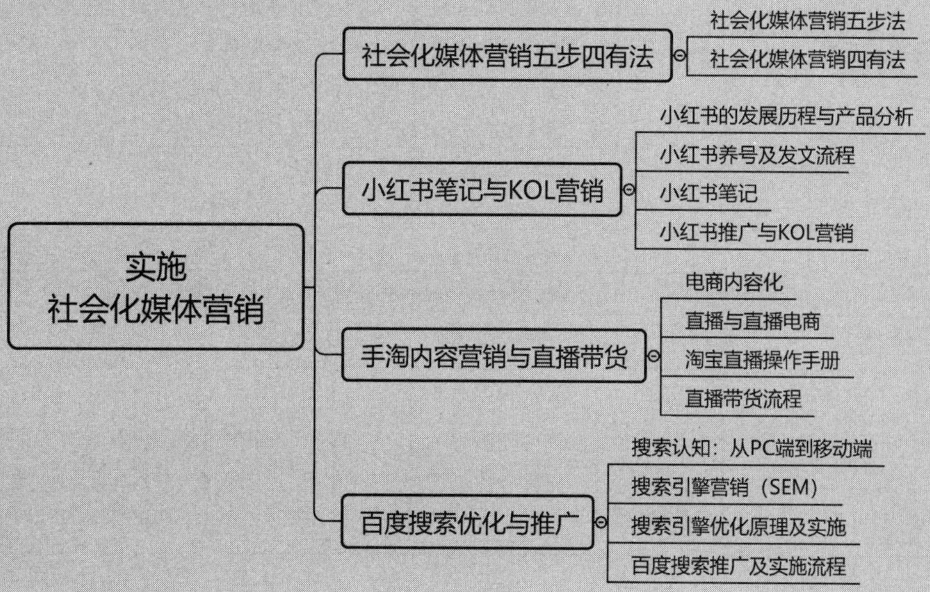

知识梳理

本项目为实施网络营销之第二板斧——社会化媒体营销，通过小红书、手机淘宝、百度搜索等平台，讲述如何将社会化媒体的公域流量引流至企业自媒体，最终实现企业客户留存、商业变现的目标。

任务 5.1　社会化媒体营销五步四有法

工作任务单及参考流程图

<table>
<tr><td>工作任务</td><td colspan="2">规划社会化媒体营销实施流程</td><td>教学模式</td><td>任务驱动</td></tr>
<tr><td>建议学时</td><td colspan="2">4 课时</td><td>教学地点</td><td>一体化实训室</td></tr>
<tr><td>任务描述</td><td colspan="4">如何利用社会化媒体进行营销？社会化媒体营销怎么做？成功的社会化媒体营销有哪些共同特征值得我们学习和借鉴？内容营销、活动营销、社群运营、裂变营销的区别在哪里？其作用和实施方法有什么不同？
本任务我们先理清思路，然后再深入了解具体平台的做法。</td></tr>
<tr><td rowspan="4">学习目标</td><td>知识目标</td><td colspan="3">✓ 了解内容营销与社会化媒体营销的关系；
✓ 说出活动营销常用的六种方法；
✓ 掌握社会化媒体营销五步四有法。</td></tr>
<tr><td>能力目标</td><td colspan="3">➢ 能够根据五步法流程，规划社会化媒体营销实施过程；
➢ 能够将四有法融入社会化媒体策划方案中。</td></tr>
<tr><td>素质目标</td><td colspan="3">✧ 具有学习能力，能够模仿和学习成功案例并用于营销策划中；
✧ 具有创新能力，能够用所学知识完成项目任务。</td></tr>
<tr><td>思政目标</td><td colspan="3">◆ 具备“深入社会实践、关注现实问题”的职业精神；
◆ 具备实事求是的价值观和求真务实的工作态度。</td></tr>
<tr><td>KPI 指标</td><td colspan="4">用户活跃度、用户留存率（次日留存、七日留存、30 日留存）。</td></tr>
<tr><td colspan="5">社会化媒体营销五步法实施流程图</td></tr>
<tr><td colspan="5">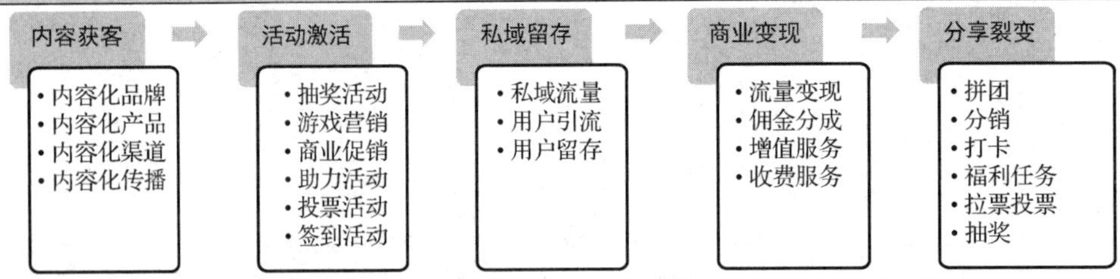</td></tr>
</table>

任务实施

社会化媒体是以多对多的沟通交流为目的、大众创造的信息为内容、互联网技术为方式的新型大众媒体。社会化媒体的本质是“用户创造内容”。Kantar Media CIC 将社会化媒体分为核心社会化媒体与衍生社会化媒体，如图 5-1 所示。

社会化媒体营销是指依赖或基于社会化媒体上用户形成的互相连接的人际关系进行的品牌或商品的营销。如何实施社会化媒体营销？接下来我们会学习社会化媒体营销五步四有法、社交类平台（以小红书为例）的 KOL 营销、电商类平台（以手机淘宝为例）的直播营销、资讯类平台（以百度为例）的搜索营销。

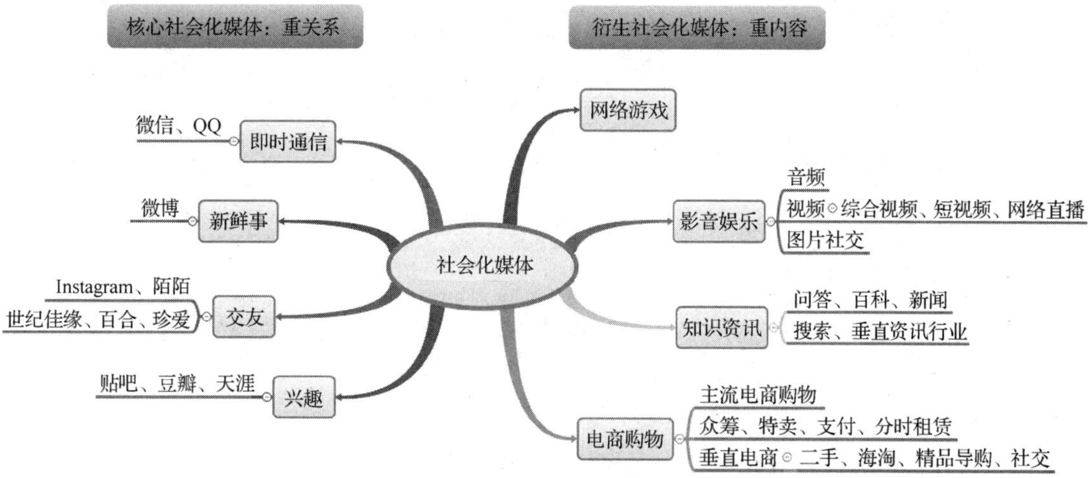

图 5-1 社会化媒体的分类

由于大部分的社会化媒体用户都可以免费参与其中，并且营销内容的真实性和可信性比广告更高，能激发感兴趣的用户主动参与和反馈，最终实现快速、高效、大范围传播的目的，故深得企业青睐。但社会化媒体营销也是一个递进过程，需要先有内容，后有活动，最后才是自传播和变现。我们将社会化媒体营销实施过程总结为五步四有法，如图 5-2 所示。

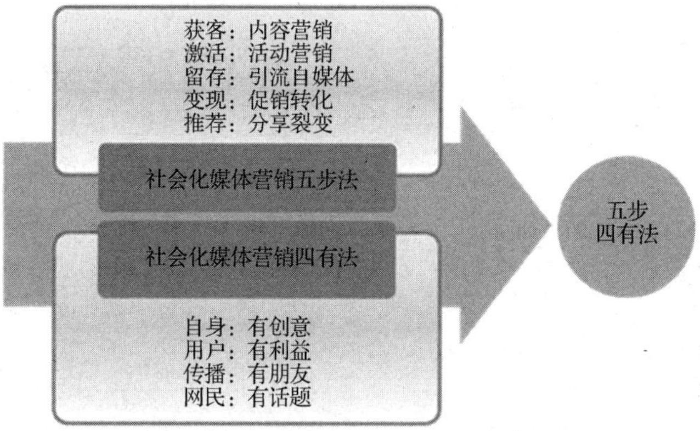

图 5-2 社会化媒体营销五步四有法

5.1.1 社会化媒体营销五步法

1．获客：内容营销

1）什么是内容营销

营销的整体发展经历了三个阶段，如图 5-3 所示。

那么，什么是内容营销？美国内容营销协会对内容营销做出了如下定义：内容营销是一种通过生产发布有价值的、与目标人群有关联的、持续性的内容来吸引目标人群，改变或强化目标人群的行为，以产生商业转化为目的的营销方式。这里有四个要点：

（1）内容营销是一种营销方式，是相对于传统媒介营销、数字营销的一种营销方式。

（2）内容营销是以商业转化为目的的营销方式。正如美国广告大师李奥贝纳说的那样：我们希望消费者说“这真是个好产品”，而不是说“这真是个好广告”。广告的目的是为了销售，内容营销的目的也是为销售服务的。

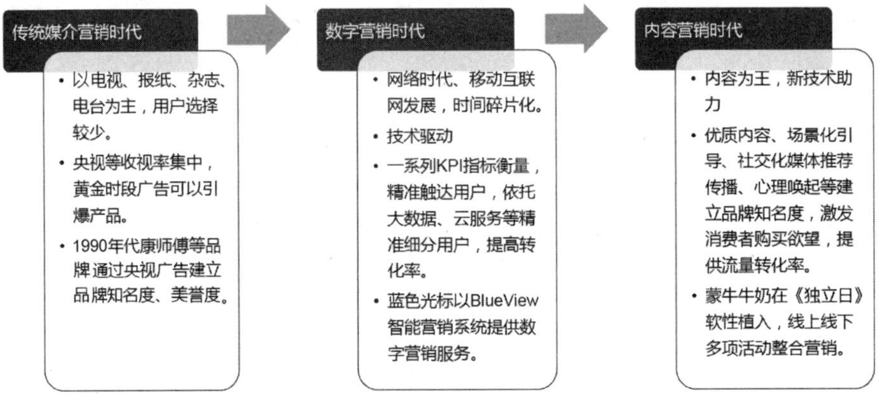

图 5-3 营销的整体发展阶段

（3）内容营销的对象是有购买能力和购买意愿的人群。内容营销要吸引、强化、改变的人群，不是潜在人群，也不是意向人群，而是有购买能力和购买意愿的人群。

（4）通过生产发布有价值的内容。内容营销通过有价值的内容，吸引、强化、改变目标人群，从而实现商业转化。什么是内容？根据艾瑞咨询 2020 年《中国内容营销策略研究报告》，内容形式包括图文、游戏、音频、音乐、直播、短视频、长视频等。内容营销的概念与内容形式如图 5-4 所示。

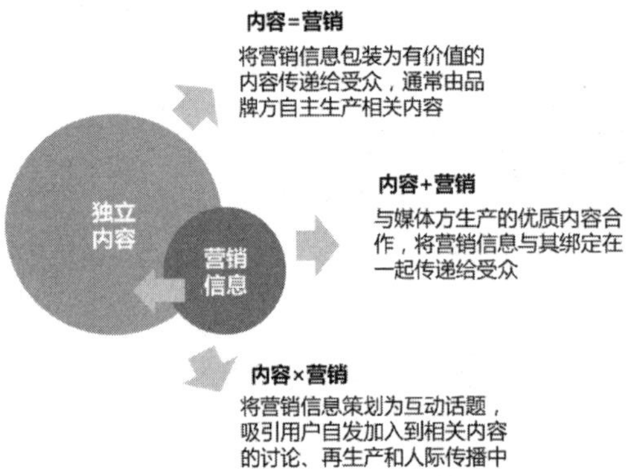

内容营销	内容形式	典型内容营销呈现形式
	长视频（影视综、动漫）	冠名、植入、创口贴、中插等
	短视频	口播、品牌露出等
	直播	营销活动直播、内容植入等
	音乐	广告主题歌等
	音频	口播植入、定制音频节目等
	游戏	道具植入、人物植入等
	图文	软文、产品评测等

图 5-4 内容营销的概念与内容形式

内容营销可以用如图 5-5 所示的公式表示。

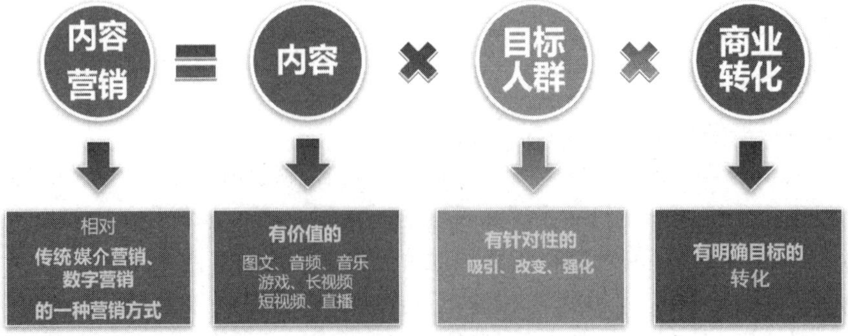

图 5-5 内容营销公式

【想一想】

微博、微信、抖音、快手、小红书等是从事社会化媒体的平台，内容营销的内容形式有图文、音频、音乐、游戏、长视频、短视频和直播等。那么社会化媒体与内容营销，它们是什么关系？

____

____

我们可以用拉斯维尔的传播 5W 模式来解释社会化媒体与内容营销的关系。

1948 年，拉斯韦尔明确提出了传播过程及其五个基本构成要素，即谁（Who），说什么（Say What），通过什么渠道（In Which Channel），对谁说（To Whom），产生什么效果（With What Effects）。这就是著名的 5W 传播模式，如图 5-6 所示。

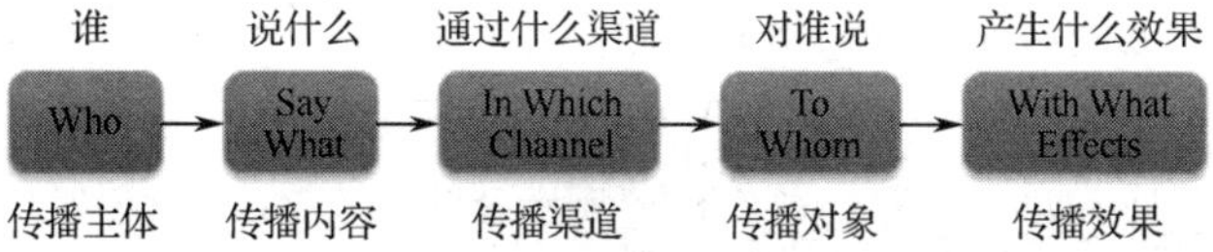

图 5-6　5W 传播模式

内容营销中的内容是指传播内容，社会化媒体是指传播渠道，它们是传播中的两个要素。内容营销，既可以在线下做，也可以在线上做；社会化媒体营销，一般是指利用线上的互联网平台实施内容营销。内容营销与社会化媒体之间的关系如图 5-7 所示。

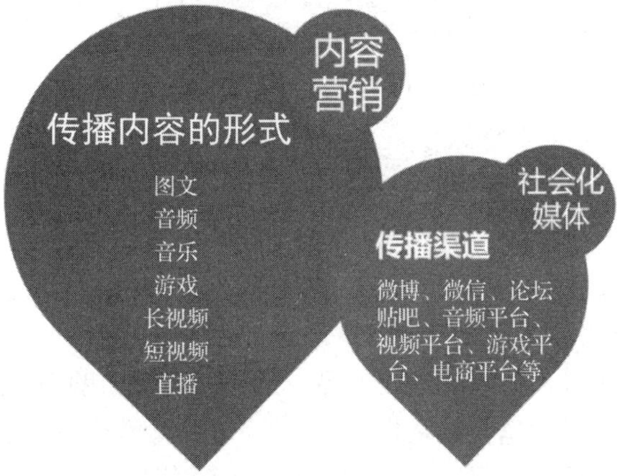

图 5-7　内容营销与社会化媒体之间的关系

【连连看】

不同社会化媒体平台，主要的内容呈现方式是不一样的。你能把它们正确地连接起来吗？

主要传播内容的形式	传播渠道
文字+九宫格	微博
直播	微信公众号
短视频	抖音
评测文章	淘宝网
长文章+图片	小红书
宝贝详情页	B 站

2）谁来创造内容

在互联网平台上，常见的内容生产模式有三种，即UGC、OGC、PGC。

UGC（User Generated Content）指用户生产内容。例如，当我们在微博发博文、在朋友圈发推文、在抖音发视频时，我们都是UGC的生产者。

OGC（Occupationally Generated Content）指品牌生产内容、职业生产内容，为受众提供产品、品牌、品类的相关信息，目的是让品牌成为消费者心目中的权威专家。OGC的生产者既可以是企业专职内容运营人员，也可以是公关公司专业人士，还可以是媒体平台记者或编辑。他们为企业品牌服务，领取企业各种类型的报酬。

PGC（Professionally Generated Content）指专业生产内容、专家生产内容。当我们生产的内容质量高、拥有大量粉丝、以生产内容为职业时，我们就成了PGC的生产者。例如，大咖、UP主、网红、主播等，都是PGC的生产者。

UGC、OGC、PGC的区别如图5-8所示。

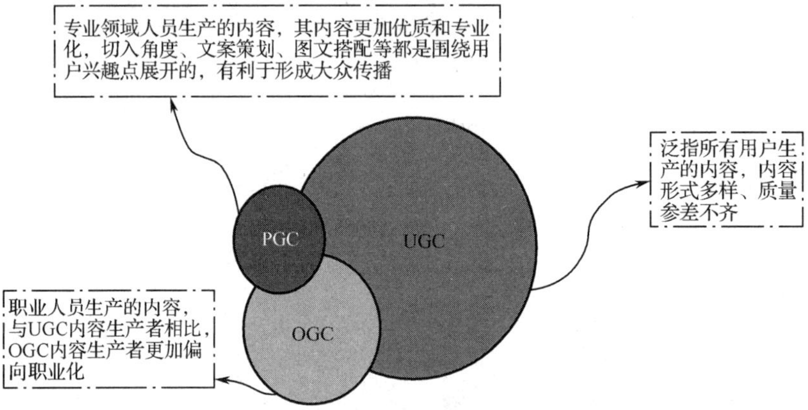

图5-8 UGC、OGC、PGC的区别

UGC、OGC、PGC的内容生产者是可以相互转换的。如果UGC做得好，毕业后可以到企业应聘新媒体运营专员之类的岗位，成为OGC的生产者；在企业积累了足够经验，可以自主创业成为PGC的生产者。

企业在做新媒体营销时，会以红包、奖品、砍一刀、拼团助力等方式请用户做UGC，这是裂变营销；也会聘请新媒体运营人员做OGC，这是自媒体营销；还会花钱请明星、网红或主播做PGC，这是KOL营销。UGC、OGC、PGC与新媒体营销之间的关系如图5-9所示。

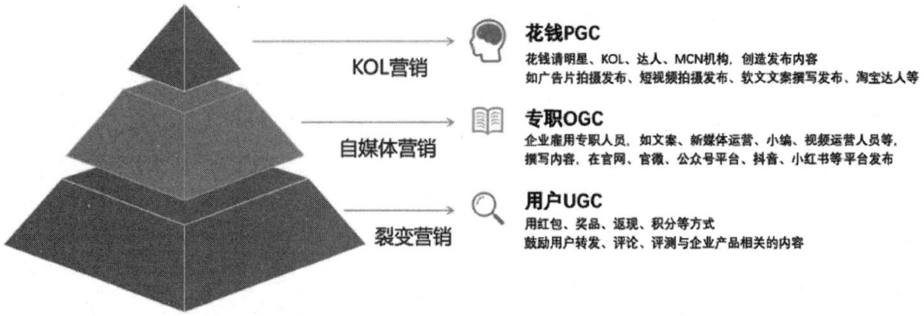

图5-9 UGC、OGC、PGC与新媒体营销之间的关系

3）如何在社会化媒体上实施内容营销

企业如何做内容营销？可以从内容化品牌、内容化产品、内容化渠道、内容化传播等方面进行，如图 5-10 所示。

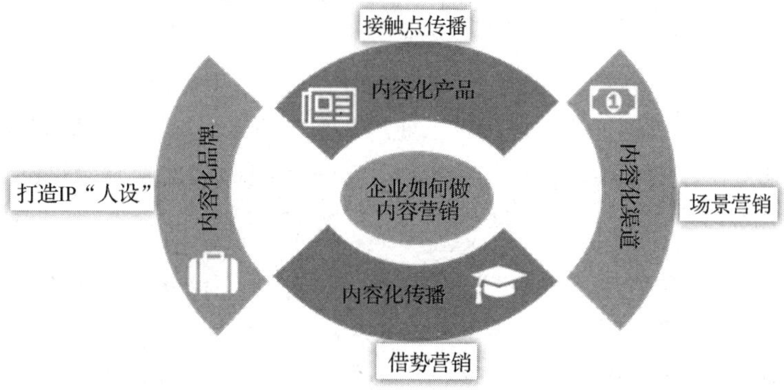

图 5-10　企业做内容营销的方法

（1）内容化品牌——打造 IP“人设”。什么是品牌？什么是 IP？简单来说，品牌是产品的牌子；IP（Intellectual Property）是自带流量的知识产权。品牌和 IP 的特点如下：

① 一般来说，先有产品，然后才有品牌，如娃哈哈果奶；而 IP 是先有内容，然后才有产品，如迪士尼、故宫。

② 品牌是种信任代理，用知名度、美誉度、忠诚度来衡量；IP 是种独特的人格设定，是一种心灵依托，如迪士尼的欢乐、Hello Kitty 的可爱、故宫的萌等。

品牌和 IP 的特点如图 5-11 所示。

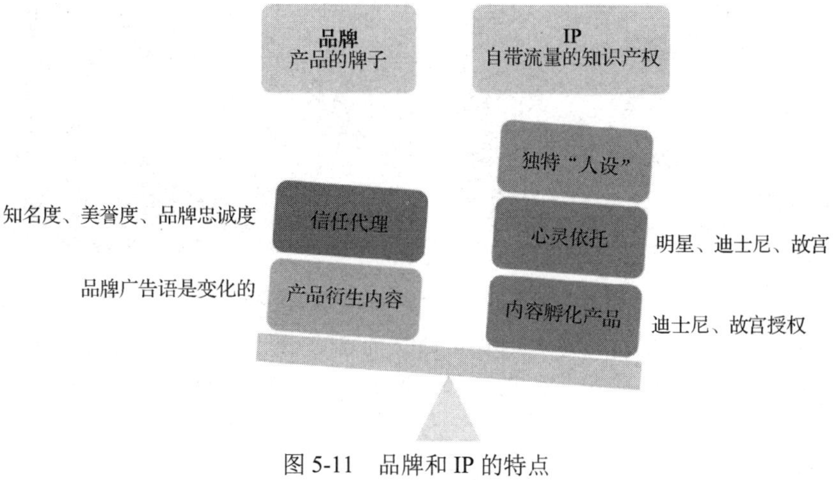

图 5-11　品牌和 IP 的特点

我们可以用动物、人偶、信念、名人等来内容化品牌，打造 IP“人设”。互联网企业喜欢用动物来赋予品牌的独特内涵，如天猫用猫、京东用狗、QQ 用企鹅、苏宁易购用狮子、携程用海豚、网易用考拉……而阿里更是在过去 20 年，打造了 27 只动物吉祥物来内容化品牌，除了我们熟知的天猫，还包括菜鸟物流、飞猪旅游、盒马鲜生、虾米音乐等。

人偶内容化品牌确实能给消费者独特印象。例如，三只松鼠客服化身为鼠小弟，亲切地称卖家为“主人”，还有江小白的“文艺青年”、统一集团的“小茗同学”等。

（2）内容化产品——接触点传播。接触点传播，是指抓住与客户接触的“关键时刻”，通过接触点管理，使这些与客户接触的“关键时刻”变为客户的“满意时刻”。

为什么“海底捞的服务你学不会”？是因为海底捞员工在与顾客接触时，提供的服务变成了一个个故事，由网友自发传播，津津乐道。例如，海底捞提供的修指甲、洗眼镜、拉面表演、变脸表演等，其他餐饮行业也许可以效仿。但是，以下这些员工创意，却不是每家服务企业都能做到的：拒绝客户打包要求后，在结完账时送上整个西瓜；看到客户一个人吃火锅，在餐桌对面放玩偶；帮助客户代练游戏；扮客户女朋友应付家长……

酒水饮料行业的瓶身营销，几乎成为该行业的标配。例如，可口可乐有昵称瓶、歌词瓶、台词瓶，江小白的文案瓶，农夫山泉与故宫合作的故宫瓶（见图5-12），味全每日C的理由瓶……

图5-12 农夫山泉与故宫合作的故宫瓶

当然，不只是酒水饮料行业，肯德基的餐垫纸、我们接收的快递箱（见图5-13），都在内容化产品，实施接触点传播。

图5-13 内容化产品的触点传播案例

（3）内容化渠道——场景营销。场景营销是通过给用户制造一个场景想象，给用户超强的代入感，进而和品牌或产品定位产生关联，传递品牌的定位或价值，达到商业转化目的的一种营销方式。

【连连看】

成功的广告会将产品与客户某个特定场景的需求进行连接。请用线条将下面的场景与产品连接起来。

场景	**产品**
怕上火	红牛
小饿小困	脉动
关键时刻	香飘飘
用脑过度	王老吉
渴了累了	六个核桃

场景营销无处不在，在广告、线下门店、线上互联网企业、线上线下 O2O 中均可实施。例如，“怕上火就喝王老吉”“关键时刻脉动回来”就是场景营销在广告中的应用。

为什么在电子商务时代，线下的宜家、迪卡侬等品牌的生意依旧火爆、不受影响？原因在于他们搭建了一个体验场景。宜家营建了一个涵盖产品展示、产品购买、产品物流、吃喝玩乐周边等家居生态圈。在宜家购物中心，用户不仅能够购买家具，而且能够随时随地体验家具产品，真正做到可见、可触碰、可下单、可提货……宜家的场景营销案例如图 5-14 所示。

图 5-14　宜家的场景营销案例

迪卡侬按运动种类分为羽毛球、篮球、航海、马术、荒野探险、舞蹈、健身、高尔夫球、攀岩、轮滑、户外山地、射箭、冲浪等 60 多个领域，并按照顾客的购物习惯和运动类别分为 11 个区域，从初学者入门级产品到职业运动员的专业级商品一应俱全。在超市中央设置试滑区，运动爱好者可以戴全套护具在试滑区运动。

Uber、Airbnb 作为分享经济的代表，其分别瞄准的场景是用户出行叫车的场景和旅游住房的场景。这种线上场景营销，通过移动互联网、大数据与消费者文化融合，重新组织社会资源和流程以满足用户的需求场景。

“春节红包”是互联网巨头们抓住消费者在春节团聚时共同观看春晚的场景，采用发红包的方式，获取消费者关注的一种营销活动。

快闪店是一种不在同一地久留、俗称“Pop-up Shop”或“Temporary Store”的品牌游击店，在 2003 年诞生于纽约，指在商业发达的地区设置临时性的铺位，供零售商在比较短的时间内（若干星期）推销其品牌，抓住一些季节性的消费者。“Pop-up Shop”在英语中有“突然弹出”之意，类似于网页的弹窗广告。在 2016 年以后的中国，“饿了么”“知乎”“京东白条”“天猫”等互联网品牌，也加入快闪店场景营销的行列。

（4）内容化传播——借势营销。2018 年 2 月出现了“红月亮、蓝月亮”的天文现象，当大家在期盼、等待蓝月亮的出现时，微信朋友圈出现了“你们盼望的蓝月亮来了”的主题图，瞬间成为网民刷屏级的传播现象，这是内容化传播——借势营销的案例（见图 5-15）。这样的调侃，让大家会心一笑，会以娱乐的心态去自觉传播。而蓝月亮品牌也得到了免费的亿次传播。

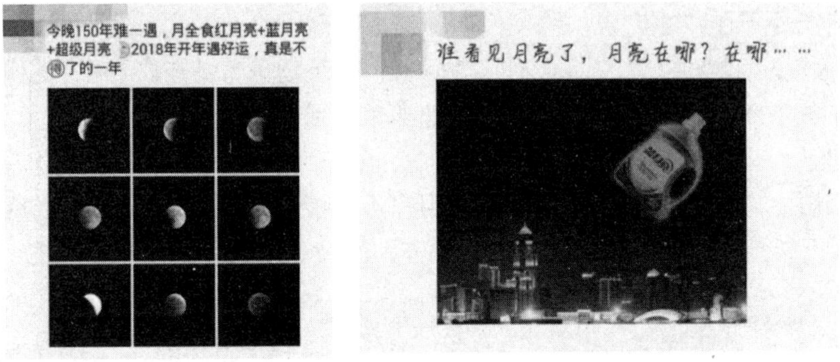

图 5-15　内容化传播——借势营销的案例

2．激活：活动营销

活动营销就是让用户参与到活动中，从而提高用户对品牌认知的营销形式，提高用户的参与度是活动营销最重要的目的。只有用户参与度高，才能够带来良好的引流、涨粉等活动宣传效果。

目前常用的活动营销形式有抽奖活动、游戏营销、商业促销、助力活动、投票活动和签到活动六种。

（1）抽奖活动。抽奖活动相信对不少人来说会有很大的吸引力（大多数人的想法是尽管不一定会中奖，可是也说不定会中呢）。所以，我们经常会看到朋友分享某些抽奖活动的链接或看到现场抽奖活动时，通常会比较主动、积极地去参与。

（2）游戏营销。“玩一个几分钟的小游戏，就有机会得到奖品。”这种活动能有效提高用户的参与度，而且通过游戏，可以令用户放松身心，用户也乐意参与其中。游戏营销活动页面如图 5-16 所示。

图 5-16　游戏营销活动页面

（3）商业促销。这类活动一般是以促进用户在线支付为主，通过秒杀、砍价、拼团活动，商家可发布优惠力度大的商品信息，让用户在有限的时间内购买优惠的商品，提高某种商品的销量。对于喜欢在线购物的用户来说，商业促销的确是一种有吸引力的活动。

（4）助力活动。助力活动虽然与商业促销的活动形式类似，但助力活动是以裂变传播为主的。这类活动通过分享邀请好友参与活动，以裂变的方式提高活动传播率的同时，也帮助商家宣传了品牌。助力活动页面如图 5-17 所示。

图 5-17　助力活动页面

（5）投票活动。相信你们也会经常在朋友圈看到投票活动。不管是活动中的参与者，或者是支持他们的粉丝，都会很积极地发出各种分享拉票内容。投票活动在提高参与用户活跃度的同时，也是对活动进行传播的方式。

（6）签到活动。由于这种形式的活动一般参与周期会比较长，所以我们要在确保活动主题具有吸引力的前提下，再选择用这种活动形式。例如，世界杯期间举行签到活动就是个不错的选择。签到活动页面如图 5-18 所示。

图 5-18　签到活动页面

3．留存：引流自媒体

1）私域流量

私域流量是相对公域流量而言的。私域流量渠道是指我们不用付费，可以在任意时间、任意频次直接触达用户的渠道，如朋友圈、社群、微信个人号等。公域流量和私域流量的代表平台（应用程序）如图 5-19 所示。

社会化媒体营销的目的是将公域流量引流到私域流量池进行留存，然后进行用户运营，提升复购率。

图 5-19　公域流量和私域流量的代表平台（应用程序）

2）用户引流

如何把用户从公域流量池引入私域流量池？最常见的方式是利益诱导。这种方式多见于“人傻钱多”的公司，如关注公众号领红包、下载 App 送现金等。在公域流量池获得曝光后，当用户看到能够获得利益时，一般都会形成转化。虽然数据很漂亮，但用户质量不一定很高。

另外一种方式是做优质的内容，靠内容本身打动用户，从而形成转化。多产出有价值、有内容、有帮助的干货，当别人发现你做的东西对自己有帮助时，会主动关注。这种方式才是真正长久的打法。

由于各个平台都有自己的运营方式，都在或明或暗地设置防止导流的规则。因此，我们要在规则允许的范围内合理引流至个人微信公众号。当粉丝进入微信后就属于私域流量了，这时候就可以采取裂变的方式继续扩大流量池。

3）用户留存

用户在某段时间开始使用产品或应用，经过一段时间后仍然继续使用该产品或应用，这种用户被称为留存用户。这部分用户占这段时间新增用户的比率即为用户留存率。衡量用户留存率的常用指标包括次日留存率、七日留存率和 30 日留存率，其计算公式为“第 N 天依旧在使用的用户数/第一天新增的用户数”。用户留存指标及其作用如表 5-1 所示。

表 5-1　用户留存指标及其作用

用户留存指标	作　用
次日留存率	可以用于第一时间发现产品新版本的品质变动情况和渠道优势
七日留存率	可以反映一个完整体验周期后的用户去留情况
30 日留存率	可以反映一次版本迭代后的稳定性，辅助判断产品的演进方向是否合理

【阅读材料】

用户留存的四大体系方法论

如何做好用户留存，维护好私域流量？鸟哥笔记专栏作者 Linkflow 总结出用户留存的四大体系方法论。

1. 售后服务跟踪体系

第一种留存形式，就是售后服务跟踪体系，如图 5-20 所示。

图 5-20　售后服务跟踪体系

在售后服务过程中，新会员和老会员有不同的维护策略。从系统化层面来说，要把售后服务整个系统化的链路想清楚。例如，在一个售后服务链路中，当用户首次关注公众号时，就马上给用户弹券，然后给用户弹相应的产品信息；当用户买单或支付场景结束后，给用户推送支付成功的通知；支付完成几天后，给用户发送相应的话术提醒消息；售后期结束后，发送与积分相关的提醒消息。以上这些都属于售后服务跟踪体系里系统自动触发的温馨问候及关怀。

2．积分互动留存体系

第二种体系是积分互动留存体系。不同级别的会员营销，其动作和节点是不同的。对于新会员或普通会员来说，是培养会员的行为习惯，让他们适应平台的规则和服务内容；对于银牌、金牌会员来说，是提升会员的消费总额；对于钻石会员来说，是提升会员的消费次数。

积分商城的用户留存形式，要把其获得的方式尽量多元化。同时，消耗的渠道也要多元化。对于很多用户来说，他们并不知道积分商城的积分能够干什么，或者说他们不清楚积分的实际用途。那么，在运营过程中，就要多传播，要把积分属性做好，要让用户能够更好地与积分产生互动。例如，你可以邀请他完成几个任务，让他邀请一个好友参与一次打卡。这些动作是你跟用户互动的行为，因此完全可以用这种方式去促活，或者去唤醒你原有用户的积分属性。积分商城的用户留存形式如图 5-21 所示。

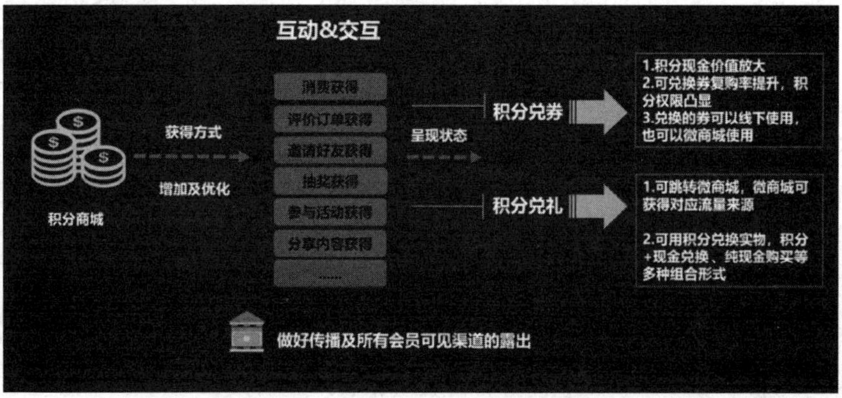

图 5-21　积分商城的用户留存形式

3．社群、商城资讯传播互动体系

第三种是通过社群、商城资讯传播作为留存的方式。很多人觉得社群对于留存来说没有太大的意义，其实并不是。社群更多的是要做好规划，要把整个触点想得很清楚。所以，这个时候一定要有一个多流量的流量池，要把个人号和企业微信号、公众号、朋友圈结合来使用，也可以用第三方的企业微信工具，让企业微信带有很多个人公众号的属性，以此来增加触达的频率。社群、商城资讯传播互动体系如图 5-22 所示。

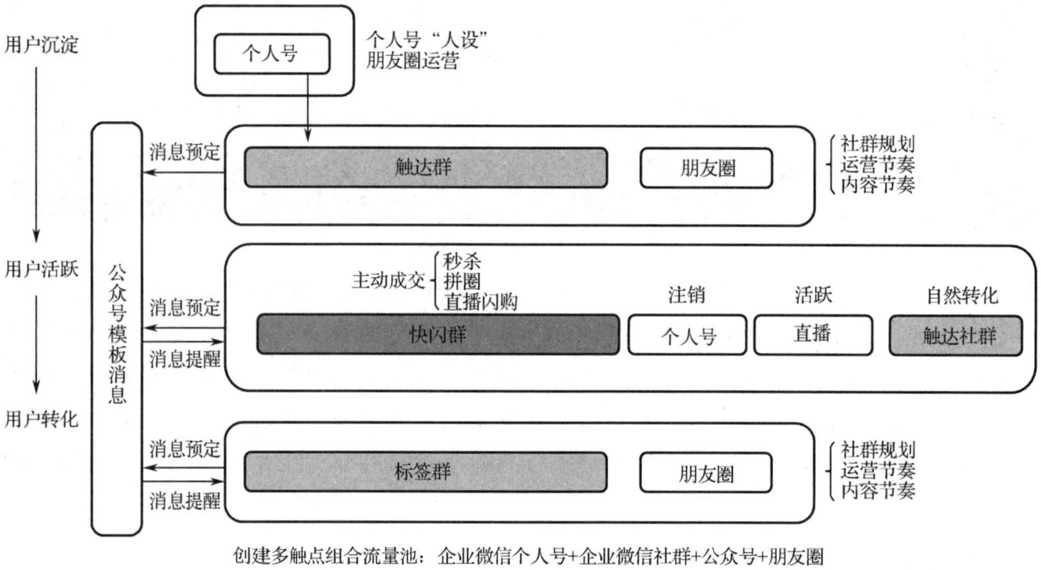

图 5-22　社群、商城资讯传播互动体系

4．符合用户特征和用户利益点的留存体系

第四种体系是符合用户特征和用户利益点的留存体系。这一套体系是最复杂的，也是最难实现的。它基于一个模型，这个模型称为 RFM 模型，即基于用户的购买时间、频率、频次、金额来决定整个模型的属性。在不同的用户属性中，需要做更多的评级评定，从而用不同的策略对用户产生不同的吸引方式。符合用户特征和用户利益点的留存体系如图 5-23 所示。

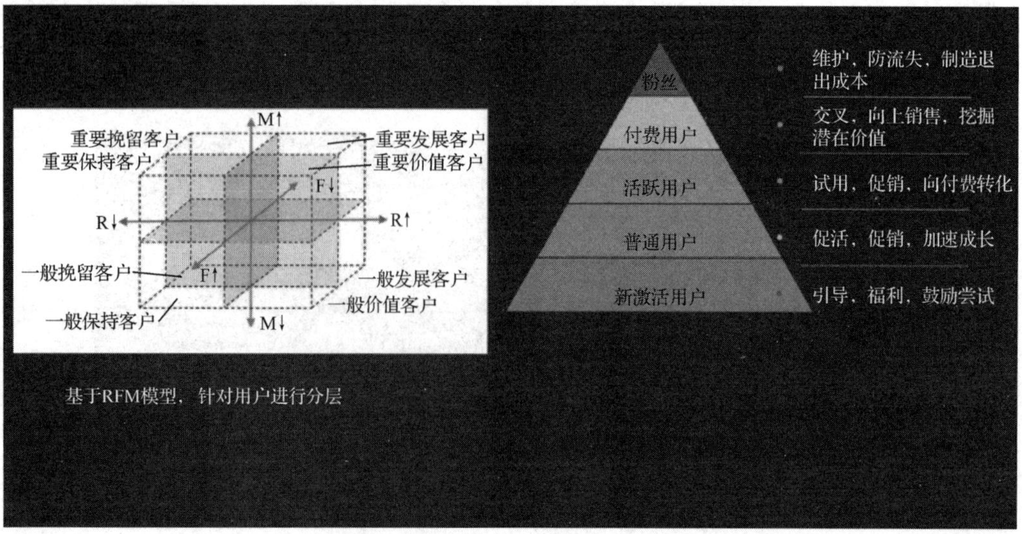

图 5-23　符合用户特征和用户利益点的留存体系

在运营过程中我们会发现，做得更多的工作是维护粉丝，防止流失。另外，对于付费用户，做得更多的是销售，挖掘用户的核心价值；对于活跃用户，做得更多的是让他试用、促销，向付费用户转化。所以，这套体系更复杂，因此要基于整个模型的方向去运算整个留存方式和留存体系。在运营过程中，需要去建立标签属性。把标签属性建立起来以后，用户当中就有了一些数据标签或行为标签，然后可以通过后台数据自动把用户进行分类或归类。

4. 变现：促销转化

有了流量和用户以后，企业除了通过商品销售实现变现，还有流量变现、佣金分成、增值服务和收费服务四种变现方式，如图 5-24 所示。

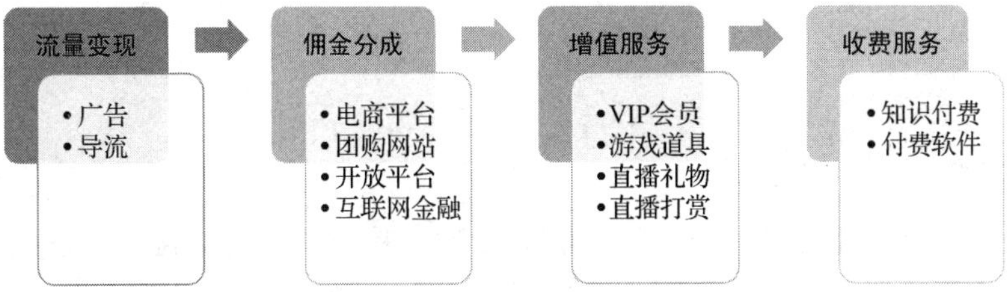

图 5-24　企业实现变现的方式

5. 推荐：分享裂变

1）分享的几种思维模式

（1）这个产品对我有好处。例如，我分享这个链接给我多少奖励？推荐几个人优惠多少？这都是常用的分享裂变方式。

（2）这个产品对我的朋友有用。例如，我的朋友最近在做新媒体，我推荐几个新媒体运营的公众号给他；我的朋友今天去某个地方旅游，我推荐旅游攻略给他。

（3）有趣好玩。这一点在抖音平台中特别常见。许多人看见抖音里很多有趣的视频，都愿意分享推荐到朋友圈，这叫“独乐乐不如众乐乐”。

（4）能帮助我塑造一个好的形象。例如，我在学习圈打卡，每天读了多少篇文章，坚持了多少天等。

2）裂变的常用方式

（1）拼团。拼团典型的例子就是拼多多。这种方式在“爸妈圈子”很流行，就是邀请多人参与即可开团拼购。

（2）分销。很多知识付费课程都在用这种模式，就是生成自己的分销专属二维码到朋友圈，别人购买之后自己就可以获得一定利益。

（3）打卡。很多读书和学习平台都在用这种模式，如打卡多少天可以减免报名费。另一种就是满足用户的虚荣心，如发朋友圈表示连续读书、背单词多少天了。

（4）福利任务。做任务获得奖励，如邀请多少人帮你点赞即可获得奖品。

（5）拉票投票。拉票投票的玩法很多，如很多有爱心的妈妈都会拉别人帮孩子投票。

（6）抽奖。抽奖也是很常见玩法，尤其是微博抽奖，可以通过转、赞、评来增加粉丝数量。

5.1.2　社会化媒体营销四有法

一个能引起网民自发传播，刷屏全网的社会化媒体营销事件，一般具有四个共同特征，即自身有创意、用户有利益、传播有朋友、网民有话题。这也是社会化媒体营销的“四有”法，如图5-25所示。

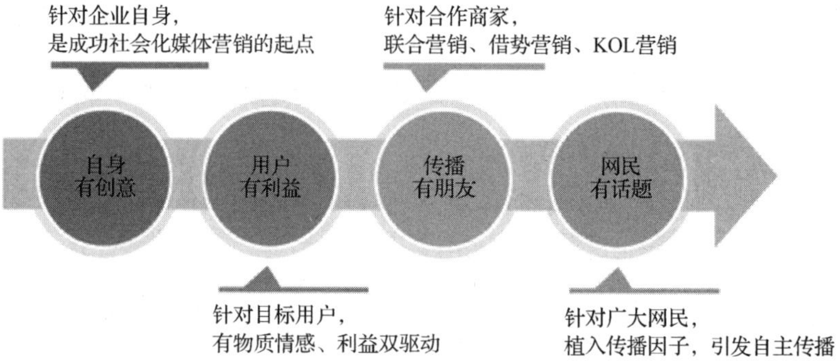

图5-25　社会化媒体营销的“四有”法

1．自身有创意

自身有创意是对企业自身的产品或品牌而言的，是成功的社会化媒体营销的起点。如何让企业的产品或品牌有创意？我们可以通过走心文案、微创新、品牌跨界、请代言人做营销等方式来实现。

1）走心文案

因走心文案而火爆全网的案例非常多，如江小白的“青春小酒”、网易云音乐的“地铁广告”、B站的“后浪”、快手的“看见”、网易的“H5互动测试”等。

例如，李佳琦之所以能成为“超级带货王”，他的走心卖货文案功不可没！有人说“李佳琦不仅是文案鬼才，还是个金句生产机器”。他对口红颜色的描述，是“天不怕地不怕的颜色”“苹果红，有生命力”“这是星空吧”“显白到爆炸”……将口红涂抹后的效果描述得生动形象，仿佛身临其境一样，让旁观者有种代入感，当然成交量也会随之提高。

2）微创新

微创新是指在用户体验上的创新，即从用户体验的角度去改善用户使用的体验，从用户使用产品的所有流程开始，在产品上做一些改进，给用户创造价值。例如，食品饮料行业充分利用产品包装，用来传递品牌信息，降低品牌广告传播成本。微创新案例如图5-26所示。

图5-26　微创新案例

3）品牌跨界

品牌跨界相信大家都不陌生，自2018年天猫“国潮来了”诞生以来，品牌跨界就像一股龙卷风呈势不可挡之势。六神花露水鸡尾酒、周黑鸭唇膏、大白兔润唇膏、气味图书馆香氛、老干妈卫衣、马应龙潮品……相信不少人都被这些新奇的跨界产品刷屏过。品牌跨界产品案例如图 5-27 所示。

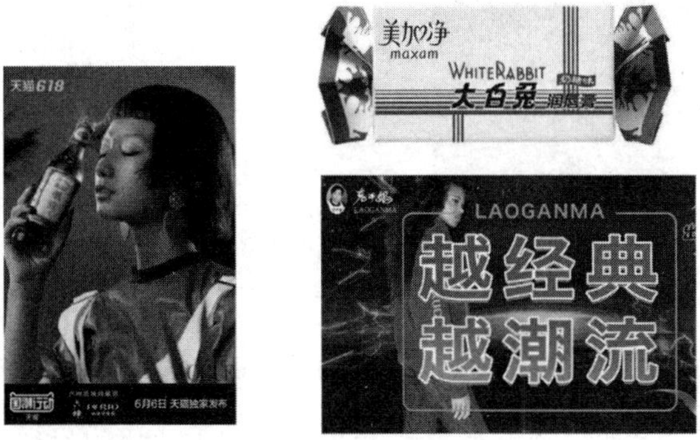

图 5-27　品牌跨界产品案例

4）请代言人做营销

请代言人做营销是一种常见的营销方法。

例如，成龙代言霸王洗发水的场景历历在目，但转眼间，毛不易就顶着一头乌黑浓密的头发把前辈给顶替了。而毛不易之所以能够成功拿下霸王洗发水的代言，不是因为他发量惊人，而是因为他是“毛不易”。据说霸王对“毛不易”这个名字格外满意，他们坚持认为“毛不易”这三个字自带励志感，与霸王洗发水的防脱发概念非常吻合，因为在他们看来：“毛不易 = 每一根毛发都不容易。”霸王请毛不易做代言人的相关热门博文如图 5-28 所示。

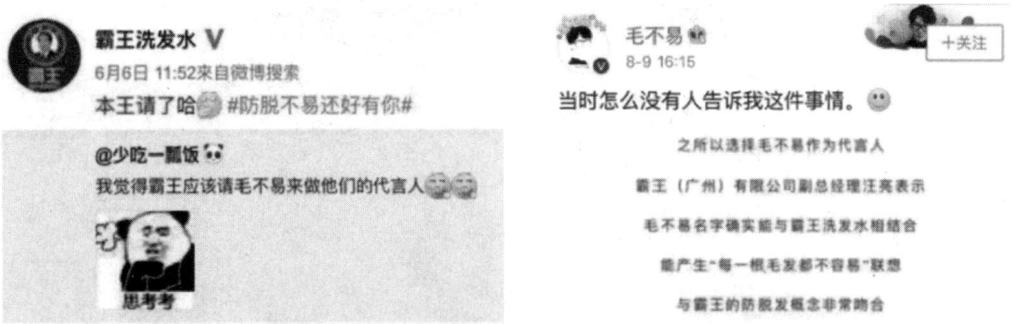

图 5-28　霸王请毛不易做代言人的相关热门博文

毛不易在个人微博中晒出一张“一毛钱都不容易”的地铁海报，作为“银联补贴”大使，调侃自己“一毛钱都不容易”，该文案再次登上微博热搜。

2．用户有利益

如何吸引目标客户参与？必须给予用户精神或物质利益。红包、抽奖、游戏、帮助等是实施社会化媒体营销时的标配。

例如，锦鲤营销并非支付宝原创，但为什么同样是抽奖，支付宝的锦鲤能成为微博有史以来势头最大、反响最热烈的营销活动呢？“较低的参与门槛、极高的利益诱惑”是关键。转发微博即可抽奖，奖品由 200 多家企业送出，包括鞋子、衣服、包包、手机、化妆品、机票、免费住宿、旅游等，价值一亿元人民币！支付宝的锦鲤营销活动文案如图 5-29 所示。

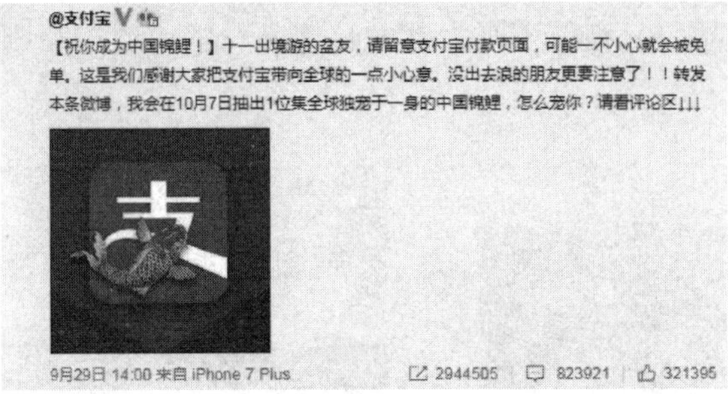

图 5-29　支付宝的锦鲤营销活动文案

3．传播有朋友

传播有朋友，可以与合作伙伴联动，实施联合营销、跨界营销、借势营销和 KOL 营销等。

例如，支付宝的锦鲤营销活动并不是单枪匹马的冷启动活动。

首先，该活动事先预埋了品牌合作方，因为这条微博刚刚发布时就迅速有大量的商家在评论区给出了自己的“礼物”，上百条商家的评论不是在一天之内断断续续更新的，而是在不到一个小时之内，全部完成评论和转发。所以这很可能是运营团队事前约定并且要求各个品牌在规定的时间内发表评论和转发。该活动的全球合作伙伴达到了 200 多家！

其次，支付宝锦鲤还与微博蓝 V 进行了合作，微博官方也为其增加曝光量。在微博官方微信群里，群主@了所有人，告知大家官方为这次锦鲤营销做了 PR 海报，还对此投放了粉丝头条进行曝光。也就是说，微博官方会重点曝光这条微博，蓝 V 们当然愿意转发被官方重点曝光的信息来增加露脸的机会。微博官方参与锦鲤营销活动的文案如图 5-30 所示。

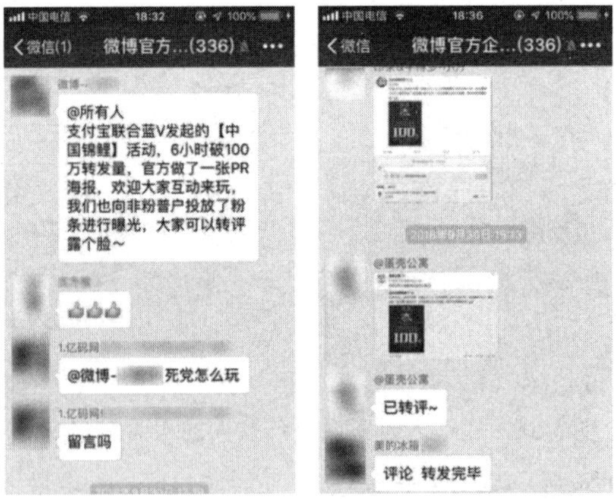

图 5-30　微博官方参与锦鲤营销活动的文案

4．网民有话题

如何才能让网民实现自发传播？需要有话题、有争论，需要在事件的启动、造势、高潮、收官各个阶段，置入或制造有争论或有讨论的话题。

例如，支付宝锦鲤营销活动在启动阶段，由各大品牌商家不停地添加奖品并进行转发，最终发布奖品长图清单，低门槛引发网民参与热情；在造势阶段，引导用户晒免单截图、邀请大 V 进行转发、300 万分之一的中奖概率，用图文表现中奖概率之低，引发网友追捧热情；高潮阶段，一名微博名叫“信小呆”的网友成为支付宝锦锂，信小呆一句“我下半生是不是不用工作了？？？”，简短而极具传播力，接着支付宝发布了一个视频，将奖品清单做成一个长达数米的长条幅，拍摄者从头拍摄到尾，然后支付宝鼓励大家去“信小呆”的微博下回复；

收官阶段，由于没有公示抽奖过程，引发“内定”质疑，有意无意的举动，引发一波又一波讨论，让事件像病毒一样在社会化媒体上扩散；最后，平息内定风波，趁余热推出“全球移动支付好运地图”，开启支付宝下一波营销活动。支付宝锦鲤营销活动的传播过程如图 5-31 所示。

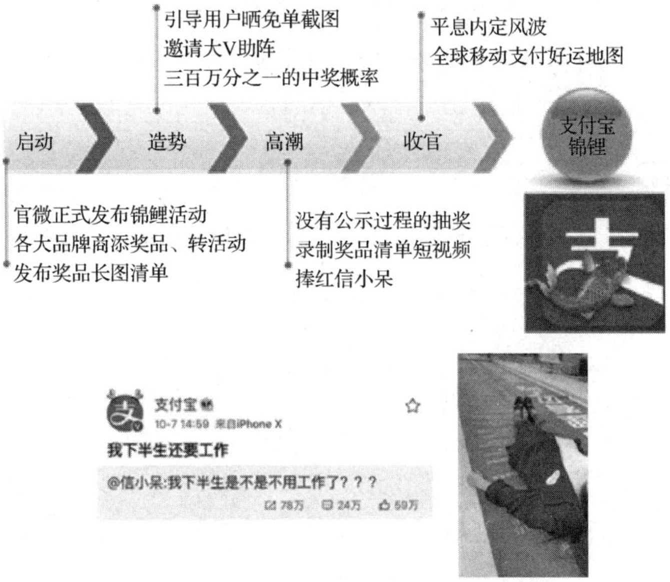

图 5-31　支付宝锦鲤营销活动的传播过程

任务实训

一、综合能力训练

1．参考如图 5-32 所示的内容，用思维导图软件画出社会化媒体的类型及代表平台。要求展现五种以上社会化媒体类型，每种类型至少列举三个平台。

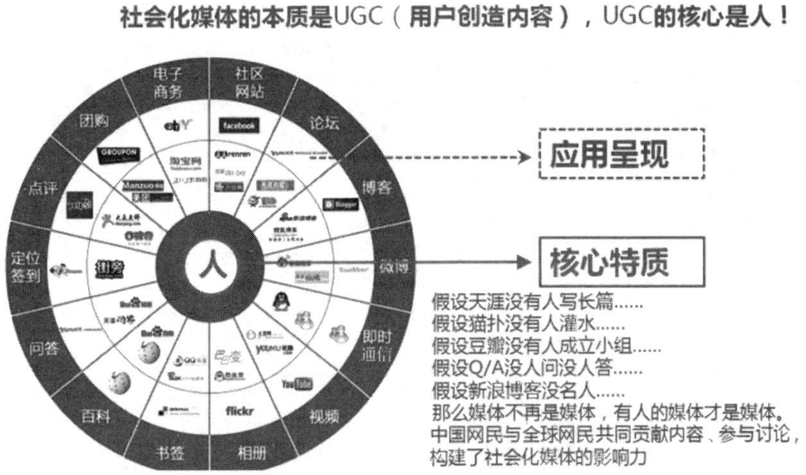

图 5-32　社会化媒体的核心

2．通过网络搜索，选择你感兴趣的一个刷屏案例（如钉钉在线求饶、完美日记、天猫“双十一”活动），或者扫描二维码并阅读“‘开挂吧少年’活动案例”一文，从社会化媒体营销四有法的角度进行分析。

阅读材料：“开挂吧少年”活动案例

3．通过网络搜索、分析网易云音乐、故宫或卡戴珊家族的案例，从社会化媒体营销五步四有法的角度说说它们是如何做社会化媒体营销的。

二、创新创业项目训练

从社会化媒体营销五步四有法角度，为学校招生或社团招新，制作一个社会化媒体营销策划案。

任务 5.2　小红书笔记与 KOL 营销

工作任务单及参考流程图

工作任务	小红书养号及发文的实施流程	教学模式	任务驱动
建议课时	4 课时	教学地点	一体化实训室
任务描述	在你帮企业搭建好“双微一抖”之后，老板说还要在小红书平台上营销。那么，我们应该如何在小红书平台上进行网络营销呢？		
学习目标	知识目标	✓ 了解小红书企业号的主要功能； ✓ 了解小红书养号、发文的实施流程； ✓ 掌握小红书笔记的写法。	
	能力目标	➢ 能够按照平台指引开通小红书企业号； ➢ 能够在小红书平台实施 KOL 营销。	
	素质目标	✧ 具有学习能力，能够借助平台指引完成企业号的认证； ✧ 具有创新能力，能够用所学知识撰写小红书笔记。	
	思政目标	◆ 遵纪守法，在小红书运营中杜绝黄、赌、毒； ◆ 诚实守信，具有社会责任感，在笔记撰写过程中传递正能量。	
KPI 指标	笔记数量、粉丝数量、合作笔记数量与质量。		
小红书养号及发文实施流程图			

账号准备	→	养号	→	开通会员	→	账号发文	→	账号配合
• 账号注册 • 基本信息设置		• 7～15天 • 模仿真实操作		• 增强抗风险能力		• 账号规划 • 发文要点 • 内容规划		• 品牌号 • “人设”号 • 达人号 • 引流号

任务实施

5.2.1　小红书的发展历程与产品分析

1. 小红书的发展历程

小红书平台是一个生活方式分享和消费决策入口的平台，创始人为毛文超和瞿芳。截至 2020 年 10 月，小红书月活跃用户数已超过 1 亿人，KOC 达 3 000 万人，其中 70%的用户是“90 后”。小红书的用户数据分析如图 5-33 所示。

小红书的发展经历了以下四个阶段：

（1）1.0 境外购物指南。2013 年毛文超说自己想做一件跟旅游和购物相关的事。2013 年 9 月 1 日，上线一款 PC 端的产品——其实就是两个 PDF 文档，分别是毛文超找身边好友写出的美国、日本购物攻略。购物攻略放在网站上不到一个月的时间，就被下载了 50 万次。

图 5-33　小红书的用户数据分析

（2）2.0 境外购物分享社区。小红书购物笔记 App 于 2014 年 12 月 4 日上线。这是一个境外购物者的移动垂直社区，鼓励用户分享和交流自己真金白银砸出来的境外购物心得。小红书确定了“重内容，轻达人”的线路。

（3）3.0 跨境电商平台。2015 年 12 月，小红书郑州自营保税仓正式运营。希望打造“社区发酵口碑，电商引流实现流量变现，形成一个发现、分享、购买的完整商业闭环”。

（4）4.0 社交电商+直播平台。2020 年 7 月，小红书官方表示过去几年，包括完美日记、小仙炖、钟薛高等在内的一批生活方式品牌在小红书平台上成长起来。基于社区属性和 KOC 的分享习惯，小红书也逐渐形成了有平台特色的 B2K2C 模式，即基于社区、电商两种业务形态，构建连接品牌、KOC、消费者三个主体的影响力闭环。提出了“百亿流量扶植计划”，包括 10 亿流量扶持 10 000 个新入驻企业号，20 亿流量扶持 1 000 个带货主播，25 亿流量提升 100 个新品“种草”效率、45 亿流量助力 200 个优质直播商家。

小红书的发展历程如图 5-34 所示。

图 5-34　小红书的发展历程

2．小红书是什么

小红书的定位，先从“找到国外的好东西”变为“找到全世界的好东西”然后变为“标记我的生活”。那么，小红书到底是什么？它能实现“社交电商+直播平台”的成功转型吗？

【说一说】

说出你对小红书的理解和看法，假设需要用两个关键词来表达，你会选择哪两个？

在弄清楚小红书到底是什么之前，我们先看看小红书用户画像。据千瓜数据分析，小红书的用户 70%是“90 后”，其中 88.37%是女性用户，使用人群集中在北上广。小红书的用户画像如图 5-35 所示。

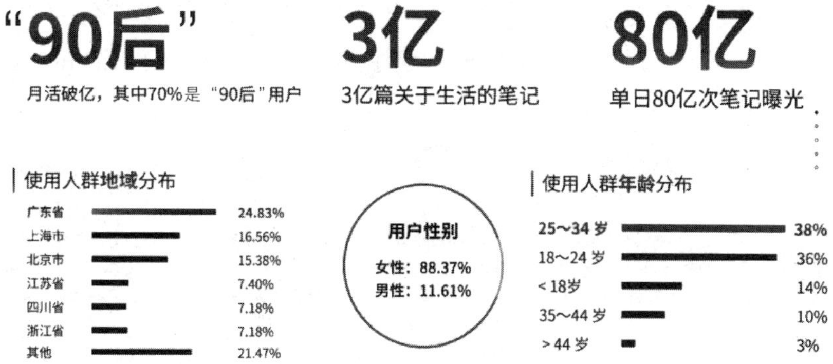

图 5-35　小红书的用户画像

小红书到底是什么？不同的人有不同的看法：小红书创始人说“小红书是一座城……要让全世界的好生活触手可及”；小红书官方宣称“小红书是中国最大的生活方式分享社区”；媒体说“小红书是国民‘种草机’”；用户说“小红书是目前最洋气和白富美的 App，没有之一”；网友说“小红书和拼多多，代表着中国消费的两个层级”……

小红书营销负责人在 2020 年 10 月“从‘种草’到‘拔草’，小红书品效合一的营销闭环”的演讲中指出，小红书对于用户来说，具有“发现”“搜索”“分享”“创作”四大功能，如图 5-36 所示。

图 5-36　小红书的四大功能

3．哪些企业在用小红书

根据克劳锐 2020 年 6 月份发布的《2020 年各平台品牌蓝 V“成长指南”》的数据，活跃在小红书的行业集中在美妆、服装时尚、食品饮料和个护日化等行业。微博、抖音、小红书平台的行业分布如图 5-37 所示。

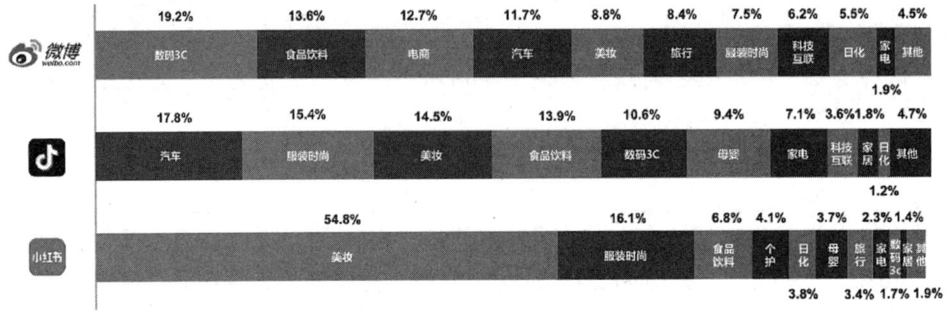

图 5-37　微博、抖音、小红书平台的行业分布

企业在小红书平台上主要利用“笔记”“互动话题”和“店铺绑定”等方式，实现新品发布、宣传和产品“种草”及转化。不同平台的用户特性、品牌营销重点和特色营销工具如图 5-38 所示。

图 5-38　不同平台的用户特性、品牌营销重点和特色营销工具

对于企业来说，可以在小红书平台上开设企业号、投放广告、与其他品牌进行联合营销和直播带货。

4. 小红书企业号

产品围绕女性，甚至所有年轻人的吃、喝、玩、乐、衣、食、住、行的企业，其实都适合在小红书开设企业号。小红书企业号的功能主要有四类，即页面展示、营销转化、粉丝运营和数据分析，如图 5-39 所示。

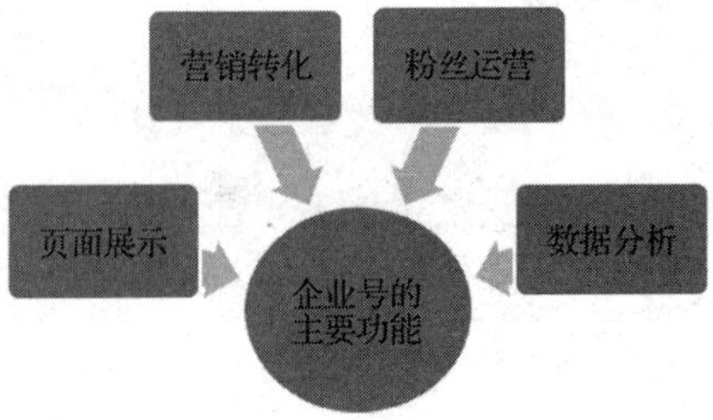

图 5-39　小红书企业号的主要功能

1）页面展示

开通企业号后，个人主页会显示企业账号的身份及认证；主图和企业简介可以自定义；自定义菜单栏可以添加企业店铺或线下门店信息；账号主页可以展示电话和企业地址。小米、

完善日记、喜茶在小红书平台上开设的企业号如图 5-40 所示。

图 5-40　小米、完善日记、喜茶在小红书平台上开设的企业号

【看一看】

图 5-41 展示的是在微博、手机淘宝、小红书、抖音四大 App 上搜索“洗面奶”关键词后呈现的界面。你能分辨出它们分别属于哪个平台吗？它们的页面布局，从主导航栏目设计、内容展现方式上有什么异同？

图 5-41　微博、手机淘宝、小红书、抖音四大 App 的界面

我们可以看到，这四个 App 的页面设置是不同的，具体区别如表 5-2 所示。

表 5-2　微博、手机淘宝、小红书、抖音四大 App 页面设置的区别

App 名称	页 面 布 局	主导航栏目设计	内容展现方式
微博	单排信息流	综合、用户、实时、关注、视频	单排文字+图片
手机淘宝	双排格子	全部、天猫、小时达、店铺、经验	左侧图片+右侧文字
小红书	双排瀑布流	全部、商城、用户	双排，图片/视频+文字
抖音	单排全屏	综合、视频、用户、音乐、话题	文字+视频

瀑布流又称瀑布流式布局，是比较流行的一种网站页面布局方式，其视觉表现为参差不齐的多栏布局，随着页面滚动条向下滚动，这种布局还会不断加载数据块并附加至当前尾部，

具有唯美、交互性强、操作简单等优点，最早采用此布局的网站是 Pinterest；单排信息流呈现的内容更加精致，通常需要通过强运营、推荐算法等保证显示的内容一定是用户喜欢的；双排瀑布流呈现的内容更丰富，通常期望显示更多的内容，以提升内容丰富度，供用户选择。

2）营销转化

企业号可以使用的营销转化工具包括关联店铺、KOL 内容合作、广告投放、薯条推广、直播、笔记置顶、企业卡片、商业话题、门店管理和抽奖活动等。

目前，开通直播有一定条件，例如，粉丝超过 500 人；过去 28 天内有 15 天登录过小红书；海外主体的企业不允许开通直播。满足条件的企业账号可在 PC 版企业号后台申请开通直播。

3）粉丝运营

小红书的粉丝运营功能包括评论管理、@我的笔记管理、私信自动回复、PC 端私信回复、私信群发等。和微信企业号群发功能一样，小红书的私信群发功能每月只能发四条信息。内容的格式支持图片、文字、笔记、商品和优惠券，可以有效促进用户的活跃度。

4）数据分析

企业号后台数据分析包括粉丝分析、笔记数据分析、合作笔记数据分析等。

5.2.2 小红书养号及发文流程

小红书的养号及发文流程包括账号准备、养号、开通会员、账号发文和账号配合等。

1. 账号准备

1）账号注册

对比抖音类的短视频平台，小红书对账号注册的要求更加严格，我们需要特别注意以下几点：

- 一机一卡一号，正常的账号注册，全程不要连接 WiFi；
- 用两个手机号注册两个账号，当作运营号，先从运营好两个账号开始；
- 用微博号、微信号、QQ 号分别注册账号，用来当作引流号；
- 一个企业可以注册三个小红书账号。

2）基本信息设置

建议根据行业及目标人群对账号信息进行设置，以显示你的专业程度。例如，服装类型的企业号可以是“穿搭师”；护肤类型的企业号可以是“医生、护士”。有关账号信息的具体设置说明如下：

- 头像。头像建议用真人或漫画头像，一定要美观。
- 名字。建议使用与行业相关及与微信昵称统一的名字，不要带有营销词汇。
- 小红书号。不要留微信号，小红书在这方面审核得比较严格。
- 性别。根据粉丝的喜好来定，男博主最佳。
- 常住地。国内、国外的地址都可以填写。
- 学校。根据客户人群填写。
- 年龄。一般是 18～40 岁。

➢ 个性签名。写自己的身份标签，如医学博士、舞蹈专业学生、定居国外宝妈等，不要留 QQ 邮箱等联系方式。

2. 养号

小红书养号要点如图 5-42 所示。

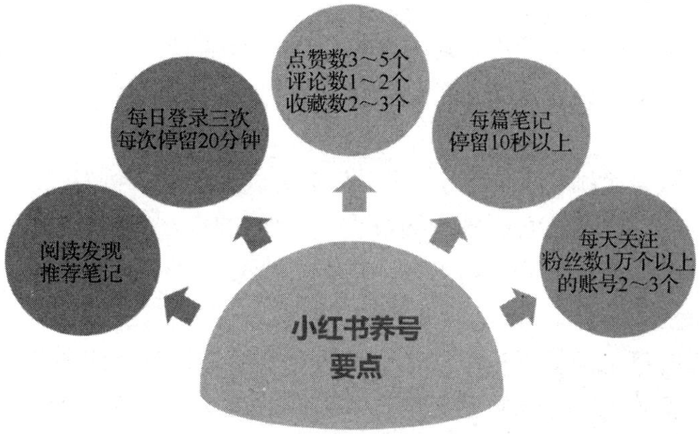

图 5-42　小红书养号要点

关于养号，建议注意以下操作要点：

➢ 尽量根据个人账号的定位来搜索相关笔记。例如，如果你的账号定位是穿搭，就可以搜索穿搭的相关笔记，这样平台也会将你的账号推荐给穿搭爱好者。要知道，平台是根据你阅读笔记的习惯来给你的账号定位的。

➢ 小红书养号和关注行业 KOL 的时间为 7～15 天，这期间不要急于发笔记。

➢ 养号阶段是模仿活跃用户的行为习惯，让小红书先判断你的账号是活跃、真实的账号。同时，通过互动和活跃可以提高自身账号的权重。

3. 开通会员

在小红书首页，点击“我”按钮，再点击头像左上角的☰按钮，选择“小红卡会员”选项，按要求支付会员费即可成为会员。会员开通后，除了可以领取商品优惠券，还可以享受包括限时购提前抢、跨境商品包税、无门槛包邮、专属客服、七天保价等特权。当然，开通会员还可以增加账号权重，可以提高抗举报的能力。

4. 账号发文

1）账号规划

小红书企业账号的矩阵运营，可规划四种方向，即品牌号、“人设”号、达人号和引流号。

品牌号：前期不要发与品牌、产品相关的笔记。因为这时候看的人少，发了也没用，账号也难做起来。前期要多发与行业相关的干货笔记，如从事时尚行业的，可以发穿搭攻略、时装周点评；从事清洁家居行业的，可以多发厕所、衣物、房间等的清洁小妙招；从事厨房用品的，可以多发一些美食制作教程和视频。

“人设”号：需要真人出境，精心策划内容和视频，如从事时尚行业的，可以通过形象气质佳的男生展示；从事与食品、厨具类行业相关的，可以打造有趣的爷爷（叔叔、姐姐）等做菜形象。要注意的是，“人设”号需要代表品牌形象，内容要与品牌相关。

达人号：达人号发布的内容要与领域相关联。账号运营前期不要推荐产品，否则容易做成营销号；要多发干货文章，少发产品信息，侧重展示个人的生活品位和生活面貌。

引流号：引流号主要发布产品、图片信息，内容应该少而精，可以在图片上适当增加水印，以帮助引流到微信等其他平台。

2）发文要点

- 发文频率：账号运营的第一个月最好天天发文章。如果条件不具备，至少第一周要天天发，后面可以两天发一次，这样才能保证高频输出。
- 获取更多的基础数据。例如，可以把笔记发到朋友圈、微信群里，获得更多的曝光量和点赞量。
- 不要随便给账号“刷粉”。因为“刷粉”99%以上的是“机器粉”。这种没头像、资料不全的账号，不仅无法给账号增加权重，反而会降权。另外，也不要批量注册小号去关注账号，小红书平台能检测出来（很多人账号运营不起来，这也是一个很重要的原因）。如果是团队运作，可以让员工或身边的人都去关注。
- 坚持写优质的笔记。坚持写优质笔记是运营小红书最重要的环节，决定了你在平台的曝光量和引流效果。写优质笔记是常规工作，建议每周至少有四篇，这样才能保持稳定、优质的输出。
- 建议招募专业人士撰写笔记，这样更容易成功。

3）内容规划

关于内容规划，我们将在接下来的“5.2.3 小红书笔记”一节中进行详细介绍。

5. 账号配合

品牌要在小红书重点推广一款产品，建议各个账号进行配合，进行矩阵式运作方式。不同账号的主要功能如图5-43所示。

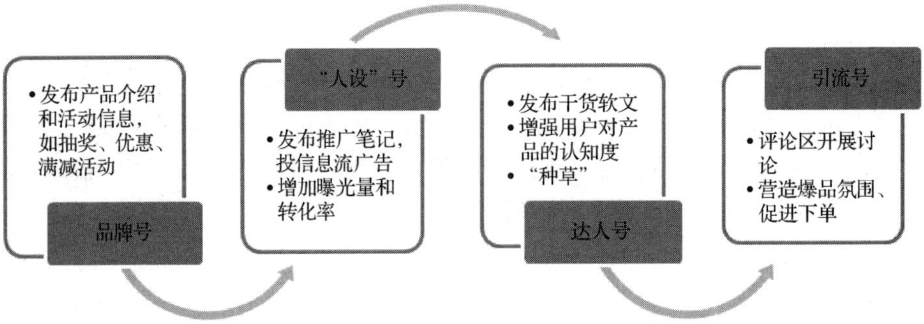

图5-43 不同账号的主要功能

例如，某品牌在小红书平台上进行日常推广、热度维护，其账号矩阵式运作方式如下：

- 品牌号，发布日常产品相关笔记，提升粉丝对品牌的忠诚度。
- “人设”号，主要起到激活的作用。例如，发布某快递公司快递员的小故事、摄影师摄影作品、品牌董事长参观工厂等笔记，有利于增加曝光量和转化率。
- 达人号，展示达人或“人设”号笔记，带动相关笔记进一步曝光。
- 引流号，在评论区下进行互动，增加笔记和品牌的曝光量。

5.2.3 小红书笔记

1. 笔记形式

小红书笔记主要有普通笔记、视频笔记和长笔记三种形式，如图 5-44 所示。

图 5-44 小红书笔记的形式

2. 笔记类型

从内容角度上划分，小红书笔记主要分为推荐类、测评类和教学类三种，如图 5-45 所示。

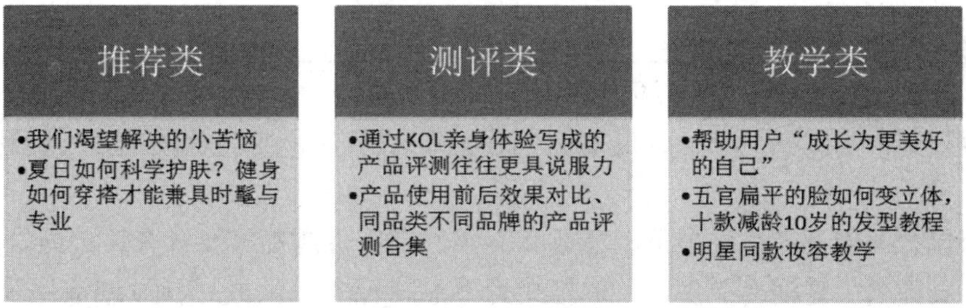

图 5-45 小红书笔记的类型

无论哪类笔记，以下这些问题需要注意。

- 字数和时长：小红书笔记的文本字数限制在 1 000 个汉字以内；如果是小视频，时长要在 60 秒内。建议字数在 300～800 字，小视频时长不超过限制时长即可。
- 笔记内容：小红书的定位是“标记我的生活”。既然是生活，语言就不要太官方，要注重口语化，口头语是怎样说出来的，就怎样写。
- 表情小技巧：如果经常浏览那些优秀的笔记，你会发现一般会用一些表情符号来区分段落。所以，在写笔记的时候，你也可以找一些自己喜欢的表情符号来区分段落，以增加阅读体验。
- 原创：原创是最基本的要求，“搬运”带来的后果就是遭到平台的违规处理。
- 撰写小红书笔记时，有三点务必记住：标题、正文要包含关键词；正文要分段，方便阅读；内容要有干货，学习价值高。

3. 笔记撰写方法

下面，我们从笔记标题、首图、正文角度，学习小红书笔记的写法。

1）笔记标题

【说一说】

如图5-46所示的两幅图中，如果仅从标题上判断，哪幅来自淘宝网，哪幅来自小红书，它们有什么区别？

图5-46　小红书笔记标题与淘宝网宝贝标题对比

小红书笔记标题与淘宝网宝贝标题相比有如下区别。

- 字数限制：小红书笔记标题最多20个汉字，而淘宝网宝贝标题字数不能超过30个汉字。
- 标题包含关键词：小红书笔记标题和淘宝网宝贝标题都需要含有关键词。但是，淘宝网宝贝标题关键词会更多，一般格式为“品牌+品类+款式+尺码+细节”等。
- 提炼核心卖点：小红书用户以感性的“90后”女生为主，所以标题更加具有“情绪化”“个性化”特征。如“边睡边掉肉”“暴瘦十斤”“好看到哭”“好用到哭”“年轻十岁”“吐血推荐”等。

2）笔记首图

笔记首图是顾客在浏览小红书时最先注意到的内容。如果首图不好，文章就失败了50%。它和标题共同承担着吸引注意力的作用。通常，首图可以增加引导文案，但对文案的质量和图片处理能力等都要求比较高。

（1）笔记首图要突出主要内容。与淘宝网宝贝页首图不同的是，小红书笔记首图上可以添加文字。“用户痛点+产品卖点”均可以在笔记首图上展现。

（2）图片尽量选择自己拍摄的图片。“标记我的生活”，当然是自己拍摄的图片更好。如果能在图片上加贴纸，效果会更好（小红书自带贴纸功能）。

（3）图片数量尽量控制七张以上。小红书的图片限制数量是九张，如果做不到九张，也要尽量控制在七张以上。

（4）推荐一些制图软件，如 Picsart（拼图）、黄油相机（加字、贴纸），有了这两款软件，基本上可以做出一张好的首图。小红书笔记首图示例如图 5-47 所示。

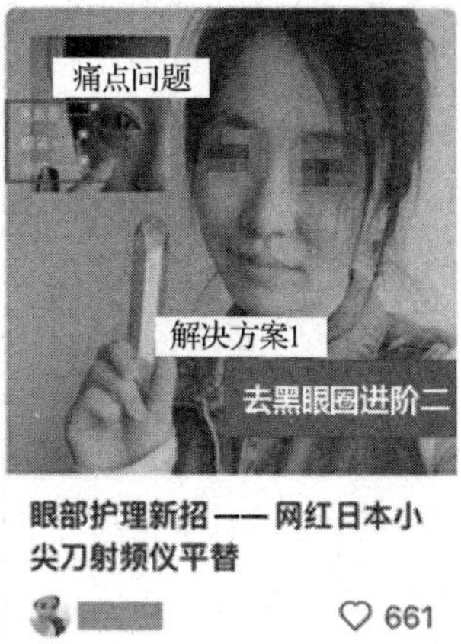

图 5-47　小红书笔记首图示例

3）笔记正文

正文和标题一样也要包含关键词，同时要承接标题部分，告诉用户他们想知道的解决办法。小红书上的文章多为用户笔记形式，所以我们写笔记时，最好把自己代入文章中，以“我”的角度来拆解文章。笔记正文可以采用三步法或五步法来实现。

（1）三步法。三步法为“需求痛点引关注+解决办法帮到你+使用感受打动你”。以“眼部护理新招”笔记为例，三步法的具体写作方法如图 5-48 所示。

需求痛点引关注	第一段：以“我”的身份写笔记，拉近距离，同时说出大家面临的眼部护理困扰。 例如，我非常害怕长眼袋，但是眼部按摩无法消除眼袋，又不想去打水光针。做了一堆功课后发现了“三高法”。
解决办法帮到你	第二段：使用“产品卖点+用户收益”模板，对产品特点进行一个总体介绍。 例如，高科技+高性价比，它能让你的皮肤紧致饱满。 产品卖点　　用户收益
使用感受打动你	第三段：利用“产品使用方法+使用体验”模板，分步骤写出产品使用方法和使用后的效果，加深用户对产品的印象。 例如，24K纯镀金探头贴着皮肤从眼角缓慢地向眼尾滑动，探头轻微震动，这种电流感让人痴迷，感觉我的黑眼圈就在这震动里消失了。

图 5-48　笔记正文写作三步法

（2）五步法。如果你多看几篇笔记，就会发现热门笔记的框架都是作者在讲自己使用产品的故事。例如，“我”遇到了什么问题非常苦恼，后来使用了某些方法/产品，顺利解决了这个苦恼，现在我把这些方法/产品分享给面临同样苦恼的你们。

要想写好笔记，不妨试试学会讲好一个故事。商业故事该怎么写呢？大家可以试试麦肯锡的 SCQOR 故事结构：

S：Situation（设定状况），介绍主角目前的状态。

C：Complication（发现问题），描写失去稳定状态的痛点，确定问题的类型。

Q：Question（设定课题），针对问题，确定对主角而言意味着什么。

O：Obstacle（克服障碍），描述替代的方案及解决问题的过程，并描述如何克服困难。这部分是整个故事的核心，是篇幅最长的部分。

R：Resolution（解决收尾），把克服困难的方法作为答案。

其中，S、C、Q 是故事的导入，O 是故事的核心，R 是故事的结尾。

这里主要强调一下 S（设定状况）这部分内容，它需要满足以下四点：

➢ 介绍故事的主角，小红书里的故事主角通常就是作者本人。

➢ 描述稳定发生的状态（好坏都要描述）。

➢ 明确故事范围，也就是明确小红书故事中关键词代表的主题。

➢ 激发用户的共鸣和认同。

以“眼部护理新招”笔记为例，五步法具体操作如图 5-49 所示。

S— 设定状况

➢ 最近看电视剧，引入话题，接近主题

C— 发现问题

➢ 苏大强式眼袋+惧怕打针+担心产生依赖

Q— 设定课题

➢ 怎么避免苏大强式眼袋

O —克服障碍

我的解决方案+我的改变体验

➢ 使用美容仪

R—解决收尾

➢ 美容仪可以消除黑眼圈、脂肪粒，价格划算

图 5-49　笔记正文写作五步法

5.2.4　小红书推广与 KOL 营销

如何在小红书上进行推广？可以分四步实施，即 KOL 筛选、KOL 布局、内容规划和节奏安排。

1．KOL 筛选

小红书号称有 3 000 万 KOC。那么，什么是 KOC？什么是 KOL？它们之间的关系是怎样的？

KOC（Key Opinion Consumer）为关键意见消费者；KOL（Key Opinion Leader）为关键意见领袖。一般来说，KOC 代表的是消费者立场，最主要功能是从消费者的角度提升品牌美誉度和知名度；KOL 代表品牌商立场，最主要功能是品牌代言和提升品牌知名度。

KOL 营销是指有 KOL 参与的社会化媒体营销传播行为，核心在于 KOL 本身，原则上对此类的营销模式没有限制。据统计，2019 年 KOL 营销的市场规模在 6 000 亿～10 000 亿元。这里必须区分一下网红与 KOL 的概念：网红是指因某个事件或行为被关注而突然走红的人；KOL 指长期输出专业知识或内容而走红的人，对于企业和品牌方来说，KOL 营销的影响是非常大的。

KOL 营销模式可以概括为三种：

（1）直接销售商品的 KOL（销售 KOL）。这是比较常见的、也是最主要的带货模式。一般是指具有特定消费群体的品牌方，以销售转化为目标直接销售某种具体产品的方式。这种直接销售产品的方式对 KOL 的要求极高，需要他们在该领域里有超强的技能，包括 KOL 本身的形象及口碑，都会直接对品牌和产品产生影响。

（2）“种草”KOL。从消费者的角度看，对“种草”KOL 的好感度始终是大于销售 KOL 的好感度。“种草”KOL 与销售 KOL 不同的是输出的内容，因为“种草”类的具有真实性，这让粉丝的接受程度也相对较高，但其实最终目的还是达成销售，只不过比直接销售的方式更为隐性。选择“种草”KOL 时，需要注意产品和 KOL 本身的调性是否符合。例如，美妆类的博主在美妆教程、推荐好物时，能无声无息地把化妆品、护肤品融入视频里，让观看的

人不知不觉中接受了这波“种草”。再如，手机、计算机等科技类产品，许多手机品牌发布新品的第一时间会选择测评 KOL，寄出自己的新品，让 KOL 在视频中通过开箱、上手实测等方式，也能达到一种“种草”的效果。

（3）明星 KOL。借助明星的高流量和高影响力，达到高销售转化的目的。

在筛选 KOL 时，我们要明白：小红书博主的数量并不等于质量。如果只是随便找一些博主发布笔记是没有效果的，还容易因为笔记内容质量差，被小红书拉黑。

如何筛选博主，从中找到真正的 KOL 呢？我们既可以进入博主的小红书个人号，看他的互动数据，看留言区的粉丝留言，看是否发过同类产品的笔记，也可以借助“品牌合作人平台”等工具，还可以请专业人士判断博主的创作能力。

千瓜数据（http://www.qian-gua.com/）是专业的小红书数据分析平台，我们可以在其“小红书榜单”栏目下面的“行业榜单”中，寻找或筛选拟合作的 KOL。

2. KOL 布局

业内将小红书博主按照粉丝数量，分为了头部、中腰部、尾部和素人等级别，如图 5-50 所示。

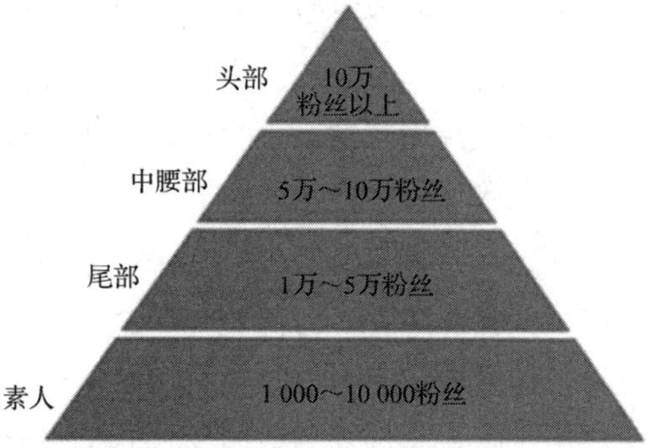

图 5-50　小红书博主按照粉丝数量进行的分类

在进行 KOL 营销时，不同的意见领袖、不同的营销目标和不同的平台，投放策略是不一样的。一般而言，建议品牌投放策略为“头部 KOL+中腰部 KOL+KOC”的组合策略，如表 5-3 所示。

表 5-3　“头部 KOL+中腰部 KOL+KOC”的投放策略

意见领袖	投放优势	投放劣势	营销目标	平台选择	投放策略
明星代言	快速引爆话题	成本高，转化效果一般	获取网民关注，提升品牌形象	微博	头部 KOL 实现品牌引爆，中腰部 KOL 和 KOC 实现发酵和触达，已经成为备受欢迎的投放策略
头部 KOL	引流价值大、传播速度快、带货能力强	成本高、排期紧张	曝光、引流、做爆款、卖货、赋能新品牌	短视频平台 直播平台	
中腰部 KOL	执行率高、数据相对真实、配合度高	原创能力和销售转化还不够	口碑美誉、卖货	短视频平台 直播平台	
尾部 KOC	性价比高、执行率高、数据相对真实、配合度高	辐射范围存在局限性，需要大规模的合作，效率比较低	口碑美誉、卖货	短视频平台 直播平台 小红书、B 站	
素人 KOC	UGC 内容更真实、易于内容的分发和扩散	辐射范围局限、内容不够专业	口碑美誉	短视频平台	

例如，完美日记投放小红书时，实施的是“1990 投放模型”，即 1%明星/头部 KOL+9%中腰部 KOL+90%素人博主，如图 5-51 所示。

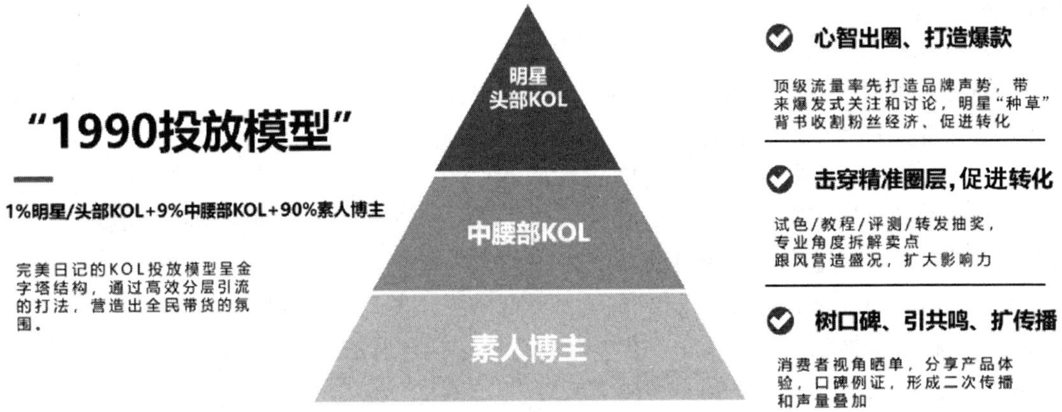

图 5-51　完美日记实施的“1990 投放模型”

3．内容规划

小红书推广的内容规划，主要指关键词布局、笔记方向策划。

1）关键词布局

确定好投放的产品后，我们要选择用户搜索这个产品时用到最多的词。同时，关键词布局时要结合小红书关键词笔记收录规则进行。

2）笔记方向策划

很多品牌在做投放的时候，往往会忽视“方向策划”这一点。笔记方向策划往往是最重要的，因为根据不同方向进行的精准投放，可以把所有的推广效果拧成一股绳，合力拉动增长。例如，一款眼霜的主要作用是改善眼部衰老的问题，我们可以根据用户分类和博主分类策划不同的方向：对于 20 多岁的年轻女孩来说，这是一款熬夜眼霜，让你熬完夜还是“小仙女”；对于 30 岁以上的博主来说，这是一款抗衰老和帮助冻龄的眼霜。

同一产品能够策划很多不同的方向，写作时并非把关键词罗列至卖点就够了。

4．节奏安排

进行 KOL 营销，笔记投放最好结合产品上新进行。因为产品上新时，小红书平台会匹配瀑布流推荐。这样顾客被“种草”之后再频繁看到商品，就很容易下单了。

笔记投放周期多长、一次投放多少篇要有节奏，不能乱，这样才能长期稳定地引流。如果配置了明星/头部 KOL、中腰部 KOL、尾部 KOC 和素人 KOC，那么，一般来说节奏安排是明星先发布内容，引发关注；然后是头部 KOL、中腰部 KOL、尾部 KOC 试用“种草”；最后素人 KOC 配合使用体验。我们可以把投放流程总结为七个字：测、埋、挖、播、爆和晒，如图 5-52 所示。

【案例赏析】

完美日记的新品投放，一般都遵循淡季上新品、旺季（“6·18”和“双十一”）做收割的周期推广运营节奏，如图 5-53 所示。

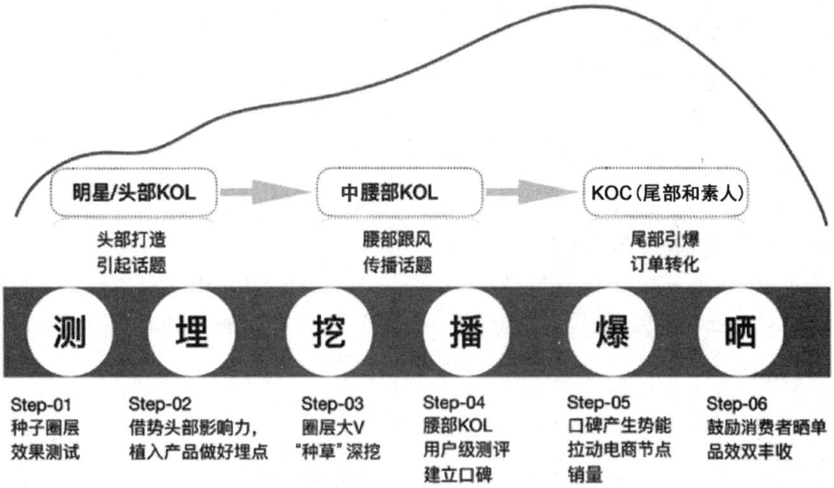

图 5-52　小红书笔记的投放流程

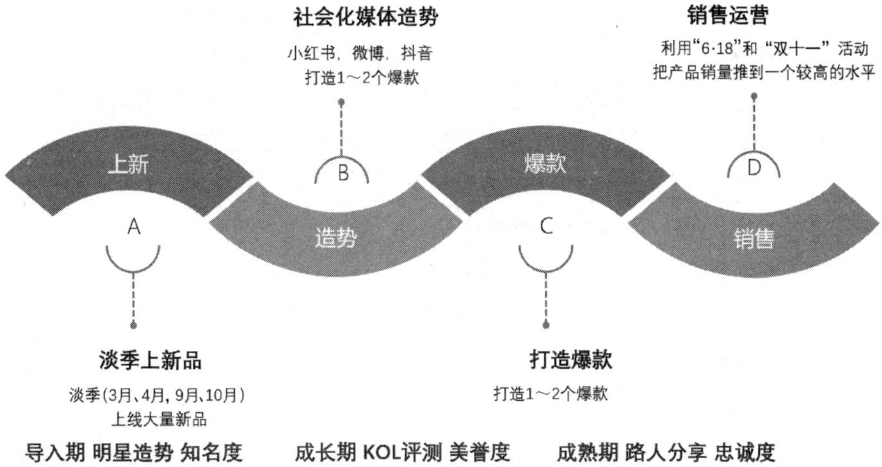

图 5-53　完美日记的新品投放节奏

任务实训

一、理论知识训练

扫描二维码并阅读“小红书企业认证申请指南”一文，完成下列选择题。

阅读材料：小红书企业认证申请指南

1．单项选择题

（1）企业主体认证流程（　　）。

A．先注册小红书普通账号，然后为其进行企业主体号认证

B．直接注册小红书企业主体号

（2）小红书企业号认证费用是（　　）。

A．600 元/次，有效期为 1 年

B．600元/次，有效期为永久

C．无须费用，有效期为永久

D．600元/次，有效期为1年，每年需要完成一次年审

（3）小红书企业号和普通号的功能（　　）。

A．保持一致　　B．完全不同　　C．有所区别　　D．差别不大

（4）小红书账号名称（昵称）（　　）。

A．不超过12个字，支持部分特殊符号　　B．不超过12个字，不支持特殊符号

C．不超过12个字，支持所有特殊符号　　C．没有限制，可以无限长

2．多项选择题

（1）申请企业号时，主体包括（　　）两类。

A．企业主体　　B．企业达人　　C．企业员工　　D．淘宝达人

（2）企业主体的账号名称，可以是（　　）。

A．企业营业执照主体名称　　B．企业注册商标

C．企业网站名称　　D．企业软件名称

（3）账号名字、头像、简介及其他企业信息包含以下哪些内容就不能通过（　　）。

A．枪支弹药（真人CS馆、枪战类）、烟花爆竹等违法违规危险物品

B．整容整形、减肥/壮阳/丰胸/增高/植发、灰指甲等医疗健康类

C．烟草制品、电子烟、烟草周边产品

D．微商、代购、游戏账号交易、招商加盟

（4）账号名字、头像、简介及其他企业信息包含以下哪些内容，就不能通过？（　　）

A．风水、手相、塔罗牌、算命

B．微商、代购、招商加盟

C．互联网金融行业

D．提供了《中国国家强制性产品认证证书》或产品质检报告的美容仪

二、综合能力训练

1．进入小红书平台，搜索WIS，打开WIS品牌账号（或者打开你喜欢的某个品牌），就小红书笔记的三种类型，说说它们在标题、首图、正文方面有何特色，请截图并进行分析。

2．小红书正文写作，一般采用三步法或五步法。在小红书平台上找出一篇文章，分析它用的是三步法还是五步法。

3．在小红书和手机淘宝，搜索“洗面奶”关键词，指出两个平台在标题和首图上的异同，请截图并进行分析。

三、创新创业项目训练

协助企业开通并运营小红书企业号。

任务 5.3　手淘内容营销与直播带货

工作任务单及参考流程图

工作任务	了解直播带货流程，撰写直播脚本	教学模式	任务驱动
建议课时	4 课时	教学地点	一体化实训室
任务描述	公司计划开通淘宝直播。那么，该如何开通淘宝直播并实施直播带货呢？		
学习目标	知识目标	✓ 了解淘宝直播； ✓ 熟悉直播带货的四大要素； ✓ 掌握直播带货流程。	
	能力目标	➢ 能够开通淘宝直播； ➢ 能够根据直播带货流程，开展日常店铺运营。	
	素质目标	✧ 具有学习能力，能够按照平台指引解决直播中遇到的问题； ✧ 具有创新能力，能够策划有吸引力的直播脚本。	
	思政目标	◆ 遵守法律法规，具备“坚持抵制黄、赌、毒”的工作理念； ◆ 具备“敬业、精益、专注、创新”的工匠精神。	
KPI 指标	UV、PV 是否达标，转化率是否达到预期，产品结构是否合理，主播话术是否熟练，促销策略是否成功，场控配合是否到位。		
直播带货流程图			
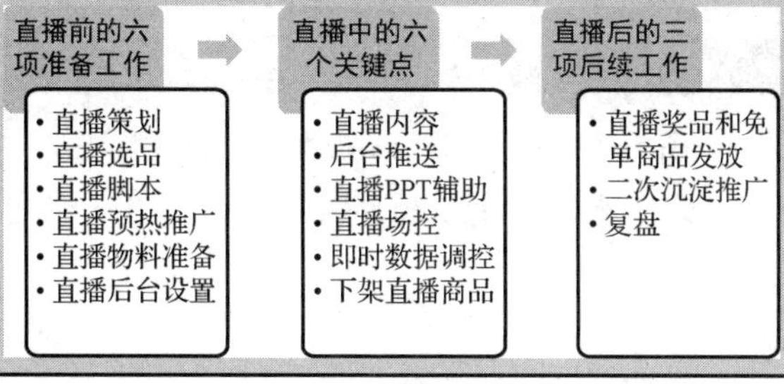			

任务实施

【想一想】

作为电子商务专业人员，你有没有想过手机天猫和手机淘宝有什么不同？为什么有这些不同？请将手机天猫和手机淘宝的 App 首屏及各栏目进行对比，说说你的看法。手机天猫和手机淘宝的 App 首屏如图 5-54 所示。

____

____

图 5-54　手机天猫和手机淘宝的 App 首屏

高清图

经过逐项对比，我们总结手机天猫与手机淘宝 App，在核心关键词、目标人群、营销策略、营销目的、营销方向上，存在如图 5-55 所示的不同。

内容	手机天猫App	手机淘宝App
核心关键词	会员	红包
目标人群	关注品牌，相对较为高端人群	关注价格、全体网民
营销策略	会员营销	内容营销
营销目的	增加用户黏度，提升复购率	娱乐化内容，提升用户停留时间
营销方向	推荐你想要的，节约你的时间	推荐好玩的，刺激购物

图 5-55　手机天猫与手机淘宝 App 的不同

除了图中所示的内容，你还有没有更多的发现？为什么说天猫实施的是会员营销，手机淘宝实施的是内容营销？

5.3.1　电商内容化

1. 电商分类

按照艾瑞咨询的分法，将电商分为电商平台、社交电商和内容电商三大类，如图 5-56 所示。

其中，内容电商是指以消费者为中心，围绕 IP、KOL、直播、热点事件等进行内容创造，实现商品随内容的同步流通与转换的目标，从而提升电商营销效果的一种电商模式。

内容电商平台包括抖音、快手、小红书等。一方面，这些平台的流量变现除广告收益外，也希望通过商品实现销售盈利，所以抖音有抖音小店（商品橱窗或视频购物车）、快手有快手小店、小红书有商城；另一方面，这些平台也将意向客户引流至电商平台获取交易佣金。传统电商产业链与内容电商产业链的区别如图 5-57 所示。

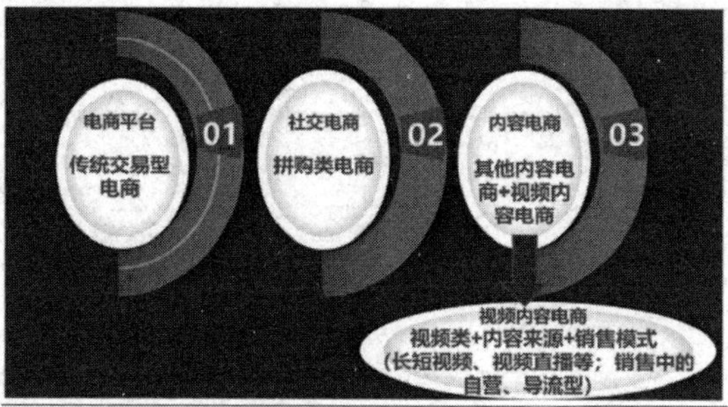

图 5-56　电商分类

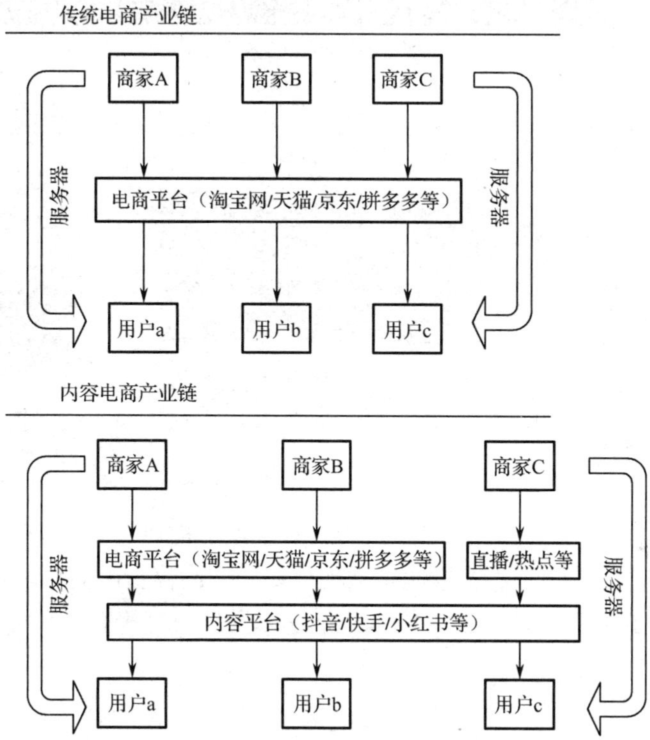

图 5-57　传统电商产业链与内容电商产业链的区别

2. 淘宝网的内容演化

2015 年以来，社区化和内容化成为阿里巴巴集团电商的运营方向。“万能的淘宝”转变为一个社区化的消费者互动平台和超级消费者媒体。

2016 年，阿里巴巴集团董事局主席、首席执行官张勇指出：“流量是通过内容创造出来的，不是别人带来的，也不是买来的。”

2017 年 5 月，淘宝网开始全新改版，整个淘宝网 60%～70%的流量会通过内容创造出来。

在手机淘宝连续上线了视频直播和 VR 体验后，单次明星直播就卖出上万件口红，收获了超预期的效果。电商从运营货品走向运营内容。手机淘宝的内容演化如图 5-58 所示。

就像淘宝直播的前负责人赵圆圆所说的那样，如果你有明确的购物需求，你只需要“搜索”“购物车”“我的淘宝”这三个功能就够了。但为什么还需要有“淘宝头条”“必买清单”“有好货”“爱逛街”“淘宝直播”“猜你喜欢”“聚划算”等众多栏目呢？淘宝网产品矩阵示意图如图 5-59 所示。

图 5-58　手机淘宝的内容演化

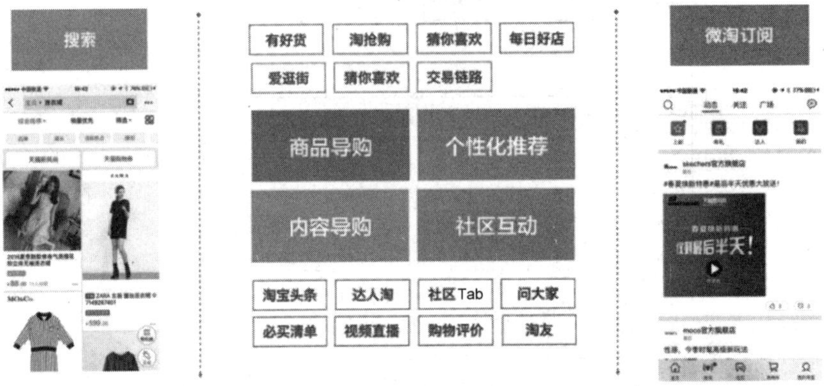

图 5-59　淘宝网产品矩阵示意图

因为淘宝网为了内容化，需要还原出一个“线上逛街模型”。淘宝网并不想把自己定义为单纯“买买买”的购物工具，更希望的是增加你在平台的停留时间，不停地“逛下去”。最好像抖音、今日头条那样，是一个“根本停不下来”的内容平台。淘宝网的线上逛街模型如图 5-60 所示。

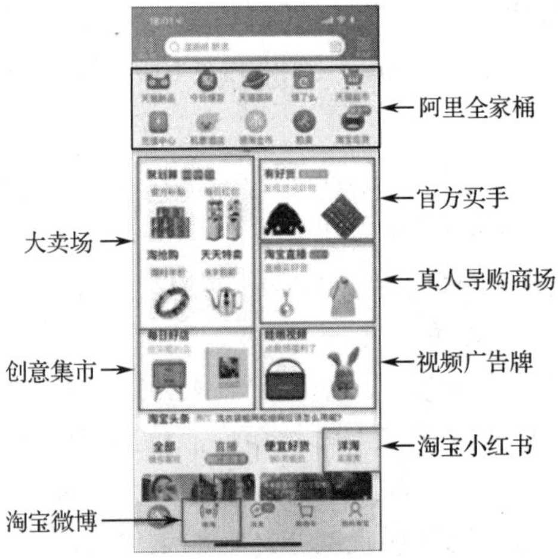

图 5-60　淘宝网的线上逛街模型

【找不同】

2020 年“双十一”，手机淘宝首页进行了大规模的改版，新旧版本首页如图 5-61 所示，你能找出它们的区别吗？

找不同

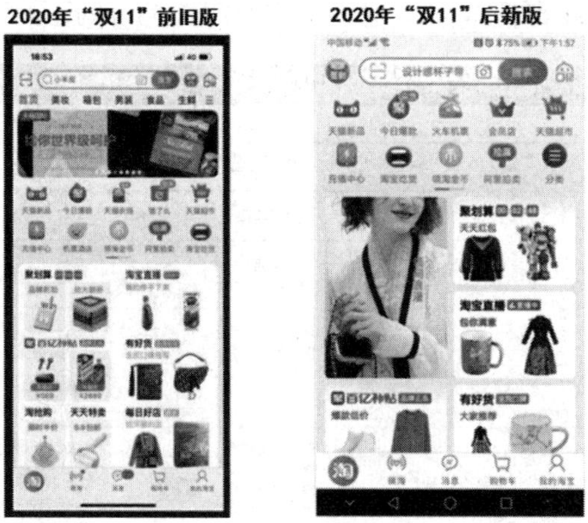

图 5-61　手机淘宝新旧版本首页

高清图

这次改版带来了三个明显的变化：

➢ 首页头部横版的 Banner 下移，改为竖版；

➢ “猜你喜欢”上移至首页，与信息流融为一体；

➢ 打开“猜你喜欢”页面，会发现里面增加了“微详情页”栏目。

对此，淘宝网官方的解释是：“改版并不是淘宝网全部投入短视频的举动，而是通过‘猜你喜欢’的上浮，让商品在首页呈现的方式更多样，‘让淘宝更好逛’。内容化不等于短视频化，店铺的内容化运营围绕图片、文字、直播展开，也包括短视频。”

但不可否认的是，短视频和直播在进店转化率和购买转化率方面有着更大优势。

5.3.2　直播与直播电商

1．直播发展历程

直播即互联网直播，按照 2016 年 11 月国家互联网信息办公室发布的《互联网直播服务管理规定》中的定义，互联网直播是指基于互联网，以视频、音频、图文等形式向公众持续发布实时信息的活动，它既包括网络表演，也包括网络视听节目。

按照阿里研究院的观点，网络直播分为三大类，即内容直播、社交直播和商业直播，如图 5-62 所示。

因此，直播电商只是网络直播中商业直播的一种形式。

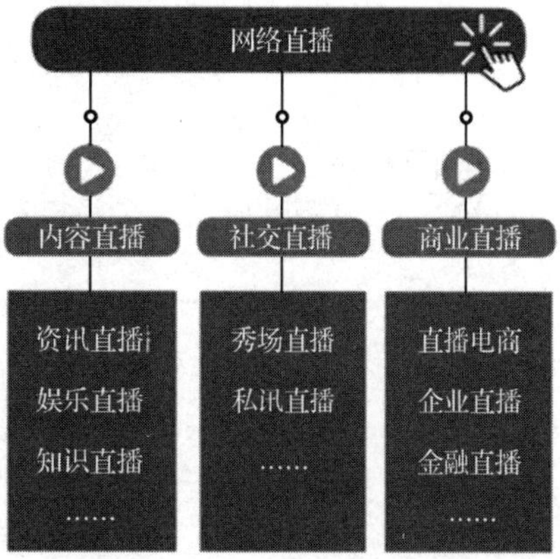

图 5-62　网络直播的分类

2．直播电商

直播电商始于 2016 年的蘑菇街，2019 年各大电商平台纷纷推出直播带货模式。2019 年“双十一”，淘宝直播引导成交额近 200 亿元，其中，有超过 10 个“亿元直播间”，超过 100 个“千万元直播间”，2019 年被称为“直播电商元年”。电商、短视频、社交等平台，纷纷入局直播电商。各平台入局直播电商的相关分析如图 5-63 所示。

平台	淘宝网	京东	蘑菇街	快手	抖音	拼多多	小红书	微博	微信
入局时间	2016	2016	2016	2018	2018	2019	2019	2019	2019
平台基因	搜索+电商	搜索+电商	电商	社交+内容	算法+内容	游戏+电商	内容+社区	媒体	社交
直播载体	淘宝直播	京东直播	蘑菇街直播	快手直播	抖音直播	多多直播	小红书直播	微博直播	小程序直播
交易载体	淘宝网/天猫	京东	蘑菇街	快手自建小店、淘宝网、京东、有赞	抖音小店、淘宝网、京东	拼多多	小红书商城	微博小店、淘宝网、有赞……	小程序商城、有赞……
商品品类	淘系全品类	京东全品类	服装为主	平价日用百货为主	美妆+服装为主、品牌商品	拼多多全品类	美妆为主，品牌商品	大时尚品类	全品类
用户规模	移动月活8亿	活跃购买用户数3.87亿	年活跃用户2660万	日活用户3亿	日活用户4亿	年活跃买家数5.85亿	月活用户1亿+	月活用户5.5亿	月活用户11.5亿
战略要点	中小主播扶持；商家扶持（含线下门店）	提升商家直播渗透率；赛马机制孵化优质机构及主播；搭建直播生态	助力中腰部主播崛起；联动供应链基地；搭建代播服务商体系	加速搭建自有闭环；垂类流量倾斜；平台服务升级；启动品牌化升级	正式成立电商部门升级商业化：培育头部标杆；鼓励达人参与；新规拉高带货门槛	平台流量倾斜；直播权限全面开放；定向邀约MCN	垂类流量扶持，申请权限全面开放，交易只允许导向自营商城	整合直播平台；帮助主播打造微博影响力；明星直播	提供公众号、视频号、小程序载体，借助朋友圈、微信群引流

图 5-63　各平台入局直播电商的相关分析

电商直播的三大特点如下：

（1）云逛街模式。电商直播能体验更多的购物乐趣，如没有心理负担（不用面对面），身在家里就能逛街，不用走路、背包、拿东西就能完成购物，还会随时享受秒杀、抽奖等各种福利。

（2）所见即所得。近景看实物，能给消费者展示更多的商品细节；源头看批发，能在更充沛的货源下满足挑选欲望；工厂看制造，溯源产品的生产过程。

（3）粉丝经济。主播成为你身边的超级导购及懂你的生活闺蜜。

3．淘宝直播

淘宝直播是阿里巴巴集团于 2016 年推出的直播平台，定位于“消费类直播”，用户可以边看边买。2016 年 4 月，淘宝直播正式上线。平台从一开始的淘女郎模式，到一步步吸引商家、明星、网络红人等角色入场。淘宝直播的生态不断丰富，不同行业也迎来了各自的爆发期。从行业的直播渗透率角度来看，珠宝饰品是前期爆发最快的行业。到了 2019 年，淘宝直播正式出圈，美妆、女装、食品等行业也接二连三地爆发。2020 年，母婴、3C 数码、手表、眼镜等行业紧随其后。各个行业在淘宝直播爆发的时间点如图 5-64 所示，淘宝直播多场景全覆盖的直播生态如图 5-65 所示。

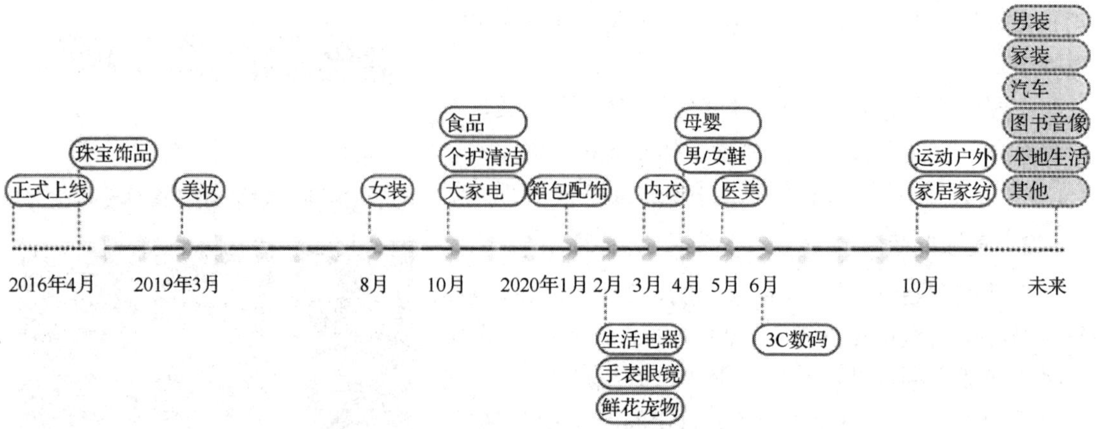

图 5-64　各个行业在淘宝直播爆发的时间点

图 5-65　淘宝直播多场景全覆盖的直播生态

4. 直播带货的四大要素

无论哪个类目的商家，要在直播平台上成功销售产品，需要考虑如图 5-66 所示的四大要素。

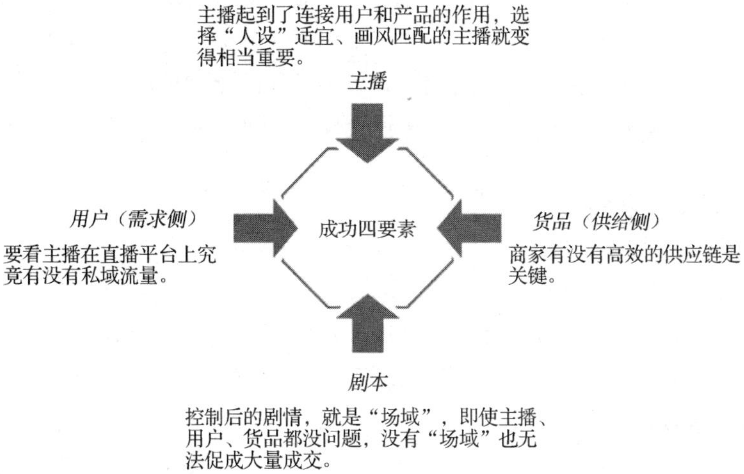

图 5-66　直播带货的成功四要素

1）主播

主播起着连接用户和产品的作用。带货主播并不是薇娅、李佳琦等 KOL 的专利，品牌自有主播（含企业老板）、影视明星、政府官员、店长、导购、亲戚朋友、外国友人等均可以是带货主播。董明珠、雷军等都曾出现在直播间为企业直播带货，并取得了良好的业绩。

老板带货、KOL 带货、日常店播直播的特点如图 5-67 所示。

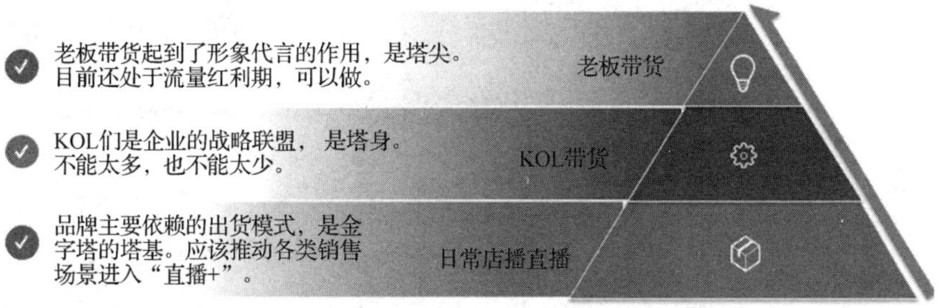

图 5-67　老板带货、KOL 带货、日常店播直播的特点

2）货品（供给侧）

电商平台的品类扩张史，经历了一个从低价到高价、从标准到非标准、从没有客服到强调线下体验的发展过程，直播带货亦不例外。

商家有没有高效的供应链是关键。直播货品的选品标准是需求量大、质量好、价格低、售后服务少的产品，最好是具有故事性、可供主播表演的产品。

3）剧本

剧本是指控制后的剧情。用户在看直播的时候，需要感受到主播的热情和购物氛围。因此，主播在直播介绍产品的时候，不仅仅只是念出产品的功能、作用、适用的人群，还需要用夸张的语调、修辞手法和洪亮清晰的声音来传达产品的价值，以及给出一个合理的降价理由。最后，用催单机制（如只剩下××单，现在买还送××，我们从来没卖过这个价格，不买就过了，下一款产品）来刺激用户购买，或者通过抽奖和发福利来让用户有持续观看和互动的意愿，最终实现一场直播的互利共赢。

4）用户（需求侧）

直播带货的一般流程：首先，通过短视频、文章、抽奖活动、用户主动推广等方式来扩大用户群体，寻找目标用户群的特点；其次，针对用户的特点及产品自身的独特性，根据平台（小红书、快手、抖音、微博等）的调性，针对不同平台制作吸引用户的内容；最后，将制作好的内容导入直播平台，在直播平台进行转化。因此，用户是电商直播的基础。

5.3.3 淘宝直播操作手册

当前，商家布局直播电商的方式主要有两种：合作主播带货及商家店铺自播。

商家实施店铺自播，在直播平台开始直播前，需要建设一个直播间。基础设施包括20～40平方米的场地、背景墙、网络、补光灯、射灯、美颜灯等。直播间装修方案如图5-68所示。

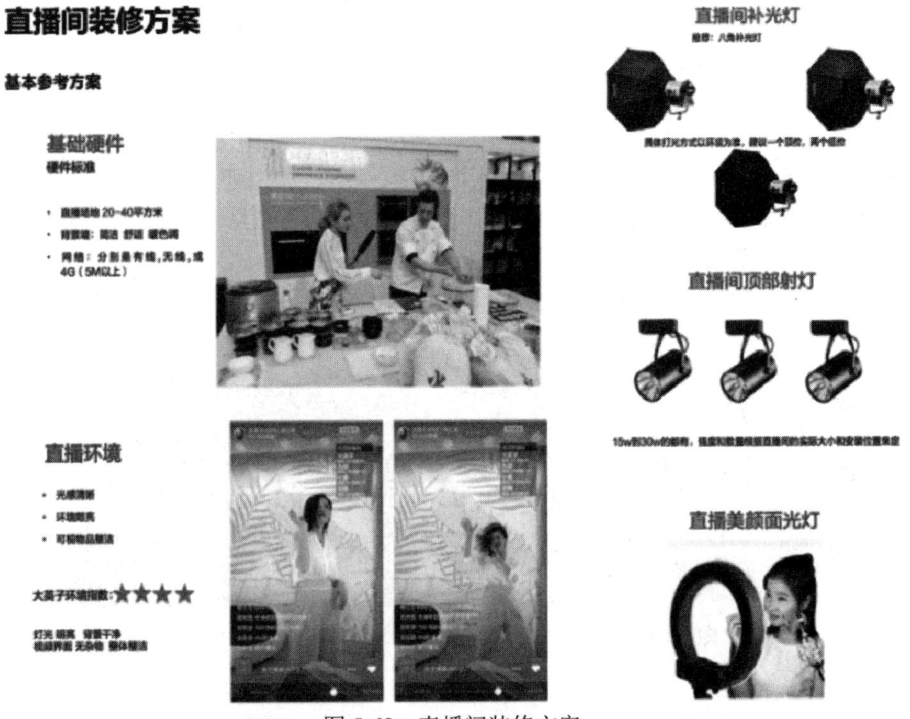

图5-68　直播间装修方案

下面以淘宝直播为例，看看企业是如何开通直播、实施直播带货的。

1．开通直播权限

淘宝直播的基础权限开通后可使用淘宝直播进行直播，并可在微淘或自有淘宝集市店铺首页/天猫店铺首页展示。淘宝直播的申请渠道、达人及商家获得权限要求如图 5-69 所示。

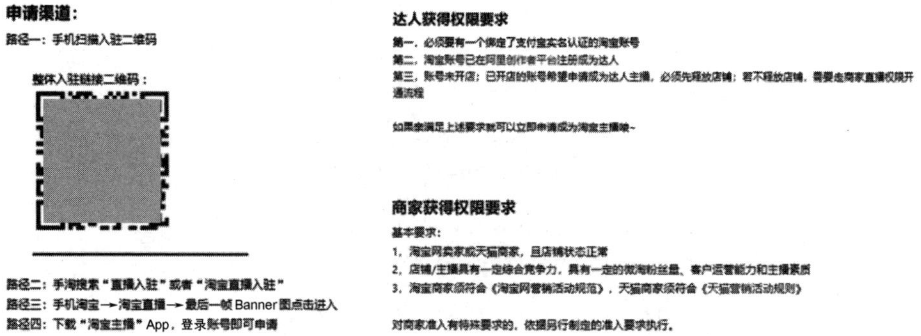

图 5-69　淘宝直播的申请渠道、达人及商家获得权限要求

2．发起直播预告

商家和主播可以通过淘宝直播 App 或 PC 端淘宝直播中控台创建直播预告。

3．后台发起直播

商家和主播可以通过 PC 端淘宝直播中控台或淘宝直播 App 发起直播。在 PC 端淘宝直播中控台的淘宝直播页面，单击“发布直播”按钮，即可发起直播，如图 5-70 所示。

图 5-70　PC 端淘宝直播中控台的“淘宝直播”页面

4．封面、标题规范

封面、标题规范如下：

- 封面图不掺杂文字（除平台要求的角标以外）；
- 不使用拼接图片；
- 不使用表情包等元素；
- 不使用带有播放器的按钮；
- 内衣等贴身衣服不出现任务人物、模特儿等元素；
- 如果直播间无明星参与直播，不可使用明星的图片作为封面图；如果直播间有明星参与直播，可使用明星封面图，但必须提供相关的肖像使用授权文件等信息；
- 标题不能出现“测试”等字样；

➢ 标题、封面图须与直播标签相符。

5．直播标签的选择

有关直播标签垂直频道和频道子标签的分类，均有详细指引。美食频道的标签分类如图5-71所示。

垂直频道	频道子标签分类	子标签选择要求_对应的商品一级类目要求
美食	方便速食	直播间主营宝贝70%以“方便食品”为主
	营养滋补	直播间主营宝贝70%以“营养滋补、膳食营养等补品、保健品”为主
	休闲零食	直播间主营宝贝70%以“零食/坚果/特产”为主
	南北干货	直播间主营宝贝70%以“南北干货/调味品”为主
	海鲜水产	直播间主营宝贝70%以“新鲜水产/海鲜”为主
	手工烘焙	直播间主营宝贝70%以“手工烘焙”为主
	肉禽蛋品	直播间主营宝贝70%以“肉类、蛋”为主
	新鲜蔬果	直播间主营宝贝70%以“新鲜蔬果”为主
	茗茶酒水	直播间主营宝贝70%以“茶/酒水/饮料”为主
	五谷杂粮	直播间主营宝贝70%以“粮油米面/五谷大米”为主
	进口食品	直播间主营宝贝70%以“进口食品”为主
	美食大赏	直播间主题为“美食大赏”分享
	地方小吃	直播间主题以分享“地方小吃”为主
	教你做菜	直播间主题以分享“手把手教你做菜”为主
	健康轻食	直播间主题以分享“健康轻食”为主
	无肉不欢	直播间主题以分享“无肉不欢”为主
	乳饮冲调	直播间主题以分享“乳饮冲调”为主

图5-71　美食频道的标签分类

6．如何添加商品

直播前或直播中，均可添加商品。在PC端的操作路径为：商家中心→营销工具中心→淘宝直播→添加宝贝（“发布直播”页面底端）→单击宝贝链接→最近发布，可以添加带货商品。

7．添加用户权益

用户权益是指在直播时，给用户发放平台红包、店铺优惠券、单品优惠券、淘金币等权益。用户可以在直播间直接领取。用户权益可以在PC端淘宝直播的互动页面，单击“权益投放”按钮进行设置。淘宝直播的“互动面板”页面如图5-72所示。

图5-72　淘宝直播的“互动面板”页面

【特别建议】

对直播过程中碰到的问题，可以登录语雀的“淘宝直播白皮书”专栏寻求帮助。语雀的“淘宝直播白皮书”专栏如图5-73所示。

图 5-73　语雀的“淘宝直播白皮书”专栏

5.3.4　直播带货流程

商家如何做好一场直播活动？我们从直播前的六项准备工作、直播中的六个关键点和直播后的三项后续工作三方面来看看直播带货的流程。

1．直播前的六项准备工作

1）直播策划

我们在做直播前，必须先确定直播目标、需要多少流量、销售哪些产品、采用哪些促销手段等，最终形成直播计划表。

直播策划主要由三部分组成：直播主题设计、直播流量拆解和营销手段设计。

（1）直播主题设计。除了日常开播，我们还需要参加或自己策划各种主题专场直播活动。例如，参加淘宝网官方经常推出的助农扶贫、“5·17 吃货节”“双十一”直播盛典等平台主题直播活动。参与这类直播活动，直接报名即可。此外，商家可根据自身情况，围绕节假日、产品上新、尾货甩卖等策划主题专场直播活动。

（2）直播流量拆解。直播流量拆解是指根据主题、专题直播活动的业绩指标，拆解流量结构。例如，一场直播活动的销售目标为 50 万元，按照转化率 10%、客单价 75 元计算，需要 6.7 万独立访客数。那么，这 6.7 万独立访客数来自哪里？社群、朋友圈、公众号、企业微信、手机短信、微信朋友圈推广等各自能引来多少流量？

（3）营销手段设计。直播活动仅靠官方加推流量是不够的，还需要导入老客户的流量，用抽奖、秒杀、抢购等营销手段进行裂变。这里推荐四种直播间普遍采用的裂变方法，如图 5-74 所示。

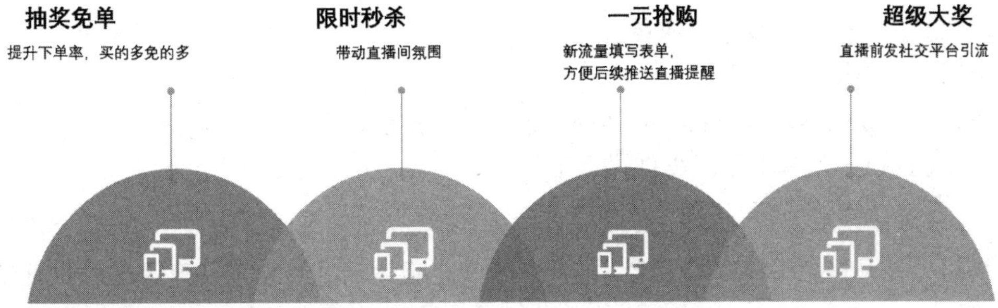

图 5-74　四种直播间普遍采用的裂变方法

2）直播选品

制定月度直播商品明细表，与商品部确定选品方向、销售重点、库存情况、预计销量、直播商品价格等。直播产品结构很重要，通常分为引流款、利润款和品牌款三类，建议用价格低的产品引流、中等价格的产品盈利、品牌款做产品形象留客。

3）直播脚本

直播脚本包含两份文件：一份是“直播标准作业流程图”（Excel格式），另一份是“产品卖点/优惠措施/口播话术”（PPT格式）。

直播标准作业流程图，即安排每个时间段直播的产品，避免直播铺排失衡；产品卖点/优惠措施/口播话术的作用是要让主播清晰知晓直播的营销目标、重点销售的产品、必要的产品知识、促销利益点等信息，做成PPT格式，在直播过程中作为备忘录使用。

4）直播预热推广

有私域流量的商家，可以利用私信、朋友圈、视频号、企业微信、公众号等自媒体做主题专卖预热，直播预热推广的方式如图5-75所示。

（1）直播间的调试、装修等素材用于朋友圈预热引流。（2）预告&倒计时海报。（3）公众号预热文章或视频。（4）社群推广文案。（5）发在社群里的推广海报。（6）朋友圈预热海报。

图5-75　直播预热推广的方式

5）直播物料准备

直播间需要准备如下物料。

灯光：补光灯+面光灯（美颜灯）；

计算机：用于流量推广、上下架产品；

手机支架：固定摄像头，避免晃动；

充电设备：至少准备两个充电宝；

手机：至少准备两部手机，一部给主播直播使用，另一部用于直播拍摄；

直播背景墙（KT板或幕布）；

产品陈列：产品柜、衣架、座椅等；

直播道具：手持板或配件；

直播材料（提示语）等资料：时间提示板、人流提示板等；

A4白纸/POP笔及其他临时事件提示工具。

6）直播后台设置

直播后台设置包括直播商品上架、定价、库存、促销活动等设置，确保直播期间客户能正常下单。

2．直播中的六个关键点

1）直播内容

直播过程中需要清楚三个问题：为什么要买？为什么要买你的？为什么现在就要买？直播内容具体包括以下几个方面：

- 品牌或产品背后有趣的小故事或历史；
- 产品外观特点、使用特点、多种样式的展示；
- 与其他产品进行对比；
- 试用体验、使用感受、产品背书；
- 对粉丝、观众提出的问题进行答疑；
- 指引用户点赞、分享、评论、下单；
- 运用抽奖、福利等形式促进交易；
- 运用价格优惠时间促进订单交易。

2）后台推送

在直播过程中，需要安排人手配合主播在后台进行改价格、发放优惠券、上下架商品等操作。

3）直播 PPT 辅助

通常，在直播过程中会发生主播卡壳、忘词等现象，这时候，前面准备好的“产品卖点/优惠措施/口播话术”PPT 就派上了用场，可以用提词板或计算机播放进行辅助提示。

4）直播场控

场控有三大职能：调动气氛、补充主播短板（如主播不熟悉产品功效）、促进成交。

场控有三大类别：运营小哥式场控（如李佳琦助理，适用于销售经验丰富、演技精湛的主播）、老板娘式场控（可现场临时改价、加大优惠力度、增加秒杀件数等，适合大的促销直播活动）、专家式场控（补充主播的知识盲区，如现场熟练讲解产品功效、原理、设计理念等）。

5）即时数据调控

在直播过程中，可以根据同时在线人数的多少，及时调整销售策略。

6）下架直播商品

直播结束后，记得关闭直播间、下架商品，尤其是 SKU 较多的鞋服类目，在直播回放视频中的订单很容易造成库存混乱。

3．直播后的三项后续工作

1）直播奖品和免单商品发放

直播结束后，尽快导出奖品和免单商品的发放明细表，并联系客服落实奖品和免单商品的发放。

2）二次沉淀推广

若流量覆盖微信生态圈，可将直播的业绩数据、精彩花絮等分享到朋友圈、社群等进行二次宣传。可以以业绩海报和短视频等形式展现：业绩海报可营造热卖氛围，引起羊群效应；短视频可提高事件的真实性，为下次直播做铺垫。

3）复盘

如果想要深耕直播，务必在每次下播后进行复盘，不断优化直播内容。主要复盘数据包括 UV/PV 是否达标、转化率是否达到预期、产品结构是否合理、主播话术是否熟练、促销策略是否成功、场控配合是否到位等。

任务实训

一、综合能力训练

1．参考如图 5-76 所示的小红书主要功能架构图，做出“淘宝直播”的主要功能架构思维导图（必须是组织架构+树状图式），截图并提交。

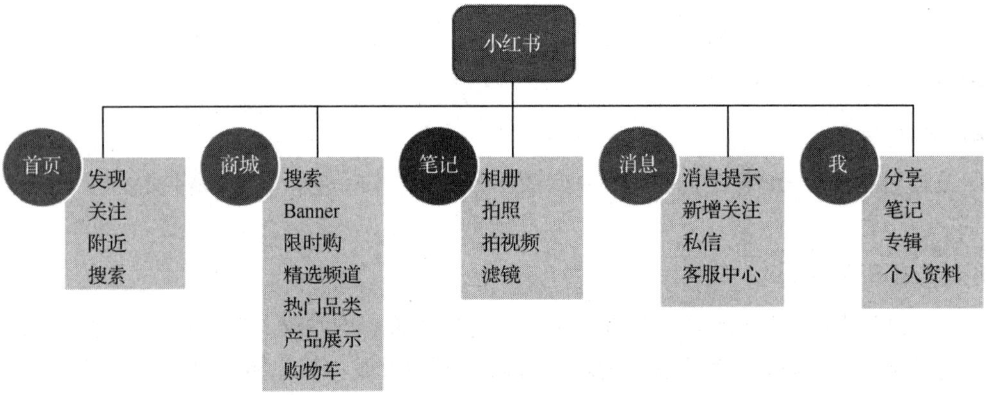

图 5-76　小红书主要功能架构图

2．扫描二维码并阅读“李佳琦和薇娅直播带货话术模板”一文，观看一场薇娅或李佳琦的直播，对照直播带货流程图，列表说出他们在直播前、中、后做了哪些工作？

阅读材料：李佳琦和薇娅直播带货话术模板

3．扫描二维码并阅读“宝洁直播脚本”一文，为你熟悉的企业撰写一份直播脚本。

阅读材料：宝洁直播脚本

二、创新创业项目训练

为企业开通手机淘宝直播权限，并策划组织一场店铺自播活动。

任务 5.4　百度搜索优化与推广

工作任务单及参考流程图

工作任务	了解百度搜索优化与推广	教学模式	任务驱动
建议课时	4 课时	教学地点	一体化实训室
任务描述	搜索引擎营销一直是商家的营销重点，那么，该如何做搜索引擎营销？如何投放竞价排名广告？		
学习目标	知识目标	✓ 了解搜索引擎营销（SEM）的方式； ✓ 熟悉搜索引擎优化 SEO 推广的策略； ✓ 熟悉百度搜索推广的流程。	
	能力目标	➢ 能够写出网站的 SEO 免费推广策略； ➢ 能够在百度推广中设置开户、计划、关键词等信息。	
	素质目标	✧ 具有学习能力，能够借助平台解决投放中遇到的问题； ✧ 具有创新能力，能够进行搜索优化提升 ROI。	
	思政目标	◆ 具备系统化、全局化的思考方法； ◆ 具备实事求是的价值观和求真务实的工作态度。	
KPI 指标	展现量、点击量、询单量。		

百度搜索推广的流程图

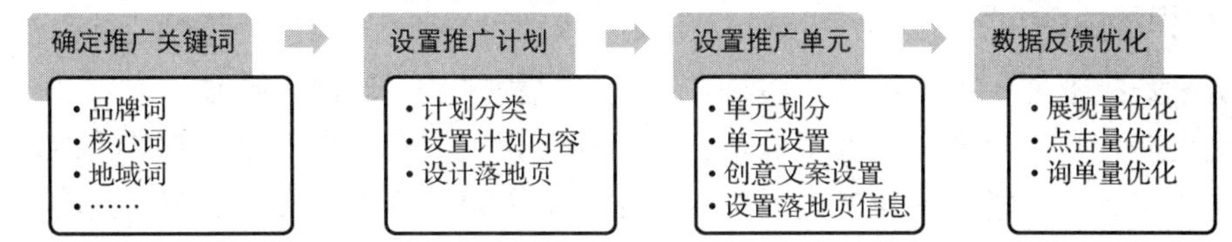

任务实施

5.4.1　搜索认知：从 PC 端到移动端

【想一想】

在移动互联网时代，你还会经常用浏览器或各种 App 进行内容搜索吗？你用得最多的 App 是什么？无论是今日头条、微博，还是微信、抖音，无一例外，搜索在里面都占据了很大的比重。但在众多的 App 中，最能代表搜索技术的是哪个平台？

____

____

1. 搜索认知

搜索在人们的日常生活中是必不可少的操作，其体现的具体动作就是“出去找”，如找食物、找地点等。互联网时代，搜索引擎（Search Engine）就是满足找信息这个需求的最好工具。输入你想要找的内容（即在搜索框里输入查询词），搜索引擎能快速地给你搜索的结果，这样的刚需催生了百度等互联网巨头。每个人上网几乎都会使用搜索引擎。

搜索是一个非常主动的行为，并且用户的需求十分明确。在搜索引擎提供的结果里，用户也能通过浏览量和点击量来明确判断是否满足了用户需求。

搜索引擎从 1994 年 Lycos 的诞生开始，到现在已经经历几代发展。从以人工分类目录为代表的 Yahoo，到现在采用特征提取和文本智能化等策略、准确识别用户需求为代表的 Google 和百度，见证了搜索引擎的历史。在网络营销里，认识和如何运用搜索引擎来进行营销也有着举足轻重的地位，而百度是其中最值得研究的搜索引擎之一。用户搜索流程如图 5-77 所示。

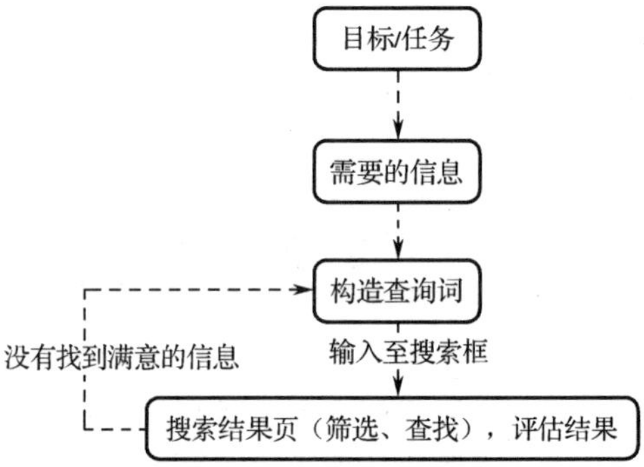

图 5-77　用户搜索流程

2．搜索引擎的概念及其工作原理

1）搜索引擎的概念

搜索引擎是指根据一定的策略，用特定的计算机程序从互联网上搜集信息，在对信息进行组织和处理后，为用户提供检索服务，将用户检索相关的信息展示给用户的系统。搜索引擎包括全文索引、目录索引、元搜索引擎、垂直搜索引擎、集合式搜索引擎、门户搜索引擎与免费链接列表等。

2）搜索引擎的工作原理

搜索引擎蜘蛛程序爬行抓取网页，然后扫描 IP 和跟踪链接，搜集新出现的网页和那些上次搜集后有改变的网页，发现自上次搜集后已不存在的网页，并把数据库中的数据更新。搜索引擎的工作原理如图 5-78 所示。

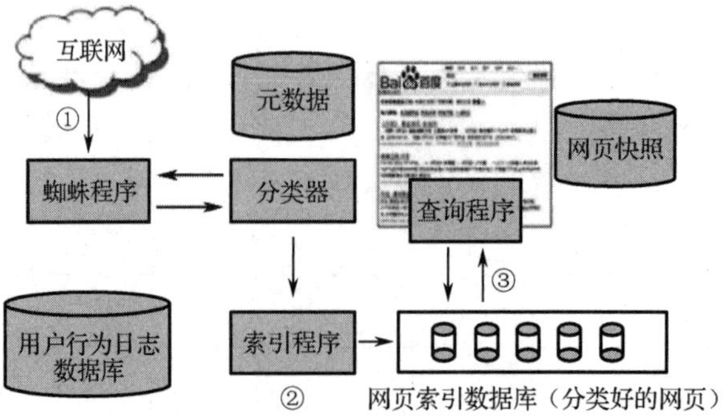

图 5-78　搜索引擎的工作原理

3）搜索引擎的工作过程

搜索引擎的工作过程如下：

➢ 爬行和抓取。搜索引擎蜘蛛程序通过跟踪链接访问网页，获得页面 HTML 代码并存入数据库。
➢ 预处理。索引程序对抓取来的页面数据进行文字提取、中文分词、索引等处理，以备排名程序调用。
➢ 排名。用户输入关键词后，排名程序调用索引库数据，计算相关性，然后按一定格式生成搜索结果页面。

4）搜索引擎的"部落化"特征

随着互联网时代的发展，搜索引擎也从以前单一的浏览器搜索变成各种 App 的内容搜索。越来越呈现"部落化"的特征。例如，女生把小红书当百度用；一些年纪稍大的人认为抖音才是她们最好的搜索引擎，是她们日常生活的"万能小帮手"；而对于年轻人来说，与百度相比，在今日头条、微信上搜索的资讯更新、更全面；不少人把新媒体平台当作"搜索引擎"的除了抖音，还有微博。

【想一想】

假设你想元旦去黄山旅游，你会去哪里搜集相关资讯？

____

____

5.4.2　搜索引擎营销（SEM）

【想一想】

假设你是一位网站运营人员，要通过搜索引擎找到提升流量的方法。那么，最快提升流量的方法是什么？

____

____

1. 搜索引擎营销（SEM）的概念

简单来说，搜索引擎营销（Search Engine Marketing，SEM）是基于搜索引擎平台的网络营销，利用人们对搜索引擎的依赖和使用习惯，在人们检索信息的时候将信息传递给目标用户。搜索引擎营销的基本思想是让用户发现信息，并通过点击进入网页，进一步了解所需要的信息。企业通过搜索引擎付费推广，让用户可以直接与公司客服进行交流，了解产品信息并实现交易。

搜索引擎营销的方法包括搜索引擎优化（SEO）、付费竞价排名、精准广告和付费收录等。

1）搜索引擎优化（SEO）

搜索引擎优化（Search Engine Optimization，SEO），是指在了解搜索引擎自然排名机制的基础上，对网站进行内部及外部的调整优化，改进网站在搜索引擎中的关键词自然排名，获得更多流量，从而达成网站销售及品牌建设的目标。简单来说，SEO 是指从自然搜索结果获得网站流量的技术和过程。广义的搜索引擎优化（SEO）也属于搜索引擎营销的方法之一。

2）付费竞价排名

竞价排名本质上是一种广告，其基本特点是广告主通过按点击付费的方式给推广平台以获取流量，推广信息呈现在搜索结果中（一般是在靠前的位置）。如果没有被用户点击，则不收取推广费。常见的竞价推广系统有百度推广、淘宝直通车推广、神马推广、360 推广等。我们通常也会把付费竞价排名称为狭义的 SEM。付费竞价排名的呈现页面如图 5-79 所示。

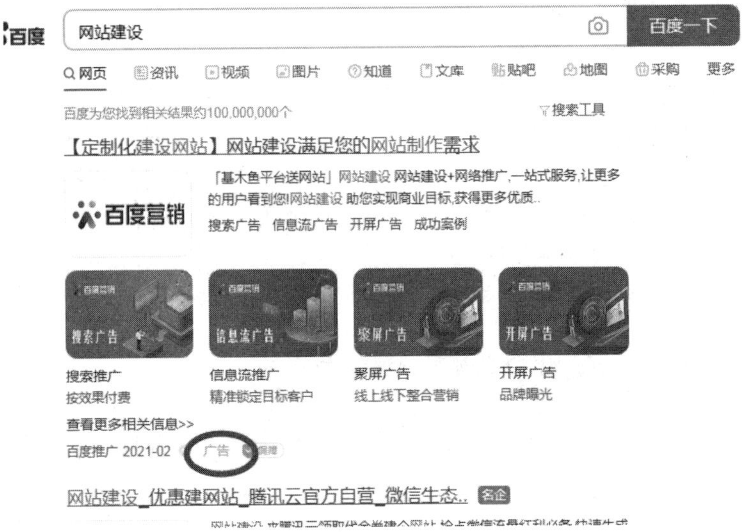

图 5-79 付费竞价排名的呈现页面

付费竞价排名（SEM）与搜索引擎优化（SEO）的区别如图 5-80 所示。

推广方式	付费竞价排名(SEM)	搜索引擎优化(SEO)
费用	按点击付费，费用高不可控	按年固定收费，节约预算
点击量	每天预设限额，点完消失	无限点击量
形象	搜索结果左侧或后侧，被标注为“广告”	左侧自然排序，体现实力
范围	单一搜索引擎	影响所有搜索引擎
词语	限定关键词	限定关键词 +相关词组
网站提升	无任何提升，费用一停，排名立即消失	通过优化，网站质量提升；停止优化，排名缓慢下跌

图 5-80 付费竞价排名（SEM）与搜索引擎优化（SEO）的区别

【答一答】

通过搜索引擎找到提升流量的方法是什么呢？从笔者多年从事 SEO 和 SEM 的经验总结：SEM 获取流量的速度是最快和最高效的。因为 SEO 主要是以搜索引擎排名结果为主要目的的，排名达到客户预期目标即可，它一般不会太多关注网站流量，通常关键词由客户直接提供，只需要做到使客户满意的标准即可；而 SEM 的最终目的是通过网络推广宣传的方式来吸引更多的客户。

3）精准广告

这里的精准广告指的是精准推送的广告，是指广告主按照广告接受对象的需求，精准、及时、有效地将广告呈现在广告对象面前，以获得预期转化效果。这种服务模式也就是人们常说的点对点服务，特点是精准而高效。

【想一想】

如图 5-81 所示的朋友圈广告属于精准广告吗？精准广告的特点是什么？

图 5-81　朋友圈广告

____

____

4）付费收录

付费收录（Pay For Inclusion，PFI）是指通过向搜索引擎或类似站点（如索引、购物比较网站）付费的行为，使得某个网站和网页能够被收录到服务器的索引信息中，但是不需要被显示在搜索结果列表上的某个特定的位置上。

和付费搜索引擎不同，它不能保证搜索结果在页面上的具体位置，但是它可以确保相应的结果出现在搜索页面上。我们应该尽量将网站的页面都收录在搜索引擎中，这样可以更深入地描述网站的主题，使得用户可以更直接地找到所需要的具体信息，并且使得网站有更多的机会被用户找到。客户一般只需向搜索引擎或类似站点支付一定服务费用，即可让网站得到收录。付费收录的典型例子如雅虎的商务目录收录服务。

5.4.3　搜索引擎优化原理及实施

不同平台，搜索引擎的排名规律不尽相同，作为 SEO 优化人员，如果要对内容进行搜索引擎优化，以便让自己的结果优先展示给用户，就需要对平台的排名规律进行了解。

1. 百度搜索引擎优化

1）了解平台的规则和规范

在做SEO前，最好了解官方的优化白皮书及相应的搜索算法、搜索规范等。因为平台每隔一段时间会对搜索算法进行更新，并且会打击某些恶意做搜索引擎优化的网站。作为优化人员，可以去百度站长平台搜索相关的规则和算法。

2）选定关键词

选择恰当的关键词布局到网站当中是SEO最具技巧性的环节之一。如何让用户搜索到我们布局的关键词，是我们做SEO的核心。只有选择正确的关键词，才能使网站SEO走在正确的大方向上。选择关键词的原则是与内容相关、有竞争性、能带来流量、具有商业价值。

3）站内优化和站外优化

选择好关键词后，可以使用白帽SEO技术对网站进行SEO优化。SEO优化包括站内优化和站外优化，如图5-82所示。通俗来讲，站内优化是指网站内部优化；站外优化就是增加外部链接，使更多的站外网站留下自己要推广的网站链接或有效的联系方式，包括问答推广、贴吧、百科、信息平台、论坛推广、博客推广、友情链接等。

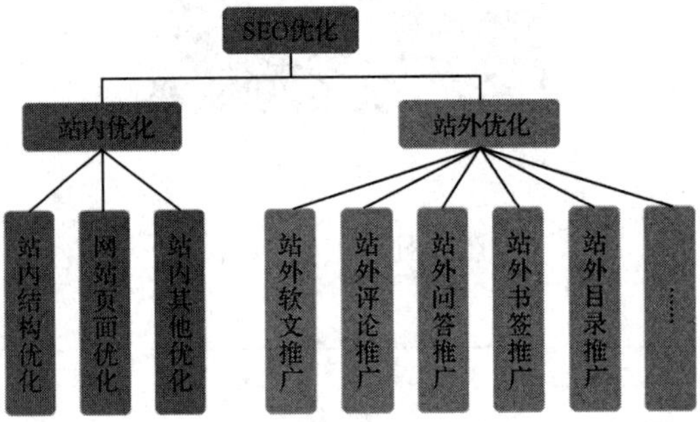

图5-82 SEO优化的分类

阅读材料：SEO优化教程

4）内容布局反馈SEO优化

我们在做SEO优化的时候，除了要对站内的内容进行布局，还要在整个互联网进行布局。这样即使用户在主网站站点上搜索不到你，也可以通过其他途径搜索到。如果是百度系搜索引擎优化，则首选百度系的产品进行布局。因为它们的产品普遍权重比较高，一般都在搜索引擎排名的前列，有时甚至排在众多独立域名之前，用户比较容易搜索到。百度系的产品分类可以登录百度主页（www.baidu.com），单击“更多”选项下面的“查看全部百度产品”按钮，如图5-83所示。

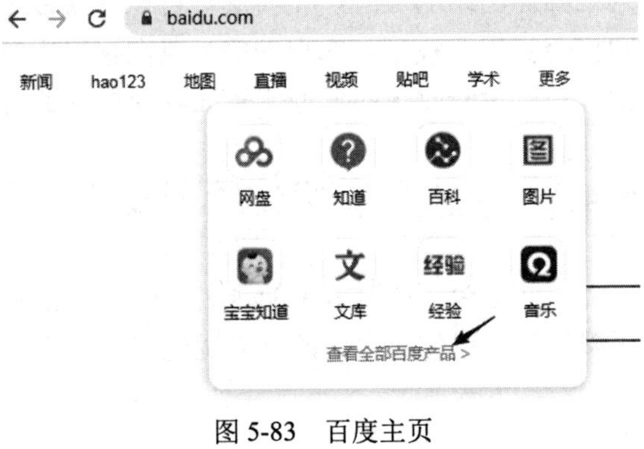

图5-83 百度主页

2．案例：钻亿网络的搜索引擎优化（SEO）

1）了解企业和产品，明确推广需求

秦皇岛钻亿网络是一家专门为当地企业搭建网站和网络推广的公司，企业相关情况如表 5-4 所示。

表 5-4　秦皇岛钻亿网络企业相关情况

业务或产品	品　牌	服务范围	推广需求
网站建设	钻亿网络	秦皇岛及周边	SEM 百度推广部分

2）做关键词组合表，确定百度推广的关键词

关键词分析如下。

- 品牌关键词：钻亿网络。
- 业务关键词：网站建设、网站制作、网站开发、网络推广、互联网推广、网络营销、互联网营销。
- 核心关键词：考虑该公司的服务半径，核心关键词由地域关键词+业务关键词组合而成，如秦皇岛网站建设、秦皇岛网站制作、秦皇岛网络推广、秦皇岛互联网推广、秦皇岛网络营销、秦皇岛互联网营销。
- 组织形式关键词：考虑钻亿网络的公司组织形式，关键词可选取为秦皇岛网站建设公司、秦皇岛网站制作公司、秦皇岛网络推广公司。
- 问题关键词：钻亿网络怎么样？秦皇岛网站建设公司哪家好？

关键词组合如表 5-5 所示。

表 5-5　关键词组合

地域词	产品或业务词	主体或商业模式	品牌关键词	问题关键词
秦皇岛	网站建设	公司	钻亿网络	钻亿网络怎么样
海港区	网站开发	—	秦皇岛钻亿网络	钻亿网络建网站靠谱吗
开发区	网页设计	—	—	秦皇岛网站建设公司哪家好
北戴河	网络推广	—	—	秦皇岛建网站多少钱

3）进行百度系产品的内容发布和信息发布

在百度百科、百度知道、百度地图等百度系列产品中进行内容发布。百度百科、百度知道的展现方式如图 5-84 所示。

4）网站上线前做“meta 标签”的关键词布局

在如图 5-85 所示的页面代码中，“title 标签”中应写明公司名称和核心业务；“keywords 标签”中应填写核心关键词 3～4 个；“description 标签”中应写明公司业务的优势，内容中要包含 2～3 个关键词。

5）网站正式上线后提交

网站正式上线后，在百度站长平台提交链接地址。链接地址提交页面如图 5-86 所示。

图 5-84　百度百科、百度知道的展现方式

```
<!DOCTYPE html>
<html lang="zh-cn">
<head>
    <title>钻亿网络|专业的建网站微信网络推广机构 - Powered by Mobanvip.Com</title>
    <meta name="description" content="" />
    <meta name="keywords" content="" />
    <meta name="copyright" content="Copyright mobanvip.com 版权所有" />
    <link href="/templets/Content/bootstrap.min.css" rel="stylesheet" />
    <link href="/templets/Content/index.min.css" rel="stylesheet" />
    <!--[if lt IE 9]>
    <script src="/js/html5shiv.min.js"></script>
    <![endif]-->
    <script src="/templets/Scripts/jquery.min.js"></script>
    <script src="/templets/Scripts/index.min.js"></script>
</head>
```

图 5-85　页面代码

图 5-86　链接地址提交页面

6）网站上线初期每天录入 2～3 篇原创文章到网站的资讯板块

要求每篇资讯文章必须原创，有可读性。通篇在标题、正文和结尾处出现要推广的业务关键词 6～8 次。网站的资讯板块的原创文章如图 5-87 所示。

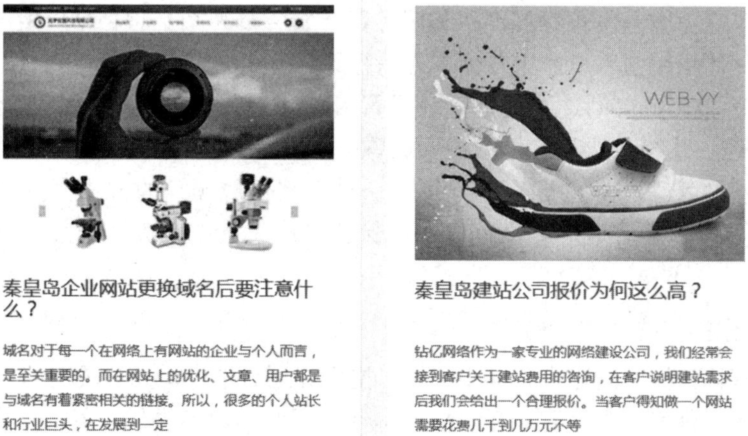

图 5-87　网站的资讯板块的原创文章

7）引入高质量外链

高质量的外部友情链接可以使企业网站更加受欢迎，主要体现在：提高网站流量；完善用户体验；增加网站外链；提升 PR（权重）；提高关键字排名；提升网站权重；提升知名度；吸引蜘蛛爬行。可以通过互链或购买 PR 值在 4 以上的网站友情链接位。

8）新闻源推广

每月发布 3～5 篇关于企业的新闻报道到各大媒体网站。

5.4.4　百度搜索推广及实施流程

付费竞价排名推广一直以来都是企业十分看重的广告模式，而百度的搜索推广是基于全球最大的中文搜索引擎的，在搜索结果显著的位置展示你的推广信息，只有客户点击广告之后，才需要付费。那么，如何进行百度搜索推广呢？

1．百度搜索推广概述

1）开通流程

可登录“百度营销”页面进行在线申请，或者拨打电话与百度联系，或者单击“百度营销”首页下方的“帮助与支持”栏目的“代理商查询”按钮，找到当地百度代理商的地址与电话。百度搜索推广的开通流程如图 5-88 所示。

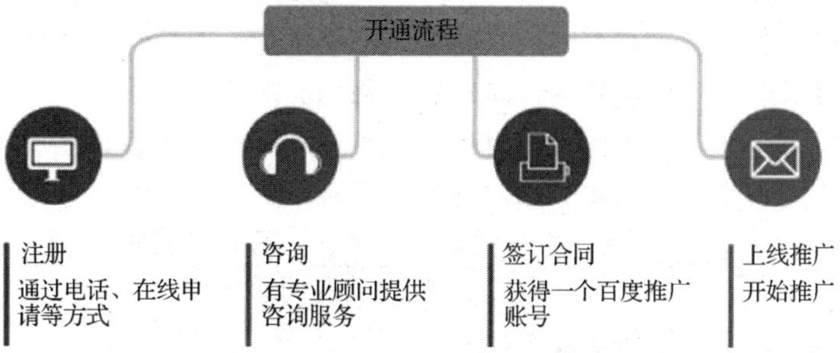

图 5-88　百度搜索推广的开通流程

首次开户仅需缴纳基本预存推广费和服务费（服务费和基本预存推广费根据地区情况可能有所变动，具体费用由客户和服务提供方另行约定）。

开通服务后，客户自助选择关键词、设置投放计划。当搜索用户点击客户的推广信息访问企业网站时，系统会从预存推广费中收取一次点击的费用，每次点击的价格由客户根据自己的实际推广需求自主决定（客户可以通过调整投放预算的方式自主控制推广费用）。当账户中预存推广费用完后，客户可以续费保持或加大推广力度，通过百度推广获得更多客户和生意。

2）百度搜索推广的账户结构

基本上所有搜索推广的账户结构由账户、推广计划、推广单元和关键词/创意四个层级构成。也就是说，当你有了一个账号后，要对这四个层级的内容进行设置，且推广单元由多个关键词列表和创意列表构成。推广计划是管理你的推广内容的大单位/分组，计划需要和业务强相关。一个推广计划仅推广一个业务，一个账户可以创建1～300个推广计划。推广计划下可以设置单元，单元下设置关键词和创意。百度搜索推广的账号结构如图5-89所示。

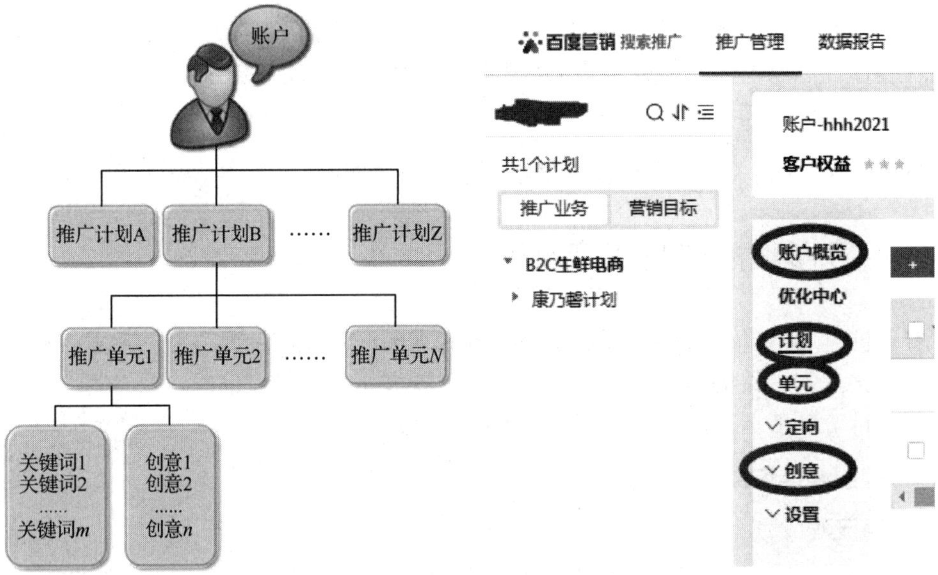

图5-89　百度搜索推广的账号结构

3）计费方式

百度搜索推广是如何计费的呢？它的计费方式是按点击计费（CPC）。点击价格是指你为网民的点击访问所支付的实际推广费用。点击价格是由你和其他客户的排名关系、下一名关键词出价和质量度等因素共同决定的，是动态变化的。对于同一账户内的同一关键词，在你的出价不变的情况下，由于以上因素随时可能发生变动，同一关键词在不同时刻的点击价格可能是不同的。百度搜索推广的实际点击价格公式为

$$\text{实际点击价格}=\frac{\text{下一名关键词出价}\times\text{下一名关键词质量度}}{\text{当前自身关键词质量度}}+0.01$$

百度搜索推广计费方式示例如表5-6所示。

表 5-6　百度搜索推广计费方式示例

账　　户	出　　价	质　量　度	出价×质量度	排　　名	实际点击价格
A	2.00	0.97	1.94	2	1.80
B	1.80	1.12	2.02	1	1.74
C	1.50	0.80	1.20	4	—

通过表 5-6 所示的内容可以看出：

出价最高 2.00 元的 A 账户，排名排在出价 1.80 元的 B 账户后面，这是因为排名由出价和质量度两个因素共同决定的。

A 账户出价 2.00 元，但实际点击价格为 1.80 元，这是因为它的点击价格不只由自己的出价和质量度决定，还取决于下一名的出价和质量度。

4）展示位置

企业投放的百度推广，将在搜索结果页右下角标识“广告”字样，并出现在百度搜索页面的三个位置：左侧推广链接位置、左侧推广位置、右侧推广链接位置。当企业推广信息与网民需求高度吻合时，会在百度搜索结果页以三种形式展现。百度搜索展示页面如图 5-90 所示。

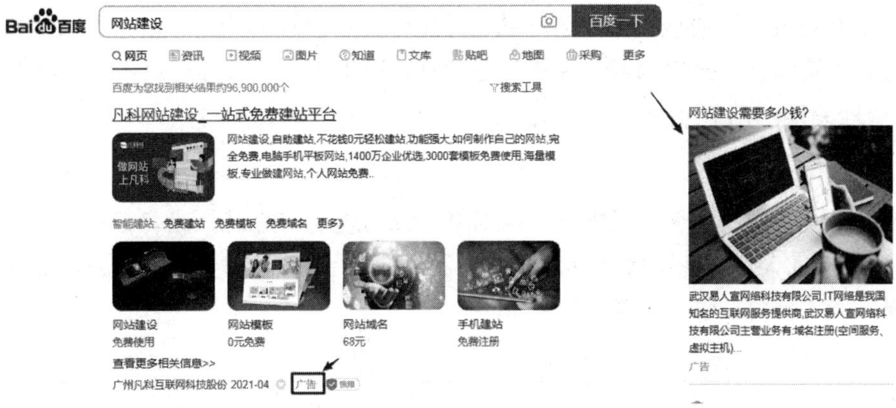

图 5-90　百度搜索展示页面

5）展示的样式（创意）

推广展现给用户看的样式（信息）又称创意，主要由四部分构成：标题（9～50 个字符）、描述（描述分两行，第一行 9～80 个字符，第二行 9～80 个字符）、网址（显示 URL），图片（移动端尺寸比例为 1∶1，最小 200×200 像素；PC 端比例为 1.61∶1，最小 323×200 像素）。注意创意的主要目的是吸引人点击，所以多看同行的优秀创意。根据数据去识别好的创意是推广人员的必修课。百度搜索推广展示样式如图 5-91 所示。

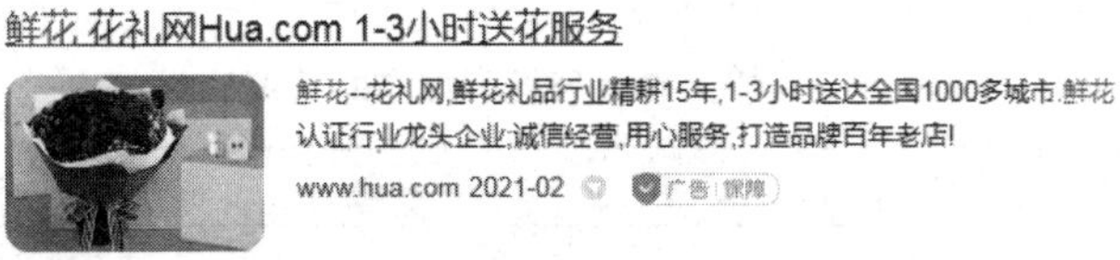

图 5-91　百度搜索推广展示样式

6）竞价的核心

竞价的核心在于获得好的排名。排名是指每条企业广告信息在搜索结果中展示时的排位。

并不是说我们开通了百度搜索推广账号后，就能让自己的排名靠前，百度搜索推广规定影响排名的因素是由质量度和出价（出价×质量度）共同决定的，是由系统实时调整的。在关键词质量度相同的情况下，出价越高，排名就越靠前；在出价相同的情况下，质量度越高，排名就越靠前。排名高低决定了展现位置。

（1）质量度。关键词质量度由“预估点击率”“创意相关性”“落地页体验”三要素组成。每个要素会有“低于平均”“平均水平”“高于平均”三种得分。每个关键词会根据三要素的得分汇总得到一个1～10之间的关键质量度总分。

- 预估点击率：用户看到你的关键词广告后，点击广告的可能性。尽可能提高。
- 创意相关性：你的关键词与创意（标题、描述）的相关性。尽可能提高。
- 落地页体验：你的关键词与落地页内容的相关性，以及用户访问落地页的体验。做用户体验好的落地页。

关键词的落地页体验若“低于平均”，意味着搜索用户在访问你的广告落地页时，用户体验低于访问其他广告主的推广落地页。落地页用户体验不佳的表现包括用户在落地页上看到的内容和你使用的关键词关系不大、落地页内容单薄等。

（2）出价。推广信息被点击一次，你最多愿意出多少钱——这就是出价。

百度计费机制保证实际点击价格不高于甚至远低于你的出价，为你尽可能地节省推广预算。出价不是客户最终花的钱，只是客户的心理上限，可以理解为封顶价。出价是影响企业推广信息展现位置的一个重要因素。需要注意的是，出价不等于实际每点击一次花的钱。

2. 百度搜索推广实施流程

【想一想】

北京蝶之梦花店是一家新开的花店，主营各种玫瑰花、百合花、康乃馨等，允许私人定制。承诺100%新鲜鲜花、5小时即可送达、不满意100%退赔，希望通过百度搜索推广来提升其销售额。如果是你，该如何实施？

百度搜索推广实施流程包括确定推广关键词、设置推广计划、设置推广单元和数据反馈优化。

1）确定推广关键词

实施百度搜索推广，首先要进行市场分析和人群定位，思考自己的推广策略。根据主营产品，通过各种找关键词方法（如后台推荐、百度指数及其他关键词工具），整理有关这个项目所需的所有关键词并进行分类，如品牌词、核心词、地域词、通用词、业务词、人群词、活动词、重点词、竞品词等。蝶之梦百度搜索推广的关键词如表5-7所示。

表5-7 蝶之梦百度搜索推广的关键词

品牌词	核心词	地域词
蝶之梦康乃馨	康乃馨	清远康乃馨
蝶之梦玫瑰花	玫瑰花	广州玫瑰花
蝶之梦百合花	百合花	揭阳百合花

2）设置推广计划

（1）计划分类。注册账号后，可以考虑建立多个计划。计划的分类可以根据关键词的分类来设置：如果关键词数量较少，并且是单一业务推广的账户，则按词性分组后，可以在一个计划下管理，可以按营销目的、地域等来进行计划分类；对于关键词数量多或多种业务推广的账号，可根据产品或服务名称、推广预算、推广地域、提供产品或服务的地区等维度分为多个计划（还可将以上维度适当进行组合）；如果碰到特殊事件，如促销、活动等，可以单独建立一个计划。

以北京蝶之梦花店为例，我们可以划分为“百合计划”“玫瑰花计划”“康乃馨计划”。因为后续我们要根据这个计划设置落地页，所以最好的计划分类方式是以产品名称进行分类。蝶之梦花店的百度搜索推广计划分类如图 5-92 所示。

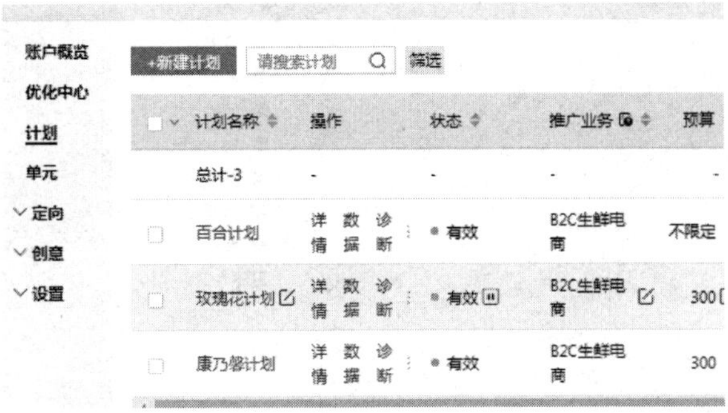

图 5-92　蝶之梦花店的百度搜索推广计划分类

（2）设置计划内容。计划内容包括营销目标、推广设置（推广业务和推广网址）和计划设置（计划名称、推广地域、推广时段、推广方式、设备出价设置、预算、人群）。设置计划内容的技巧如下：

① 根据自己的需要选择营销目标。营销目标包括网站链接、App 应用推广、商品目录、门店推广、电商店铺推广；推广的业务自行选即可。例如，蝶之梦花店的营销目标为“网站链接”，则推广业务选择为“零售>电商 B2C>垂直型 B2C 电商>B2C 生鲜电商”，并且在“推广网址”栏输入公司的网址，如图 5-93 所示。

图 5-93　蝶之梦花店的“营销目标”设置页面

② 计划设置。计划名称、推广地域可以根据自己的订单流量数据进行选择，或者对市场进行分析后再进行推广地域设置；推广时段也可以根据自己的订单流量数据进行选择；推广方式设置为“关键词”，设备出价设置可以选择出价基准，是以移动出价为基准，还是以计算机出价为基准；预算设置，建议一定要设置日预算，最少 50 元；人群设置可根据自己的需要进行选择，包括不限人群、定向人群和排除人群三种方式。“计划设置”页面如图 5-94 所示。

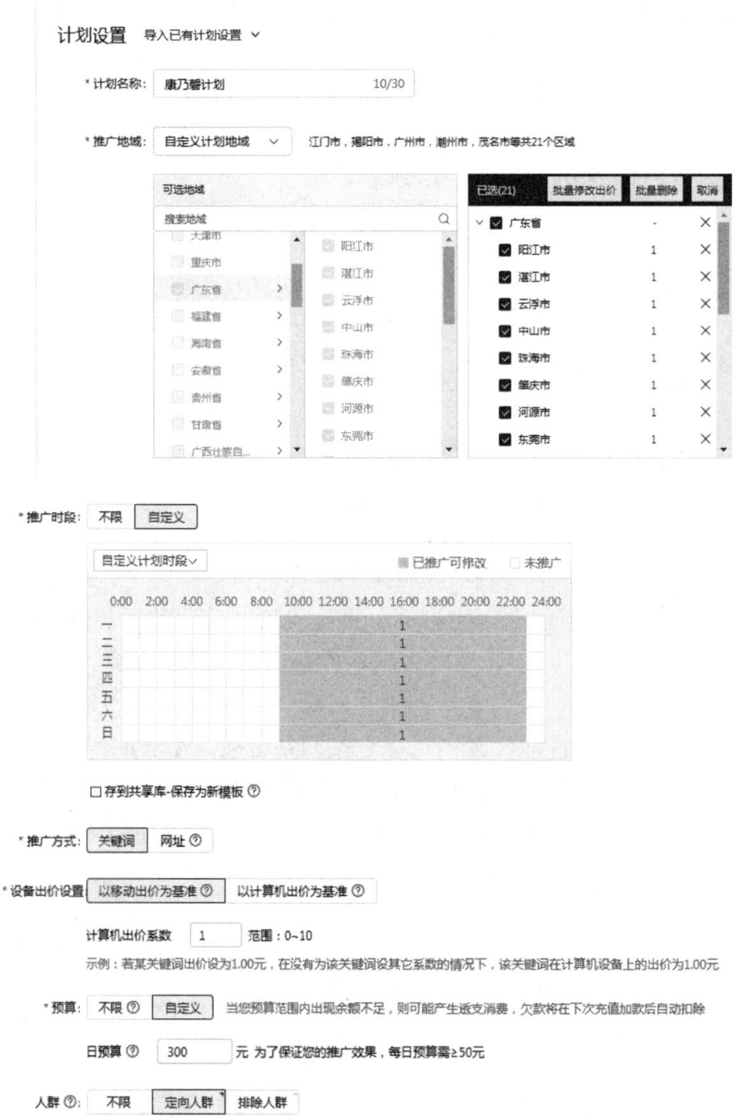

图 5-94 “计划设置”页面

（3）设计落地页。根据计划的内容，我们可以设计落地页。落地页的内容一定要与计划的营销目标相符。所谓落地页，是指当用户搜索到某个关键词时，点击进来后看到的页面。可以使用百度推广自带的基木鱼（百度推广提供的建站、H5 页面、小程序设计工具，一种所见即所得的拖曳设计工具）进行落地页的设计，也可以使用自己的网站站点页面作为落地页。以蝶之梦的康乃馨计划为例，使用基木鱼工具进行 H5 页面设计，其设计页面如图 5-95 所示。

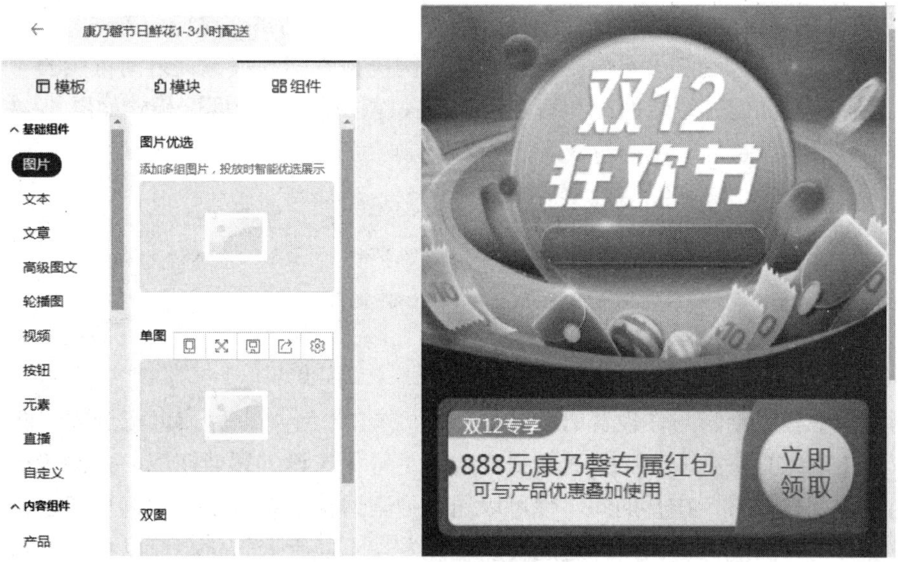

图 5-95　落地页设置界面

3）设置推广单元

（1）单元划分。推广单元是对推广计划的具体细分，如康乃馨计划，我们可以根据花的颜色进一步细分为多个单元：粉色康乃馨、红色康乃馨等。每个推广单元的关键词建议与你的推广单元的目标一致。

（2）单元设置。单元设置的内容包括单元名称、单元出价和出价系数（计算机出价系数或移动出价系数）。例如，如果推广单元名称为“粉色康乃馨”，我们就选择与粉色康乃馨相关的关键词进行出价。当没有使用关键词出价时，系统默认使用单元出价。最终出价=关键词（单元）出价×系数。“单元设置”页面如图 5-96 所示。

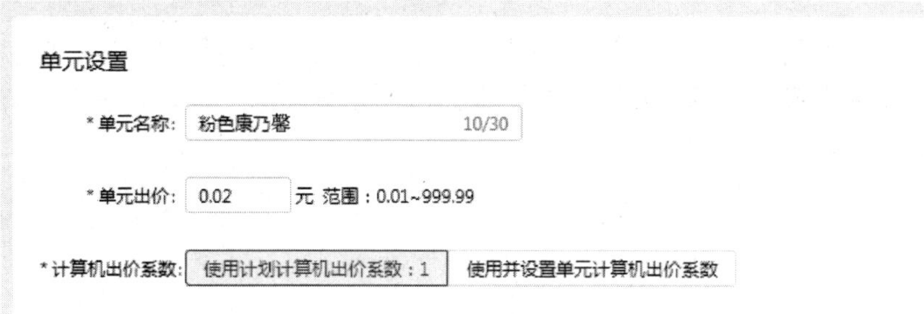

图 5-96　“单元设置”页面

【想一想】

出价的时候，我们会在计划当中出一个价，在单元当中出一个价，关键词当中又出一个价，那么，这三个出价有什么联系和区别呢？

（3）关键词选择技巧和匹配模式。

① 关键词选择技巧：这里既可以使用你之前已经选择好的关键词，也可以通过百度后台选择相应的关键词。初始关键词可以根据预算来设置，等有了数据后再进行筛选、删除或增加。

② 关键词的匹配模式设置：在网民搜索时，系统会自动挑选对应的关键词，将推广结果展现在网民面前。可以通过设置匹配模式来决定网民搜索词与关键词之间可能的对应关系。匹配模式包括精确匹配、短语匹配和智能匹配。关键词的设置及匹配模式如图5-97所示。

关键词（2/1000）

□	序号	关键词	匹配模式	出价
□	1	康乃馨	精确匹配	1.24
□	2	定购鲜花花篮	智能匹配	1.24

图5-97 关键词的设置及匹配模式

技巧：匹配模式会影响你设置的关键词展现机会的大小，从精确匹配到智能匹配，关键词能获取到的流量是由小变大。建议新提交的关键词尽量设为智能匹配，并保持至少两至三周的时间用以观察效果。在此期间，你可以通过搜索词报告来查看关键词与搜索词的匹配情况。如发现有不相关的关键词，并通过百度统计发现不能带来转化，可以将该词添加至“否定关键词”来优化匹配结果；如搜索词报告表现仍然不理想，你可以使用更具体、商业意图更明显的关键词，或者尝试短语匹配或精确匹配。同时，建议精确词使用精确匹配，其他长尾词可以使用短语匹配或智能匹配模式。

【想一想】

我的竞价关键词是粉色康乃馨，消费者搜索“粉色康乃馨”可以搜索到我，那我有可能设置了什么样的匹配方式；如果消费者搜索“哪里有粉色康乃馨卖”可以搜索到我，我可能设置的关键词匹配方式又是什么？

____

____

③ 关键词出价：初始可以使用系统的建议进行关键词出价，后面看数据情况再进行调整。

（4）创意文案设置。为单元设置创意文案，包括创意标题、创意描述第一行、创意描述第二行等，如图5-98所示。

图5-98 “创意文案”设置页面

技巧：创意文案设置应与单元关键词密切相关，建议平时多看看竞争对手的创意内容。建议标题使用得当的号召性语言，如立即购买、马上参加、赶紧报名等。注意关键词与展现页面飘红字样的匹配，并保证标题的顺畅。创意描述的内容亦是如此，并配合适当的创意图片。“创意文案”展示页面如图 5-99 所示。

图 5-99 “创意文案”展示页面

（5）设置落地页信息。最后，也可以为这个单元设置单独设置落地页信息，包括移动访问网址、百度小程序（如有）、计算机访问网址。“落地页信息”设置页面如图 5-100 所示。

图 5-100 “落地页信息”设置页面

4）数据反馈优化

一般来说，建议等待一段时间的数据反馈后再进行计划调整，通过数据报告中的相关数据进行账户调整和优化。常见的调整策略如下：

（1）展现量少。

- 关键词不够，或者因为关键词出价不够，无法得到展现机会。
- 优化出价。适当调整重点词的出价，以获得展现机会。
- 关键词匹配模式过窄，如大多数为精确匹配。适当拓宽匹配模式，如由精确匹配调整为短语匹配，以获得更多的展现机会。

（2）点击量过少。

- 关键词和创意不相关。检查关键词和创意的相关度。
- 创意内容不吸引人。将账户中的基础创意进行点击率分析，找到高点击率的创意，思考这些创意的共性和特点；撰写与之相似的创意，去掉低点击率的创意。

（3）没有询单。

- 创意和落地页相关度低，导致点击率正常，但转化量少。
- 落地页打不开或打开速度太慢。优化落地页的打开速度。

任务实训

一、综合能力训练

1. 单项选择题

（1）以人工分类目录为代表的搜索引擎是（　　）。

A. Yahoo　　B. Google　　C. 百度　　D. 360

（2）下列不属于搜索引擎的工作过程的是（　　）。

A．爬行　B．建站　C．抓取　D．预处理

（3）SEM是指（　　）。

A．搜索引擎优化　B．搜索引擎销售　C．搜索引擎营销　D．搜索引擎处理

（4）以下属于搜索引擎优化简称的是（　　）。

A．SEM　B．SEP　C．SED　D．SEO

2．多项选择题

（1）搜索引擎营销的方法包括（　　）。

A．SEO　B．竞价排名　C．精准广告　D．付费收录

E．网站弹窗广告

（2）搜索引擎优化中的步骤包括（　　）。

A．寻找关键词　B．站内优化　C．站外优化　D．付费推广

E．了解平台搜索规律和规范

（3）百度搜索推广中一个账号通常包含哪些结构（　　）。

A．计划　B．单元　C．关键词　D．创意

E．落地页

（4）如果百度搜索推广中我们发现展现量过少，则要优化哪些内容（　　）。

A．修改落地页　B．优化出价　C．增加关键词　D．修改创意

二、综合能力训练

1．参考钻亿网络的搜索引擎优化，查看vivo手机官方网站及学校官方网站，从SEO角度进行分析，给出学校官方网站的优化建议，并填写如表5-8所示的网络优化记录表。

表5-8　网络优化记录表

优 化 角 度	vivo手机官方网站	学校官方网站
网址		
关键词		
网站栏目设置		
“meta标签”截图		
百度百科、知道、地图等信息发布情况		
有无链接提交		
有无原创文章		
有无高质量外链		
有无新闻源推广		

（1）针对学校官方网站，你的SEO优化建议是什么？

（2）若你的学校需要投放百度推广广告，按照创意撰写的格式和要求，请为你的学校撰写两组创意。

2．计算竞价排名及实际点击价格

四家企业A、B、C、D都购买了同一关键词。四家企业的出价及质量度得分如表5-9所

示，请计算：（1）这四家企业的“出价×质量度”和“竞价排名”；（2）计算各家搜索推广结果的实际点击价格 CPC。将计算结果填写在如表 5-9 所示的表格中。

表 5-9　竞价排名及实际点击价格

账　户	出价（元）	质　量　度	出价×质量度	竞价排名	CPC
A	2	0.97			
B	1.8	1.12			
C	1.5	0.8			
D	1.45	1.2			

三、创新创业项目训练

根据付费推广广告的投放流程，为企业投放搜索引擎推广广告并进行优化。

项目 6

投放网络广告

内容导图

知识梳理

本项目为实施网络营销之第三板斧——投放网络广告，主要了解网络广告的计费方式及投放平台，着重讲述信息流广告的投放优化流程。

任务 6.1　网络广告与信息流广告

工作任务单及参考流程图

<table>
<tr><td>工作任务</td><td colspan="2">信息流广告的投放流程</td><td>教学模式</td><td>任务驱动</td></tr>
<tr><td>建议学时</td><td colspan="2">4 课时</td><td>教学地点</td><td>一体化实训室</td></tr>
<tr><td>任务描述</td><td colspan="4">听说信息流广告是广告的未来和主流，那么，什么是信息流广告？如何投放信息流广告呢？</td></tr>
<tr><td rowspan="4">学习目标</td><td>知识目标</td><td colspan="3">✓ 了解信息流广告的投放方式；
✓ 掌握网络广告计费方式；
✓ 说出搜索和推荐的区别及在各平台的应用。</td></tr>
<tr><td>能力目标</td><td colspan="3">➢ 能够计算广告费；
➢ 能够根据平台后台指引投放信息流广告。</td></tr>
<tr><td>素质目标</td><td colspan="3">✧ 具有自主学习能力；
✧ 具有创新能力，能够用所学知识投放信息流广告。</td></tr>
<tr><td>思政目标</td><td colspan="3">◆ 遵纪守法，在投放广告时遵守广告法及相关法规；
◆ 诚实守信，具有社会责任感，撰写广告时传递正能量。</td></tr>
<tr><td>KPI 指标</td><td colspan="4">流量数量（PV、UV、IP）、流量质量(跳出率、平均访问时长、平均访问页数)、流量转化率（转化次数、转化率）。</td></tr>
<tr><td colspan="5">信息流广告的投放流程</td></tr>
<tr><td colspan="5">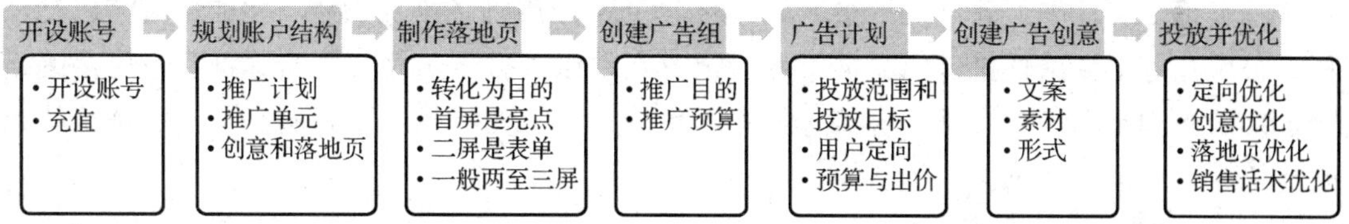
</td></tr>
</table>

任务实施

6.1.1　信息：从搜索到推荐

【想一想】

有人调侃说“抖音 5 分钟，人间 1 小时”，还说“抖音有毒”。为什么说“抖音有毒”？为什么今日头条能成为热门的资讯平台？字节跳动（旗下包括今日头条、抖音、Tik Tok、西瓜视频、悟空问答等）的成功，主要原因在哪里？

2012年创建的字节跳动，短短几年时间发展到估值估价接近千亿美元的互联网巨头，拥有今日头条、抖音、西瓜视频等多个爆款 App。它的成功除搭上移动互联网的春风外，其推荐算法功不可没。

获取信息是人类认知世界、生存发展的刚需。按照达观数据的观点，获取信息的方式有两种：主动明确的搜索与被动模糊的推荐。

搜索就是主动明确的一种方式，其体现的动作就是“出去找”，找食物、找地点等。到了互联网时代，搜索引擎就是满足“找信息”这个需求的最好工具，你输入想要找的内容（即在搜索框里输入查询词，或称 Query），搜索引擎能够快速给你最好的结果，这样的刚需催生了 Google、百度这样的互联网巨头。

获取信息的方式除搜索外，还有另一种，即被动模糊的推荐方式。推荐也是伴随人类发展而生的一种基本技能。你一定遇到这样的场景，初来乍到一个地方，会找当地的朋友打听附近有啥好吃好玩的地方。知识、信息等通过推荐来传播，这也是一种获取信息的方式。

推荐系统就是根据用户的历史行为、社交关系、兴趣点、所处环境等信息去判断用户当前需要或感兴趣的物品或服务的一类应用。为什么我们要用到推荐系统呢？因为随着信息技术和互联网的发展，人类从信息匮乏时代走向了信息过载时代。

对于信息消费者（用户）而言，从大量信息中找到自己感兴趣的信息变得越来越困难；对于信息生产者而言，让自己生产的信息在众多信息中脱颖而出也变得越来越困难。推荐系统正是为了解决这一矛盾应运而生的。推荐系统的主要任务就是联系用户和信息。对用户而言，推荐系统能帮助用户找到喜欢的物品或服务，帮助进行决策，发现用户可能喜欢的新事物；对商家而言，推荐系统可以给用户提供个性化的服务，提高用户信任度和黏性，增加营收。

推荐系统目前几乎无处不在，主流的 App 都基本应用到了推荐系统。例如，旅游出行，携程、去哪儿等都会给你推荐机票、酒店；点外卖，饿了么、美团等会给你推荐饭店；网络购物，京东、淘宝网、亚马逊等会给你推荐“可能喜欢”的物品；看新闻，今日头条、腾讯新闻等都会给你推送你感兴趣的新闻……

【看一看】

微博、微信、抖音、今日头条、天猫 App 的截图如图 6-1 所示，你能分辨出哪个截图是哪家平台，并找出“搜索”和“推荐”的位置吗？

____

____

1. 百度的推荐

百度平台，在搜索引擎中也融入了推荐系统。当你搜索小米手机时，网页右侧“相关手机”栏，也会推荐三星、红米、一加、步步高等手机给你，如图 6-2 所示。网页下方“相关搜索”也会推荐手机排行榜等资讯。

图 6-1　微博、微信、抖音、今日头条、天猫 App 的截图

高清图

图 6-2　百度搜索页面

2．抖音的推荐算法

抖音的推荐，分为好友推荐、视频推荐和地域推荐三大类。每个视频，在经过机器检测与人工检测后，都会配备 200～300 的冷启动流量，然后根据账号本身质量和互动效果（完播率、点赞率、评论率、转发率）进行叠加推荐，反馈效果好会进入更高的流量池，优质内容最多可获得八次推荐、3 000 万以上的播放量。抖音的内容分发流程如图 6-3 所示。

3．淘宝网的超级推荐

2019 年，淘宝网推出了新的广告产品，即超级推荐，成为与直通车、钻展同样重要的推广工具。超级推荐展示的位置在“猜你喜欢”（首页、购中、购后）、“微淘”、“直播广告”和“有好货”等位置。直通车、钻展、超级推荐三者的区别如图 6-4 所示。

	直通车	钻展	超级推荐
渠道性质	人找货	货找人	货找人
核心原理	满足需求	收割需求	激发需求
操作模式	卖家找词	卖家找定向	系统算法找人
扣费方式	CPC	CPC、CPM	CPC
展示位置	搜索结果页	首焦等	猜你喜欢等

图 6-4　直通车、钻展、超级推荐三者的区别

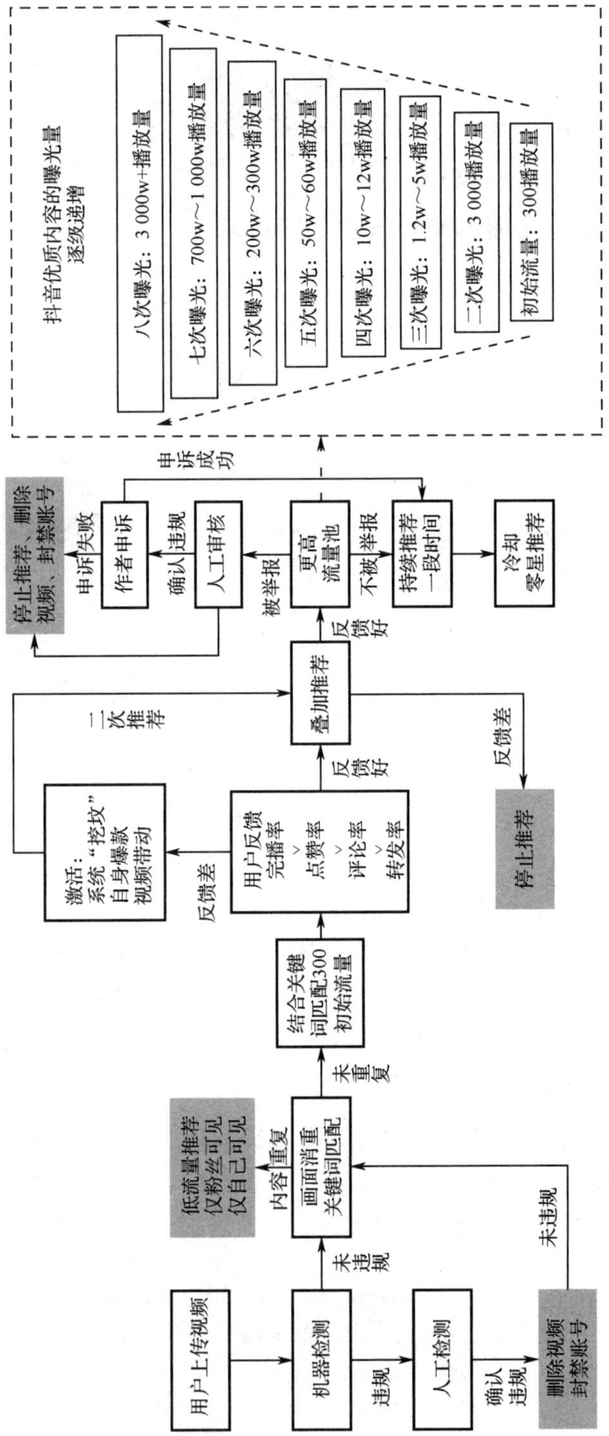

图 6-3 抖音的内容分发流程

4. 搜索、推荐和广告

搜索是用户主动行为，推荐和广告是用户被动接收行为。推荐相较广告，可能会带给用户“众里寻她千百度”“缘来就是你”的惊喜。搜索、推荐和广告的异同点如图 6-5 所示。

比较项目	搜索	推荐	广告
信息送达方式	拉	推和拉	推
关注点	内容消费方	内容生成方、消费方	内容生产方
是否期待惊喜	否	是	否
是否需要集体智慧	可能	可能	需要
是否需要查询	需要	可能	可能
是否依赖上下文	可能	可能	可能

图 6-5　搜索、推荐和广告的异同点

6.1.2　了解广告和网络广告

【连连看】

可投放广告的平台	需要投放广告公司的行业
百度	洗发水
淘宝网	汽车、房地产
今日头条	服饰、鞋帽
腾讯视频	家政服务

1. 网络广告的发展历史

我们知道广告的投放媒介包括报纸、杂志、广播、电视和互联网等。其中，互联网广告已经成为最主流的媒介广告。互联网广告亦称网络广告，是指通过网站、网页、互联网应用程序等互联网媒介，以文字、图片、音频、视频或其他形式，直接或间接地推销商品或服务的商业广告。按照艾瑞咨询的分类，将网络广告分为搜索广告、品牌图形广告、富媒体广告、电商广告、视频贴片广告等类别。2015—2020 年中国不同形式网络广告的市场份额如图 6-6 所示。

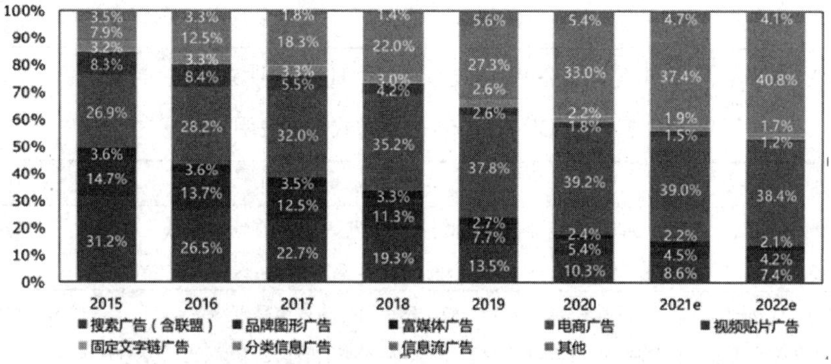

图 6-6　2015—2020 年中国不同形式网络广告的市场份额

高清图

为什么互联网广告能成为最主流的媒介广告？因为广告主的广告投放很多已经转移到互

联网，例如，原来受区域限制主投报纸媒介的医疗美容、教育培训、家政服务等行业，大部分转移至百度等平台做搜索广告；原来看好电视媒体视听兼备、覆盖面广的日用快消品行业，大部分转移至视频网站投放广告；服饰箱包等类别直接在天猫淘宝上开店，通过投放直通车、钻展直接变现；汽车房地产等行业为提升品牌知名度，加大了在今日头条等资讯平台的广告投放。

【想一想】

根据如图 6-6 所示的内容（可扫描二维码查看高清图），指出 2020 年中国网络广告市场份额占比前三名的广告形式是哪三类？每类广告的发展趋势怎么样？哪些类别持续萎缩，哪些类别缓慢萎缩，哪些类别迅速增长？

2020 年中国网络广告市场份额占比前三名分别是电商广告、信息流广告和搜索广告。

网络广告发展的三个阶段如图 6-7 所示。

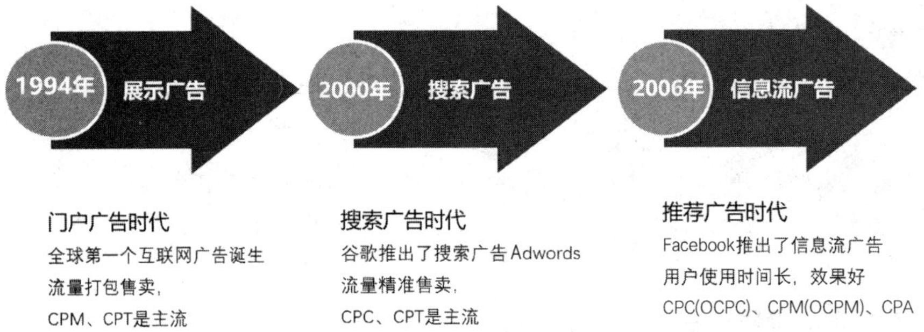

图 6-7　网络广告发展的三个阶段

2. 广告计费方式

【想一想】

如图 6-7 所示的网络广告发展的三个阶段中，有 CPM、CPC、CPA 等字样，你知道它们的含义吗？

CPM、CPC、CPA、CPS 等指的是广告的计费方式，其具体说明如表 6-1 所示。

表 6-1　CPM、CPC、CPA、CPS 计费方式具体说明

计费方式	计费名称	具体说明
CPM	Cost Per Mille 千人展现成本	现阶段常用的收费方式之一，对网站主比较有利，报纸、杂志、电视等传统媒介、很多门户网站如新浪网/搜狐/凤凰等即采用这种计价方式
CPC	Cost Per Click 点击成本，即次点击所花费的成本	这种计价方式直接反映了网民对广告内容是否感兴趣，因此其成本与收费比 CPM 高。目前百度竞价排名、阿里集团的直通车就采用了这种计价方式

续表

计费方式	计费名称	具体说明
CPA	Cost Per Action 每行动成本	按广告投放实际效果，即广告主为每个行动所付出的成本，根据每个访问者对网络广告所采取的行动收费的定价模式。常说的 CPA 可以理解为注册会员、下载安装，这种计价方式对广告主而言是非常有利的
CPS	Cost Per Sales 每销售成本	根据网络广告所产生的直接销售额而给予一定比率提成的广告定价模式，比如淘宝客

【连连看】

以下的广告类型，采用了哪种计费方式，你能将它们正确连接吗？

广告类型	计费方式
直通车	CPM
钻展	CPC
淘宝客	CPA
竞价排名	CPS

如表 6-2 所示是阿里妈妈营销产品介绍，我们可以看出：淘宝直通车是按 CPC 计价的；钻展是按 CPM 计价的；超级推荐有 CPC/CPM 两种计价方式的；淘宝客是按 CPS 计价的。

表 6-2　阿里妈妈营销产品介绍

产品类型	产品	计价方式	产品说明
搜索竞价	淘宝直通车	CPC 计价，展示免费	商品出现在手机淘宝/淘宝网搜索页的显眼位置，当买家进行关键词搜索时，以优先排序获得买家的关注。同时，只有买家点击才需付费，系统智能过滤无效点击
展示推广	品销宝	CPM 计价	手机淘宝/淘宝网/UC 首屏的顶端大图展示广告位，可以有效起到品牌推广和客户转化的作用
	钻展	以 CPM 为基础，增加 CPC 的计价方式	以图片展示为基础，精准定向为核心，面向全网精准流量实时竞价的展示推广平台。平台还可以为客户提供精准定向、创意策略、效果监测、数据分析、诊断优化等服务
	超级推荐	CPC/CPM 计价	面向场景的信息流推广，主要形式非常丰富，包含商品、微淘图文、哇哦视频、直播间、淘积木（超级推荐专属模板）
品牌营销	Uni desk	按照方案计价	阿里巴巴 Uni Marketing 品牌全域营销方法论下的核心产品之一，在淘宝平台系里可以帮助客户实现“全链路”“全媒体”“全数据”“全渠道”的营销
数据服务	达摩盘	加入条件：“钻石展位+直通车+超级推荐”最近 30 天总消耗≥1.5 万元	广告主通过达摩盘可以实现各类人群的洞察与分析，潜力客户的挖掘；能够通过标签市场快速固定目标人群，建立个性化的用户细分和精准营销；通过第三方服务应用市场，解决个性化的营销需求
个人营销	淘宝客	CPS 计价，交易成功后抽取佣金	淘宝客是通过推广者自有的一些渠道，如聊天工具、社交平台、网站等，帮助商家推广促成交易从而赚取佣金收益的推广者

3. 广告投放平台

互联网广告主要投放平台包括阿里巴巴、百度、腾讯、字节跳动等平台。各大互联网企业，均有独立平台承接广告业务。例如，投直通车、钻展，就要去阿里妈妈；投微信或 QQ

广告，就要去广点通；投抖音、今日头条，就要去巨量引擎。主要互联网公司的广告平台及产品如表 6-3 所示。

表 6-3　主要互联网公司的广告平台及产品

互联网企业	广 告 平 台	网　址	广 告 产 品
阿里巴巴	阿里妈妈	www.alimama.com	搜索类广告（直通车、品牌专区等） 信息流广告（超级推荐） 展示类广告（钻展等） 互动类广告（超级直播） 淘宝联盟
百度	百度营销	e.baidu.com	搜索推广、信息流推广、 聚屏推广、开屏推广、百青藤推广
腾讯	腾讯广点通	e.qq.com	微信广告（朋友圈、公众号、小程序） QQ 广告、视频广告、信息流广告等
字节跳动	巨量引擎	ad.oceanengine.com	今日头条信息流广告 今日头条详情页广告 西瓜视频信息流广告 火山小视频广告 抖音视频广告等

4．PC 端广告形式

按照中国广告协会于 2015 年 3 月发布的《中国移动互联网广告标准》，将网络媒体广告的广告形式分为 PC 端和移动端两类。其中，PC 端广告形式分为通栏类、矩形类、背投类、流媒体类、富媒体类、电子邮件类、文字链类、贴片类共八大类，如表 6-4 所示。

表 6-4　PC 端广告形式

广 告 形 式	常见物料格式
通栏类	jpg，png，swf，gif，flv
矩形类	jpg，png，swf，gif，flv
背投类	jpg，png，swf，gif，flv
流媒体类	swf，gif，flv
富媒体类	swf，flv
电子邮件类	jpg，png，swf，gif
文字链类	txt
贴片类	flv

1）通栏类广告

通栏类广告以横贯页面的形式出现。该类广告的尺寸较大、视觉冲击力强，能给网络访客留下深刻印象，特别适合活动信息发布、产品推广、庆典等。通栏广告又可以分为全通栏（1000×90 像素、960×90 像素）、3/4 通栏、半通栏等。新浪网的通栏广告如图 6-8 所示。

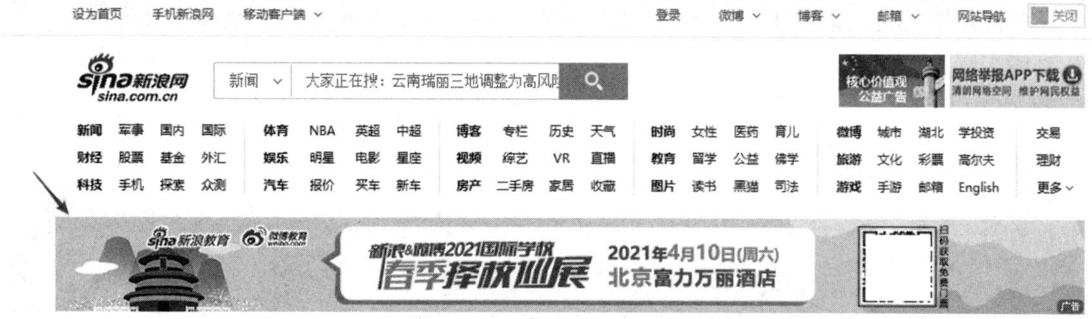

图 6-8　新浪网的通栏广告

2）矩形类广告

矩形类广告也是幅面广告的一种，具体尺寸比通栏广告更多，组合更灵活。凤凰网的矩形广告+通栏广告如图 6-9 所示。

图 6-9　凤凰网的矩形广告+通栏广告

3）背投类广告

背投类广告是打开网站页面时，在当前页面的背后弹出的一个窗口广告。该类广告的特点是打开首页自动弹出一个新页面，不会影响用户的正常浏览。该类广告以前不能被用户及时关闭，但自从 2016 年 9 月 1 日起正式实施的《互联网广告管理暂行办法》后，背投类广告增加了“广告”字样及明显的“关闭”标志。《互联网广告管理暂行办法》中明确规定：“互联网广告应当具有可识别性，显著标明‘广告’，使消费者能够辨明其为广告”，“在互联网页面以弹出等形式发布的广告，应当显著标明‘关闭’标志，确保一键关闭”。

该类广告能够迅速吸引浏览者的目光，给浏览者留下深刻印象。它具有独立页面、大幅显示等特点。背投类广告如图 6-10 所示。

4）流媒体类广告

流媒体类广告集音频、视频及图文于一体。在媒体表现方面，信息传递更直接，表达内容更丰富。与传统的多媒体播放形式相比，流媒体可以实现边下载边播放。流媒体类广告如图 6-11 所示。

5）富媒体类广告

在互联网发展初期，因为带宽的原因，网络广告形式主要以文本和低质量的 GIF、JPG 格式图片为主。而随着互联网的普及及技术的进步，出现了具有声音、图像、文字等多媒体组合的媒介形式，人们普遍把这些媒介形式的组合称富媒体（Rich Media），以此技术设计的广告称富媒体广告。富媒体广告表现形式多样、内容丰富、冲击力强，但是费用通常比较高。富媒体类广告如图 6-12 所示。

图 6-10　背投类广告

图 6-11　流媒体类广告

图 6-12　富媒体类广告

6）电子邮件类广告

基于 E-mail 的网络广告主要有电子邮件广告、邮件列表广告、电子刊物广告等。电子邮件广告具有针对性强（除非你肆意滥发）、费用低廉等特点，且广告内容不受限制。它可以针对具体某一个人发送特定的广告，为其他网上广告方式所不及。电子邮件广告有覆盖面广、功能全、成本低、速度快、针对性强等优点；但也存在由于垃圾邮件的泛滥和困扰，导致评价电子邮件广告效果困难等缺点。

7）文字链类广告

文字链类广告是以一排文字作为一个广告，单击可以进入相应的广告页面的广告形式。这是一种对浏览者干扰最少，但却较为有效果的网络广告形式。有时候，最简单的广告形式，效果却最好。文字链类广告如图 6-13 所示。

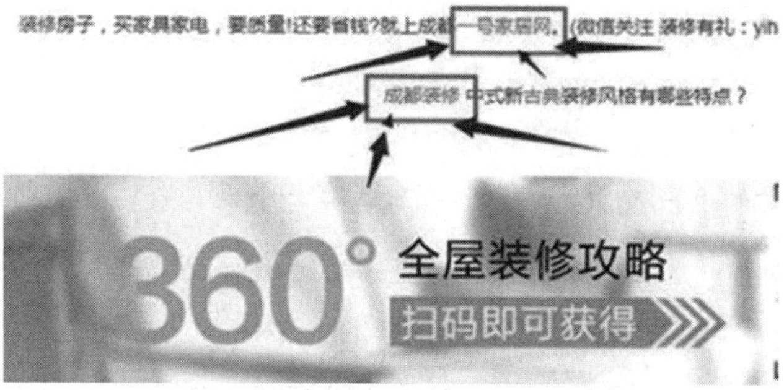

图 6-13　文字链类广告

8）贴片类广告

贴片类广告主要出现在视频平台上。视频广告是随着网络视频的发展而新兴的一种广告形式。它的表现手法与传统电视广告类似，都是在正常的视频节目中插入广告片段。比如，在节目开始前或节目结束后，播放广告视频。与插播式广告一样，它也是一种强迫用户观看的广告形式。

5. 移动端广告形式

移动端广告指通过移动设施备（手机、PSP、平板电脑等）访问移动应用或 WAP 网时显示的广告。

随着移动互联网的加速普及，移动营销以其精准性高、互动性强等优势迅速获得广告主认可。据艾瑞咨询的数据，2019 年中国移动广告市场规模为 5 415.2 亿元，占互联网广告整体市场的 83.8%。移动广告与其他广告的对比如表 6-5 所示。

表 6-5　移动广告与其他广告的对比

比较项目	移动广告	PC 网络广告	电视广告	平面媒体广告
追踪技术	设备 ID、IMEI、MAC 等	Cookie	—	—
交互性	双向互动	双向互动	单向传播	单向传播
用户精准性	高	较高	低	低
计费方式	CPM、CPC、CPA、CPS	CPD、CPM、CPC、CPA、CPS	收视率、时长、次数	发行量
效果评估	点击、下载、激活、购买等	浏览、点击、购买等	开机率、收视率等	到达、展示

中国广告协会将移动端的广告形式分为了启动画面/开屏/插屏类、焦点图类、信息流类、矩形类、富媒体类、贴片类共六大类。移动端的广告形式如表 6-6 所示。

表 6-6 移动端的广告形式

广 告 形 式	常见物料格式
启动画面/开屏/插屏类	jpg，png，gif，flv
焦点图类	jpg，png
信息流类	jpg，png+文字
矩形类	jpg，png
富媒体类	jpg，png，gif，flv
贴片类	flv

6.1.3 信息流广告与广告投放平台

【猜猜看】

在如图 6-14 所示的六条页面信息中，有且只有一条是广告，你觉得是那一条呢？

图 6-14 网页页面截图

第四条“你还在用微信抢红包，别人都在用微信学炒股了”才是广告，你猜对了吗？

网络广告的种类很多，本项目以信息流广告为例，介绍其投放平台、优化及 SOP 流程。

1．信息流广告概况

信息流又称 Feed 流，Feed 的英文含义是供给、喂送。顾名思义，信息流广告亦是如此，是主动推送的广告。

目前，营销市场上的信息流广告是指用户在使用互联网产品（服务）功能时，主动推送并与产品（服务）功能混排在一起的广告形式，一般常见于社交媒体和资讯类产品。

按照艾媒数据中心的研究，信息流广告始于 2006 年 Facebook，于 2012 年引入中国。信息流广告的发展过程如图 6-15 所示。

图 6-15　信息流广告的发展过程

2．投放形式

传统广告别无选择，只能以展示广告为主要目的；PC 广告可以主动搜索，所以 PC 时代以百度搜索广告为主；移动广告要求主动推荐，所以在移动互联网时代，信息流广告成为发展方向。信息流广告的形式，主要有大图、组图、单图和视频。今日头条的信息流广告的投放位置、售卖方式、推广形式、推广目的、定向设置如图 6-16 所示。

图 6-16　今日头条的信息流广告

3．投放目的

信息流广告之所以成为广告未来的发展方向，与其功能的多样性不无关系。信息流广告，可以实现应用下载、线索收集、门店推广、商品交易等功能，信息流广告的功能如图 6-17 所示。

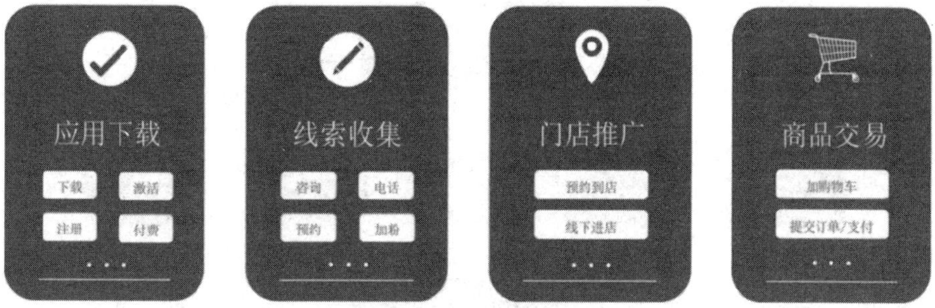

图 6-17　信息流广告的功能

4．广告、网络广告、移动广告与信息流广告的关系

广告、网络广告、移动广告、信息流广告四者的关系如图 6-18 所示。

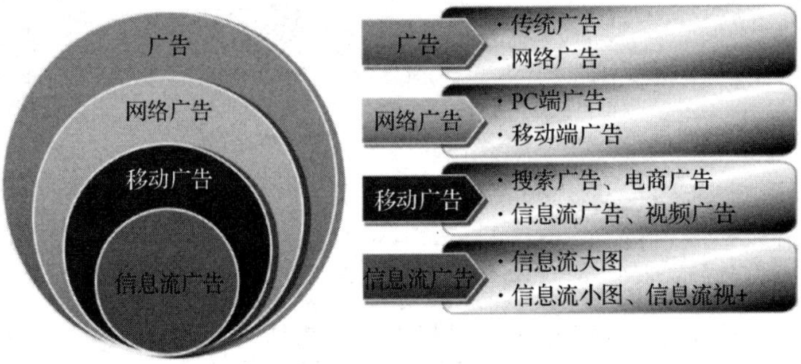

图 6-18　广告、网络广告、移动广告、信息流广告四者的关系

6.1.4　信息流广告投放优化流程

信息流广告的投放与搜索广告的投放有很多类似之处：两者都需要建立账户、制订推广计划和推广单元、进行广告创意设置。搜索广告与信息流广告的异同如图 6-19 所示。

搜索广告

- 推广账户：可设置账户预算/账户地域
- 推广计划：可设置最高100个计划/计划预算/地域/时段/计划否词
- 推广单元：可设置最高1000个单元/单元出价/移动/计算机端出价系数/单元否词
- 关键词：可设置最高5 000个关键词；建议15～30个（关键词出价/匹配模式等）
- 创意：最高设置50条创意（创意文案/配图/样式/访问URL）；建议4条左右

信息流广告

- 账户：可设置账户预算，账户投放地域
- 推广计划：最多设置100个计划；计划预算，计划投放时间、日期、推广对象，预算分配控制
- 推广单元：最多设置100个单元；推广业务，推广版位，定向设置（关键词定向最多2 000词），出价设置，投放URL，自定义优化
- 创意：最多设置25条创意；品牌用户头像、落地页信息，创意列表

图 6-19　搜索广告与信息流广告的异同

自从 2019 年，字节跳动建立了综合广告投放平台——巨量引擎广告投放平台后，旗下今日头条、抖音等平台的广告资源投放均被整合到该平台了。信息流广告投放，一般来说分为七步进行，如图 6-20 所示。

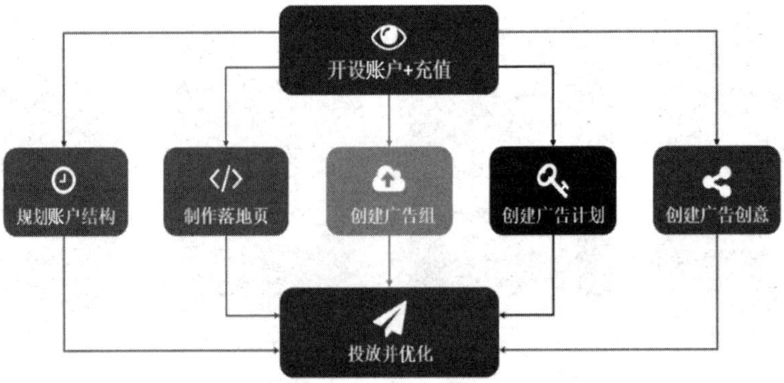

图 6-20　信息流广告的投放步骤

1．开设账户+充值

在信息流平台中，今日头条算是较为成熟的信息流平台。一般来说，如果学会了在今日头条上投放信息广告，在其他渠道的投放就不成问题。这就跟竞价搜索一样，学会了百度竞价搜索，投其他渠道也会比较简单。

在今日头条上开通账户+充值非常简单：PC 端打开今天头条主页并登录，单击“更多”功能菜单区的“广告投放”按钮，系统会自动打开巨量引擎官网，单击“立即开户体验”按钮，按照要求填写并提供相关资料即可；移动端打开今日头条 App，执行“我”→“广告投放”命令，预留相关信息，即有专业营销顾问为你制定营销方案。

2．规划账户结构

几乎所有的信息流广告渠道，其账户搭建都有三个层级：推广计划层、单元层（广告层）、创意和落地页。

推广计划层的设置包括展示广告、推广目标、投放方式、日预算、计划名称，按照平台的格式进行填写即可。

单元层（广告层）的设置包括广告形式、广告版位、定向、排期与出价、广告预算、名称。

创意和落地页是信息流广告推广的核心。

3．制作落地页

信息流广告的落地页，相当于淘宝网的宝贝详情页。制作落地页建议事项如下：

- 头条的橙子建站、百度的基木鱼、广点通的蹊径等制作工具都非常方便，也不难制作，可以多去熟悉一下。
- 落地页的内容、图片、排版、颜色、表单项设置，都非常重要。
- 落地页的设计思路要始终围绕提高转化率的角度出发，不以转化为目的的页面都不是优质页面。
- 如何提升页面的转化率？痛点+吸引力+转化组件+优惠+信服力等，这些元素都是可以用上的。
- 信息流落地页的页面不宜太长，两至三屏即可。
- 落地页如果有八屏，亮点内容一定要放在首屏和第三屏，表单通常放在第二屏，其余四五六屏是阐述自己对客户痛点的满足和优势，七屏一般是次表单，八屏是组件或版权信息。

学而思信息流七屏广告如图 6-21 所示。

4．创建广告组

广告组是管理一系列创意的最大单位。一个广告组最多可以新建 500 个广告计划。广告组可以理解为就是对广告计划进行分组，便于管理。

在广告组级别，你可以设置推广目的、推广预算。广告组的日预算一般平台都会限制。例如，今日头条的巨量引擎平台的广告组日预算就是 300 元。“推广目的”设置页面如图 6-22 所示。

5．创建广告计划

广告计划就是管理创意的单位，需要广告主进行相应的设置。以巨量引擎广告投放平台为例，在广告组中新建广告计划后，需要进行投放范围和投放目标、用户定向、预算与出价等设置。

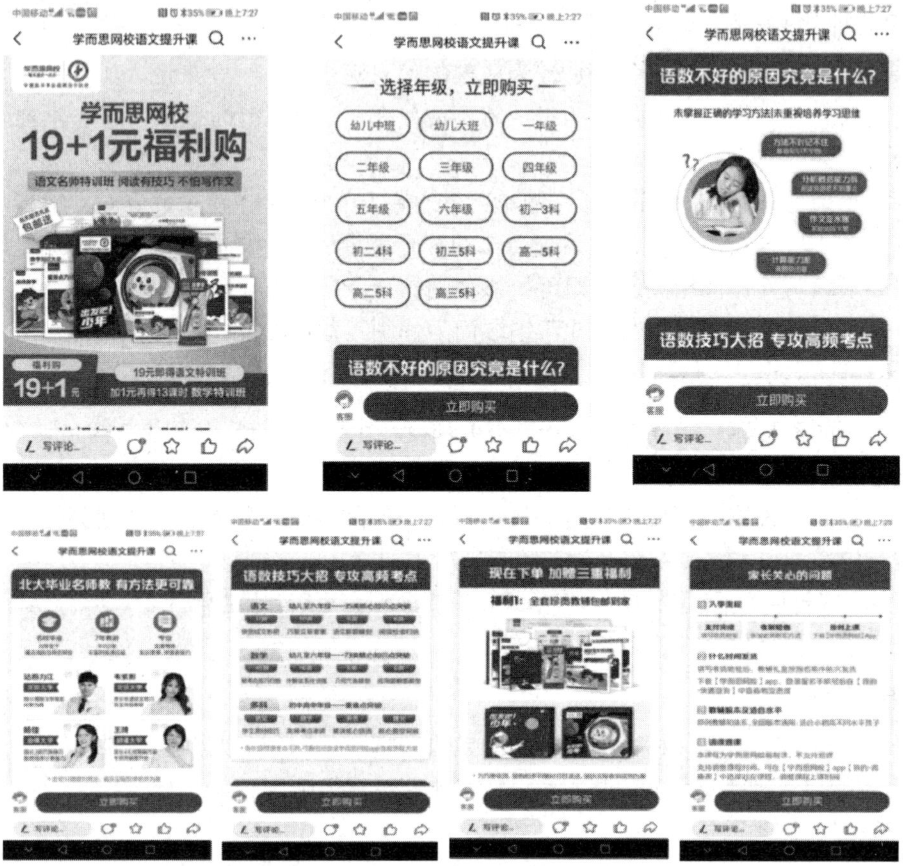

图6-21　学而思信息流七屏广告

图6-22　“推广目的”设置页面

1）选择投放范围和投放目标

（1）投放范围可以选择默认（投放今日头条、西瓜视频、火山小视频、抖音系）和穿山甲（今日头条的合作伙伴）。“投放范围”设置页面如图6-23所示。

图6-23　“投放范围”设置页面

（2）投放目标。投放目标包括投放的用户群目标、投放内容、落地页链接、附加创意转化的组件、转化目标、直达链接等。

① 投放的用户群目标可以根据需要选择“转化量”“点击量”“展示量”。选择投放目标后，系统会向最有可能发生该目标行为的用户优先展示你的广告。

② 投放内容可以根据需要选择“落地页”“小程序”。可以使用广告平台自带的工具来建设策划落地页的内容。

“投放目标及投放内容”设置页面如图 6-24 所示。

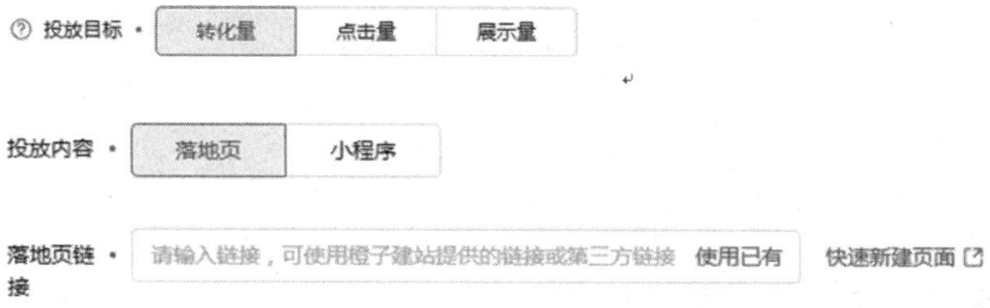

图 6-24　“投放目标及投放内容”设置页面

③ 附加创意转化组件指的是在今日头条广告中可以直接弹出的收集信息的表单。“附加创意设置及预览”设置页面如图 6-25 所示。

图 6-25　“附加创意设置及预览”设置页面

④ 转化目标。在不同投放阶段，广告主希望能够获取不同深度的用户，而广告主希望用户达成的操作就是“转化目标”，如收集用户信息等。

⑤ 直达链接。如果需要直接让广告跳转到某个广告主自己的 App 上，可以选择启用直达链接功能。

“转化目标及直达链接”设置页面如图 6-26 所示。

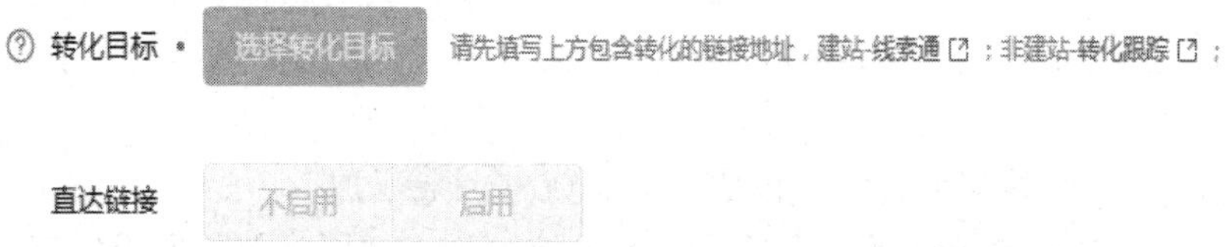

图 6-26　“转化目标及直达链接”设置页面

2）用户定向

根据需要选择相应的推广人群。如地域、性别、年龄等属性信息。“用户定向”设置页面如图 6-27 所示。

图 6-27 “用户定向”设置页面

3）预算与出价

预算与出价设置包括投放场景、竞价策略、预算、投放时间、投放时段、付费方式和目标转化出价。“预算与出价”设置页面如图 6-28 所示。

图 6-28 “预算与出价”设置页面

（1）投放场景。可以选择常规投放和放量投放。常规投放是控制成本的方式，投放金额在你预算范围内；放量投放是尽快消耗更多预算的方式，当你的预算充足时，建议选择放量投放。

（2）竞价策略。有优先跑量、均衡投放、控制成本上限三种：

➢ 优先跑量。该策略比较激进，超预估成本风险较高，建议有放量要求的广告主使用；

➢ 均衡投放。该策略比较稳健，尽可能花完预算，累积成本逐渐下降，有一定的超成本风险，建议头部广告主日常投放使用、中小广告主放量使用。

➢ 控制成本上限。该策略比较保守，不一定花完预算，累积成本逐渐下降，超预估成本风险低，超成本风险较低，建议中小客户使用。

（3）日预算。跟多数广告平台一样，最低 300 元起。

（4）投放时间。根据需要自行选择。

（5）投放时段。如果第一投放，建议参考同行。多次投放后，累计数据再进行修改。

（6）付费方式。信息流多数默认为 CPM 付费模式（按展现付费）。

（7）目标转化出价。第一次投放建议可以按照系统建议出价，后期再根据需要修改即可。

6．创建广告创意

创意的核心在于点击率。如何提升点击率，无非从三个方面着手：一是文案，二是素材（图、视频），三是形式（大图、三图等）。

【想一想】

如图 6-29 所示的四幅广告创意图，同样是在线教育广告，你认为哪幅图的点击率会最高？

图 6-29　广告创意图

7．投放并优化

信息流广告投放优化指标包括展示阶段的展现量、点击量（CPM、CTR、CPC），落地页阶段的到达率（UV、PV）、跳出率和互动率，转化阶段的转化量（CVR、CPA）、投资回报率（ROI），如图 6-30 所示。

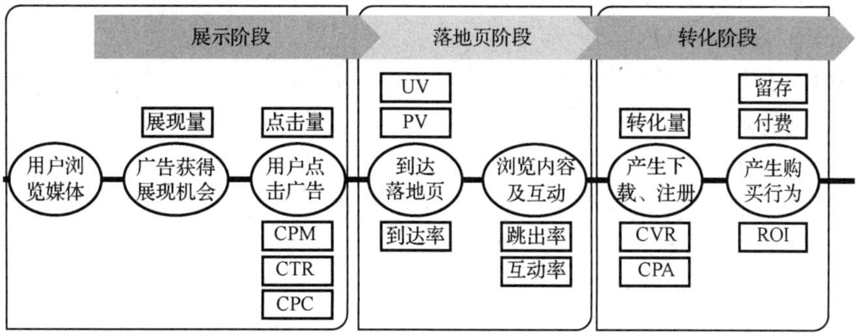

图 6-30　信息流广告投放优化指标

另外，我们可以按照如图 6-31 所示的信息流转化漏斗模型，对广告投放效果进行分析，并采取针对性的优化措施。具体分析如下：

➢ 当展现量不够时，需要进行定向优化；

➢ 当点击率低时，需要进行创意优化；

➢ 当到达量和浏览量不理想时，需要提升落地页的质量；

➢ 当转化量与成交量低时，需要进行销售话术优化。

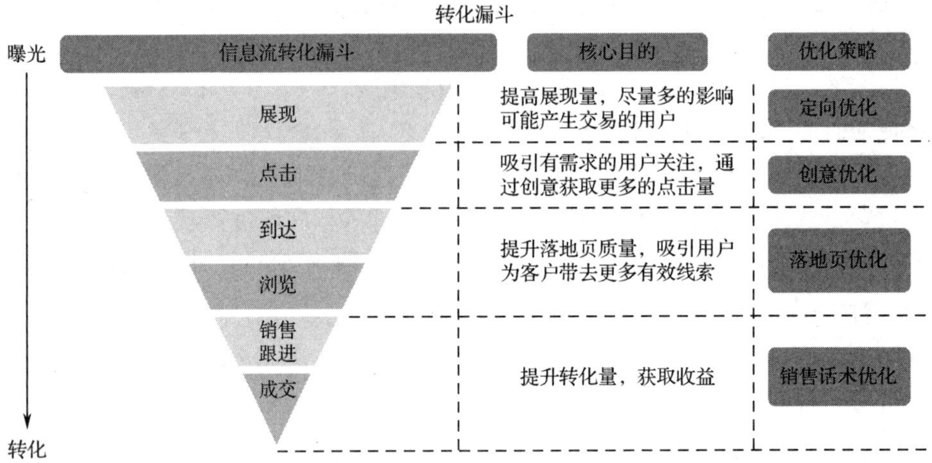

图 6-31　信息流转化漏斗模型

任务实训

一、理论知识训练

1．单项选择题

（1）CPM 指的是（　　）。

A．Cost Per Mille（千人成本）

B．Cost Per Click（点击成本，即每次点击所花费的成本）

C．Cost Per Action（每行动成本）

D．Cost Per Sales（每销售成本）

（2）CPS 指的是（　　）。

A．Cost Per Mille（千人成本）

B．Cost Per Click（点击成本，即每次点击所花费的成本）

C．Cost Per Action（每行动成本）

D．Cost Per Sales（每销售成本）

（3）CPC 指的是（　　）。

A．Cost Per Mille（千人成本）

B．Cost Per Click（点击成本，即每次点击所花费的成本）

C．Cost Per Action（每行动成本）

D．Cost Per Sales（每销售成本）

（4）CPA 指的是（　　）。

A．Cost Per Mille（千人成本）

B．Cost Per Click（点击成本，即每次点击所花费的成本）

C．Cost Per Action（每行动成本）

D．Cost Per Sales（每销售成本）

（5）淘宝直通车计费方式是（　　）。

A．CPM　　　　B．CPS　　　　C．CPC　　　　D．CPA

（6）淘宝客的计费方式是（　　）。

A．CPM　　B．CPS　　C．CPC　　D．CPA

（7）假设今日头条信息流广告 CPM 核算均价是 40 元，那么 100 万次展示的广告费是（　　）。

A．4 万元　　B．40 万元　　C．400 万　　C．4 000 元

2．多项选择题

钻展（智钻）的计费方式是（　　）。

A．CPM　　B．CPS　　C．CPC　　D．CPA

二、综合能力训练

1．登录新浪网或相关门户网站，找出通栏类、矩形类、背投类、流媒体类、富媒体类、电子邮箱类、文字链类、贴片类广告，每样至少两个，截图并说明网络广告主所属的行业。

2．用你的手机在“微信朋友圈”“微信公众号”“腾讯新闻”“今日头条”“一点资讯”“微博”等应用或平台，找出信息流广告（包括信息流大图、组图、单图、视频），每样至少二个，截图并分析其信息流广告的投放目的（应用下载、线索收集、门店推广、商品交易）。

3．关于 CPM、CPC、CPS 广告计费方式。

（1）指出它们的具体含义。

（2）每种广告计费方式，各举两例。

（3）指出每种广告计费方式的优缺点。

4．找出三个你认为不错的信息流广告创意，截图并从文案、素材（图文、视频）、形式（大图、三图等）的角度，分析它为什么吸引你。

三、创新创业项目训练

根据信息流广告投放流程，为企业投放信息流广告并进行优化。

参 考 文 献

[1]〔美〕菲利普·科特勒，〔美〕凯文·莱恩·凯勒. 营销管理[M]. 15 版. 何佳讯，于洪彦，牛永革，等译. 上海：格致出版社，2016.

[2]〔美〕唐·舒尔茨，〔美〕海蒂·舒尔茨. 整合营销传播：创造企业价值的五大关键步骤[M]. 王茁，顾洁，译. 北京：清华大学出版社，2013.

[3]〔美〕艾·里斯，〔美〕杰克·特劳特. 定位[M]. 邓德隆，火华强，译. 北京：机械工业出版社，2017.

[4] 关键明. 爆款文案：把文案变成“印钞机”[M]. 北京：北京联合出版社，2017.

[5] 范冰. 增长黑客：创业公司的用户与收入增长秘籍[M]. 北京：电子工业出版社，2015.

[6] 刘涵宇. 解构产品经理：互联网产品策划入门宝典[M]. 北京：电子工业出版社，2018.

[7] 苏杰. 人人都是产品经理 2.0——写给泛产品经理[M]. 北京：电子工业出版社，2017.

[8] 黄有璨. 运营之光：我的互联网运营方法论与自白 2.0[M]. 北京：电子工业出版社，2017.

[9] 刘琛，黎夏克. 新媒体运营[M]. 北京：电子工业出版社，2020.

[10] 空手. 传神文案[M]. 北京：机械工业出版社，2021.

[11] 人人都是产品经理，http://www.woshipm.com/.

[12] 鸟哥笔记，http://www.niaogebiji.com/.

[13] 艾瑞网，http://www.iresearch.cn/.

[14] 易观网，https://www.analysys.cn/.

[15] 亿邦动力网，http://www.ebrun.com/.

[16] 梅花网，http://www.meihua.info/.